Ingo Matuschek · Uwe Krähnke
Frank Kleemann · Frank Ernst

Links sein

Ingo Matuschek · Uwe Krähnke
Frank Kleemann · Frank Ernst

Links sein

Politische Praxen
und Orientierungen
in linksaffinen Alltagsmilieus

VS VERLAG

Bibliografische Information der Deutschen Nationalbibliothek
Die Deutsche Nationalbibliothek verzeichnet diese Publikation in der
Deutschen Nationalbibliografie; detaillierte bibliografische Daten sind im Internet über
<http://dnb.d-nb.de> abrufbar.

1. Auflage 2011

Alle Rechte vorbehalten
© VS Verlag für Sozialwissenschaften | Springer Fachmedien Wiesbaden GmbH 2011

Lektorat: Frank Engelhardt

VS Verlag für Sozialwissenschaften ist eine Marke von Springer Fachmedien.
Springer Fachmedien ist Teil der Fachverlagsgruppe Springer Science+Business Media.
www.vs-verlag.de

Umschlaggestaltung: KünkelLopka Medienentwicklung, Heidelberg
Gedruckt auf säurefreiem und chlorfrei gebleichtem Papier
Printed in Germany

ISBN 978-3-531-17461-7

Inhaltsverzeichnis

1 Einleitung: Links sein – ein wieder zu entdeckender Untersuchungsgegenstand

Zwei gesellschaftliche Zäsuren in den letzten drei Jahrzehnten haben maßgeblich die Identität der Linken und der linken politischen Bewegung in Deutschland beeinflusst. Zum einen ist es der Zusammenbruch des „realen Sozialismus" Ende der 1980er Jahre. Auch die DDR als eine seiner Hochburgen ließ sich nicht mehr mit zentralistischer Planwirtschaft, gesetzlich festgeschriebener Herrschaftsausübung durch eine sozialistische Partei und Abriegelung der Staatsgrenzen (zum westlichen Nachbarn) regieren. Mit der staatlichen Auflösung der DDR und ihrer Eingliederung in die Bundesrepublik 1990 erschien die linke Utopie einer sozialistischen, ausbeutungsfreien Gesellschaft auch vielen Linken plötzlich als anachronistische Idee.

Die zweite Zäsur, die für Linke in Deutschland nicht folgenlos bleiben sollte, leitete die konservative Regierung unter Helmut Kohl in den 1980er Jahren ein: die neoliberale Wirtschafts- und Sozialpolitik. Es gehört zur Ironie der Geschichte, dass diese neoliberale Entwicklung von der SPD und Bündnis 90 / Die Grünen nach dem Regierungswechsel 1998 auf die Spitze getrieben wurde. Die von der Regierung Schröder 2003 initiierte Agenda 2010 besiegelte die Abkehr von der „sozialen Marktwirtschaft" und dem Versprechen ihres maßgeblichen Wegbereiters, Ludwig Erhard, immer mehr Bevölkerungsschichten zum Wohlstand zu führen. Der „fürsorgende" Sozialstaat wurde zu einem „aktivierenden" umgebaut. Entgegen der sozialdemokratischen Auslegung der „sozialen Marktwirtschaft" sollte nicht mehr primär den Bedürftigen mit Hilfe wohlfahrtsstaatlicher Maßnahmen geholfen werden, sich in die Gesellschaft zu integrieren; vielmehr sollten die Bedürftigen durch Intervention und Kontrolle diszipliniert werden, sich selbst in den Arbeitsmarkt einzugliedern und damit einen funktionalen Beitrag für die Gesellschaft zu leisten.

Mit der Desavouierung der sozialistischen Gesellschaftsalternative und dem neoliberalen Wandel staatlicher Politik hat sich die politische Kultur in Deutschland latent verändert: Der Neoliberalismus ist im Verlaufe der letzten drei Dekaden kulturell hegemonial geworden. Ausdruck dieser Hegemonie ist eine Neujustierung zentraler gesellschaftlicher Werte. Wo früher „soziale Gerechtigkeit" und „Chancengleichheit" als zentrale Leitideen fungierten, hat sich eine reine Leistungsideologie breit gemacht, die „Eigenverantwortung" und „Empowerment" des einzelnen Bürgers fordert. Die Werteverschiebung bedeutet einen veritablen Umbau der gesellschaftlichen Fundamente, auf denen die Bundesrepublik jahrzehntelang aufbaute.

Offenkundig sind im Zuge der staatssozialistischen Niederlage und der neoliberalen Geländegewinne linke Positionen in die Defensive geraten. Erstaunlich ist jedoch, dass sich trotzdem, wie demoskopische Umfragen belegen, deutlich mehr als die Hälfte der Bevölkerung politisch links bzw. links von der Mitte positioniert. Auch die Idee des Sozialismus erfährt weiterhin einen großen Zuspruch (vgl. ausführlicher Abschn. 4.5). Zudem verzeichnete die Linkspartei, respektive die Partei Die Linke, bei den letzten Bundes- und Landtagswahlen Erfolge, die sich auf die politische Landschaft der Bundesrepublik auswirkten. Die Partei konnte sich als parlamentarische Kraft innerhalb des neuen Fünf-Parteien-System etablieren, in einigen ostdeutschen Bundesländern ist sie sogar an der Regierung beteiligt.

Die politische Kultur Deutschlands ist gegenwärtig – so der Ausgangspunkt der vorliegenden Studie – von einer Ambivalenz geprägt: kulturelle Hegemonie des Neoliberalismus auf der einen und Persistenz linker Positionen und Denkmuster auf der anderen Seite. Es scheint lohnenswert zu sein, sich dem ambivalenten Verhältnis analytisch zuzuwenden und damit zugleich eine seit längerem existierende Brache der politischen Soziologie genauer in den Blick zu nehmen: die politisch im weitesten Sinne „links" Orientierten.

Zweifelsohne kann diese Ambivalenz der politischen Kultur Deutschlands nicht losgelöst von transnationalen Entwicklungen betrachtet werden. Spätestens seit den letzten großen Finanzkrisen und den Rettungsversuchen durch nationalstaatliche Finanzierungshilfen und Reglementierungen zeigt sich, dass auch die globale Politik keine neoliberale Einbahnstraße ist. Notwendig ist die Repolitisierung der Gesellschaft als Alternative zum (noch) dominanten Marktradikalismus. Entsprechende Suchbewegungen gehen auch von linken Akteuren aus. So vernetzen sich weltweit linke Initiativen, Parteien und neue soziale Bewegungen (v. a. in den Sozialforen). Während sich die Sozialdemokratie in Europa allmählich wieder von der Leitlinie eines „dritten Weges" (Giddens 1997, 1999, 2001) verabschiedet, wird gegenwärtig unter den politisch agierenden Linken die von Ernesto Laclau und Chantal Mouffe (1998) inspirierte Idee einer „kulturellen Hegemonie der radikalen Demokratie" diskutiert, mit der dem Neoliberalismus Paroli geboten werden soll. Eine solche Hegemonie ist aber – worauf schon Antonio Gramsci insistierte – nicht herstellbar ohne breite gesellschaftliche Zustimmungs- und Mobilisierungsbereitschaft für gemeinsame übergreifende Leitideen. Um die Erfolgschancen eines solchen Projekts einzuschätzen, muss empirisch das tatsächlich vorhandene Potenzial der im weitesten

Sinne Linken in der Gesellschaft ausgelotet werden, die wir im Folgenden mit dem Begriff *Linksaffine* bezeichnen.

Bei einer entsprechenden Bestandsaufnahme wäre zu klären, was „linke" Positionen kennzeichnet, wer sie vertritt und welche politischen Praxen hervorgebracht werden. Dieses Ziel verfolgt die vorliegende Untersuchung. Auf der Grundlage qualitativer Einzel- und Gruppeninterviews und einer quantitativen Repräsentativumfrage werden politische und proto-politische Praxen sowie damit korrespondierende Wertorientierungen und Wahrnehmungen in unterschiedlichen Gruppen des linksaffinen Spektrums in Deutschland rekonstruiert.

Erfassung des linksaffinen Spektrums aus einer Alltagsmilieu-Perspektive

Ausgehend von den Überlegungen von Michael Brie und Christoph Spehr (2006: 3) zur linken Bewegung kann angenommen werden, dass es „verschiedene Positionen [gibt], die man mehr oder minder als ‚links' bezeichnen kann". Diese Positionen reichen von „sozialer Gestaltung, Demokratisierung und Offenheit" über Wertvorstellungen wie „Soziale Gerechtigkeit", „Freiheit von sozialer Not" und „Gerechtigkeit" (ebd.) bis hin zu der auf Karl Marx zurückgehenden Überzeugung, dass der gesellschaftliche Status quo verändert werden kann, insbesondere die kapitalistischen Macht- und Eigentumsverhältnisse. Offenbar ist es angebracht, von einem Kontinuum der politischen Einstellungen mit graduellen Abstufungen auszugehen. Es lassen sich keine eindeutigen Indikatoren in Anschlag bringen, um zu bestimmen, wann jemand, der sich selbst als politisch links bzw. eher links einschätzt, tatsächlich ein „Linker" ist oder keiner mehr ist. Die fehlende klare Demarkationslinie zwischen Linken und Nicht-Linken stellt ein Problem dar, wenn man klären will, was „Links-Sein" heute bedeutet.

Hand in Hand mit diesem Abgrenzungsproblem nach außen geht das Bestimmungsproblem nach innen: Linke in Deutschland bilden keine homogene soziale Gruppe; *die* linke Identität gibt es nicht. Anstatt *einer* Identität stiftenden politischen Grundeinstellung existieren nebeneinander *plurale* politische Einstellungen, Deutungsmuster und Praxen. Was verbindet etwa einen Linken, der eine sozial gerechte und ökologisch nachhaltige Gesellschaft anstrebt, mit einem Linken, dessen politisches Engagement auf antizionistische Antifa-Arbeit gerichtet ist? Symptomatisch für die Vielfalt der Linken sind der momentan prominente Beschreibungsversuch in Form der „Mosaik-Linken" (Urban 2009) sowie die Formierungsversuche einer „pluralen Hegemonie" als politische Gegenbewegung zum Neoliberalismus. Die Einheit der Linken zeigt sich gewissermaßen in der Vielheit ihrer Stimmen. Will man wissen, wer und was heute „links" ist, muss man dieser Diversität Rechnung tragen.

In der vorliegenden Studie ist das Untersuchungsinteresse auf jene Personen gerichtet, die von sich behaupten, dass sie politisch „links" bzw. „eher links" eingestellt sind. Diese Selbsteinschätzung drückt inhaltlich zunächst nichts weiter aus als eine schematische Einsortierung innerhalb der politischen Landschaft. Die Auswirkungen der politischen Selbstzuschreibung sollen im Rahmen der vorliegenden Studie näher untersucht werden.

Hierzu analysieren wir ein breites Spektrum von mehr oder weniger organisierten, gegebenenfalls parteipolitisch bzw. bürgerschaftlich aktiven bis hin zu einem solchen Engagement fern stehenden Personen, die für sich jeweils linke politische Orientierungen und Positionen reklamieren. Dieses Spektrum bezeichnen wir als „Linksaffine" (und grenzen es ab von den „Rechtsaffinen" und „Tendenzlosen"; vgl. dazu ausführlicher 2.2.4, 3.1). Bei aller Schwierigkeit, das Links-Sein genau zu definieren, kann ein kleinster gemeinsamer Nenner der linksaffinen Gruppen bzw. Milieus ausgemacht werden: Es wird in emanzipatorisch-herrschaftskritischer bzw. humanistischer Absicht Kritik an den bestehenden gesellschaftlichen Zu- bzw. Missständen formuliert. Unter Bezugnahme auf linke Denkmuster und Gesellschaftsbilder wie soziale Gerechtigkeit, Chancengleichheit oder Solidarität wird die Gesellschaft insofern als eine zu verändernde thematisiert. Gemeinsamer Fluchtpunkt ist also eine in unterschiedlicher Klarheit formulierte Wahrnehmung von Defiziten der bestehenden Gesellschaftsordnung, insbesondere der politischen und ökonomischen Verhältnisse.

Die gängige Surveyforschung zur politischen Kultur und die darauf bezogenen sozialwissenschaftlichen Analysen beziehen sich vor allem auf die Einstellungen der Bürger zu Politik und politischem System sowie auf das mehr oder weniger formalisierte politische Handeln (Wählen, Mitgliedschaft in Parteien oder Bürgerinitiativen, usw.). Im Rahmen dieser Forschung ist allerdings vergleichsweise wenig darüber bekannt, wie sich politische Praxis und politisches Denken in der Lebenswelt der Menschen konstituieren. Auf eben diese lebensweltlich verankerten politischen Praxen in ihrer Genese in linksaffinen Milieuzusammenhängen fokussiert die vorliegende Studie.

Dem liegt eine spezifische Theorieperspektive auf *Alltagsmilieus* zu Grunde. Zwar weisen auch sozialstrukturelle Milieus auf der Basis spezifischer sozioökonomischer Lagen und Bedürfnisse latente politische Werthaltungen auf. Aus ihnen lassen sich aber weder konkrete Bewusstseinslagen Einzelner noch politische Praxen unmittelbar ableiten. Diese sind vielmehr von der fortlaufenden Auseinandersetzung mit gesellschaftlichen Prozessen vor dem Hintergrund der eigenen Lebensumstände und Lebensweisen geprägt.

Ausgehend von der oben bereits erwähnten Pluralität des linksaffinen Spektrums geht es in der vorliegenden Studie um eine explorative Kartografierung unterschiedlicher (im weitesten Sinne linker) Alltagsmilieus. Hierbei interessieren vor allem erkennbare typische Alltagspraxen, soziokulturelle Orientierungen und Lebensformen. Erfasst wird die Ebene von *Alltagsmilieus* im Sinne realer sozialräumlicher Handlungszusammenhänge. Der Anspruch der Studie ist es nicht, *alle* linksaffinen Milieus zu erfassen. Vielmehr wurden exemplarisch solche linksaffinen Alltagsmilieus ausgewählt, in denen politisch interessierte bzw. gesellschaftlich aktive Gruppen als Spiegelbild spezifischer Alltagsmilieus angenommen werden konnten.

Im Hinblick auf die politischen Orientierungen und Aktivitätsmuster linksaffiner Personen vor dem Hintergrund ihrer lebensweltlichen Handlungszusammenhänge stehen im Mittelpunkt der vorliegenden Studie folgende Fragestellungen:

- Welche Formen gesellschaftlichen Engagements und politischer Praxen sind identifizierbar? Wie sind diese alltagsweltlich verankert?
- Welche Gesellschaftsbilder und politischen Wertorientierungen liegen dem zu Grunde? Wie wirken sich diese auf die politische Praxis aus?
- Wie werden gesellschaftsrelevante Probleme und Konfliktfelder in linksaffinen Milieus wahrgenommen?
- Welche typischen Muster der politischen Sozialisation und biografischen Verläufe politischen Engagements lassen sich identifizieren?
- Welche Handlungsressourcen sind für politische Aktivität relevant?

Die Datengrundlage der vorliegenden Studie bilden qualitative Befragungen und eine Repräsentativbefragung, die im Auftrag der Rosa-Luxemburg-Stiftung durchgeführt wurden. Zwischen Oktober 2007 und April 2008 wurden 21 Gruppendiskussionen bzw. Fokusgruppeninterviews durchgeführt, in einer zweiten Erhebungswelle ein Jahr später 60 erzählgenerierende Einzelinterviews. Die standardisierte Telefonbefragung mit einer Stichprobe von 1513 Befragten erfolgte im Mai 2009.

Zum Aufbau des Buches

Kapitel 2 beinhaltet die Konzeption der empirischen Studie. Dargestellt werden die grundlagentheoretischen Bezüge der Analyseperspektive, das Forschungsdesign und das methodische Vorgehen bei der qualitativen und der quantitativen Datenerhebung. Zudem wird in diesem Kapitel über die Bildung eines Indexes ein Bestimmungsversuch der Linksaffinen vorgenommen. Möglich ist damit

eine Abgrenzung dieser Untersuchungsgruppe von der Gruppe der Rechtsaffinen und der Tendenzlosen. Auf die Unterscheidung der drei Gruppen bauen
sämtliche in den folgenden Kapiteln ausgebreiteten quantitativen Daten auf.
Kapitel 3 behandelt die Frage, wie sich das Spektrum linksaffiner Alltagsmilieus näher bestimmen lässt. Zunächst werden die Linksaffinen anhand
sozialstruktureller Merkmale charakterisiert.

Neben der sozialstrukturellen Charakterisierung Linksaffiner werden in
diesem Kapitel auch ausgewählte Einzelmilieus des linksaffinen Spektrums
beschrieben. Diese „dichte Beschreibung" (Geertz 1987) anhand der Befunde
von den durchgeführten Gruppendiskussionen hat explorativen Charakter. Sie
dient dazu, die Vielfältigkeit der Linksaffinen zu verdeutlichen. Die neun dargestellten Milieugruppen sind also weder „repräsentativ" noch stehen sie
„prototypisch" für das linksaffine Spektrum insgesamt.

In der Beschreibung der Einzelmilieus kristallisieren sich drei gemeinsame
Bezugspunkte Linksaffiner heraus: Bezugnahme auf das Leitbild der gesellschaftlichen Integration durch (Erwerbs-)Arbeit; die Einschätzung des Kapitalismus sowie die lebensweltlich kontextuierte Grundeinstellung zur Gesellschaft.
Indem gezeigt wird, welche Relevanz und Bedeutung diesen drei milieuübergreifenden Bezugspunkten von den Befragten jeweils beigemessen werden,
lassen sich Überschneidungen und Unterschiede zwischen den verschiedenen
linksaffinen Alltagsmilieus systematisch erfassen und modellhaft darstellen. Das
entsprechende Kartografierungsmodell wird im abschließenden Abschnitt dieses
Kapitels unter Einbeziehung der qualitativen Einzelinterviews und der
Repräsentativbefragung in systematisierender Absicht erweitert und generalisiert.

Gegenstand von *Kapitel 4* sind die politischen Orientierungen der Linksaffinen. Sowohl in den qualitativen Einzelinterviews als auch in der Repräsentativbefragung wurden diese Orientierungen gezielt abgefragt. Es geht um die
konkreten Einschätzungen der Linksaffinen in Bezug auf das Wirtschaftssystem,
das politische System, um ihre Wahrnehmungen zentraler gesellschaftlicher
Probleme, um Einstellungen und Bewertungen in Bezug auf den Sozialstaat und
die materielle Existenzsicherung der Bürger sowie um Formen der Gesellschaftskritik und damit korrespondierender politischer Utopien.

Kapitel 5 widmet sich den für Linksaffine typischen politischen bzw. bürgerschaftlichen Praxisformen. Entlang eines allgemeinen Prozessmodells und unter
Rückgriff auf die qualitativen Einzelbefragungen und die Repräsentativbefragung wird analysiert, was typische Motive, Ressourcen und Einstiegsschleusen für das aktive Handeln sind und welchen Stellenwert das unmittelbare
soziale Umfeld für die Politisierung hat. Darüber hinaus interessiert, warum sich

politische / bürgerschaftliche Aktivitätsformen bei einem Teil der Linksaffinen verstetigen und bei einigen nicht. In *Kapitel 6* werden die wichtigen Einzelergebnisse noch einmal resümiert. Das Abschlusskapitel gibt zudem einen Ausblick auf die Chancen einer Gegenbewegung zum hegemonialen Neoliberalismus, die von Linksaffinen getragen wird.

Danksagung

Die Autoren bedanken sich bei der Rosa-Luxemburg-Stiftung, Berlin für die Förderung der drei dieser Veröffentlichung zu Grunde liegenden empirischen Studien. Darüber hinaus waren auch die Diskussionen mit dem Beirat und insbesondere Michael Brie, Cornelia Hildebrandt, Horst Kahrs, Harald Pätzolt, Rolf Reißig, Rainer Rilling und Michael Thomas wertvolle Unterstützung. Bedanken möchten wir uns auch bei Anja Zschirpe, die die abschließenden Korrekturarbeiten im Manuskript und die Gestaltung der Druckfassung übernommen hat und bei Mira Freiermuth für die Unterstützung beim Layout der Grafiken und Tabellen. Max Wolf und Christian Eismann waren mehr als nur eine Unterstützung bei der Aufbereitung der Daten aus der Repräsentativbefragung. Dank gebührt auch den vielen TeilnehmerInnen an den Gruppendiskussionen, den Einzelinterviews und der repräsentativen Befragung. Auch gegenüber dem Verlag für Sozialwissenschaften und seinen Mitarbeitern sind wir zu Dank für ihre Geduld und Unterstützung verpflichtet.

2 Untersuchungskonzept und Methoden

Nachfolgend wird der theoretische Rahmen der Untersuchung umrissen (2.1) und auf dieser Grundlage das Forschungsdesign und das methodische Vorgehen dargestellt (2.2).

2.1 Theoretische Rahmungen und Analyseperspektive

Das Ziel der vorliegenden Studie, die Analyse unterschiedlicher linksaffiner Alltagsmilieus im Hinblick auf die jeweiligen typischen soziokulturellen Orientierungen und Lebensformen sowie damit korrespondierenden politischen Einstellungen und Praxen, erfordert eine prozessorientierte Perspektive. Jenseits der bloßen Feststellung aktuell vorhandener politischer Positionen kann eine prozessorientierte Perspektive die Genese solcher Positionen erfassen. Herkömmliche sozialstrukturelle Klassen- und Schichtmodelle, die im Hinblick auf dieses Forschungsinteresse (nur) einige als zentral erachtete Faktoren – insbesondere Beruf, Bildung, Einkommen und Geschlecht – einbeziehen, sind hierfür nicht hinreichend. Jenseits der analytisch erfassbaren makrosozialen Wirkungszusammenhänge sind sie blind für die dahinter liegenden komplexen sozialpsychologischen Prozessabläufe. Deshalb müssen sie ergänzt werden durch feinmaschigere Analyseraster. Hierzu bietet es sich an, auf in den letzten Jahrzehnten in den Sozialwissenschaften entwickelte Milieukonzepte und die in ihnen zum Tragen kommenden differenten gesellschaftlichen Grundorientierungen zurückzugreifen.

2.1.1 Sozialwissenschaftliche Milieukonzepte

Theoretischer Ausgangspunkt sozialwissenschaftlicher Milieukonzepte ist die Annahme einer relativen Eigenständigkeit lebensweltlich verankerter und reproduzierter soziokultureller Faktoren für die Sozialstruktur und die gesellschaftliche Bewusstseinsbildung. Letztlich wird damit je nach konzeptueller Ausrichtung mehr oder weniger implizit das Marx'sche Diktum vom Verhältnis zwischen Sein und Bewusstsein modifiziert: Das Sein prägt zwar das Bewusstsein, bestimmt es aber nicht. Eine Stärke der Milieukonzepte ist es, die relative Eigenständigkeit und Eigensinnigkeit lebensweltlich verankerter sozialmoralischer Orientierungen und damit eng verknüpfter Lebensstile und -maximen analytisch zu erfassen. Dies geschieht freilich, ohne die Prägekraft von beruflicher Stellung, Einkommen, Bildungsgrad etc. für das Alltagsleben aus den Augen zu verlieren. Soziale Milieus sind nach Michael Vester (1997: 157) „,Lebenszusammenhänge' (…) oder ,Vergemeinschaftungen' (…) des Alltags". Milieuzusammenhalt entsteht, „wenn Menschen ähnliche Lebenslagen mit ähnlichen Ethiken alltäglicher Lebensführung bewältigen – und sich darin von wiederum anderen Milieus mit anderen Lagen und Ethiken abgrenzen. Die Milieus sind damit auch „historische Erfahrungsgemeinschaften" (ebd.). Sie bilden „neuartige gesellschaftliche Strukturmuster, die dem einzelnen subjektiv sinnhafte Identitätsbildungen und Bindungen ermöglichen, aber auf neue Weise auch objektiv trennend wirken" (Ueltzhöffer 1999: 628 f.). Einfacher formuliert: Menschen, die demselben Milieu angehören, interpretieren die Welt in ähnlicher Art und Weise, haben einen ähnlichen Lebensstil und unterscheiden sich dadurch von Angehörigen anderer Milieus.

In den letzten drei Jahrzehnten hat sich eine Reihe von Milieukonzepten in den Sozialwissenschaften etabliert. In der vorliegenden Studie wird insbesondere auf zwei Konzepte Bezug genommen – zum einen auf das Konzept von Michael Vester, das theoretisch an Bourdieus Klassentheorie anknüpfend auf das SINUS-Milieu-Modell Bezug nimmt, und zum anderen auf das im Rahmen einer Studie für die Friedrich-Ebert-Stiftung entwickelte Konzept von Gero Neugebauer.

Das im Kontext der Marktforschung entstandene (und kommerziell vermarktete) SINUS-Milieu-Modell (vgl. SINUS Sociovision 2009: 12-19) ist an der Sozialstrukturanalyse orientiert. Es basiert auf der vertikalen Dimension „soziale Lage" und der horizontalen Dimension (soziokulturelle) „Grundorientierungen", die nach Kriterien des gesellschaftlichen Wertewandels bestimmt werden.[1] Die mit dem SINUS-Modell abgebildeten Milieus sind insbesondere auf die Erfassung expressiver „Lebensstile" gerichtet, die sich erkennbar in distinkten Alltags- und Konsumpraxen niederschlagen und die auf unterscheidbaren Soziallagen und Grundorientierungen basieren.

Das Milieu-Modell von Vester et al. (2001, 2007; für Ostdeutschland vgl. 1995) knüpft empirisch an die SINUS-Milieus an, ist aber theoretisch vor allem an der kulturalistisch unterfütterten agonalen Klassentheorie von Pierre Bourdieu (1982) und dessen Modell des sozialen Raumes orientiert. Empirisch

---

1 Grundlegend: Inglehart 1979, 1998; vgl. Klages 1984, Klages / Kmieciak 1979, Klages et al. 1992.

wurden die Milieus – wie auch beim SINUS-Modell – auf der Grundlage qualitativer Daten und daran anschließend quantifizierender Befragungen rekonstruiert (vgl. Vester et al. 2001: 221-250; Vester et al. 2007).[2]

Das Vester-Modell fokussiert auf „Alltagsmilieus" und in ihnen sich manifestierende soziale und gesellschaftspolitische Identitäten. Die vor allem über die Kategorie Beruf vermittelte materielle Lage und soziokulturelle Lagerungen verknüpfen sich, so die Grundannahme, zu kohärenten Mustern der „Lebensführung" (Max Weber) bzw. „Lebensweise" (Raymond Williams) auf der Grundlage eines vorbewusst einverleibten „Habitus" (Pierre Bourdieu). Lebensweise und Habitusformen werden durch primäre Sozialisation, milieubasierte Alltagserfahrungen sowie durch Erziehungsberechtigte angebahnte Bildungsverläufe tendenziell von einer Generation zur nächsten tradiert. Es ist eine Stärke der Arbeiten der Gruppe um Vester, dass sie „regionalen Bewegungsmilieus" (2001: 253-279) und „Mentalitäten im Generationenwechsel" (ebd.: 311-327) ebenfalls gruppen- und regionalspezifisch unterhalb sozialstruktureller (Groß-)Milieu-Analysen nachgegangen sind.

Der milieuspezifische Habitus wird sowohl von der materiellen Lage (oder in den Begrifflichkeiten von Bourdieu: vom ökonomischen Kapital) als auch von der Bildung und sozialisatorisch vermittelten sozialmoralischen Orientierungen (vom kulturellen Kapital) beeinflusst. Im Hinblick auf die Handlungsfähigkeit und die soziale Mobilität – und damit für die Erfassung zeitlicher Dynamiken des Auf- und Abstiegs einzelner Klassenfraktionen – spielt zusätzlich das soziale Kapital eine wichtige Rolle, d. h. der Grad und die Qualität sozialer „Vernetzungen" innerhalb des eigenen und mit statushöheren Milieus.

2.1.2 Gesellschaftspolitische Grundorientierungen in Milieus

Im Zusammenhang mit der vorliegenden Studie sind vor allem die von Vester (2001, 2007) identifizierten sechs gesellschaftspolitischen Lager in Deutschland von Interesse, die sich in Bezug auf ihre Vorstellungen von sozialer Gerechtigkeit und der gewünschten gesellschaftlichen Ordnung deutlich voneinander

---

2 Auf die derzeit aktuellen empirischen Milieu-Kartografien des Sinus Instituts (erstmalig auch für Milieus mit Migrationshintergrund verfügbar, vgl. SINUS Sociovision 2007) bzw. des Vester-Konzepts soll an dieser Stelle nicht eingegangen werden (vgl. dazu die angegebenen Veröffentlichungen). Migranten lassen sich in drei Statusgruppen unterteilen; hinsichtlich der Grundorientierungen bestehen zum Teil Übereinstimmungen / Anlehnungen, zum anderen Teil deutliche Abweichungen von denen der deutschen Mehrheitsgesellschaft. Es liegt die Vermutung nahe, dass sich ähnlich wie auch bei der deutschstämmigen Bevölkerung milieuübergreifende Lager politischer Grundorientierungen gebildet haben, die über eine relative Stabilität verfügen.

unterscheiden und die nicht deckungsgleich mit den sozialen Milieu-Lagerungen sind:

Elitemodelle (ca. 25%)		
(1)	Radikaldemokratisches Lager (RAD): progressiv-liberales Elitemodell	ca. 11%
(2)	Traditionell-konservatives Lager (TKO): konservatives Fürsorgemodell	ca. 14%
Solidaritätsmodelle (ca. 49%)		
(3)	Gemäßigt-konservatives Lager (GKO): konservatives Solidaritätsmodell	ca. 18%
(4)	Sozialintegratives Lager (SOZ): progressiv-solidarisches Modell	ca. 13%
(5)	Skeptisch-distanziertes Lager (SKED): Modell der Gegenseitigkeit	ca. 18%
Protektionistische Modelle (ca. 27%)		
(6)	Enttäuscht-autoritäres Lager (EA): populistisches Anspruchsmodell	ca. 27%

Abbildung 1: Gesellschaftspolitische Lager und soziale Ordnungsmodelle in der Bundesrepublik (Vester et al. 2007: 50)

Wie zu erkennen ist, orientiert sich ein Viertel der deutschsprachigen Wohnbevölkerung ab 13 Jahren an Elitemodellen entweder progressiv-liberaler bzw. konservativ-fürsorglicher Natur. Radikaldemokraten vertreten postmaterielle Anschauungen und sind gegenüber materiellen Belangen eher desensibilisiert. Das traditionell-konservative Lager plädiert für eine paternalistische soziale Ordnung in jeweils abgestufter Form nach Kriterien wie sozialer Herkunft, Besitz, Bildung, Geschlecht und Ethnie: Bei berechtigtem Anliegen und Wohlverhalten wird Unterstützung zuerkannt.

Nahezu die Hälfte der Bevölkerung tendiert zu einer solidarisch geprägten sozialen Ordnung. Gemäßigt Konservative (ca. 18%) vertreten eine paternalistische Solidaritätsideologie, die aber gleichsam den Anspruch umkehrt: Bei verletzter Fürsorgepflicht ist es gestattet, Solidarität durch drastische Maßnahmen (z. B. Streik) zu erzwingen. Das sozialintegrative Lager (ca. 13%) setzt auf das prinzipiell egalitäre Recht aller, Solidarität der Gesellschaft unabhängig von sozialer Kategorisierung zu erfahren und bezieht dies sowohl auf materielle (Verteilungsgerechtigkeit) wie postmaterielle Leistungen (z. B. Zugangsrechte). Das skeptisch-distanzierte Lager (ca. 18%) rekrutiert sich primär aus der

Facharbeiterschaft, die aus der Arbeitsleistung eine Berechtigung zum Erhalt von Solidarität bei (unverschuldeten) Notlagen ableiten. Gut ein Viertel der Befragten präferiert ein populistisches Anspruchsmodell. Hier sammeln sich Enttäuschte mit autoritärem Habitus, in der Regel Verlierer der sozialstaatlichen und ökonomischen Entwicklung verschiedenen Alters. Als geeignete Mittel einer Verbesserung werden beschnittene Rechte für Minderheiten, Zuzugsbegrenzungen und andere rechtspopulistische Maßnahmen gefordert.

Im Hinblick auf grundlegende *politische Orientierungen* konstatiert Vester eine relative Stabilität der Vorstellungen von Sozialordnung in der Bevölkerung, die sich jeweils mit den klassischen Orientierungen konservativer, liberaler, sozialdemokratischer, rechtspopulistischer und jüngeren postmaterialistischer Art decken. Die so (auf der Grundlage des gängigen Cleavage-Modells von Lipset / Rokkan 1967) nur abstrakt gekennzeichneten gesellschaftspolitischen Lager seien jedoch nicht eindeutig den sozialen Milieus zuzuordnen. Vielmehr verteilen sich die Lager über Milieugrenzen hinweg. Insoweit handelt es sich um Milieufraktionen, die hinsichtlich gesellschaftspolitischer Einstellungen und Werte milieuübergreifende Koalitionen bilden (Vester et al. 2007: 45-51).

Bei den identifizierten gesellschaftspolitischen Lagern weist das radikaldemokratische eine Besonderheit auf: Es besteht fast ausschließlich aus Angehörigen der postmateriell orientierten bürgerlichen Oberschichten, während alle anderen Lager in der vertikalen Schichtungsdimension den großen Raum der „respektablen Volks- und Arbeitermilieus" durchmessen und auch mehr oder minder große Teile der Ober- und Unterschichten inkludieren. In parteipolitischer Hinsicht steht das radikaldemokratische Lager eher der Partei Bündnis 90 / Die Grünen nahe; CDU und der rechte Flügel der SPD gewinnen Anhänger sowohl in den beiden konservativen wie im enttäuscht-autoritären Lager. Die arbeitnehmernahen Flügel der Volksparteien können im sozialintegrativen Lager punkten, auch wenn hier wie bei den skeptisch-distanzierten Erwartungsenttäuschungen angesichts der konkreten Politik der beiden Parteien zu verzeichnen sind (ebd.).

Gesellschaftspolitische Grundorientierungen der Bevölkerung fokussiert auch die Studie der Friedrich-Ebert-Stiftung von Gero Neugebauer (2007), die auf vorgängigen qualitativen Interviews sowie einer repräsentativen Befragung der wahlberechtigten Bevölkerung aus dem Jahr 2006 basiert. Theoretischer Ausgangspunkt ist eine konstatierte sinkende Bedeutung der Identifizierung der Bevölkerung mit Klassenfraktionen infolge der seit den fünfziger Jahren zu beobachtenden Aufstiegsmobilität, die zudem eine Relativierung der Wirksamkeit sozioökonomischer Prägungen beinhaltet. Danach wandeln sich nicht nur die Wertorientierungen, sondern auch klassische gesellschaftliche Konfliktlinien

(Cleavages) büßen an Geltung ein und verlieren die Fähigkeit, Wähler eindeutig zu binden. Diese der „Wertewandelthese" verpflichtete Perspektive geht Hand in Hand mit der Sicht auf gesellschaftliche Modernisierung als Prozess der Individualisierung. Empirisch lassen sich vor diesem Hintergrund partei-übergreifende Wertekonstellationen feststellen. Einzelne konkrete Werte-konflikte sind demnach immer noch von Struktur prägender Bedeutung, politische Milieus konstituieren sich aber entlang spezifischer Konfliktkon-stellationen.

Vor dem Hintergrund der in der qualitativen Untersuchung als zentral identifizierter Wertalternativen – „Libertarismus vs. Autoritarismus", „Soziale Gerechtigkeit vs. Marktfreiheit" sowie „Religiosität vs. Säkularität" – werden neun große „politische Milieus" in Deutschland auf der Grundlage von Einstellungen, Wertvorstellungen, dem Bild von der Struktur der Gesellschaft, typischen Reformeinstellungen sowie Lebenslagen identifiziert (ebd.: 22 ff.). Sie lassen sich in einer Typologie abbilden, die sozialstrukturelle Gesichts-punkte, materielle Faktoren und Bewertungen der beruflichen Situation inte-griert und unter dem Label der „Drei-Drittel-Gesellschaft" vertikal in drei Klassen ordnet:

Oberes Drittel (45%)	Leistungsindividualisten (11%)
	Etablierte Leistungsträger (15%)
	Kritische Bildungseliten (9%)
	Engagiertes Bürgertum (10%)
Mittleres Drittel (29%)	Zufriedene Aufsteiger (13%)
	Bedrohte Arbeitnehmermitte (16%)
Unteres Drittel (26%)	Selbstgenügsame Traditionalisten (11%)
	Autoritätsorientierte Geringqualifizierte (7%)
	Abgehängtes Prekariat (8%)

Abbildung 2: Die „Drei-Drittel-Gesellschaft" nach Neugebauer (2007: 69)

Ein Befund der Studie von Neugebauer ist, dass Werte, die sich auf die Lösung sozialer Probleme und auf die repressionslose und postmaterialistische Gestaltung der Gemeinschaft beziehen, weit verbreitet sind. Entsprechend besteht eine hohe Unzufriedenheit mit den ökonomischen wie sozialen Verhält-nissen. Pflicht- und Akzeptanzwerte (autoritäre Wertvorstellungen) werden stärker präferiert als (libertäre) Selbstentfaltungswerte. Das korrespondiert mit weitverbreiteten etatistischen Vorstellungen vom Erhalt bzw. Ausbau des

Sozialstaates bei gleichzeitig stärkerer Intervention in wirtschaftlichen Belangen. Es wäre jedoch verfehlt, interventionistische Orientierungen als durchgängiges politisches Prinzip anzunehmen; vielmehr ergeben sich auf der Ebene der Einzelmilieus durchaus unterschiedliche Wertvorstellungen. So sind die Milieus des unteren gesellschaftlichen Drittels betont sozial und staatsinterventionistisch eingestellt, changieren aber zwischen ethnozentrischen (autoritären) und demokratischen (libertären) Positionen bezüglich der politischen Werthaltungen. Starke Unterschiede bestehen bei den Milieus des mittleren Drittels: Die „Bedrohte Arbeitnehmermitte" orientiert auf soziale, staatsinterventionistische und ethnozentrische Haltungen; die „Zufriedenen Aufsteiger" sind diffus sozial eingestellt – soziale Gerechtigkeit wird Marktfreiheit ebenso vorgezogen wie Libertarismus dem Autoritarismus. Ähnlich different ist das obere gesellschaftliche Drittel strukturiert: „Leistungsindividualisten" wie „Etablierte Leistungsträger" tragen neoliberale Züge, sind gemäßigt demokratisch und gemäßigt ethnozentrisch. Die „Kritische Bildungselite" und das „Engagierte Bürgertum" präferieren dagegen soziale Einstellungen, Staatsintervention, demokratische Partizipation und Multikulturalität.

2.1.3 Alltagsweltliche Milieukontexte, politische Orientierungen und Praxen als Untersuchungsfokus

Auf die Sozialstruktur insgesamt bezogene Milieu-Modelle beinhalten von Forschenden *künstlich* geschaffene analytische Kategorien. Die konzeptionell grundsätzliche Multidimensionalität des Milieu-Konzepts wird reduziert auf einige wenige zentrale „verallgemeinerbare" Faktoren. Auf die konkrete Handlungspraxis der Subjekte kann allenfalls insoweit rückgeschlossen werden, wie den analytisch bestimmten Großgruppen gemeinsame Merkmale und Orientierungen eigen sind. Eine Alternative zu sozialstrukturell orientierten (Groß-)Milieuuntersuchungen sind Analysen auf der Ebene realer sozialer Praxis und damit verbundener Orientierungen in konkreten alltagsweltlichen Milieus. Peter von Oertzen (2006: 66) ist zuzustimmen, der konstatiert:

„Wirkliche kollektive Akteure können nicht unmittelbar aus gesellschaftlichen Strukturen abgeleitet werden. Sie werden konstituiert oder besser: konstituieren sich selbst in geschichtlichen (Lern-) Prozessen, in denen überkommene soziale Gegebenheiten und soziales Handeln, Reaktion und Aktion, Führer und Geführte, lebensweltliche Milieus und politische Organisation, Alltagserfahrung und Ideologie,

Interessenvertretung und Wertorientierung als Momente eines komplexen dynamischen Zusammenhangs in Erscheinung treten." Erst über entsprechende empirische Einzeluntersuchungen der lebensweltlich verankerten und real agierenden kollektiven Akteure können Erkenntnisse über bestehende Zusammenhänge entlang der sich ggf. vermischenden Interessen, Problemlagen oder Beteiligungsformen gewonnen werden. Erklärbar werden dann jenseits der stabilen Grundorientierungen liegende Konstellationen, die sich z. B. entlang konkreter Stadtteilprojekte oder der gemeinsamen Abwehr von Nazi-Aktionen herausbilden. Auch wenn mit Methoden der qualitativen Sozialforschung allenfalls punktuelle Blitzlichter auf solche Praxen und Orientierungsmuster geworfen werden können, werden so Perspektiven auf „lebendige Politik" jenseits abstrakter Lager respektive sozialstruktureller Zuordnungen eröffnet und zugleich ihre materiellen und ideellen Hintergründe beleuchtet. (Daran anschließende repräsentative Untersuchungen können dann auf der Grundlage von Plausibilitätsannahmen Verbreitungsgrade von solchen Orientierungen und Praxen aufzeigen.)

In diesem Sinne liegt der Untersuchungsfokus der vorliegenden Studie auf (lokal verankerten) *alltagsweltlichen Milieukontexten* im Sinne relativ dauerhafter Assoziationen von Subjekten zu kohärenten alltäglichen Interaktionszusammenhängen auf der Grundlage gemeinsam geteilter materieller Lagen und kultureller Dispositionen. Dabei konzentrieren wir uns thematisch auf milieuspezifische politische Orientierungen und Praxen. Allerdings werden diese Orientierungen und Praxen als emergent sowie interessen- und lebensstilgebunden aufgefasst. Die alltagsweltlichen Milieukontexte verstehen wir als mehr oder weniger „posttraditionelle" Gemeinschaftsbildungen (vgl. Hitzler et al. 2005: 17 ff.; 2009). Somit unterschreiten wir bewusst das Aggregationsniveau der als Referenzkonzepte herangezogenen Milieukonzeptionen von Vester et al. (2007) und Neugebauer (2007). Dieses Vorgehen dient dem Ziel, die lebensweltlichen Bedingungen und Gelegenheitsstrukturen für das Agieren kollektiver Akteure, auf die von Oertzen nachdrücklich verweist, angemessen untersuchen zu können.

Für die auf politische Orientierungen und Praxen in Alltagsmilieus fokussierte Studie ist ein zentraler theoretischer Anknüpfungspunkt die von Karl Mannheim (1980, 1995) in Anknüpfung an Karl Marx elaborierte Wissenssoziologie. Die wissenssoziologische Perspektive insistiert auf der Seinsverbundenheit des Denkens und begründet die Zentralität alltäglicher Erfahrungen in der eigenen Lebenswelt. Dementsprechend wird in der vorliegenden Studie von der Prämisse ausgegangen, dass politische Orientierungen, Deutungen gesellschaftlicher Prozesse, Motivationen und politische Praxen sozialen Eingreifens insbesondere in der eigenen Lebenswelt der untersuchten Personen und im

Wechselspiel mit konkreten sozialen Bezugsgruppen generiert werden. Gesellschaftliche Institutionen wirken also nicht *direkt* auf die Individuen ein, sondern vermittelt über lebensweltliche Kommunikations- und Interaktionsgemeinschaften in sozialen Alltagsmilieus. Entsprechend werden in der empirischen Untersuchung die Alltagserfahrungen und alltagsweltliche Milieuprägungen der Personen rekonstruiert.

Die im Rahmen der vorliegenden Studie untersuchte Gruppe der Linksaffinen liegt gewissermaßen quer zu den gesellschaftlichen Großmilieus. Man findet sie – um nur beispielhaft einige Milieus herauszugreifen – sowohl unter den „Traditional Verwurzelten" als auch unter den „DDR-Nostalgischen" oder den „Hedonisten". Will man klären, was das Gemeinsame und das Trennende der Linksaffinen ist, geben die gängigen Milieukonzepte zwar eine erste Orientierung, sie sind aber nicht unbedingt zielführend. Eine adäquate Milieusystematisierung kann erst (im Sinne der Methodologie einer empirisch begründeten Theoriebildung) im Zuge der Forschung entwickelt werden (vgl. dazu Kap. 3). Entscheidend ist, dass solche (bisweilen temporären) (Mikro-) Milieus als lebensweltliche Kommunikations- und Interaktionsgemeinschaften fungieren und eine lebensbiografische Bedeutung für die Politisierung des Einzelnen erlangen. Die Angehörigen der hier untersuchten linksaffinen Alltagsmilieus bilden einen inneren sozialen Zusammenhang, der sich in verstärkter Binnenkommunikation, einem gewissen Wir-Gefühl und Distinktionsbemühungen nach außen äußert.

2.2 Methodisches Vorgehen

Um die dargestellte theoretische Perspektive empirisch fruchtbar zu machen, wurden exemplarisch ausgewählte Personengruppen anhand intensiver qualitativer Befragungen erfasst, um ihr individuelles und kollektives Verhalten und damit korrespondierende gesellschaftliche und politische Grundorientierungen zu analysieren.

Die empirische Untersuchung basiert auf zwei im Jahresabstand durchgeführten qualitativen Erhebungswellen und einer nachfolgenden standardisierten Telefonbefragung. Entsprechend der theoretischen Basisannahme der lebensweltlichen Geprägtheit politischen Denkens und Handelns (vgl. Abschn. 2.1) ist der Fokus der beiden qualitativen Erhebungen stark auf die Ebene des Alltags der befragten Personen – insbesondere die politischen Praxen und dahinter stehenden Orientierungen – gerichtet.

Zunächst wurden zwischen Oktober 2007 und April 2008 sukzessive 21 Gruppendiskussionen bzw. Fokusgruppeninterviews mit Personen durchgeführt, die jeweils im selben (linken bzw. linksaffinen) politischen bzw. sozialen Kontext engagiert waren. Nach Möglichkeit wurden als Interviewpartner Personen gewonnen, die in einer Gruppe alltäglich miteinander interagieren und politisch handeln. Nach der Auswertung dieser Gruppenbefragungen wurden zwischen November 2008 und April 2009 in einer zweiten Erhebungswelle sukzessive 60 qualitative Einzelinterviews mit politisch bzw. gesellschaftlich engagierten Personen oder Inaktiven aus dem im weitesten Sinne linken politischen Spektrum durchgeführt. Ziel war es, den selektiven Fokus der ersten Befragung auf wenige exemplarisch ausgewählte Engagementkontexte zu erweitern und stärker die Einzelperson in den Blick zu nehmen.

Methodologisch orientieren sich beide qualitativen Erhebungen am Prinzip der „empirisch begründeten Theoriebildung" (Glaser / Strauss 1998; Kelle 1994) in Verbindung mit gängigen interpretativen Verfahren der rekonstruktiven Sozialforschung (Bohnsack 2008; Kleemann / Krähnke / Matuschek 2009; Matuschek 1999; Nohl 2006).

Die Stärke der qualitativen Analysen liegt in der Entdeckung aktueller Entwicklungen und der Rekonstruktion ihrer inneren Prozesslogik anhand des empirischen Datenmaterials. Sie lassen allerdings unmittelbar keine quantifizierenden Aussagen über die Gesamtheit der Linksaffinen oder relevante Teilgruppen zu. Um diesem Mangel zu begegnen, wurde im Mai 2009 in Ergänzung zu den qualitativen Studien eine repräsentative Umfrage mit begrenztem Umfang durchgeführt. Zentrale Ergebnisse wurden in Bezug auf Wirkketten und Kausalzusammenhänge insbesondere im Hinblick auf Aspekte der politischen Teilhabe massenstatistisch überprüft. Besondere Beachtung wurde dem Zusammenhang von sozialen Lagen und politischer Orientierung sowie der Aktivitätspräferenz geschenkt. Dem Aspekt der gesellschaftlichen Integration durch politisches Handeln wurde entlang der Spannbreite der Identität als Wahlbürger bzw. als politisch Aktive nachgegangen.

Nachfolgend werden Design, Sampling- und Auswertungsstrategie für die drei Erhebungen ausführlicher dargestellt.

2.2.1   Qualitative Gruppendiskussionen und Fokusgruppeninterviews

Zentrales Ziel dieser Erhebung war es, politische Praxen Linksaffiner in ihrer inneren Logik und Dynamik zu erfassen. Das gesamte Tableau der Praxen im erweiterten linken Spektrum hätte allenfalls oberflächlich anhand formaler Merkmale bestimmt werden können. Daher wurde im ersten Untersuchungsschritt auf die Engagementformen exemplarisch ausgewählter Gruppen aus dem linksaffinen Spektrum (einschließlich der zu Grunde liegenden Anschauungen und Motive) fokussiert. Befragt wurden proto-, semi- und politische Akteure. Als Erhebungsmethode bot sich ein auf Gruppendiskussionen (vgl. Bohnsack 2008) basierendes Forschungsdesign besonders an. Bei diesen Gruppenbefragungen wird dem Sinnhorizont der Interviewten ein möglichst breiter Raum gewährt; ihre Darstellungen, inhaltlichen Aussagen etc. prägen jeweils den Verlauf des Interviews. Die Interviews wurden in der Regel von zwei Autoren dieses Buchs durchgeführt. Um die Hintergründe und Kontexte der Befragten genauer zu erfassen, wurden außerdem Experteninterviews geführt.

Das theoretische Sampling (Glaser / Strauss 1998) zielte im Sinne einer minimalen und maximalen Kontrastierung darauf, mehrere nach formalen Kriterien kontrastierende Untersuchungsgruppen zu bestimmen und für jede Untersuchungskategorie mehrere Gruppendiskussionen durchzuführen.

Bei der Bestimmung der Kategorien für das theoretische Sample wurde eine Vielzahl von Kriterien einbezogen: Nach Bildungsgrad und beruflicher Situation sollte eine möglichst breite Streuung erreicht werden; ebenso in Bezug auf das Lebensalter, allerdings unter Ausklammerung der Rentnergeneration. Im Hinblick auf die Zugehörigkeit zu politischen Milieus wurde als Auswahlkriterium für die Bestimmung zu untersuchender Personengruppen in Anlehnung an die oben erwähnte Studie der Friedrich-Ebert-Stiftung (Neugebauer 2007) das Kriterium angelegt, dass die Befragten möglichst aus den drei relativ deutlich linksaffinen Milieus dieser Studie – „abgehängtes Prekariat", „bedrohte Arbeitnehmermitte" und „kritische Bildungseliten" – stammen sollten.[3]

Varianz im Untersuchungssample wurde ebenfalls angestrebt in Bezug auf die Engagementformen der zu Befragenden. Es wurden Personen interviewt, die sich *im engeren Sinne politisch* oder in einem *weiteren Sinne gesellschaftlich* engagieren, zudem wurde unterschieden, ob sie in institutionellen Kontexten (politisches System, institutionalisiertes Ehrenamt) oder jenseits dessen (Initiativen, Assoziationen, Vereine, etc.) aktiv sind. Auch im Hinblick auf politische Orientierungen sollte eine breite Streuung innerhalb des Spektrums links von der Mitte erreicht werden.

---

3 Eine deutliche Linksaffinität ist in dieser Studie u. a. anhand der überproportionalen Parteianhängerschaft für die Partei Die Linke in diesen drei Milieus erkennbar: In der „Bedrohten Arbeitnehmermitte" geben 16 Prozent an, bei der Bundestagswahl die Partei Die Linke wählen zu wollen, beim „Abgehängten Prekariat" 28 Prozent und bei den „Kritischen Bildungseliten" 20 Prozent (Neugebauer 2007: 102 f.). Da bei unserer Untersuchung vor Durchführung des Interviews die Milieuzugehörigkeit im konkreten Einzelfall nicht zielgenau vorherzusagen war, weicht das empirische Sample in dieser Hinsicht zum Teil vom theoretischen ab. So waren unter den Befragten auch bürgerschaftlich Engagierte, die beruflich gut situiert sind oder einen Migrationshintergrund aufweisen.

Auf dieser Grundlage wurden fünf Kategorien von gemeinsam politisch bzw. sozial aktiven Personen gesampelt, um eine hinreichende Bandbreite an milieutypischen Soziallagen und politischen Aktionsformen zu erreichen:

a) politisch interessierte und engagierte Schüler und Studenten (die sich noch nicht oder nur teilweise in sozialstrukturellen Milieuklassifikationen der erwerbstätigen Mehrheitsgesellschaft erfassen lassen);

b) sozial etablierte, politisch bzw. gesellschaftlich aktive Personen mit Migrationshintergrund;

c) sozial Engagierte;

d) Prekäre (Arbeitslose bzw. prekär Beschäftigte) und

e) Akademiker mit prekärem Erwerbsstatus.[4]

Insgesamt wurden mittels des erhebungsmethodischen Instrumentariums 96 Personen in 21 Gruppendiskussionen befragt. Die Bandbreite politischer und sozialer, dauerhafter oder gegebenenfalls nur temporärer Aktivitäten spiegelt die gewünschte Kontrastierung politischer Praxen horizontal wie vertikal ebenso wider wie die Zugehörigkeit oder Distanz zu politischen Institutionen (z. B. Parteien, Organisationen oder Bürgerinitiativen). Innerhalb der fünf Samplekategorien finden sich unterschiedliche Grade politischer Aktivität sowie differente Intensitäten hinsichtlich der alltagskulturellen Relevanz politischer Aktivität.

Wie bei explorativen qualitativen Verfahren üblich, ergaben sich im Zuge der Fallauswertung partiell andere Leitkriterien der Unterscheidung zwischen den Fällen und daraus resultierend modifizierte Einteilungen der erhobenen Einzelgruppen.

Wie bereits erwähnt, sollte den TeilnehmerInnen der 21 Gruppenbefragungen viel Raum für eigene Darstellungen gegeben werden. Um dennoch eine systematische Vergleichbarkeit der Befragungen zu gewährleisten, arbeiteten die Interviewer mit einem Leitfaden. Dieser gliedert sich in 3 Themenbereiche :

1. Historie der Gruppe / Aktivitäten / Motivation

- Hintergrund der Gruppe: Wie hat sich diese konstituiert? Wie sind Gleichgesinnte gefunden worden?

- Was wird in der Gruppe konkret gemacht?

- Warum macht die Gruppe das was sie macht? Was motiviert die Einzelnen?

- Welche Ziele werden damit verfolgt? Was will die Gruppe damit erreichen?

---

4 Für weitere Details der Samplestruktur siehe den Ergebnisbericht zum ersten Teilprojekt (Matuschek et al. 2008: 21-23).

- Zukunftsperspektive: Wie soll die Arbeit in der Zukunft aussehen? Was soll erreicht sein? Welche Pläne gibt es in Bezug auf das Engagement?

2. *Informationsbeschaffung / Diskussionskultur / Kontakte zu politischen Institutionen*

- Wie und woher bezieht die Gruppe ihre Informationen?
- Wie werden diese innerhalb der Gruppe diskutiert? Welche Diskussionskultur bzw. -formen gibt es überhaupt in der Gruppe?
- Gibt es Kontakte zu anderen Gruppen, zu Organisationen, Verbänden, zu Parteien? Und wie sehen diese Kontakte aus?

3. *Politische Selbsteinordnung / Auffassungen zu Schlüsselthemen linker Politik*

- Was ist für die Gruppe links? Was ist für sie linke Politik?
- Wie steht sie zu militärischen Auseinandersetzungen?
- Was versteht die Gruppe unter Nachhaltigkeit und vor allem wie steht sie dazu? Hat diese für ihr Engagement eine Relevanz oder Legitimationsfunktion? Hat sie hinsichtlich ihrer Aktivität, der Durchsetzung und Umsetzung ihrer Ziele eine Bedeutung?

2.2.2   Qualitative Einzelinterviews

Die in der ersten Erhebungswelle offen gebliebenen und aufgeworfenen Fragestellungen sollten in einer weiteren, auf leitfadenorientierten Einzelinterviews basierenden qualitativen Erhebung vertiefend behandelt werden.

Bei den Gruppendiskussionen lag der Fokus auf der gemeinsamen Praxis politisch bzw. gesellschaftlich Engagierter. Die daraus gewonnenen Erkenntnisse zu unterschiedlichen politischen Praxen wurden mit dem auf eine breitere Streuung von Personen im linksaffinen Spektrum angelegten, zeitlich nachgelagerten Sampling der zweiten Erhebung auch auf Inaktive bezogen. Zugleich dienten die Einzelinterviews dazu, den Blick auf Politisierungskarrieren und Engagementverläufe im linksaffinen Spektrum, die sich bei der Auswertung der Gruppendiskussionen als theoretisch relevant erwiesen hatten, zu weiten und zu systematisieren, und die Bezugnahmen der Befragten auf Politik, Wirtschaft und Gesellschaft systematisch zu erfassen. Es zeigt sich bereits im Vergleich der untersuchten linken bzw. linksaffinen Gruppen in den Gruppendiskussionen, dass diese in ihren politischen Orientierungen und Praxen sehr heterogen sind. Zugleich verfügen sie aber über einen gemeinsamen Nenner dahingehend, *dass* sie, wenn auch in unterschiedlicher Reichweite und mit unterschiedlichem Bezug, Kritik an gesellschaftlichen Zu- bzw. Missständen äußern. Gemeinsamer

Fluchtpunkt der Linksaffinen ist also eine (mehr oder weniger klar artikulierte und mehr oder weniger weitreichende) Wahrnehmung von Defiziten der bestehenden Gesellschaftsordnung – insbesondere der ökonomischen und politischen Verhältnisse. Die kritische Perspektive auf die wirtschaftliche und politische Grundordnung ist in linksaffinen Milieus konstitutiv für die politische Selbstverortung innerhalb der Gesellschaft. Eine wichtige Zielsetzung der zweiten Erhebungswelle war es, insbesondere die divergierenden Bezugnahmen auf Politik, Wirtschaft und Gesellschaft systematischer zu beleuchten.

Das Sample dieser zweiten Erhebungswelle umfasst 60 qualitative erzähl-generierende, leitfadengestützte Einzelinterviews. Die Interviews begannen jeweils mit einer Erzählaufforderung an die Befragten, den Beginn ihrer Beschäftigung mit politischen Fragen und die weitere Entwicklung ihres politischen Interesses sowie ggf. die Entwicklung ihres politischen und / oder gesellschaftlichen Engagements bis heute ausführlich darzustellen. Die Narration der Befragten wurde soweit möglich ergänzt durch immanente Nachfragen nach konkreten Abläufen, Motivationen und Auslösern für politisches Handeln respektive Nichthandeln bzw. Veränderungen der Art der politischen Praxis; zudem interessierten die sozialen Kontexte dieser (Nicht-)Aktivität sowie die relevanten ideologischen bzw. theoretischen Bezugspunkte für politisches Handeln. In Anschluss an diesen biografischen Teil wurden jeweils mit einer initialen Erzählaufforderung die folgenden Themenbereiche angesprochen:

- Einbettung von politischem Interesse und Engagement in die Lebenswelt der Befragten

- Informationsquellen zu gesellschaftlichen Fragen (Mediennutzung und persönliche Gespräche)

- Einschätzung der Politik und Parteien

- Wahrnehmung wichtiger gesellschaftlicher Probleme

- Leitbilder für die Gestaltung von Gesellschaft

Die Interviewer waren außerdem gehalten, während des gesamten Interviews ergänzend Indikatoren für die Milieuzugehörigkeit der Befragten zu erfragen.

Anders als in der ersten Erhebungswelle, die sich auf politisch bzw. gesellschaftlich engagierte Personen konzentrierte, wurden beim Sampling der Folgeerhebung zu etwa gleichen Anteilen politisch bzw. gesellschaftlich aktive und inaktive Personen erfasst. In den Einzelinterviews wurde auch die Engagement-Biografie erhoben, so dass auch bei den Inaktiven vergangene gesellschaftliche Aktivitäten erfasst wurden. Die zum Zeitpunkt der Befragung Aktiven sind zu etwa gleichen Teilen in Parteien und anderweitig gesellschaftlich engagiert gewesen. Die politischen Orientierungen der Befragten streuen breit über das im weitesten Sinne linke und linksaffine Spektrum bis hin

zur linken politischen Mitte. Männer und Frauen sollten ungefähr gleichgewichtig befragt werden; im Resultat wurden 25 Männer und 35 Frauen
interviewt. Die Proportion von Ost- zu West-Befragten sollte eins zu zwei
betragen; tatsächlich wurden 24 Personen mit Ost- und 36 mit Westbiografie
befragt. Regional wurden die Interviewpartner nach reichen und armen
Regionen sowie nach Stadt vs. Land variiert.

Es sei nochmals darauf hingewiesen, dass die Untersuchung nicht allein auf
Personen mit dezidiert linken politischen Orientierungen bzw. Praxen gerichtet
war, sondern auch im weitesten Sinne „Links*affine*" umfasste. Das allein
befördert den Umstand, dass die Pluralität von Perspektiven überwiegt – womit
keineswegs nahe gelegt werden soll, dass bei dezidiert „linken" Personen bzw.
Milieus die Gemeinsamkeiten vorherrschten.

2.2.3 Standardisierte Telefonumfrage

Die vom Meinungsforschungsinstitut INFO GmbH durchgeführte CATI-
Bevölkerungsbefragung (Computer Assisted Telephone Interview) hatte auf
Grund der zur Verfügung stehenden finanziellen Mittel eine begrenzte Reichweite im Hinblick auf eine quantitative Überprüfung der qualitativ gewonnenen
Erkenntnisse. Im Vergleich zu einem angesichts der qualitativ erzielten Ergebnisse wünschenswerten Aufbau der Befragung mussten deutliche Zugeständnisse hinsichtlich Inhalt und Umfang gemacht werden. Die Daten der standardisierten Befragung dienten im Kontext der Gesamtstudie letztlich insbesondere
dazu, Spezifika der Gruppe der Linksaffinen im Kontrast mit Rechtsaffinen und
Tendenzlosen (vgl. Abschn. 2.2) genauer zu bestimmen und, soweit angesichts
der Fallzahlen möglich, Binnendifferenzierungen der Linksaffinen nach deren
parteipolitischen Bindungen bzw. Wahlpräferenzen vorzunehmen.

Auf eine Erfassung der Milieuverortung der Befragten musste ebenso
verzichtet werden wie auf eine umfängliche Erhebung zu Politisierungspfaden
oder zu (post-)materialistischen Werten. Diesem Manko wurde mit reduzierten
Scores bzw. Analogien erlaubenden Skalen begegnet, so dass, wenn auch in re-
duziertem Umfang, viele der ursprünglich beabsichtigten Aspekte erhoben werden konnten.

Der standardisierte Fragebogen umfasst neben den soziodemografischen Angaben Scores und Items zu den Bereichen Gesellschaft und politisches System
(6 Fragen / Skalen), Arbeit und Wirtschaft (12 Fragen / Skalen) sowie zu
politischen Einstellungen und Aktivitäten (11 Fragen / Skalen) und der Parteien-
präferenz / Erwartungen an Parteien (7 Fragen / Skalen). Mit dem eingesetzten

Frageinventar sind rund 160 inhaltliche Fragen gestellt worden, ein Interview dauerte gut 35 Minuten. Die Abbrecherquote ist zu vernachlässigen. Realisiert wurde aus der Grundgesamtheit der wahlberechtigten Bevölkerung Deutschlands eine Gesamtstichprobe von 1513 volljährigen Befragten. Die Befragten waren zum Zeitpunkt der Erhebung zwischen 18 und 92 Jahre alt. Etwas mehr als die Hälfte davon waren Frauen. 37 Prozent besaßen das Abitur, 22 Prozent einen dem Realschulabschluss äquivalenten Schulabschluss, knapp 24 Prozent den Hauptschulabschluss und gut 17 Prozent (vor allem Ältere) keinen Abschluss. Um Repräsentativität zu gewährleisten, wurden Überrepräsentationen im Datensatz unter Bezugnahme auf die Daten des Mikrozensus bzw. der offiziellen Wahlstatistik gewichtet. Zunächst erfolgte eine soziodemografische Grundgewichtung nach den Merkmalen Alter, Geschlecht und Haushaltsgröße, getrennt nach Alten und Neuen Bundesländern. Darauf aufsetzend wurde nach den Bevölkerungszahlen für die einzelnen Bundesländer gewichtet. In einem dritten Schritt erfolgte eine weitere Gewichtung nach Schulabschluss, abschließend eine zusätzliche politische Gewichtung entsprechend der Bundestagswahl 2005.

Neben deskriptiver Statistik und Korrelationsberechnungen wurden Dimensionen reduzierende und gruppierende Verfahren (v. a. Faktorenanalysen) sowie weitere multivariate Verfahren (Regressionsanalysen, Varianzanalysen) angewandt. Zusammenhangsmaße wurden generell auf Signifikanz getestet (z. B. Chi-Quadrat-Test, F-Test, T-Test).

2.2.4 Linksaffine, Rechtsaffine und Tendenzlose – ein quantitativer Bestimmungsversuch

Grundlegend für die Analyse der erhobenen quantitativen Daten war die Orientierung auf Linksaffine. Bereits in der Einleitung wurde auf die Schwierigkeit hingewiesen, die Kategorie des „Links-Seins" zu operationalisieren. Im Rahmen der politischen Kultur ist die Unterscheidung zwischen politisch linker bzw. rechter Positionierung ein gängiges Ordnungsraster. So ist etwa die Sitzordnung in Parlamenten entsprechend der Parteizugehörigkeit nach dieser Dichotomie ausgerichtet. Nicht nur Parteien orientieren sich an dem Links-Rechts-Raster, sondern auch die Bürger. Wie die folgende Übersicht der akkumulierten Daten der Allgemeinen Bevölkerungsumfrage der Sozialwissenschaften (ALLBUS) von 1991 bis 2008 zeigt, positioniert sich allerdings nur jeweils eine kleine Minderheit klar als politisch links bzw. rechts.

	1991	1992	1994	1996	1998	2000	2002	2004	2006	2008
Links 1	1,6	2,4	2,1	1,9	1,4	1,9	2,7	1,3	1,9	2,2
2	3,8	3,3	3,9	4,0	3,6	4,4	4,7	3,5	4,1	3,7
3	12,0	12,3	11,4	10,7	11,7	14,3	14,1	12,3	13,7	12,8
4	12,6	12,4	14,0	12,6	16,9	14,0	13,7	12,9	12,2	13,3
5	23,6	22,8	32,1	27,1	30,3	29,7	26,8	26,0	25,9	24,2
6	22,7	23,1	20,4	23,2	18,5	15,4	17,2	23,0	20,0	23,9
7	10,3	11,3	7,3	10,1	9,8	10,9	10,8	10,9	11,0	10,9
8	7,9	7,0	5,9	6,3	5,0	6,7	6,3	7,1	7,9	6,4
9	2,9	3,1	1,6	2,0	1,8	1,3	2,0	1,3	2,0	1,1
Rechts 10	2,7	2,4	1,3	2,1	0,9	1,4	1,5	1,7	1,5	1,4

Abbildung 3: Links-Rechts-Selbsteinstufung 1991- 2008 (Allbus kumuliert 1991-2008, Ost-West-gewichtet, Spaltenprozente, eigene Berechnungen)

In der Regel gruppieren sich die Befragten zwischen den Extrempositionen, wobei die Mitte, d. h. die Werte 5 und 6 auf einer Skala von 1 bis 10 am stärksten besetzt ist (Werte zwischen minimal 44% im Jahr 2002 und maximal 52,5% im Jahr 1994). Offenbar gibt es keine klar definierte und feststehende Grenze zwischen den beiden entgegengesetzten politischen Einstellungen. Als Tendenz lässt sich anhand der Daten aber ablesen, dass die Affinität für linke bis eher linke Positionen (Werte von 1-3) in der Bevölkerung kontinuierlich stärker vertreten ist als für rechte (Werte von 8-10). Im Zeitverlauf leicht variierend verortet sich zwischen einem Sechstel und gut einem Fünftel der Befragten selbst in dem Spektrum „links bis eher links" (1-3). Die höchsten Werte liegen mit 20,6 Prozent im Jahr 2000 und 21,5 Prozent im Jahr 2002 in der ersten Wahlperiode der rot-grünen Regierung unter Gerhard Schröder, bevor 2004 – offensichtlich aus Enttäuschung über die Regierungspolitik – ein Rückgang auf 17,1 Prozent einsetzte. 2006 stieg die Attraktivität linker Positionen wieder auf 19,7 Prozent an, um 2008 leicht auf 18,7 Prozent zurückzugehen. Rechte Selbstpositionierungen (Werte von 8-10) sind nach der Wiedervereinigung 1991 mit 13,5 Prozent am höchsten und oszillieren seit 1994 um den Anteil von einem Zehntel.

Am Drift der volatilen Werte zur Selbsteinschätzung lässt sich erkennen: Offenbar gibt es keine klar definierte und feststehende Grenze zwischen den beiden entgegengesetzten politischen Einstellungen. Vielmehr schiebt sich eine dritte Positionierung ein, die für einen Großteil der Befragten attraktiv erscheint: die tendenzlose „Mitte".

Grob unterscheiden lassen sich damit drei Gruppen: diejenigen, die sich eher dem *linken* oder dem *rechten* Spektrum zugehörig fühlen bzw. für entsprechende Inhalte Sympathie zeigen sowie die politisch eher einer weniger eindeutig verankerten Position zuneigenden Personen, die sich möglicherweise gerade durch die Abgrenzung von extremen Positionierungen als tendenzlos definieren.

Die empirischen Erhebungen der qualitativen Teilstudien der vorliegenden Veröffentlichung nutzten jeweils die Selbstdefinition der Befragten als Kriterium für das Sampling. Die Protagonisten sollten ein möglichst breites Spektrum von politisch links Orientierten abbilden. Sind die bereits in der Einleitung diskutierten Unschärfen bei der Bestimmung von Linken respektive Linksaffinen im qualitativen Interview überprüfbar und können zudem ausdifferenziert werden, so stößt dieses Selektionsinstrument in der quantitativen Teilstudie an seine Grenze. Gefragt ist eine von den Forschenden zu leistende Definition der unterschiedlichen politischen Subgruppen.

Da es in der Forschung zur politischen Kultur keine elaborierten Konzeptionen bzw. Analyseinstrumente zur Unterscheidung von politisch „Linken", „Rechten" und der politischen „Mitte" gibt, haben wir die Untersuchungsgruppe der Linksaffinen auf der Grundlage der repräsentativen Befragung anhand von zwei Kriterien bestimmt: Zum einen wurde wie bei den qualitativen Studien die Selbsteinschätzung der eigenen politischen Orientierung (erhoben auf einer Skala von 0 „sehr stark links orientiert" bis 100 „sehr stark rechts orientiert" – 601 von 1513 Befragten, also fast 40 Prozent, wählen hier übrigens den ‚neutralen' Wert 50) herangezogen; zum anderen die Einstellungen gegenüber den Parteien Die Linke, Bündnis 90 / Die Grünen und SPD (Skala von 0 „stehe überhaupt nicht nahe" bis 100 „stehe sehr nahe"). Als *Linksaffine* wurden in der quantitativen Studie diejenigen Befragten kategorisiert, die

- sich auf der Links-Rechts-Skala von 0-30 einordnen oder
- sich auf der Links-Rechts-Skala zwischen 31 und 49 verorten und zugleich mindestens einer der drei genannten Parteien nahe stehen (also hier einen Wert größer als 50 aufweisen).

Die Intention dieser zweifachen Bestimmung besteht darin, sowohl jene Befragten einzubeziehen, die sich selbst als nur schwach links einstufen, aber einer der Parteien des im weitesten Sinne linken Spektrums nahe stehen, als auch jene (parteifernen) Linksaffinen, die sich selbst als klar links definieren, ohne einer dieser Parteien nahe zu stehen.

Analog wurde mit umgekehrten Vorzeichen die Kategorie der *Rechtsaffinen* bestimmt. Sie umfasst diejenigen, die

- sich auf der Links-Rechts-Skala von 70-100 einordnen oder

- sich auf der Links-Rechts-Skala zwischen 51 bis 69 verorten und mindestens einer der drei Parteien CDU / CSU, FDP oder NPD nahe stehen.

Die übrigen Fälle wurden der Kategorie der *Tendenzlosen* zugeordnet; sie stehen damit in der Mitte zwischen den beiden zuvor beschriebenen Lagern, können aber in Einzelfragen ebenfalls deren politische Positionen übernehmen.

Die hier vorgenommene Unterscheidung der Linksaffinen von den Rechtsaffinen und Tendenzlosen anhand der politischen Selbsteinschätzung und Nähe zu den Parteien ist ein Versuch der Operationalisierung, mit dem sich allenfalls holzschnittartig angeben lässt, was „Links-Sein" auszeichnet. Wir gehen nicht davon aus, dass diese Clusterbildung hinreichend ist, um trennscharf die Abgrenzung von Linken zu politisch anders Orientierten zu erfassen, geschweige denn, die Vielfalt der Linken und ihr Verhältnis untereinander komplex auszuleuchten. Der heuristische Nutzen dieser Operationalisierung zeigt sich vor allem bei der systematischen Auswertung der Daten aus der quantitativen Befragung. In Bezug auf einige Items lassen sich trotz aller Unschärfen aufschlussreiche Vergleiche zwischen den drei Bevölkerungsgruppen – Linksaffine, Rechtsaffine und Tendenzlose – ziehen. Allerdings werden erst im Zusammenspiel dieser quantitativen mit den qualitativen Daten die Konturen der Linksaffinen und ihrer typischen Milieus sichtbar.

3 Kartografierung des linksaffinen Spektrums

In diesem Kapitel geht es um die Beschreibung des linksaffinen Milieu-
spektrums. Zunächst werden die Linksaffinen anhand einiger sozialstruktureller
Merkmale charakterisiert (3.1). Anschließend werden exemplarisch neun linksaffine Einzelmilieus auf der Grundlage der Gruppendiskussionen dargestellt
(3.2). Die exemplarischen Milieubeschreibungen dienen dazu, die Vielfältigkeit
des linksaffinen Spektrums zu verdeutlichen. Zudem wird geprüft, ob die
pluralen Einzelmilieus auch gemeinsame Bezugspunkte aufweisen, anhand
derer sich systematisch rekonstruieren lässt, was das Links-Sein der Milieu-
angehörigen auszeichnet. Dieser Vergleich mündet in einem Kartografierungsmodell für das linksaffine Spektrum, das anschließend unter Einbeziehung der
qualitativen Einzelinterviews und der Repräsentativbefragung in systematisierender Absicht erweitert und generalisiert wird (3.3).

3.1 Sozialstrukturelle Merkmale Linksaffiner im Vergleich zu Rechtsaffinen und Tendenzlosen

Im Folgenden werden ausgewählte sozialstatistische Merkmale der Linksaffinen
(LA) im Vergleich zu den Rechtsaffinen (RA) und Tendenzlosen (TL) präsen-
tiert (vgl. Abschn. 2.2.4 für die Zuordnung der Befragten zu den drei Katego-
rien). Die aus der Repräsentativbefragung (vgl. Abschn. 2.2.3) resultierenden
Befunde geben Aufschluss darüber, in welchen Bevölkerungsgruppen die linke
Selbstpositionierung und die Nähe zu linken Parteien besonders verbreitet sind.
Als relevante Variablen für die soziodemografische Verortung der Linksaffinen
erweisen sich Geschlecht, Bildungs- und Berufsabschluss, Alter und Wohnort.

    Betrachtet man die Verteilung nach Geschlecht, so fällt auf, dass überdurch-
schnittlich oft Frauen in ihrer politischen Grundorientierung zur Gruppe der
Tendenzlosen zählen (56,8% gegenüber 52,9% in der Gesamtstichprobe),
während bei den Links- und Rechtsaffinen überproportional Männer vertreten
sind. Frauen tendieren demnach in höherem Maße dazu, sich politisch weniger
eindeutig festzulegen, sich in der „Mitte" zu verorten und / oder politisch nur

geringes Interesse zu zeigen. Im Gegenzug ist zu bilanzieren, dass Männer in stärkerem Maße dazu neigen, sich politisch eindeutig festzulegen. Offenbar korreliert der Bildungshintergrund der Befragten mit deren Linksaffinität. Fast jeder zweite Linksaffine hat das Abitur (47,8%), während bei den Rechtsaffinen (32,3%) und Tendenzlosen (31,8%) jeweils nicht einmal ein Drittel den höchsten Schulabschluss aufweist. Im Hinblick auf die Berufsausbildung erreichen, wie Abbildung 4 zeigt, vergleichsweise mehr Linksaffine die höchsten Abschlüsse. 47 Prozent haben entweder die Hochschule oder die Fachhochschule absolviert, während Facharbeiter am stärksten bei den Tendenzlosen vertreten sind (knapp 46%) und Teilfacharbeiter bzw. Angelernte bei den Rechtsaffinen mit 11 Prozent.

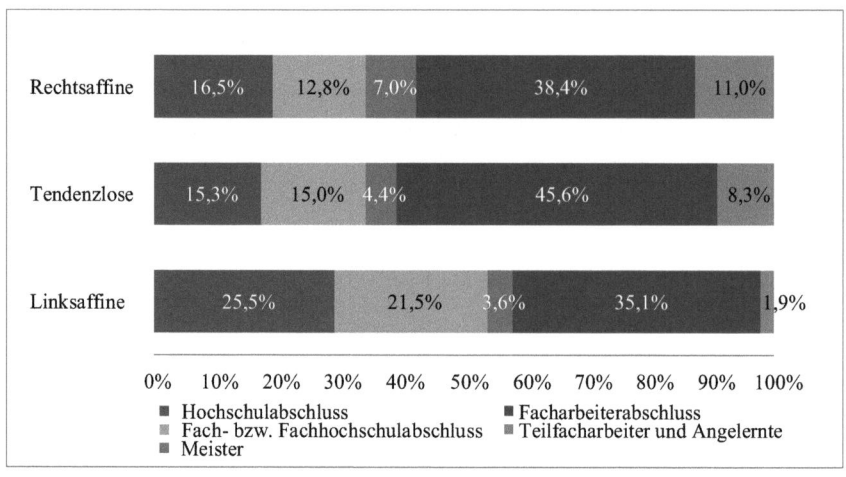

Abbildung 4: Bildungs- und Ausbildungsgrad nach politischer Orientierung

Unter den noch Berufstätigen ist der Anteil der Arbeiter bei den Linksaffinen unterdurchschnittlich ausgeprägt: Nur knapp jeder fünfte Linksaffine besitzt diesen Berufsstatus, während er bei den Tendenzlosen mit knapp unter 30 Prozent etwas über dem Durchschnitt (gut ein Viertel) und bei den Rechtsaffinen mit einem Drittel deutlich darüber liegt. Der Anteil der noch berufstätigen Angestellten und Beamten ist demgegenüber bei den Linksaffinen höher als bei den Tendenzlosen und deutlich höher als bei den Rechtsaffinen. Insgesamt zeigt sich demnach sowohl hinsichtlich des formalen Bildungs- wie auch des Berufsabschlusses ein bildungsbezogener Bias: Linksaffine gehören tendenziell eher zur hoch gebildeten und qualifizierten Bildungsschicht und üben in stärkerem Maße wissensintensive Tätigkeiten aus; Tendenzlose wie auch Rechtsaffine rekrutieren sich in stärkerem Maße aus der Facharbeiterschaft und höheren Ebenen des gewerblichen Berufsstatus.

Im Hinblick auf das Alter erweisen sich die Tendenzlosen als die relativ „älteste" und die Linksaffinen als die „jüngste" der drei Kategorien politischer Orientierungen – ein klarer Hinweis auf die Bedeutung der Lebensphasen für die Politisierung. Allerdings sind auch bei den Linksaffinen die über 50-Jährigen mit 43,7 Prozent die größte Kohorte, gefolgt von den 30-49-Jährigen mit 35,8 Prozent und den 14-29-Jährigen mit 20,5 Prozent. Bei den Rechtsaffinen sind fast die Hälfte fünfzig Jahre und älter, ein Drittel ist zwischen 30 und 49 Jahre alt und nur 17 Prozent zwischen 14 und 29 Jahre. Die Tendenzlosen allerdings vereinigen nur 13,3 Prozent der jüngeren Alterskohorten auf sich, ein knappes Drittel zählt zur Gruppe der 30-49-Jährigen, aber 54,1 Prozent sind mindestens 50 Jahre alt. Politische (und insbesondere: linke) Ideen, so ist zu vermuten, sind demnach insbesondere bei den Jüngeren attraktiv, verlieren diesen Status aber in den mittleren Lebensjahren und können bei Älteren vergleichsweise wenig punkten. Dieses Ergebnis spiegelt den bekannten biografischen Bias politischer Identifizierung wider, nachdem mit zunehmendem Alter konservativere Vorstellungen ein erhöhtes Gewicht bekommen.

Die Altersstruktur korrespondiert auch mit der berufsgruppenspezifischen Struktur: Unter den Linksaffinen befinden sich überdurchschnittlich viele Auszubildende und unterdurchschnittlich viele Rentner. Bei den Rechtsaffinen ist der Anteil derjenigen, die im eigenen Betrieb arbeiten höher als in den beiden Vergleichsgruppen und nur vergleichsweise Wenige sind nicht berufstätig.

	Linksaffine	Tendenzlose	Rechtsaffine
voll berufstätig im eigenen Betrieb	7,8%	7,4%	9,5%
voll berufstätig im fremden Betrieb	31,9%	32,4%	30,8%
teilweise berufstätig im eigenen Betrieb	1,4%	0,4%	4,6%
teilweise berufstätig im fremden Betrieb	12,9%	10,8%	10,3%
arbeitslos oder in Fortbildung / Umschulung	3,3%	2,9%	3,6%
im Wehrdienst / Ersatzdienst	0,0%	0,0%	0,4%
noch in der Ausbildung	8,8%	4,8%	4,7%
schon Rentner o. ä.	24,7%	33,0%	30,7%
nicht berufstätig	9,3%	8,3%	5,4%
kumulierte Prozente	100,0%	100,0%	100,0%

Abbildung 5: Statement: „Welche Berufstätigkeit üben Sie gegenwärtig aus?"

Dass in Ostdeutschland linke politische Orientierungen häufiger vertreten sind als in Westdeutschland, ist ein aus vielen Untersuchungen bekannter Sachverhalt, der sich auch in dieser Untersuchung bestätigt. In beiden Landesteilen sind die Tendenzlosen mit jeweils 46,2 Prozent mit Abstand die größte Gruppe; im Osten sind Linksaffine mit 39,1 Prozent deutlich stärker vertreten als im Westen (28,8%), während wiederum ein Viertel der Befragten im Westen, aber nur 14,5 Prozent im Osten sich als rechtsaffin ausweisen. Die häufig dem Osten zugeschriebene rechtslastige politische Orientierung kann somit in dieser Pauschalität anhand der vorliegenden Daten nicht bestätigt werden.

In den östlichen Bundesländern ist zudem der Anteil der Rentner unter den Linksaffinen deutlich höher als im Westen, umgekehrt ist dort die Kategorie „Anderes", die Selbstständige und Freiberufler einschließt, deutlich stärker besetzt; die beiden Kategorien „Arbeiter" bzw. „Angestellte" differieren nur schwach. Das verweist vermutlich auf stark tradierte politische Grundeinstellungen von Rentnern im Osten, während im Westen (prekarisierte) Bildungsnahe linksaffine Orientierungen aufbauen. Bezüglich der Tendenzlosen reproduziert sich diese Linie partiell und auf einem geringeren Differenzniveau:

		Rentner	Arbeiter	Angestellte	Anderes	**Gesamt**
Linksaffine	Ost	32,6%	15,9%	31,8%	19,7%	100%
	West	21,7%	13,1%	35,5%	30,0%	100%
Tendenzlose	Ost	38,5%	21,8%	26,9%	12,8%	100%
	West	31,4%	17,3%	29,5%	21,8%	100%
Rechtsaffine	Ost	30,0%	24,0%	24,0%	22,0%	100%
	West	30,8%	23,4%	22,4%	23,4%	100%

Abbildung 6: Beruflicher Status nach politischer Orientierung differenziert nach Ost / West (Zeilenprozente)

Im Hinblick auf das Haushaltseinkommen unterscheiden sich die drei Gruppen politischer Orientierungen nicht signifikant voneinander. Anders sieht es bei der Wohnortgröße aus. Hier weisen die Tendenzlosen in Großstädten ab 100.000 Einwohner deutlich geringere Anteile auf: 25,5 Prozent gegenüber 35 Prozent (LA) bzw. 32,9 Prozent (RA); in Orten bis 5.000 Einwohner sind sie mit 31,2 Prozent substanziell höher vertreten als Rechtsaffine (24,2%) und Linksaffine (18,8%). In den kleinen und mittleren Städten (5-100.000 Einwohner) ist die Verteilung dagegen nahezu ausgeglichen: LA: 46,2 Prozent, TL: 43,3 Prozent und RA: 42,9 Prozent.

Zusammenfassend lässt sich die Gruppe der Linksaffinen wie folgt charakterisieren: Linksaffine sind tendenziell männlich und in jüngerem Lebensalter, etwa ein Viertel sind Rentner. Überdurchschnittlich häufig haben sie einen höheren Bildungsabschluss und üben wissensintensive Tätigkeiten aus. Linksaffine sind im (groß-)städtischen Umfeld stärker verankert als in ländlichen Regionen und im Osten stärker als im Westen. Hinsichtlich ihrer beruflichen Position unterscheiden sich die Linksaffinen eher graduell denn substanziell von den Rechtsaffinen und Tendenzlosen. Aber im Vergleich zu diesen beiden Gruppen sind mehr Personen linksaffin, die noch vor dem Beginn ihrer beruflichen Laufbahn stehen.

Der soziodemografische Vergleich der drei Gruppen mit unterschiedlichen politischen Orientierungen lässt erkennen, dass Links-Sein nicht etwas rein Zufälliges ist, sondern die Affinität für diese Orientierung mit einigen sozialstrukturellen Merkmalen korreliert. Zudem deutet sich an den oben dargestellten Verteilungen an, dass Linksaffine keine homogene Bevölkerungsgruppe bilden. Die Bandbreite scheint ein Ausweis der bevölkerungsübergreifenden Attraktivität linksaffiner Orientierungen zu sein. Die Zugehörigkeit der Linksaffinen zu verschiedenen Bevölkerungsgruppen bildet die Basis für die mosaikartige (Urban 2009) Vielgestaltigkeit dieser Gruppe. Diese Vielgestaltigkeit – die verschiedenen Farben und Formen der einzelnen Mosaikstücke – gilt es in den beiden folgenden Abschnitten weiter auszuloten.

3.2 Exemplarische linksaffine Alltagsmilieus

Will man die Pluralität der Linksaffinen mit einer auf die lebensweltlichen Alltagskontexte gerichteten Untersuchungsperspektive (vgl. Abschn. 2.1.3) analysieren, bieten sich „dichte Beschreibungen" (Geertz 1987) von Einzelmilieus an. In der ersten Erhebungswelle wurde ein Sample von 9 relevanten Alltagsmilieus erstellt. Aus forschungspragmatischen Gründen wurden vor allem Milieus ausgesucht, in denen politisch interessierte bzw. gesellschaftlich aktive Gruppen wirken (vgl. Abschn. 2.2.1). Es handelt sich um jugendliche Antifa-Gruppen; Jugendliche in institutionalisierten Interessenvertretungen (des Bildungssystems); jugendliche (politische) Praktikanten; Angehörige der linken Gegenkultur; prekäre, akut von Arbeitslosigkeit Bedrohte; Dauerarbeitslose; beruflich integrierte Migranten; sozial Engagierte; latent politische Akademiker.

Angemerkt werden muss, dass die folgenden Milieubeschreibungen auf der Grundlage der durchgeführten Gruppendiskussionen explorativen Charakter haben. Die ausgewählten Milieugruppen sind weder repräsentativ noch prototypisch für das linksaffine Spektrum insgesamt. Um eine systematische

Vergleichbarkeit herzustellen, erfolgen die Beschreibungen nach einer einheitlichen Gliederung:

a) Sozialstrukturelle Merkmale (Milieuverortung) und Ausstattung mit für die
   politische Praxis relevanten Kapitalien;

b) Verankerung der Gruppenmitglieder in ihren jeweiligen sozialräumlichen
   Nahmilieus;

c) Einschätzung der Gesellschaft und politische Grund- und Wertorientierungen;

d) Politische Praxen und Politisierungskarrieren;

e) Verhältnis zu anderen linksaffinen Gruppen bzw. zur linken Bewegung.

3.2.1 Jugendliche: Antifa

Die Gruppe umfasst zum einen AbiturientInnen, die sich vor einem Jahr als
linkes antifaschistisches Bündnis in einer ostdeutschen Kleinstadt zusammen-
geschlossen haben, und zum anderen eine Fokus-Gruppe von AbiturientInnen,
die in der lokalen Antifa-Szene in Berlin seit mehreren Jahren aktiv sind. Eine
latent linke politische Orientierung, verknüpft mit dem Bestreben, gegen neonazistische Erscheinungen und „rechte Tendenzen" in der Gesellschaft vorzu-
gehen und andere Jugendliche politisch aufzuklären, bilden eine zentrale Motivlage für den Einstieg in die „linke Szene". Die Jugendlichen sind auf der Suche
nach Gelegenheiten, um das vorhandene (aber durch Schule, Elternhaus etc.
nicht befriedigte) politische Interesse zu kanalisieren und zu befriedigen.

Beide untersuchten Einzelgruppen zeigen ein typisches Merkmal der politischen Sozialisation von Jugendlichen auf: Die Jugendlichen treten bewusst nicht
in schon bestehende linke Jugendorganisationen bzw. Parteien ein. Stattdessen
schaffen sie sich ihre eigenen Strukturen. Das politische Motiv, gegen „Rechte"
aufzutreten, ist eng mit einem sozialen Motiv verknüpft. Man will enge Beziehungen und Netzwerke zu Gleichaltrigen „mit gleicher Wellenlänge" knüpfen.
In der Regel kommen die Jugendlichen über Freunde und Bekannte zu den
Gruppen. In diesem Sinne kann man im Fall der *Antifa-Jugend* von ‚politisierten
Peer-Groups' sprechen.

a) Sozialstrukturelle Merkmale und Kapitalienausstattung
Die Interviewten können den oberen bürgerlichen Milieus zugeordnet werden.
Da sie sich noch in der Adoleszenzphase befinden und erst in ein paar Jahren ins
Berufsleben einsteigen, lässt sich nicht eindeutig sagen, ob es bei den einzelnen
zu Milieuwanderungen kommen wird. Demzufolge sind momentan allenfalls

Prognosen über ihre zukünftige Position innerhalb der bundesdeutschen Sozialstruktur möglich. Bei erfolgreichen Abitur- und Universitätsabschlüssen, die
alle Interviewten anstreben, ist die Wahrscheinlichkeit hoch, dass sie im Herkunftsmilieu verbleiben. Allerdings bieten gute Bildung und Ausbildung keine
ausreichende Garantie mehr dafür, dass sie dem Herkunftsmilieu verhaftet
bleiben.

Bei den Jugendlichen ist bereits ein distinktiver Habitus mit antiautoritären,
avantgardistischen Zügen ausgeprägt. Die Gruppenaktivitäten sind zudem durch
ein hohes Maß an Intellektualität und rationaler Diskurskultur gekennzeichnet.

Im Vergleich zu Gleichaltrigen – insbesondere zu bildungsfernen Jugendlichen – verfügen die *Antifa-Jugendlichen* über ein hohes Maß an kulturellem
und sozialem Kapital. Zum einen setzen sich die Gruppenmitglieder auf einem
hohen intellektuellen Niveau mit gesellschaftlichen Strukturen, Weltpolitik,
Geschichte auseinander und diskutieren sehr reflektiert über antikapitalistische
Optionen. Insofern überrascht es nicht, dass vorrangig AbiturientInnen in diesen
Gruppen aktiv sind. Zum anderen sind die untersuchten Jugendlichen (auch
außerhalb ihrer politischen Aktivitäten) stark sozial vernetzt und praktizieren
bereits routinisierte Strategien des sozialen Kontaktmanagements.

b) Praktische Verankerung in nahweltlichen Milieus / Gruppen

Der Weg in die linke Antifa-Szene wird von Jugendlichen in der Regel über das
soziokulturelle Lebensumfeld beschritten. Hierbei spielen kulturelle Praxen,
Erlebnisorientierung und alltagsästhetische Schemata (im Sinne von Gerhard
Schulze, 1992) eine nicht zu unterschätzende Rolle. Wichtig für viele Jugendliche ist die eigene Verortung in einer Subkultur, respektive Distinktion
gegenüber anderen Subkulturen, die sich etwa im präferierten Musik- und
Kleidungsstil manifestieren. Achtet man auf diese „feinen Unterschiede"
(Bourdieu), scheinen vor allem die Punk-Musik und / oder Independent-Music
sowie die autonome Subkultur Magneten für Jugendliche zu sein, die sich „links
fühlen" und einen Anschluss an die „Szene" suchen.

Die Fixierung auf eine politisierte Peer-Group mit einem ausgeprägten „Wir-
Gefühl", das vor allem über die Abgrenzung gegenüber den „Rechten" etabliert
wird, ist für die Milieuverankerung der linken *Antifa-Jugend* von zentraler
Bedeutung. Die in diesen Gruppen sich ausprägende kollektive Identität geht
Hand in Hand mit (den sprichwörtlichen) Distinktionskämpfen, die mit
(politischen) Gegnern geführt werden. Der typische Mechanismus zu Beginn
dieser Gruppenbildungsprozesse ist die negative Definition der eigenen
Gruppenidentität. Die Jugendlichen begreifen sich selbst als Widerpart jener
politischen Ausrichtung, die man ablehnt. Diese Positionierung ist protopolitischer Natur: Die Abgrenzung gegenüber den *Anderen*, den Nazis, ist ein
subkultureller Zugang zur auserwählten Gruppe und eine Vergewisserung der

Gruppenidentifikation. Das Streben nach innerem Zusammenhalt und Solidarität ist motiviert über die Fixierung auf die zu bekämpfende politisierte Gegengruppe.

c) Einschätzung der Gesellschaft und politische Grund- und Wertorientierungen

Die Gesellschaft, insbesondere die bundesrepublikanische, wird von *Antifa-Jugendlichen* grundsätzlich kritisch betrachtet. Kapitalistische Strukturen werden abgelehnt. Aufhänger ist auch hier die konfrontative Einstellung gegenüber den Neonazis. Ein reflektierter und politischer Antikapitalismus ist, wie ein Befragter meint, *„auf Dauer die Konsequenz ... dass man drüber nachdenkt, dass der Fehler im System liegt ... dass die Nazis nicht der Fehler sind, sondern der schlimmste Auswuchs des Fehlers".* Das politische System wird abgelehnt, weil es nach Einschätzung der *Antifa-Jugendlichen* der Etablierung rechter Strukturen Vorschub leiste.

Wertorientierungen wie etwa ‚soziale Gerechtigkeit', ‚Solidarität', ‚Frieden' etc. sind nicht primär Motivationsgrundlage für die politische Wahrnehmung und das politische Handeln. Zum Teil werden solche abstrakten Ideen alltagsweltlich reinterpretiert. So wird unter ‚Solidarität' etwa der Zusammenhalt im Persönlichen und Privaten innerhalb der Peer-Group verstanden.

Kritik wird von den Jugendlichen als Merkmal der Gruppenzugehörigkeit in den Mittelpunkt gestellt. Es ist sozusagen ein Voraussetzungs- und Abgrenzungsmerkmal in einem. In Abgrenzung zur rechten Szene wird es dem Begriff ‚Heimat' gegenüber gestellt. *„Links ist, wo es keine Heimat gibt, wo man die Kritik in den Mittelpunkt stellt".*

d) Politische Praxen und Politisierungskarrieren

Es dominieren interne, von den Beteiligten selbst als oft nicht zielführend erlebte Diskussionen *(„wir haben uns endlos verheddert")* über die eigene Positionierung innerhalb des linken Spektrums und darüber, was die Gruppe machen will *(„wir waren das größte Problem").*

Neben den internen Diskussionen werden Info-Abende über rechte Musik und Kleidung etc. organisiert; die Gruppen beteiligen sich an Demonstrationen bzw. bereiten sie vor; angefertigt werden Transparente, Flyer, Broschüren, Internet-Botschaften etc. Je tiefer die inhaltliche Auseinandersetzung mit gesellschaftlichen Strukturen und Kapitalismuskritik erfolgt, umso stärker nehmen die *Antifa-Jugendlichen* an entsprechenden thematischen Gruppen- und Einzelseminaren bzw. Workshops teil, die von Einrichtungen politischer Bildung angeboten werden.

Vertreter der *Antifa-Jugendlichen* treten mit dem Anspruch auf, andere Jugendliche politisch aufzuklären. Die Intention des Aufklärens ist verbunden mit einem gewissen Überlegenheitsgefühl gegenüber anderen Jugendlichen. Jene seien – so die unverkennbare Einschätzung der Interviewten – unpolitisch und uninteressiert. Die eigenen bzw. gruppen- und bewegungsspezifischen Deutungsmuster und Wissensbestände werden implizit als absolute Wahrheit gesetzt und sind dadurch nicht hintergehbar, geschweige denn kritisierbar. Man tritt Anderen mit dem Bewusstsein gegenüber, über ein *„höheres Wissen zu verfügen"*. Die so konstruierte Wissenshierarchie dient gleichzeitig der Selbstimmunisierung: Folge ist eine zunehmende Abgrenzung und Abschottung nach außen bei gleichzeitiger Stärkung des Gruppenzusammenhalts nach innen.

Das Wissen über Austausch und Diskussion beziehen die Jugendlichen in erster Linie über das Internet und linke Zeitungen. Im Internet sind es spezielle Foren, die zur Informationsbeschaffung herangezogen werden. Wichtig ist den Jugendlichen dabei, dass es sich um Medien handelt, die von ihnen als nichtkommerzielle Berichterstattung wahrgenommen werden. In einem weiteren Sinne sind auch thematische Informationsveranstaltungen für die Jugendlichen von Interesse.

Da unsere interviewten *Antifa-Jugendlichen* zum Zeitpunkt der Gruppengespräche gewissermaßen mittendrin in den Gruppenbildungsprozessen und am Anfang ihrer politischen Sozialisation in der linken Szene standen, konnte für diese Personengruppe die Politisierungskarriere recht dezidiert herausgearbeitet werden. Unterschieden werden muss eine protopolitische Phase von der rein politischen Phase. Im Verlauf der ersten Phase werden Voraussetzungen geschaffen, die dann den Einstieg ins politische Engagement ermöglichen. Hier dominiert noch eine eher latente linke politische Grundorientierung und Anti-Haltung gegenüber rechten Tendenzen in der Gesellschaft bzw. gegenüber Neonazis. Die Verknüpfung politischer Diskussionsfreude mit einer sozialen Peer-Group-Orientierung bringt die Jugendlichen dazu, aktiv zu werden und in einer linken Jugendgruppe mitzuarbeiten bzw. eine eigene Gruppe zu gründen: *„... irgendwann war es zu albern, man wollte in eine Gruppe und kämpfen"*. Mit diesem Entschluss und dem darauf aufbauenden politischen Engagement in der Gruppe treten sie in die eigentliche politische Phase ein. Charakteristisch für diese Phase ist, dass zum einen pragmatische Aktionen innerhalb des Netzwerkes der linken Szene geplant und durchgeführt werden und zum anderen eine Auseinandersetzung mit den Ursachen des Neo-Nazismus, mit gesellschaftlichen Strukturen, Weltpolitik und Geschichte erfolgt, die bis zu einem reflektierten Antikapitalismus bzw. Kapitalismuskritik führen kann. Solche theoretischen Diskussionen sind geprägt von einem hohen Intellektualisierungsgrad und Abstraktionsniveau sowie von einer auf rationale Argumente fixierten Diskurskultur. Nur jene Jugendlichen, die in dieser Hinsicht eine Neigung verspüren und entsprechendes kulturelles und soziales Kapital ausgebildet haben, gehen diesen vorgezeichneten Weg der Politisierung. Evident ist, dass Jugendliche aus bildungsfernen Schichten an dieser Stelle in der Regel scheitern und kein Interesse am Verbleib in den Gruppen haben. Mit dieser sozialen Exkludierung erfolgt, ohne dass dies intendiert ist, eine Selbstabschließung der Bildungsschicht.

e) Verhältnis zur linken Bewegung

Jugendliche bei der Antifa sind Bestandteil der bundesdeutschen linken Bewegung. Hier gibt es eine starke Überschneidung zur Milieuzugehörigkeit. Die Vernetzung erfolgt über persönliche Kontakte, gemeinsame Aktionen und über die bewegungsinternen Medien (Mailinglisten, Chat-Foren und andere spezielle Internetplattformen).

Ein Charakteristikum der linken Bewegung, die lose Netzwerkstruktur, manifestiert sich anhand unserer Interviewgruppen. Die einzelnen Antifa-Gruppen weisen in der Regel eine hohe Fluktuation auf. Das scheint zunächst ein Widerspruch gegenüber der ausgeprägten Peer-Group-Fixierung der Jugendlichen zu sein. Zu begründen ist die Fluktuation mit einer bei ihnen schon habituell angelegten Aversion gegenüber hierarchischen Strukturen und festen Organisationsformen. D. h., in dem Moment, wo sich gruppeninterne klare Führungspositionen herausbilden und / oder die Spontaneität zugunsten programmatischer Leitlinien verloren geht, verlässt ein Teil die Gruppe. Die habituelle Aversion gegenüber Hierarchien und formalen Organisationen, die zur relativ hohen Fluktuation innerhalb der Gruppen führt, erklärt u. a. den – im Vergleich etwa zur rechten Jugendszene – losen Netzwerkcharakter der linken Szene.

Ausgeprägt ist bei den untersuchten Gruppen der Sample-Kategorie *Antifa-Jugend* die Distanz gegenüber etablierten Organisationen und Parteien (auch des linken politischen Spektrums).

3.2.2   Jugendliche: institutionalisierte Interessenvertretung im Bildungssystem

Die Gruppe setzt sich aus Jugendlichen und jungen Erwachsenen in schulischen bzw. berufsqualifizierenden Bildungsgängen an Schulen und Universitäten zusammen. Dort engagieren sie sich innerhalb der formalen Institution der Gruppenvertretung (Fachschaft, Schülervertretung), deren Existenz (im Gegensatz zu Antifa-Gruppen) gesetzlich vorgeschrieben ist, aber ihre Wirksamkeit das Engagement von Freiwilligen erforderlich macht.

a) Sozialstrukturelle Merkmale und Kapitalienausstattung

Es handelt sich überwiegend um Angehörige bildungsnaher Schichten, die nach ihrem Herkunftsmilieu gemäß dem Vester-Schema überwiegend dem modernen bzw. leistungsorientierten Arbeitnehmer- bzw. den eigenverantwortlichen oberen bürgerlichen Milieus entstammen. Entsprechend dieser Zugehörigkeit tendieren die Jugendlichen zu (jugendtypischem) eigenverantwortlichem Handeln, das bisweilen experimentierfreudige und avantgardistische Züge trägt. Ihr Engagement verlängert nicht selten die Erfahrungen ihrer Eltern, die häufig selbst im akademischen Umfeld entsprechend aktiv waren oder später als Elternvertreter Einfluss genommen haben. Bildungsnahe Jugendliche nehmen die Lehr-Institution als Ort wahr, der sich prinzipiell durch eigenes Engagement entsprechend ihren Vorstellungen (mit)gestalten lässt. Das Engagement in der Bildungsinstitution stellt für sie einen integrativen Bestandteil der aktuellen Lebensphase dar.

b) Praktische Verankerung in nahweltlichen Milieus / Gruppen

In ihrer lebensweltlichen Verankerung beziehen sich die bildungsnahen Jugendlichen zumeist auf ihre Mitschüler bzw. -studierenden. Zwar sind nach wie vor Bezüge insbesondere zu denjenigen möglich, deren Kreise sie innerhalb ihrer Bildungslaufbahn temporär gekreuzt haben (Mitschüler, Bekannte aus dem Herkunftsort); ihr zentraler Fokus liegt aber im Hier und Jetzt. Diese Gegenwart wird als zwar transitorischer, aber im eigenen Interesse gestaltbarer Lebensabschnitt gewertet. Ihr praktisches Engagement entsteht aus Wahrnehmungen des Verlustes von vergemeinschaftenden Aktivitäten (Vereinzelung) oder drohender Verschlechterungen der instituionellen Bedingungen (von Gestaltung der Lehre bis hin zu Prüfungsanforderungen) und hat insofern zunächst eine defensive Stoßrichtung. Aus dieser Abwehr (single point) entwickelt sich aber häufig ein breiter gefächertes Engagement, das proaktive Züge der Gestaltung des universitären bzw. schulischen Alltags trägt. Dennoch gibt es ein Leben, das außerhalb und entkoppelt von den Bildungseinrichtungen ausgelebt wird.

c) Einschätzung der Gesellschaft und politische Grund- und Wertorientierungen

Bildungsnahe Jugendliche sind sich des Privilegs umfassender Bildung mit anschließenden guten Berufsaussichten bewusst und goutieren dies als notwendige Startbedingung zum Erhalt der schichtspezifischen Position in der Gesellschaft. Diese verteilt in ihrer Perspektive solche Zugangschancen ungerecht, was auf einer eher abstrakten Ebene auch beklagt wird und zu entsprechendem z. T. politischem, z. T. ehrenamtlichem Engagement führt.

Neben dieser Position nimmt aber auch die Eigenverantwortung einen breiten Raum ein; beides zusammen vermengt sich zu einem Bild einer prinzipiell offenen Gesellschaft, in der Aufstieg auf Grund persönlicher Leistung prinzipiell möglich ist. Zugleich zeigt sich in der Wahrnehmung verstärkter Konkurrenz auch im Bereich hochqualifizierter Arbeit, dass eine gute Bildung noch kein Versprechen auf eine gute Zukunft ist. Die eingeübte solidarische Grundhaltung gerät hier an individualistisch anmutende Grenzen und es stellt sich eine ganz eigene Moralökonomie ein: Nutzen für die Gesellschaft muss immer auch Eigennutzen beinhalten – und sei es, dass im solidarischen Verhalten Kompetenzen erlernt werden, die für das spätere Leben verwertbar erscheinen.

Die Gesellschaft wird als nicht perfekte, aber zu perfektionierende Größe gedacht, für deren Transformation individuelles Engagement allein nicht ausreicht. Der primäre Handlungsmodus hierzu ist die diskursive Auseinandersetzung, mithin eine intellektuelle Bearbeitung politischer Probleme. Die Erstarrung der etablierten politischen Strukturen eröffnet zugleich nur geringen Gestaltungsraum, worauf überwiegend mit Distanz reagiert wird.

d) Politische Praxen und Politisierungskarrieren

Teils schon in der Kindheit durch die Eltern an ehrenamtliche oder politische Arbeit herangeführt, teils erst durch Impulse aus ihrer jetzigen Bildungswelt aktiviert, verstehen sich die Jugendlichen als Träger eigener, vor allem kollektiver Handlungsmacht. Dabei schützt gemeinsames Handeln nicht nur vor Restriktionen des institutionell sich im Vorteil befindlichen Gegenübers, sondern erzeugt zwischen Individuen in einer gemeinsam geteilten Lebensphase Vergemeinschaftung. Diese besitzt eine ganz eigene Qualität der Selbstverortung, ist damit auch Teil des Prozesses der politischen Bewusstseinsbildung und dient dem gemeinschaftlichen Einüben von politischer Praxis in einem relativ geschützten und überschaubaren Raum. So sind Politisierungen einerseits problemorientiert, andererseits werden sie häufig nur temporär mit aller Ernsthaftigkeit verfolgt – Aktivierungswellen und Themen lösen einander ab.

Diffus gewünscht wird eine Gegenkultur, die den eigenen Belangen gerecht wird, einen – auch quer zu parteipolitischen Fraktionierungen – gemeinsamen Rahmen herstellt und den politischen Horizont (der bisher auf den Bildungsbereich beschränkt ist) erweitert. Darin sollen emotionale Effekte durchaus ihren Platz haben, wie mit dem Verweis auf entsprechende, als erfolgreich wahrgenommene Aktivitäten der rechten Szene bemerkt wird.

e) Verhältnis zur linken Bewegung

Der politischen Linken in der Bandbreite von Sozialdemokratie, Bündnis 90 / Die Grünen und der Partei Die Linke gegenüber wird zurückhaltende Sympathie bekundet. Bemängelt wird die wenig attraktive Form linker Politik, die als kopflastig, kaum emotional mitreißend und institutionell zu verregelt empfunden wird. Daraus speist sich eine Distanz zu etablierten Strukturen, die als zu wenig jugendnah empfunden werden. Zugleich herrscht ein realpolitisch-pragmatisches Kalkül vor: Von allzu radikalen Forderungen will man angesichts unwahrscheinlicher Durchsetzungschancen wenig wissen; die Teilnahme an möglicherweise sich radikalisierenden Ereignissen (z. B. G8-Gipfel) wird deshalb unterlassen. Demo- und / oder Bewegungstourismus früherer Zeiten (wie zum Teil bei ihren Eltern) ist diesen Jugendlichen überwiegend fremd.

Die traditionellen Themen der breiten Linken werden in aller Abstraktheit mitgetragen, haben aber für das Engagement vor Ort so gut wie keine Bedeutung.

Grundsätzliche politische Statements werden als inhaltsleere Worthülsen gesehen, deren Formulierung nur angesichts des Status als Oppositionspartei möglich ist. Diese realpolitische Grundeinstellung spricht linken Organisationen die manchmal selbst beanspruchte moralische Hoheit ab – im politischen Alltag sind politische Institutionen in den Augen der Jugendlichen allemal korrumpierbar. Diese Abgeklärtheit führt allerdings auch dazu, längerfristiges politisches Engagement zu direkt betreffenden Themen zu unterlassen.

3.2.3 Jugendliche: politische Praktikanten

Die Gruppe umfasst junge Frauen und Männer, die überwiegend gerade Abitur gemacht haben und im Anschluss halb- bis einjährige Praktika in diversen politischen Institutionen bzw. in Verbänden absolvieren.

a) Sozialstrukturelle Merkmale und Kapitalienausstattung
Ähnlich wie bei der Gruppe der *Antifa-Jugend* kann keine eindeutige Milieuzuordnung nach Vester vorgenommen werden. Die Herkunftsmilieus variieren, allerdings entstammen die Praktikanten überwiegend bildungsnahen Elternhäusern. Politisch verorten sich die interviewten Jugendlichen eher links bis Mitte. Zwei der Befragten gaben an, Mitglieder der Partei Die Linke zu sein, ein Weiterer ist bei Bündnis 90 / Die Grünen; ein Jugendlicher ist in einem christlichen Verein aktiv.

b) Praktische Verankerung in nahweltlichen Milieus / Gruppen
Ein politisches Interesse ist generell bei allen Jugendlichen vorhanden, wobei sie sich eher mit „großen Themen" als mit Problemen regionaler und lokaler Politik beschäftigen. Das ausgeprägte politische Interesse ist ein Faktor, um ein längeres Praktikum in einer politischen Organisation zu machen. Biografisch stellt das Praktikum für viele eine günstige Gelegenheitsstruktur dar. Es wird als Bestandteil der Ausbildung angesehen bzw. als Berufsorientierung genutzt; Einige überbrücken damit ein „Wartesemester" für einen Studienplatz. Nur von

einem kleinen Teil wird als Motivation für das Praktikum explizit angegeben, politisch aktiv sein zu wollen. Während des Praktikums sind die Jugendlichen in feste Arbeitszusammenhänge integriert. Das politische Interesse, das alle Teilnehmer von Hause aus mitbringen, wird zum Teil durch ergänzende Workshops der Praktikumsträger befriedigt und kann sich im Rahmen der jeweiligen Institution weiter entfalten.

c) Einschätzung der Gesellschaft und politische Grund- und Wertorientierungen

Allgemein wird Befremdung und Enttäuschung über die Praxis realer regionaler Politik geäußert. Diese sei parteiinternen Interessen unterworfen und strategisch, auch wenn sie sich nach außen offen gebe. Parteipolitik wird pauschal als zu eng, populistisch und zu strategisch abgelehnt. NGOs werden als ein Gegenmodell dazu angesehen, da sie *„sich nicht so von der Parteipolitik instrumentalisieren"* ließen. Die Skepsis gegenüber Parteien wird auch auf andere, den Parteien nahe stehende Akteure, wie z. B. Stiftungen, übertragen. Diese seien nicht *„grundsätzlich unabhängig"*. Erstaunlicherweise können sich dennoch einige der Jugendlichen vorstellen, selbst in der Politik zu arbeiten.

Wird einerseits die Instrumentalisierung durch Parteien abgelehnt, sind es andererseits antistaatliche Positionen, wie sie etwa bei extremen Linken oder Rechten zu finden sind. Vorbehaltlos bekennen sich die Befragten zur Demokratie und rechtsstaatlichen Ordnung.

Die Jugendlichen reflektieren umfassend ihre eigenen staatsbürgerlichen Rechte und Pflichten. Ein wichtiges Thema hierbei ist das allgemeine Wahlrecht. Bevor sie (auf Grund ihres Alters) überhaupt an einer Bundestagswahl teilnehmen, definiert sich bereits ein Großteil von ihnen als *„demokratische Wechselwähler"*. Erkennbar wird an dieser Selbstdefinition zum einen, dass die Wahlmöglichkeit (im Sinne einer Wahlverpflichtung) ernst genommen wird. Die Begründung lautet unisono: wir leben in einem Rechtsstaat, der die demokratische Wahl garantiert, und von diesem Recht sollten die Bürger Gebrauch machen. Zum anderen wird mit der Selbstdefinition als *„demokratische Wechselwähler"* deutlich, dass die konkrete Wahlentscheidung an der Relevanz der Sachthemen festgemacht wird: *„Es kommt auf das Thema an und nicht auf die Partei, also wie man zu einem Sachverhalt steht"*. Diese klare Positionierung könnte den Eindruck erwecken, dass die Jugendlichen über keine enge Parteienbindung bzw. keine „politische Heimat" verfügen. Vorsichtiger interpretiert: Ausschlaggebend für die konkrete Wahlentscheidung ist weniger die jeweilige Partei an und für sich, sondern vielmehr eine eigene (noch in der Entwicklung befindliche) politische Werteorientierung ohne parteipolitische Bindung („Parteitreue").

Ein weiteres zentrales Thema, mit dem sich die politischen Praktikanten beschäftigen, ist der Rechtsextremismus. Einig sind sich alle in der Ablehnung dieser politischen Strömung, mit der sie in ihrem Alltag bereits konfrontiert wurden. Ebenso wird (kognitiv, da nicht auf praktischen Erfahrungen basierend) auch Linksradikalismus abgelehnt, sobald er die Prinzipien der Rechtsstaatlichkeit und der Freiheit verletzt.

Eine hohe Relevanz hinsichtlich der Beschäftigung mit gesellschaftlichen Problemfeldern nehmen Umwelt- und Friedensthemen ein. Kriegseinsätze in der Welt, wie etwa in Afghanistan, werden als tragbar angesehen, solange sie auf einem UN-Mandat beruhen. Erstaunlich an dieser affirmativen Haltung ist, dass gleichzeitig die eigene Inkompetenz bei der sachlichen Situationseinschätzung betont wird. Den verantwortlichen Politikern wird letztlich ein Vertrauensvorschuss gewährt – nicht ohne in Aussicht zu stellen, dass die eigene Bewertung (etwa des Afghanistaneinsatzes) auch anders ausfallen könnte, wenn man andere (zusätzliche) Informationen hätte.

d) Politische Praxen und Politisierungskarrieren

Im Praktikum arbeiten die Teilnehmenden in politischen Einrichtungen, Vereinen oder anderen zivilgesellschaftlichen Organisationen. Insofern handelt es sich um ein soziales bzw. politisches Engagement, wobei die Bezahlung der hier geleisteten Arbeit verhältnismäßig gering ausfällt. Wie bereits erwähnt, markiert das Praktikum eine lebensbiografische Zäsur und stellt zugleich ein Moratorium her: Anschließend sind Studium, Berufsausbildung oder ggf. der Wehr- oder Zivildienst in Angriff zu nehmen.

Die Bewerbung um einen Praktikumsplatz (z. T. in recht kompetitiven Auswahlverfahren) ist eine bewusste, zumeist strategische Entscheidung der Jugendlichen. Die erfolgreiche Bewerbung interpretieren sie als persönlichen Erfolg. Der Einstieg in das politische Engagement erfolgt in diesem Sinne über das Leistungsprinzip. Anders als die Jugendlichen der Antifa, die ihre eigenen Strukturen schaffen, sind die Praktikanten auf die Ressourcen der Praktikumseinrichtungen angewiesen. Ihre politische Sozialisation verläuft demzufolge stark institutionalisiert im Rahmen etablierter politischer Organisationsstrukturen.

Die befragten Jugendlichen fühlen sich von den Praktikumsträgern keineswegs fremdbestimmt oder gar diszipliniert, sondern nutzen das Praktikum souverän als Chance, aus der fatalistisch anmutenden Bewertung von Politik durch eigenes aktives Handeln herauszukommen.

e) Verhältnis zur linken Bewegung

Bis auf die drei Parteimitglieder gibt es keine nennenswerten Kontakte zur politischen Linken. Eine Interviewte erwähnt ihr biografisch bedingtes Engagement in der Gewerkschaftsarbeit. Bereits vor dem Praktikum war sie gewerkschaftlich aktiv. Eine Wahlverwandtschaft der Gruppe der politischen Praktikanten mit linken Parteien besteht aber im Hinblick auf die vorherrschende Orientierung gegen Rechtsextremismus.

3.2.4   Latent politische Akademiker

Die Gruppe umfasst junge AkademikerInnen, die momentan ohne dauerhafte Anstellung beruflich tätig sind und ein Interesse daran äußern, sich politisch zu engagieren. In der Gemeinsamkeit des politischen Interesses manifestiert sich allerdings ein Unterschied. Während die interviewten Mitglieder einer Umweltschutzinitiative im Rahmen ihrer derzeitigen projektgebundenen Erwerbstätigkeit in einem Umweltverband und daran angebunden teils auch in ehrenamtlicher Funktion im weitesten Sinne politisch aktiv sind, finden die Interviewten der zweiten Gruppe momentan wegen ihrer befristeten Erwerbsarbeit im universitären Kontext keine Gelegenheit zu aktivem politischen Engagement.

a)   Sozialstrukturelle Merkmale und Kapitalienausstattung
Die Interviewten stammen entsprechend dem Vester-Milieu-Schema aus dem modernen Arbeitnehmer- sowie dem bürgerlich-humanistischen Milieu. Das erworbene kulturelle Kapital wird als zentrale Ressource für die sozialstrukturelle Stellung innerhalb der Gesellschaft angesehen und dementsprechend ständig aktualisiert. Ausgeprägt ist die Kompetenz zum eigenständigen Handeln sowie zur Initiierung und Durchführung von Projekten. Die erworbenen Fähigkeiten und Wissensbestände werden beruflich wie außerberuflich entfaltet.

Neben dem hohen kulturellen Kapital verfügen die prekären Akademiker der untersuchten Gruppen über eine eigenverantwortliche Grundorientierung entsprechend der horizontalen Differenzierungsachse des Milieumodells von Vester. Ihnen ist eine Orientierung auf Eigenverantwortung sowie die Tendenz zur sozialen Gruppenbildung im Sinne der Akkumulation sozialen Kapitals eigen. Dieses Muster auf Gemeinschaftsorientierung findet allerdings eine eigentümliche Grenze bei den im universitären System Beschäftigten. Hier ist nämlich – so das artikulierte Selbstverständnis der Befragten – nur erfolgreich, wer sich als „Einzelkämpfer" gegenüber den Konkurrenten im Wettbewerb um die raren Stellen behaupten kann. Es zählen primär Erfolge, die direkt auf die Einzelperson zurückgeführt werden können (eigene Publikationen und eingeworbene Drittmittel, Vorträge auf Kongressen, Evaluationsergebnisse der Lehre, etc.). Das universitäre System wird von einigen der Interviewten als entsolidarisiertes soziales Geflecht angesehen.

Die Prekarität der eigenen Erwerbsbiografie zeigt sich in unterschiedlicher Ausprägung: Entweder man befindet sich in akut prekären Lebensverhältnissen (projektgebundene, nicht oder unterbezahlte Teilzeitarbeit) oder man lebt auf Grund unsicherer (v. a. universitär-akademischer) Karriereaussichten mit einer als existenziell wahrgenommenen Abstiegsangst.

b) Praktische Verankerung in nahweltlichen Milieus / Gruppen

Begünstigend für die nur lose Verankerung der im universitären System Beschäftigten wirkt, dass die einzelnen Stadien der akademischen Karriere in relativ kurzer Zeit durchschritten werden. Im Gegensatz etwa zur politisierten *Antifa-Jugend* bzw. den VertreterInnen der linken Gegenkultur fehlt das Bemühen, eigene, selbstbestimmte Strukturen auf der Grundlage des solidarischen Umgangs miteinander zu schaffen. In vorgegebene Strukturen, z. B. Gremien der universitären demokratischen Selbstverwaltung, bringt man sich vorrangig aus Karrieregründen ein.

Bei den akut Prekären außerhalb des universitären Systems stehen dagegen eher Probleme des finanziellen Lebensunterhalts, der Absicherung und Planbarkeit der eigenen Familie im Vordergrund. Die Einbindung in das Umfeld der eigenen Berufstätigkeit absorbiert und kanalisiert das politische Engagement der Einzelnen und stellt auf der Grundlage (umwelt)politischer Themen Verbindungen zu anderen Milieus her.

c) Einschätzung der Gesellschaft und politische Grund- und Wertorientierungen

In der Untersuchungsgruppe, die politisch im erweiterten linken Spektrum zu verorten ist, werden Grundmodelle einer aufgeklärten Zivilgesellschaft mit Potenzial für die persönliche Selbstverwirklichung präferiert. Charakteristisch sind ausgeprägt postmaterialistische Wertorientierungen (vor allem Streben nach Selbstentfaltung, demokratische Partizipation, Sorge um die Umwelt). Vor dem Hintergrund der zivilgesellschaftlich-postmaterialistischen Grundorientierung grenzen sich die Interviewten überwiegend von den etablierten Parteien ab. Diese werden als zu restriktiv und zu stark fixiert auf die Organisationsdisziplin und programmatische Leitlinien wahrgenommen. Es ist geradezu Ausdruck der vorherrschenden postmaterialistischen Grundorientierung, dass (insbesondere bei den interviewten WissenschaftlerInnen) auf ein konkretes Thema fixierte politische Aktionsformen bewusst jenseits der etablierten Organisationsstrukturen gewählt werden (z. B. Aktion „Stolpersteine" für verfolgte Juden im Nationalsozialismus; Mitgliedschaft im Chor, der Entwicklungshilfe unterstützt). Betont wird, „*...dass es einfach viel befriedigender ist, ... wo man [die Strukturen] selber wählt, dass man viel besser selber gestalten kann ... nicht auf länger bestehende alte Hierarchien Rücksicht* *nehmen muss ".* Auf Grund der starken Orientierung auf Eigenverantwortlichkeit und Selbstständigkeit fällt es den Interviewten schwer, die Rolle des klassischen „Verbandsmenschen" zu übernehmen. *„Es graut mich davor, zu irgendeiner Sitzung zu gehen ... was ich gern mache, ist alleine arbeiten zu Hause. Deshalb ist auch diese Einzelkämpferrolle für mich manchmal ganz befriedigend".*

Die befragten latent politischen Akademiker verfolgten sehr aufmerksam gesellschaftliche Entwicklungen der globalen Gesellschaft. Auffällig ist, dass die von ihnen in den Blick genommenen Themenfelder und Probleme vielfältig und disparat sind. Sie reichen – um die Spanne wenigstens anzudeuten – von der kollektiven Erinnerung an die Opfer des Nazi-Regimes über Ausländerfeindlichkeit, demokratisch-partizipatives Handeln als Bildungsauftrag in den Schulen bis hin zu zentralen Konfliktlinien der Weltgesellschaft. Charakteristisch ist zudem, dass Themen zuweilen sehr abstrakt vor dem Hintergrund der eigenen professionstypischen Deutungs- und Erklärungsmuster diskutiert werden. Als AkademikerInnen sind sie in der Lage, Sinnzusammenhänge zwischen den Themen herzustellen sowie die scharfe Grenzziehung zwischen postmaterialistischen und materialistischen Betrachtungsweisen zu durchbrechen.

So verbinden die „umweltbewegten" AkademikerInnen das Thema ‚Nachhaltigkeit' durchaus mit sozialen Problemfeldern der Gesellschaft. Hier erfolgt keine – etwa für Grüne aus dem „Lager der Radikaldemokraten" (Vester) typische – Ausblendung materieller Ungleichheiten und daraus erwachsender Benachteiligung. Argumentiert wird, dass die Themen ‚Nachhaltigkeit' und ‚soziale Gerechtigkeit' untrennbar miteinander verbunden seien. Entsprechend dieser Betrachtungsweise wird ‚soziale Gerechtigkeit' in einem allgemeineren Verständnis als Ausgleich verstanden, der über eine nachhaltige Politik durchgesetzt wird. Es geht aber auch darum, „den Zusammenhang zu verdeutlichen, dass *„Ungerechtigkeit einen Ursprung im billigen Konsum der Verbraucher"* habe. Im engeren Sinne, d. h. in der unmittelbaren Lebenswelt wird soziale Gerechtigkeit über erfahrbare Ausgrenzungstendenzen definiert. Fehlt eine Erwerbsarbeit bzw. muss der geringe Lohn einer Erwerbsarbeit durch staatliche Unterstützung ausgeglichen werden, führe dies zur sozio-kulturellen Ausgrenzung der Betroffenen. Argumentativ werden andere Ausgrenzungsmechanismen – etwa die Verwehrung ganztätiger Kindergartenbetreuung für Kinder von Arbeitslosen – ebenso als ungerecht gebrandmarkt.

Ein weiteres relevantes politisches Thema ist das der Partizipation. Gesellschaftliche Teilhabe wird als *„das eigentlich zentrale Thema der Demokratie"* eingeschätzt. Die Untersuchten konstatieren ein gesellschaftliches Partizipationsdefizit. Partizipation interpretieren sie als Anrecht und Möglichkeit, eigene Interessen und Anliegen durchzusetzen. Strategisch setzen sie auf eine Vernetzung und Solidarisierung mit anderen aktiven Gruppen – um *„andere ins gemeinsame Boot zu holen".* Kriegseinsätze, als (ein) drittes gesellschaftsrelevantes Thema, werden in einer abstrakten Form abgelehnt. Durch die Differenzierung militärischer Einsätze gelingt es ihnen jedoch, diese positiv zu interpretieren, wenn sie z. B. demokratischen Verhältnissen zum Durchbruch verhelfen, Durchsetzung von Gleichberechtigung zum Ziel haben und ähnlichem. Um aber die Berechtigung von Kriegseinsätzen, wie beispielsweise in Afghanistan, wirklich beurteilen zu können, fehle es an Kompetenz.

d) Politische Praxen und Politisierungskarrieren
Die berufliche Arbeit ist das zentrale Betätigungsfeld, in dem die angestrebte Selbstverwirklichung bzw. -entfaltung realisiert wird. Auf Grund der manifest oder perspektivisch prekären Verfasstheit der eigenen Erwerbsarbeit droht die Umsetzung der postmaterialistischen Lebensmaxime permanent zu scheitern. Die Betroffenen müssen Strategien und Praxen entwickeln, um angesichts der existenziell erlebten Zukunftsunsicherheit und der Angewiesenheit auf berufliche Erfolge souverän und gleichermaßen produktiv handeln zu können. Da die berufliche Karriere unter diesen Strukturbedingungen viel Energie, Zeit und andere Ressourcen verschlingt, droht ein darüber hinausgehendes politisches oder soziales Engagement, das eigentlich Teil der persönlichen Lebensplanung ist, ins Hintertreffen zu geraten, bzw. scheint nur im Verbund mit einer entsprechend ‚politischen' Erwerbstätigkeit möglich.
Es können verschiedene typische Strategien identifiziert werden, um mit diesem Problem der Vereinbarkeit von beruflicher Arbeit, ehrenamtlicher Arbeit und privater Familienarbeit umzugehen:
1) Redefinieren der beruflichen Tätigkeit als politische Arbeit:
Die eigene Politisierung und Aktivierung zum Engagement wird über die Schleuse der Berufsarbeit (oft zunächst ehrenamtliche Tätigkeit, die dann in ein bezahltes Teilarbeitsverhältnis übergeht) realisiert. Ihre Berufsarbeit verstehen die Betroffenen nicht als „Job" im klassischen Sinne, sondern eher als bezahltes Engagement. Vermittelt über Projektarbeit werden Gleichgesinnte gesucht und entsprechende Netzwerke aufgebaut. Auf einer professionellen Netzwerkarbeit basierend wird auch ein Engagement außerhalb dieses Bereiches angestrebt. Hierbei entstehen Synergieeffekte für die berufliche Arbeit (z. B. Überschneidung der Themen innerhalb des Umweltverband-Engagements und Engagement in der Freizeit). Über das berufliche und das darüber hinaus gehende Engagement sammeln sie Erfahrungen für den jetzigen bzw. späteren Beruf. Die Befragten rechnen sich dadurch bessere Chancen auf dem Arbeitsmarkt zu. Es ist also ein Engagement, das

gesellschaftspolitisches Interesse mit einer beruflichen Orientierung verbindet und die Resultate aus dieser Kanalisierung den Einzelnen als Bildungs- und Erfahrungspotenzial für den Arbeitsmarkt an die Hand gibt. Trotz und zugleich angesichts der prekären Beschäftigungslage gelingt es bei dieser Strategie, dass sich die Betreffenden sowohl beruflich als auch ehrenamtlich selbst entfalten – zumindest problematisieren sie die Vereinbarkeit von beruflicher und ehrenamtlicher Tätigkeit sowie die Gestaltung des Familienlebens nicht als Konflikt. Redefinitionen der beruflichen Tätigkeit erfolgen auch innerhalb der Gruppe der interviewten UniversitätsmitarbeiterInnen, etwa, wenn ein Dozent meint, er leiste mit seinen Lehrveranstaltungen *„politische Arbeit"*, da *„Bildung natürlich eine politische Angelegenheit"* sei oder eine Dozentin ihre Tätigkeit in der Studienkommission entsprechend definiert, da es um die Frage gehe *„wie kann man Stellen beschaffen und entfristen"*.

2) Anbieten des (fachspezifischen) Expertenwissens für nachfragende Organisationen, Einrichtungen etc:
Das eigene, im Verlauf der Ausbildung und des Berufslebens akkumulierte Fachwissen (z. B. politikwissenschaftliche Kenntnisse) wird interessierten Parteien und Organisationen zur Verfügung gestellt. Ähnlich wie bei den Interviewten aus der Aggregatgruppe *linke Gegenkultur* sind damit keine rein kommerziellen Ambitionen verbunden. Dennoch wird durchaus die Option in Erwägung gezogen, sich bei den nachfragenden Einrichtungen einen Expertenstatus zu erarbeiten, der sich bei einem Abbruch der universitären Laufbahn in bezahlte Auftragsarbeit konvertieren lässt. Dem liegt eine Redefinition zu Grunde: Das Anbieten des professionellen Fachwissens wird als politische Arbeit verstanden und dadurch legitimiert.

3) Konzentration des ehrenamtlichen Engagements auf ein die Familie(nmitglieder) unmittelbar betreffendes Betätigungsfeld:
Eine weit verbreitete Variante dieser Strategie ist etwa die aktive Mitarbeit im Schulförderverein des / der Kindes / er bzw. das Amt des Elternsprechers in der KITA. Das Engagement in solchen Gremien geschieht einerseits in dem Bewusstsein, dass man etwas für das eigene Kind tut (etwa Unterstützung der Lehrerschaft bei der Durchsetzung alternativer Pädagogiken gegenüber den Behörden, die auch dem eigenen Kind zugute kämen). Andererseits wird ein solches Ehrenamt vom Betreffenden selbst als politisches Engagement definiert, da es nicht (primär) um ein rein privates Interesses geht, sondern um ein öffentliches Anliegen (z. B. Verbesserung der schulischen Bildungsangebote).

e) Verhältnis zur linken Bewegung
Die Untersuchungsgruppe verortet sich im linksliberalen bzw. linken politischen Spektrum. Als links wird unspezifisch eine Einstellung definiert, die sich an Werten wie *„demokratisch, sozial, gerecht, friedlich"* festmachen lässt. Den Strukturen von Parteien, Verbänden und NGOs stehen die WissenschaftlerInnen eher skeptisch gegenüber. Die Interviewten der Umweltinitiative sind Parteien gegenüber sehr distanziert, weil sich differenzierende Meinungen zu unterschiedlichen Themen dem parteipolitischen Interesse und der Parteidisziplin unterordnen müssten.

3.2.5   Linke Gegenkultur

In der Kategorie *linke Gegenkultur* sind Personengruppen erfasst, die jeweils fest in einem (links-alternativen, anarchistischen, autonomen) politisierten lokalen Milieu bzw. einer Subkultur verankert sind und themen- bzw. aktionsbezogene politische Arbeit betreiben. Charakteristisch für diese Gruppen ist eine starke Distanz zum etablierten Parteien- und Institutionensystem und eine grundlegende Kritik gegenüber der kapitalistischen Gesellschaft. Der eigene Lebensentwurf ist durch die Vorstellung von einem möglichst weitgehend selbstbestimmten Leben jenseits der sozialen Normen einer bürgerlichen Mainstream-Gesellschaft geprägt. Darin eingeschlossen sind Versuche, Gegenmodelle zum bürgerlichen Erwerbs- (und ggf. Familien-)Leben praktisch umzusetzen.

a) Sozialstrukturelle Merkmale und Kapitalienausstattung
Der Erwerbsstatus von Vertretern der *linken Gegenkultur* ist in einem weiten Sinne prekär. Die Prekarität lässt sich daran festmachen, dass die Personen die zum Leben nötigen materiellen Ressourcen über multiple Einzeltätigkeiten, wechselnde Jobs, befristete Projektmitarbeit bzw. eigene Unternehmungen in der Alternativökonomie erwerben, ohne aber über das nötige Maß hinaus im Erwerbssystem tätig zu sein. Zum Teil dienen die Aktivitäten, die mit der eigenen politischen Arbeit verbunden sind (z. B. Vorträge) auch als Einkommensquelle. Die Untersuchungsgruppen haben überwiegend einen studentischen bzw. akademischen Hintergrund, so dass Möglichkeiten eines weitergehenden Einstiegs ins Erwerbssystem mit Karrierechancen durchaus gegeben wären, aber bewusst nicht genutzt werden. Insoweit ist hier von einer „selbst gewählten Prekarität" zu sprechen.
  Eine Milieuverortung der Personengruppen, die unter die Kategorie *linke Gegenkultur* fallen, ist entlang des Schemas von Vester nur in der horizontalen

Achse (Bezugnahme zu „Autorität") relativ trennscharf möglich: Konstitutiv für diese Gruppen sind „eigenverantwortliche" bis „avantgardistische" Orientierungen. Sie setzen auf die eigene Arbeitsleistung, vorhandenes Bildungskapital und Autonomie. Entlang der vertikalen Achse lassen sich die Gruppen nicht präzise verorten. Grund hierfür ist die teils selbst gewählte materielle Prekarität. Demnach kommen weder die respektablen Volks- und Arbeitermilieus noch die oberen bürgerlichen Milieus in Frage. Nimmt man die mit dieser Achse erfasste Differenzierung nach Habitus-Formen zum Maßstab, so ist ein spezifischer, auf die Realisation eines alternativen Lebensentwurfes gerichteter Habitus der Distinktion zu konstatieren. Wie die Kategorienbezeichnung *linke Gegenkultur* nahe legt, grenzen sich die Betreffenden tatsächlich bewusst ab vom gesellschaftlichen Mainstream, insbesondere von „bürgerlichen" Normalbiografien und Lebensformen.

Über den formalen (akademischen) Bildungsstand hinaus verfügen die Angehörigen der *linken Gegenkultur* über spezifisches kulturelles Kapital, das sich in der subkulturellen und politischen Lebenspraxis fortlaufend vermehrt: Entwickelt wird insbesondere die Kompetenz zu eigenständigem (im metaphorischen Sinne „unternehmerischem" Handeln) und damit verbunden zur Initiierung von Projekten. Freilich ist dieses unternehmerische Handeln zugeschnitten auf das eigene soziale Milieu. Die erworbenen Fähigkeiten und Wissensbestände sowie das subkulturspezifische soziale Kapital hätten außerhalb der milieuspezifischen Betätigungsfelder (insbesondere politische Bildungsarbeit und Alternativökonomie) eh nur begrenzte Relevanz und wären als Kapital nur zum Teil konvertierbar.

b) Praktische Verankerung in nahweltlichen Milieus / Gruppen
Die feste lebensweltliche Verankerung im lokalen sub- bzw. gegenkulturellen linken Milieu ist für die Untersuchungsgruppe konstitutiv. Gruppen, die alternative Infrastrukturen (z. B. fairer Handel; alternative Bildungseinrichtung) betreiben, stellen dadurch zentrale Knotenpunkte in den milieuspezifischen Netzwerken dar. Darüber hinaus werden in Form von Kooperationen bzw. der Beteiligung an Bündnissen in unterschiedlichem Ausmaß Anschlüsse an die institutionalisierte linke Bewegung gesucht.

In der Regel dient die politische Arbeit dazu, das eigene Ideal bzw. politische Zielvorstellungen zu verwirklichen (z. B. Abschaffung von ausbeuterischen ökonomischen Verhältnissen). Die räumliche und zeitlich stark entbettete Orientierung (gesamtgesellschaftliche und globale Problemsicht) bringt es mit sich, dass die Protagonisten der *linken Gegenkultur* stark im nationalen und internationalen Maßstab mit Gleichgesinnten vernetzt sind. So treten sie auch als (tendenziell) überregionale Anbieter von Vorträgen und Expertenwissen auf. Andererseits existiert eine starke Einbettung des politischen

Engagements im subkulturellen Kontext der jeweiligen Nahwelt. Man engagiert sich „vor Ort" und verfolgt hier die eigenen Projekte. In diesem Zusammenhang ist auch von Bedeutung, dass die Aktivitäten Spaß machen und nicht zur Routine erstarren sollen. Geachtet wird auch darauf *„dass wir uns nicht kaputt arbeiten"*. Daher ist eine Neigung zu aktionistischen Formen des politischen Engagements ausgeprägt.

c) Einschätzung der Gesellschaft und politische Grund- und Wertorientierungen

Grundlegend für die Untersuchungsgruppe *linke Gegenkultur* ist eine libertäre Grundorientierung in Bezug auf die (kapitalistische) Gesellschaft. Die Gesellschaft erscheint den Angehörigen dieser Gruppe als Zwangsapparat, der kreative Potenziale des Einzelnen einschränkt bzw. zunichte macht. Diese Grundorientierung mündet in eine umfassende Kapitalismuskritik, die allerdings selten stringent politökonomisch unterlegt ist. Dementsprechend ist das eigene politische Handeln auf das (utopische) Ziel der Emanzipation der Subjekte von gesellschaftlichen Zwängen gerichtet. Ein positives Staatsmodell existiert nicht; die Thematisierung des Staates wird weitgehend auf das Ziel der Abschaffung der kapitalistischen Ordnung und staatlicher Bevormundung reduziert, und die politische Orientierung bleibt letztlich partikular und auf Kritik an bestehenden Verhältnissen beschränkt.

d) Politische Praxen und Politisierungskarrieren

Die politische Praxis der Untersuchungsgruppe ist fokussiert auf eigene Initiativen bzw. Projekte, deren primärer Adressat die linke Gegenöffentlichkeit ist, die zum Teil aber auch an die allgemeine Öffentlichkeit gerichtet sind. Hauptzielpunkte der eigenen Arbeit sind die Schaffung alternativer Infrastrukturen, die Information der linken Gegenöffentlichkeit sowie die Organisation öffentlicher (teils direkt im öffentlichen Raum, teils vermittelt über die mediale Öffentlichkeit) Aufmerksamkeit erregender Aktionen, die punktuell gesellschaftliche Zustände kritisieren. Die politische Praxis ist fest gekoppelt an die eigene subkulturell-alternative Lebenswelt und hat dadurch überwiegend auch einen konkreten lokalen Bezug. Ein weiteres wichtiges Element ist die eigene Beteiligung an und die Mobilisierung für größere(n) politische(n) Aktionen (Demos, Aktionsbündnisse). Die Fähigkeit zum „spontanen" Reagieren auf Ereignisse – z. B. Organisation von (Gegen-)Demonstrationen, spontane Unterstützung wilder Streiks – ist hoch und stellt einen wichtigen Bestandteil der eigenen politischen Praxis dar.

Die Politisierung von Vertretern der *linken Gegenkultur* vollzieht sich ganz überwiegend während der Schule oder dem Studium durch eine allmähliche Integration in lokale großstädtische linke bzw. alternative Subkulturen, in denen eine (bereits latent vorhandene) system- bzw. kapitalismuskritische Grundorientierung nicht nur intellektuell, sondern auch alltagskulturell (etwa durch Musik- und Kleidungsstile) unterfüttert, zur Entfaltung gebracht wird. Konkreter Auslöser der Hinwendung ist nicht selten die spontane Beteiligung an einer konkreten Aktion aus dem links-radikalen Umfeld. Auf dieser Grundlage erwächst politisches Handeln entweder durch Beteiligung an bereits bestehenden politischen Projekten / Initiativen oder durch Initiierung eigener Aktionen bzw. Initiativen im lokalen Rahmen unter Einbindung in lokale Subkulturen und unter Vernetzung mit anderen, thematisch ähnlichen überlokalen Projekten bzw. Initiativen. Ausgangspunkt sind häufig zunächst Einzelaktionen, die die Gruppenbildung fördern, woraus wiederum eine Verstetigung der sach- bzw. themenbezogenen politischen Arbeit erwächst. Auf Grund der Dichte der subkulturellen Sozialbeziehungen stehen Vertreter der *linken Gegenkultur* in einem umfassenden Austausch mit anderen Initiativen / Projekten im lokalen linken bzw. linksradikalen Milieu und arbeiten zum Teil auch stetig in mehreren Kontexten mit. Gleichwohl vollzieht sich jenseits dieser generellen – ideellen wie ideologischen – Zugehörigkeit zu(r) linken Subkultur(en) die primäre Vergemeinschaftung vor allem innerhalb der jeweils eigenen Projekt- bzw. Initiativ-Gruppe.

Hinsichtlich der Kapitalienausstattung der Vertreter der *linken Gegenkultur* ist anzumerken, dass sie in der Regel über einen Hochschulabschluss verfügen. Die Gruppen weisen einen hohen Intellektualisierungsgrad auf (hohe Diskussionskultur, rational-diskursive Entscheidungsfindungen; Debattieren über politische Geschehnisse). Andererseits ist eine pragmatische Erfolgsorientierung feststellbar. Die Gruppen aquirieren erfolgreich Projekte, gelten als Experten auf ihrem Gebiet und können sich sogar innerhalb der Alternativökonomie etablieren.

e) Verhältnis zur linken Bewegung

Die Untersuchungsgruppe konstituiert einen tragenden Teil der linken Bewegung, der die politische Beteiligung innerhalb des politischen Systems auf Grund einer staats- und herrschaftskritischen libertären Grundhaltung ablehnt. „Links" zu sein bedeutet hier insbesondere, alternative Lebensmodelle praktisch umzusetzen und politische Arbeit und eigene Lebensweise eng aneinander zu koppeln. Das Verhältnis zu etablierten linken Institutionen innerhalb des politischen Systems ist ambivalent: Einerseits wird Distanz zu linken Parteien und Organisationen gehalten. Wenn Verbindungen bestehen, dann primär vermittelt über persönliche Kontakte zu einzelnen Politikern. Andererseits wird häufig auf vorhandene Infrastrukturen (v. a. Räumlichkeiten und Fördermittel) linker Institutionen für die eigene Arbeit zurückgegriffen. Was von den Parteien und Organisationen als „breite Bündnispolitik", um die außerinstitutionelle Linke zu integrieren, und als „Förderung kritischer Initiativen" interpretiert wird, definieren Gruppen aus der *linken Gegenkultur* eher als mehr oder weniger „subversive" Nutzung von Ressourcen des institutionalisierten politischen Systems. Wichtiges Ziel des eigenen Handelns scheint – bei aller partieller Bündnisbildung mit Parteien und Organisationen – insbesondere die Aufrechterhaltung der eigenen Handlungsautonomie zu sein, um die eigenen Anliegen in möglichst unverfälschter Form vorbringen zu können.

3.2.6 Prekäre: akut von Arbeitslosigkeit Bedrohte

Die Untersuchten stehen an verschiedenen Punkten der beruflichen Laufbahn: zum einen sind es Auszubildende in einem technischen Fach, deren Werk aktuell die Entlassung eines Drittels der Belegschaft (von mehreren Tausend) bevorsteht, zum anderen sind es Arbeiter in einer Arbeitsamtsmaßnahme, deren Werk gerade geschlossen wurde, und die heftige Kämpfe um eine Wiederaufnahme der Produktion bis hin zur zwischenzeitlichen Werksbesetzung hinter sich haben.

a) Sozialstrukturelle Merkmale und Kapitalienausstattung
Die *akut von Arbeitslosigkeit Bedrohten* sind in der vertikalen Dimension des Milieu-Schemas nach Vester im Bereich des leistungsorientierten bzw. traditionellen Arbeitnehmermilieus einzuordnen. Die Gruppe der Auszubildenden befindet sich im Übergang von der hierarchiegebundenen zur eigenverantwortlichen Umsetzung des beruflichen Bildungsweges; partiell besteht eine aus dieser Tradition gespeiste Leistungsorientierung. So wünscht sich ein Azubi den Verbleib im erlernten Beruf, während ein Anderer explizit ein Fachstudium anstrebt, um den eigenen Berufsweg stärker strukturieren zu können. Die zweite Gruppe (Werksbesetzung) hat sich durch den Impuls der Werksschließung mit anschließender Besetzung sozusagen im Schnelldurchlauf Kompetenzen in eigenverantwortlichem Handeln angeeignet.

Das Bildungskapital besteht bei den *akut von Arbeitslosigkeit Bedrohten* weitgehend aus formal mittleren Bildungsabschlüssen. Bereits erreichte Ausbildungsabschlüsse der Älteren sind faktisch entwertet, da man in anderen Arbeitsbereichen und zum Teil unterhalb der formalen Qualifikation tätig ist. Jüngere haben eine höhere Affinität zu Neuen Medien; sie beschreiten aber relativ traditionelle Informationswege. Die aktive Suche nach Informationen ist auf wenige Bereiche beschränkt. Das spezifische kulturelle Kapital wirkt insgesamt allenfalls eingeschränkt handlungsbefähigend.

Hinsichtlich ihres Sozialkapitals sind die Befragten in beruflicher Hinsicht auf solidarische Strukturen angewiesen; insoweit delegieren sie überwiegend (zumindest in der näheren Vergangenheit) an etablierte Akteure: Gewerkschaft, Betriebsräte. Denjenigen, die solche Funktionen im Betrieb ausüben, zollen sie kritische Anerkennung für ihren Einsatz. Hinsichtlich privater Kontakte ist die Milieuprägung bei Älteren verfestigter als bei Jüngeren.

b) Praktische Verankerung in nahweltlichen Milieus / Gruppen

Auch hinsichtlich der Verankerung ist ein Altersbias dahingehend zu bemerken, dass Jüngere offensichtlich noch über fluidere Beziehungen in benachbarte Milieus hinein verfügen, während dies bei Älteren im Regelfall geschlossener erscheint. Der Kern der sozialen Beziehungen speist sich aus dem engeren Arbeitsumfeld, es sind im Regelfall Kollegen bzw. Angehörige des eigenen Milieus, mit denen der Umgang gepflegt wird. Die Zugehörigkeit zum Werk ist dabei ein zentraler Bezugspunkt der Identität, der mit steigender Bedeutung des Arbeitgebers am Ort eine Art „Familienstolz" erzeugt.

Den alltäglichen Aktivitäten ist ein starker Regionalbezug eigen, der Blick über den lokalen Tellerrand geschieht eher temporär begrenzt (gelegentliche Reisen). Insoweit fehlt zum Teil ein Vergleichshorizont, der die „Normalität" der eigenen Lebenswelt hinterfragt. Es handelt sich um ein – nun durch die Bedrohung der Arbeitslosigkeit fundamental gestörtes – „Eingerichtetsein" in den Verhältnissen (die allerdings auf Grund der allgemeinen wirtschaftlichen Situation generell als prekär angesehen werden) auf der Grundlage einer Neigung zum Privatismus (mit Ausnahme der gewerkschaftlich Aktiven).

c) Einschätzung der Gesellschaft und politische Grund- und Wertorientierungen

Ob Azubis oder gestandene Arbeiter: beiden ist der Wortsinn des „abhängig Beschäftigten" in Fleisch und Blut übergegangen: Man fühlt sich durch nicht zu beeinflussende Entscheidungen „von oben" abhängig und entwickelt daraus im Regelfall einen zwischen Hoffen und Bangen angesiedelten Fatalismus. Dieser wird gleichsam rationalisiert: Den objektiven ökonomischen Gegebenheiten – insbesondere „Globalisierung" – hat man kaum etwas entgegenzusetzen; Entlassungen wie Werksschließungen sind damit bei aller persönlichen Betroffenheit nachvollziehbar. Dieser Primat des Ökonomischen schränkt zugleich die Reichweite des Gesellschaftlichen ein: Zwar werden Aktionen gegen die drohende Prekarisierung begrüßt, allerdings bestehen starke Zweifel am Erfolg. Das Gefühl des Ausgeliefertseins begründet die eigene Positionierung als innerhalb der Gesellschaft bedrohte Teilgesellschaft, deren alltagspraktische Umformung sich vollzieht, in dem man sich im kleinen überschaubaren Privatbereich einrichtet (Nischengesellschaft).

Vorherrschend ist eine etatistische Orientierung, die auf einem im traditionellen Arbeitermilieu weiterhin zentralen dichotomen Gesellschaftsbild von „oben" und „unten" aufruht, in dem man sich selbst „unten" und ohne Aufstiegsmöglichkeiten oder politische Handlungsmöglichkeiten definiert. Zugleich ist aber das Zutrauen in die etablierten politischen Akteure grundlegend in Frage gestellt.

Eine arbeitertypische starke Orientierung an Leistung tritt in der Ablehnung eines bedingungslosen Grundeinkommens oder ähnlichen voraussetzungslosen staatlichen Transferleistungen zu Tage: Solche Vorstellungen widersprechen dem eigenen Bild von der „gerechten Gesellschaft" als einer, in der Gratifikationen und soziale Positionierung auf Grund individueller Arbeitsleistungen vergeben werden. Diese traditionelle, an produktiver Schaffenskraft orientierte Vorstellung fordert einen bestimmten Teil der geschaffenen Werte als Restitution verausgabter Arbeitskraft ein, während das kritisierte Sozialmodell einer auf Transferleistungen basierenden Grundfinanzierung der Einzelnen stigmatisiert wird („bezahlte Faulenzerei" etc.). Implizit wird damit die Gesellschaft als Arbeitsgesellschaft definiert, im traditionellen Sinn als Gemeinschaft von Werktätigen, die die Basis für den gesellschaftlichen Wohlstand schaffen.

d) Politische Praxen und Politisierungskarrieren

Die Politisierung ist vielfach auf aktuelle, die eigene Lebenssituation konkret betreffende Probleme begrenzt. Bis auf manifest rechte politische Strömungen werden alle anderen als generell tragfähig und gegebenenfalls für die eigenen Belange im lokalen Rahmen funktional eingeschätzt. Praktischer Solidarität mit der eigenen Situation wird Vorrang vor diffusen Solidaritätsbekundungen Dritter gegeben. Kritik besteht an allem langatmigen, abwägenden und nur partiell durchschaubaren Verhalten von Interessenvertretern, indem der Verdacht der eigenen Interessensverfolgung durch Delegierte als bestätigt angesehen wird. Einer Politik des Kopfes wird die Politik des Handelns (d. h. pragmatische Entscheidungen) vorgezogen. Das hat bedingt mit Anti-Intellektualismus zu tun, trägt aber in sich den Wunsch nach der Unmittelbarkeit sichtbaren Erfolges – und sei er auch nur kurzfristig. Die Wirkmächtigkeit solcher Handlungen wird als individuelle Macht positiv erlebt.

Ein Teil der Befragten geht im Delegationsprinzip an Betriebsrat und Gewerkschaft auf, ohne auf eine Kritik an deren Handeln zu verzichten; ganz überwiegend ist aber nur eine passive Mitgliedschaft vorstellbar, aktive Mitarbeit ist selten. Wie schon vermerkt, wird den Aktiven durchaus Anerkennung gezollt, auch wenn die Ergebnisse des Handelns von Betriebsrat / Gewerkschaft nicht zu befriedigen vermögen.

Allenfalls punktuell werden unkonventionelle Politikformen – von Demos bis Besetzungen – als Mittel der politischen Praxis wahrgenommen, Letztere eher als Akt der Verzweiflung. Eine radikalisierte Überzeugung geschweige denn Strategie kann daraus nicht abgeleitet werden. Gleichwohl besteht verbreitete Kritik an den betrieblich etablierten Strukturen der Interessenwahrnehmung (Betriebsrat, Gewerkschaft), denen entweder Kungelei im Eigeninteresse, Interessenlosigkeit gegenüber bestimmten Einzelproblemen oder ganz einfach Machtlosigkeit zugeschrieben wird.

Politik ist ein Thema für Andere und sich selbst schreibt man eine gewisse Inkompetenz gegenüber politischen Fragen wie Aktivitäten zu. Insoweit wird am landläufigen Politikbegriff festgehalten, nach dem Politik ein diskursives, mit Fachexpertise zu untermauerndes und jedenfalls schwieriges Geschäft ist. Partiell vermögen es die eigenen Erfahrungen dann überraschend, dieses gemeißelte Bild aufzubrechen und sich selbst etwas zuzutrauen. Dabei sind die neuen Erfahrungen in politischer Praxis als Lernschritt verrechnet und es kehrt so etwas wie eine emanzipative Aufbruchstimmung ein, die in dem gemeinsamen Erlebnis des Aufmerksamkeit Erregens fußt.

e) Verhältnis zur linken Bewegung

Bei klarer Ablehnung manifest rechter Gruppierungen besteht hinsichtlich des übrigen Spektrums in der Entgegennahme konkreter Solidarität wenig Berührungsangst. Hier sind Mitglieder der lokalen Parteien willkommen, im geringeren Maß überregionale Politiker, die sich auf Themen draufsetzen. Diese Einstellung des *„man nimmt, was man kriegt"* enthält sich parteipolitischer Festlegungen.

Die eigenen Orientierungen sind links im Sinne der Bandbreite der Parteien von Sozialdemokratie bis hin zur Linken. Mitgliedschaften bestehen ebenso wenig wie eine aktive Mitarbeit ausgeübt würde. Die Abgrenzung zum Thema *garantiertes Grundeinkommen* markiert eine deutliche Grenze zu entsprechenden linken Positionen. Sie werden weniger als visionär und die eigene Abhängigkeit betreffend, denn als unrealistische Träumerei und Ausweis mangelnden wirtschaftlichen Sachverstandes, allenfalls als ein Projekt „gut gemeinter" akademischer Blütenträume wahrgenommen. In Bezug auf linke Themen (‚Gerechtigkeit', ‚Frieden', ‚Nachhaltigkeit') wird allgemein zugestimmt; die Denkfiguren grenzen aber wie beim Thema Grundeinkommen immer vermeintlich realistisch Durchsetzbares von bloßen Wunschträumen ab. Am Beispiel des Afghanistan-Krieges spricht man sich prinzipiell dagegen aus, sieht sich aber auf Grund selbstzugeschriebener Inkompetenz gegenüber „großer Politik" nicht in der Lage, die aktuelle politische Situation zu bewerten.

3.2.7   Prekäre: Dauerarbeitslose

Es handelt sich bei den interviewten Gruppen nicht um Dauerarbeitslose schlechthin, sondern um *Dauerarbeitslose*, die im Rahmen lokaler Angebote von Arbeitslosen- bzw. Stadtteilinitiativen tätig sind, die also trotz ihrer prekarisierten sozialen Lage ihnen zugängliche Angebote zur sozialen Vernetzung und Aktivität nutzen, um aus ihrer materiellen Deprivation „das Beste zu machen".

a) Sozialstrukturelle Merkmale und Kapitalienausstattung

Dauerarbeitslose bilden gemäß der Kategorisierungen von Robert Castel (2000) bzw. Klaus Dörre et al. (2004) die prototypische Gruppe der „Überflüssigen", die dauerhaft aus dem Erwerbssystem ausgeschlossen sind. Für sie ist als Effekt ihrer materiellen Lage und der damit verbundenen langfristigen gesellschaftlichen Ausgrenzung – mit entsprechenden biografischen Erfahrungen und fehlenden alternativen Zukunftsperspektiven – ein „Habitus der Notwendigkeit" kennzeichnend, der ihnen eine Bewältigung des Alltagslebens mit geringen materiellen Ressourcen auferlegt. Dauerarbeitslosigkeit wirkt negativ milieubildend, indem materielle Deprivation, gesellschaftliche Negativzuschreibungen und alltägliche soziale Diskriminierung ein allmähliches Abdriften in eine Unterklasse isolierter Einzelner befördern. Insofern sind *Dauerarbeitslose*, auch wenn sie unterschiedlichen Herkunftsmilieus entstammen können, im Vester-Milieu-Schema (vgl. Abschn. 2.1.1) in der Teilgruppe der „traditionslosen Arbeitnehmer / Resignierten" zu verorten. Werden vorhandene kulturelle Ressourcen und soziale Netzwerke eines gehobenen Herkunftsmilieus trotz prekärer materieller Lage noch aufrechterhalten, nehmen sie Zwischenpositionen zwischen Herkunftsmilieu und traditionslosem Arbeitnehmermilieu ein.

b) Praktische Verankerung in nahweltlichen Milieus / Gruppen

Dauerarbeitslosigkeit ist jenseits der eigenen Familie ein gesellschaftliches Stigma. Die Beteiligung an lokalen Initiativen gewährt für die *Dauerarbeitslosen* einen zentralen Zugang zu sozialer Öffentlichkeit. Zugleich stellen die (sozialpädagogisch betreuten) Initiativen einen gesellschaftlichen Sonderraum dar, der – als Alternative zu einer vollständigen sozialen Exklusion – eine Art „Parallelwelt" für *Dauerarbeitslose* sowie Frührentner und Rentner in prekärer materieller Lage geworden ist. Außerhalb dieser sehen sich die Betroffenen als gesellschaftlich fast völlig isoliert von der (Arbeit habenden) Mehrheitsgesellschaft. Die zentrale Motivation für die Beteiligung an entsprechenden Initiativen liegt in der Einsicht, dass es sich um die einzige zugängliche Möglichkeit handelt, sozialer Isolation zu entgehen. Innerhalb der „Parallelwelt" bieten die Aktiven niedrigschwellige Angebote unterschiedlichster Art „von Arbeitslosen für Arbeitslose" an, die von der Unterstützung beim Umgang mit

Behörden über alltagspraktische Angebote wie Nähkurse und kulturelle Angebote wie Stadtführungen oder Fremdsprachenkurse bis hin zu lokalem Engagement bspw. bei der Stadtteilgestaltung reichen. Die Angebote ersetzen Angebote etwa der Volkshochschule, die für Arbeitslose auf Grund finanzieller (Teilnahmegebühren) und sozialer Barrieren (gefühlte soziale Stigmatisierung) nicht zugänglich sind. Wichtiger Effekt der eigenen ehrenamtlichen Tätigkeit ist ein hoher Gruppenzusammenhalt innerhalb der Initiativen und eine auch ins Private ausstrahlende soziale Vernetzung der *Dauerarbeitslosen*. Die hier erzeugten Kapitalien erscheinen aber nicht konvertierbar in die Währung der erwerbstätigen Mehrheitsgesellschaft. Aktivitäten außerhalb der eigenen „Parallelwelt" werden daher nicht angestrebt.

c) Einschätzung der Gesellschaft und politische Grund- und Wertorientierungen

Das Wirtschaftssystem der BRD wird auf Grund der von ihm produzierten Massenarbeitslosigkeit als grundlegend fehlerhaft wahrgenommen. Bei den befragten ostdeutschen Gruppen der *Dauerarbeitslosen* wird auf das in der eigenen biografischen Erfahrung präsente Bild der Vollbeschäftigung in der DDR als positives Gegenmodell verwiesen. Die ökonomische Dimension dominiert die Bewertung des Gesellschaftssystems gegenüber allen anderen politischen oder gesellschaftlichen Faktoren. Das fehlende Gegensteuern des politischen Systems gegenüber den wirtschaftlichen Fehlentwicklungen wird zum Teil als systemimmanente Notwendigkeit der bestehenden gesellschaftlichen Ordnung interpretiert (in diesem Sinne sieht man sich selbst als „Opfer der Verhältnisse"). Andere sehen darin zum Teil dem Unwillen der politisch Verantwortlichen zu einer Veränderung der Situation (in diesem Sinne sind die herrschenden Parteien Vertreter wirtschaftlicher oder klientelspezifischer politischer Interessen, die die Situation entweder bewusst herbeiführen oder zumindest billigend in Kauf nehmen). In beiden Perspektiven werden die politischen Eliten pauschal als „unehrlich" oder „korrupt" eingeschätzt, und dem Parteiensystem wird die moralische Legitimation abgesprochen.

Die Ausgrenzung von *Dauerarbeitslosen* aus der Erwerbsgesellschaft wird als die zentrale gesellschaftliche Konfliktlinie wahrgenommen. Das Leitbild der Erwerbsgesellschaft, in der jeder Einzelne durch eigene Arbeit seinen Lebensunterhalt fristen soll, wird trotz der eigenen materiellen Lage als (ideelles) Grundmodell von Gesellschaft nicht in Frage gestellt. Die schlechte Umsetzung des Leitbildes wird der (untätigen) Politik und den (eigennützig und ohne moralische Verantwortung für die Gesellschaft handelnden) Unternehmen zugeschrieben, ohne dass dies auf einer grundlegend kritischen Position gegenüber dem Kapitalismus schlechthin als Gesellschaftsordnung basiert.

Ursächlich dafür ist eine generelle etatistische Grundorientierung, die sich aus einem im (traditionellen wie im entwurzelten) Arbeitermilieu weiterhin zentralen dichotomen Gesellschaftsbild speist, das die Gesellschaft in „oben" und „unten" unterscheidet. Eine solche etatistische Grundorientierung findet man sowohl bei Westdeutschen als auch bei Ostdeutschen. Sich selbst sieht man (als sprichwörtlichen „kleinen Mann") als unten stehend (ohne Aufstiegsmöglichkeiten nach „oben") und ohne eigene Handlungsmöglichkeiten. Grundlegende Veränderungen werden nur durch handlungsmächtigere gesellschaftliche Gruppen für möglich gehalten. Es herrscht die Orientierung vor, dass andere Akteure – etwa die Intellektuellen – prinzipiell dazu in der Lage sind, reale Veränderungen herbeizuführen, wenn sie nur hinreichend aktiv werden.

Eine „gute Gesellschaft", im Sinne eines Idealbildes, wird als Erwerbsgesellschaft entworfen, in der alle Arbeit haben und dafür angemessen entlohnt werden.

d) Politische Praxen und Politisierungskarrieren

Die Aktivitäten der *Dauerarbeitslosen* im Rahmen der Initiativen folgen einer Logik ehrenamtlichen Engagements. Zentrale Motivation ist es, selbst aus der sozialen Isolation herauszukommen und zugleich einen Beitrag dafür zu leisten, auch andere Arbeitslose aus dieser Isolation herauszuholen. Dezidiert politische Motivationen sind mit der eigenen Aktivität allenfalls dahingehend verbunden, dass man als Initiative von Arbeitslosen an die lokale Öffentlichkeit treten möchte, um von dieser überhaupt wahrgenommen zu werden. Chancen auf einen Wiedereintritt in den zweiten Arbeitsmarkt werden mit der ehrenamtlichen Aktivität kaum noch verbunden.

e) Verhältnis zur linken Bewegung

Auf Grund der materiellen Lage und der überwiegenden Herkunft aus dem Arbeitermilieu besteht eine starke Affinität zu traditionellen politischen Positionen der Partei Die Linke, die auf staatliche Lenkung und wirtschaftliche Umverteilung gerichtet sind.

3.2.8 Beruflich integrierte Migranten

In dieser Kategorie sind Migranten (sowie ein Deutscher, der mit Migrationsarbeit befasst ist) erfasst, die schon seit längerem und (inzwischen) mit vorläufig oder dauerhaft gesichertem Aufenthaltsstatus (bzw. mit deutscher Staatsbürgerschaft) in Deutschland berufstätig sind.

a) Sozialstrukturelle Merkmale und Kapitalienausstattung

Die Untersuchten verfügen ausnahmslos über hohe berufsfachliche Qualifikationen und haben überwiegend eine akademische Ausbildung. Die meisten sind wegen eines Studiums oder zur Aufnahme einer Erwerbsarbeit nach Deutschland gekommen, es handelt sich um Arbeitsmigranten. Entsprechend dem Vester-Milieuschema sind die Untersuchten wegen ihres Migrationshintergrundes nur schwer einordbar. Im Sinne der Sinus-Migrantenmilieus (vgl. SINUS Sociovision 2007) sind sie am ehesten dem intellektuell-kosmopolitischen und dem adaptiven Integrations-Milieu, teils auch dem statusorientierten und dem multikulturellen Performer-Milieu zuzurechnen.

Sie verfügen über hohes (fachspezifisches) kulturelles Kapital, das ihnen gute Erwerbschancen eröffnet, so dass sie auch ökonomisch relativ gut situiert sind. Ihr soziales Kapital besteht zum einen aus der guten Verankerung in der jeweiligen ethnischen Community vor Ort (oft verbunden mit einer „Sprecher"-Position in ethnischen Vereinigungen), zum anderen aus einer festen Etablierung im sozialen Leben der Mehrheitsgesellschaft.

Politisch ordnen sich die Befragten eher in der Mitte ein, obwohl viele von ihnen thematisch linke Positionen vertreten (vor allem in den Gruppen „interkulturelle Arbeit" und „Ausländerbeirat").

b) Praktische Verankerung in nahweltlichen Milieus / Gruppen

Politisches Interesse wird von allen Migranten angegeben. Hierbei steht Integration als Thema im Vordergrund. Die Gewichtung dieses Themas und die Perspektive zu ihm hängen ganz offensichtlich vom eigenen Migrationsstatus ab. Als zentrale Integrationskapitalien werden Sprache, Bildung und Kultur benannt. Die Ausprägung dieser Kapitalien entscheidet darüber, wie die Integration in die Gesellschaft gelingt. Die Befragten schätzen den Zugang zu diesen Kapitalien für in Deutschland lebende Migranten durchaus schwieriger ein als für Deutsche. Die Beherrschung der Sprache des Einwanderungslandes und eine gute Bildung / Ausbildung sind Integrationsvoraussetzungen, die die Migranten überhaupt erst befähigen, mit den Deutschen konkurrieren zu können. Konkurrenzfähigkeit auf dem Arbeitsmarkt wird als Integrationsschleuse interpretiert. Gelingt die Integration nicht, drohen Rückzug in die eigene Kultur, Isolation, Abhängigkeit und das Verwehren von Verantwortungsübernahme. Die Verankerung in Netzwerken und / oder lebensweltlichen Milieus, die über die der eigenen Kultur hinausgehen, gelingt zunehmend über Arbeitsmarktchancen.

In einem vorläufigen Raster kann man die Migranten insgesamt grob in drei Gruppen einteilen:

1) Die erste Gruppe umfasst diejenigen, bei denen die Integration nicht gelungen ist und / oder die sich als nicht integriert verstehen – einschließlich jener, die dies ablehnen.

2) Eine zweite Gruppe schließt jene ein, bei denen die Integration mehr oder weniger als gelungen angesehen werden kann und die dies auch so empfinden.

3) Als dritte Gruppe lassen sich die zusammenfassen, die integriert sind und eine größere Differenz zu den Migranten der ersten Gruppe äußern als zur deutschen Gesellschaft – einschließlich jener, die für sich eine Austrittsoption aus der deutschen Gesellschaft aufrecht erhalten.

c) Einschätzung der Gesellschaft und politische Grund- und Wertorientierungen

Das politische System wird in Abhängigkeit vom eigenen Integrationsstatus und vom eigenen Arbeits- und Engagementfeld als sehr differenziert wahrgenommen. Auch hier gilt generell: Je integrierter man selbst ist und je weniger direkter Kontakt besteht mit Migranten, denen die Integration nicht oder nur bedingt gelingt, desto positiver wird das Gesellschaftssystem bewertet. Der Migrationsstatus des Einzelnen ist zudem von Bedeutung. Ist der Aufenthalt (als Arbeitsaufenthalt) temporär oder wird die Option eines Wegzugs aufrechterhalten, so lässt sich eine größere Distanz zum politischen System feststellen (Verharren in einer Beobachterposition).

Es ist also festzuhalten: neben den Integrationskapitalien (Sprache, Bildung, Kultur) sind der Eintrittsmodus (Grund und Art der Migration) und die souveräne Option des Austrittsmodus, vermittelt über den Modus der Erwerbsarbeit, von zentraler Bedeutung. Diese Kapitalien und Modi bestimmen somit nicht nur den eigenen gesellschaftlichen Standort, sondern auch die subjektive Wahrnehmung des politischen Systems. Die Wahrnehmung, die eigene Erfahrung sowie die ständige Aktualisierung des Migrationsthemas in der lebensweltlichen Bezugsgruppe von Migranten spiegelt sich nicht nur in der dem Thema zugeschriebenen Bedeutung, sondern zeigt auch die Trennlinie dieses potenziell konfliktreichen Themas zwischen verschiedenen Migrationsgruppen und die als Schwachstelle der deutschen Gesellschaft zugeschriebene Integrationspolitik (Asylpriorität).

Kritisiert wird von den befragten Migranten die Differenz zwischen der öffentlich geäußerten Meinung von Politikern zu Immigration respektive Integration und der realen Praxis. Oft scheine – gerade bei Kommunalpolitikern – eine Instrumentalisierung des Themas durch sowie eine gewisse Ablehnung. Integration werde nicht wirklich aktiv betrieben. Bei den deutschen Bürgern in (vorwiegend) westdeutschen Großstädten, die sich eine positive Meinung über

Migranten und Integration zu eigen gemacht hätten (Linksliberale), falle auf, dass sie gleichwohl Migranten aus ihrem Alltagsleben exkludieren – *„...ihre Kinder gehen nicht in gemeinsame Kindergärten oder Schulen, sie wohnen nicht in Vierteln mit hohem Ausländeranteil und sie haben keine Migrantenfreunde".* Als zentrales gesellschaftsrelevantes Thema bzw. zentrale Konfliktlinie wird Integration / Migration / Multikulturalismus benannt. Im ersten Moment verwundert das nicht, zumal die Befragten auf Grund des eigenen Status als Migranten einen sensibleren Blick auf das Thema haben. Es ist jedoch insofern interessant, dass dieses Thema von allen Gruppen, unabhängig vom eigenen Migrationsstatus, als zentral benannt wurde. Die Gruppe der hoch qualifizierten Akademiker aus Osteuropa bezieht die Brisanz dieses Themas nicht unmittelbar auf sich selbst, sondern allgemein auf die deutsche Gesellschaft.

Alle befragten Migranten, unabhängig vom eigenen Integrationsstatus, kritisieren die deutsche Migrationspolitik. Diese mache es hochqualifizierten Immigranten schwerer, in Deutschland einzureisen als beispielsweise in andere europäische Länder, die USA oder Kanada, obwohl Deutschland diese Arbeitskräfte brauche und auch genügend Ausländer den Wunsch haben, in Deutschland zu arbeiten. Die osteuropäischen (hochqualifizierten) Migranten bewerteten Deutschland als Arbeitsland interessanter als beispielsweise England oder Frankreich, weil die Leute hier offener seien, weil keine Aus- oder Abgrenzung auf Grund der Herkunft erfahren wurde, weil hier die Leistung, unabhängig von der nationalen Herkunft, im Vordergrund stehe, was auch eine absolute Gleichbehandlung in der Arbeitswelt nach sich ziehen würde. Das wurde von befragten Migranten der anderen Gruppen bestätigt. Auf dem hochqualifizierten Arbeitsmarkt bestehe eigentlich kein Integrationsproblem für Migranten. Deutschland ist aber, oder war das bisher, in erster Linie ein Asylland. Immigration nach Deutschland gelingt bzw. gelang den Migranten verstärkt über den Asylzugang. Die politische Praxis der Aufenthaltsgenehmigungen und auch die Abschiebepolitik seien darauf fokussiert. Der Großteil derjenigen, die nach Deutschland wollen und / oder kommen, sind aber keine politisch Verfolgten. Das politische Denken zur Migrationsfrage sei in Deutschland davon grundlegend geprägt. Der Staat gebe zwar *„riesige Summen für soziale Leistungen"* aus, ohne jedoch dadurch Integrationskompetenz herzustellen. Asylbewerber erhalten so zwar eine Aufenthaltsgenehmigung, ohne jedoch eine wirkliche Integrationschance zu besitzen. Der hohe finanzielle Leistungstransfer verwehre letztlich die Annäherung an die deutsche Gesellschaft und vor allem die effektive Möglichkeit, für den eigenen Unterhalt selbst sorgen zu können. Nur auf diesem Wege würde aber eine wirkliche Integrationsvoraussetzung geschaffen. Eine misslingende Integration, Abhängigkeit und geringe Möglichkeiten zur Selbstverantwortung seien die Folgen.

Alle Befragten thematisieren zwei zentrale Integrationsmodi, die für eine gelingende Integration von Relevanz sind. Erster Modus ist Erwerbsarbeit, also der Zugang zum Arbeitsmarkt, ohne den Integration nicht gelingen kann. Daran schließt sich bei allen Befragten – unterschiedlich gewichtet – die Forderung an, Migrationspolitik auf diesen Fokus auszurichten: Zuwanderungspolitik unter wirtschaftlichen Gesichtspunkten (Erleichterung für leistungsbereite Migranten) und Integrationspolitik verstärkt über Arbeitsgenehmigungen statt über Aufenthaltsgenehmigungen zu betreiben sowie verstärkt Pflichten einzufordern, die zu Erwerbsarbeit führen. Der zweite Modus ist der der kulturellen Anerkennung. Konsens besteht bei den Befragten darin, dass es einen Kanon gemeinsam geteilter Werte geben müsse: Toleranz, Chancengleichheit, Gleichberechtigung, Menschenwürde, Gleichstellung etc. Dies dürfe aber nicht dazu führen, dass die eigene Kultur aufgegeben werden sollte (Assimilation), sondern zu einer gegenseitigen Anerkennung der kulturellen Differenzen, zu Austausch und Toleranz. Das Modell der „deutschen Leitkultur" wird ebenso wie eine Abschottung gegenüber der deutschen Kultur (Stichwort "Parallelwelt") abgelehnt. Beide Modelle werden als zu eng interpretiert.

Als ein zweites gesellschaftsrelevantes Thema wurde der Zugang zu gesellschaftlichen Ressourcen benannt. Zentraler Aufhänger ist hier Bildung / Ausbildung. Die Befragten mit gelungenem Integrationsstatus thematisierten hier vor allem die Möglichkeit, über Aus- und Weiterbildung Zugangschancen zum Arbeitsmarkt zu erhalten und über das integrative Moment der Erwerbsarbeit Selbstbestimmung, Selbstverantwortung und Würde zu erlangen. Die Befragten mit sicherem Integrationsstatus thematisierten dahingegen in erster Linie Chancengleichheit als Konfliktlinie. PISA habe gezeigt, dass das Bildungssystem in Deutschland ungerecht sei. Der Zugang zu Bildung in Deutschland werde zur Klassenfrage. Das zentrale Thema für soziale Gerechtigkeit sei Chancengleichheit. Soziale Gerechtigkeit als ausschließlich soziale Absicherung (finanzielle Absicherung) werde in Deutschland überbewertet.

Innerhalb der deutschen Gesellschaft gehe es momentan generell um eine Neuverteilung vorhandener Ressourcen. Obwohl die soziale Absicherung hinreichend sei („Armut auf hohem Niveau"), wird über Verteilung und Zugang diskutiert. Als Konfliktlinien werden „arm vs. reich" und „Arbeit vs. Arbeitslosigkeit" sowie „Chancengleichheit" von den befragten Migrantengruppen benannt.

Zu konstatieren ist, dass die Orientierung aller befragten Migranten auf Leistung (Leistungsmöglichkeit sowie -bereitschaft) liegt und dies, vermittelt durch Bildung / Ausbildung und Erwerbsarbeit, ein wichtiger Integrationsmodus ist. Daher bedarf es der Ermöglichung zur und der Forderung nach Leistungsbereitschaft.

Ein weiteres wichtiges gesellschaftspolitisches Thema für die befragten Migranten sind Kriegseinsätze. Krieg wird als Mittel abgelehnt, aber zur Verhinderung „humanitärer Katastrophen" akzeptiert, sofern militärische Einsätze unter UN-Mandat stehen. Es sei aber auch nötig (hochqualifizierte Migranten, Gruppe 3), europäische Interessen zu vertreten, wobei es eher unrealistisch erscheint, demokratische Verhältnisse in Afghanistan zu etablieren. Alle befragten Migranten teilen die Auffassung, dass man die Lage aber nicht wirklich einschätzen könne.

d) Politische Praxen und Politisierungskarrieren

Aktives politisches und / oder soziales Engagement ist ausschließlich in der interviewten Gruppe auszumachen, die allesamt Mitglieder des Ausländerbeirats einer ostdeutschen Großstadt sind. Es handelt sich um Immigranten, bei denen die Integration als mehr oder weniger gelungen angesehen werden kann und die sich keine Austrittsoption offen halten. Sie engagieren sich allgemein für eine Verbesserung der Migrationspolitik und -bedingungen sowie konkret für die lokalen Lebensbedingungen von Migranten, den interkulturellen Austausch mit der deutschen Mehrheitsbevölkerung vor Ort sowie für nicht oder nur bedingt *integrierte Migranten.* Zentrale Grundlage für ein politisches Aktivwerden von Migranten ist ein vorheriges Engagement in ethnisch-kulturellen Organisationen vor Ort, über die im Anschluss Vernetzungen zu Vereinigungen anderer Ethnien entstehen.

e) Verhältnis zur linken Bewegung

Linke Politik wird in den einzelnen Migrantengruppen unterschiedlich inter-pretiert: Es ist eine Politik für die sozial Schwachen; es ist eine Politik, die sich auf den Arbeitskampf konzentriert, also Gewerkschaftskampf; linke Politik stellt die Frage nach der Umverteilung; sie nimmt dem Einzelnen die Verantwortung ab; sie nimmt zu wenig Rekurs auf die Pflichten der Bürger; linke Politik ist Ideologie. Andererseits wird die gesamte deutsche Gesellschaft als eher links eingeschätzt. Linke Themen, wie die Frage der Gleichberechtigung, werden heute selbst von der CDU vertreten und durchgesetzt – Beispiel Elterngeld.

3.2.9   Sozial Engagierte

In der Gruppe *sozial Engagierte* sind Personen zusammengefasst, die ehren-amtlich in sozialen und kulturellen Projekten bzw. Vereinen tätig sind, die dezidiert keine im engeren Sinne politische Arbeit machen und eine allenfalls diffuse Bindung ans linke Spektrum haben, bei denen aber eine zumindest vage

Affinität zu linken bzw. linksliberalen politischen Orientierungen erkennbar wird.

a) Sozialstrukturelle Merkmale und Kapitalienausstattung

Die Untersuchten sind in der vertikalen Dimension des Vester-Milieu-Schemas im Bereich der respektablen mittleren Volksmilieus (teils auch in den oberen bürgerlichen Milieus) anzusiedeln und in der horizontalen (kulturellen bzw. Lebensführungs-)Dimension – verortet anhand des zentralen Indikators „Einstellungen zur Autorität" – in der Kategorie „Eigenverantwortung" (vs. „Hierarchiegebundenheit"). *Sozial Engagierte* verfügen fast ausschließlich über eine gute berufliche Situierung oder sind, insbesondere wenn es sich um Frauen handelt, über einen vollzeiterwerbstätigen Ehepartner materiell abgesichert. Viele sind selbst in im weitesten Sinne sozialen Berufen tätig. Zum Teil ist die Trennung zwischen ehrenamtlicher und nebenberuflicher- bzw. Teilzeiterwerbs-Tätigkeit in Projekten bzw. Vereinsstrukturen auch fließend, oder eine eigene freiberufliche Erwerbstätigkeit steht in Verbindung mit ehrenamtlichen Aktivitäten. Das kulturelle Kapital bzw. das Bildungskapital *sozial Engagierter* ist überwiegend hoch.

b) Praktische Verankerung in nahweltlichen Milieus / Gruppen

Die Projekt- bzw. Vereinsarbeit umfasst überwiegend Basis-Arbeit in dem Sinne, dass konkrete Aktivitäten mit Personen vor Ort – häufig mit sozial Benachteiligten – durchgeführt werden. Dementsprechend reicht der persönliche Kontakt häufig bis in die Lebenswelt dieser Zielgruppen hinein. Hier ist zu unterscheiden in Engagierte, die selbst Teil einer solchen Lebenswelt sind (meist in subkulturell basierten Projekten), und solche, die eine soziale Distanz zu den Zielgruppen ihres sozialen Engagements wahren und ein davon separiertes eigenes Privatleben führen.

Generell sind *sozial Engagierte* lokal gut bis sehr gut sozial vernetzt. Es handelt sich nicht selten um multiple Ehrenamtler, die durch ihr Mehrfachengagement zugleich zu einer lokalen Vernetzung verschiedener sozialer und kultureller Projekte und deren Umfeld beitragen. Diese bilden überwiegend keine Gegenkultur zu lokalpolitisch und -kulturell etablierten Strukturen, sondern stellen ergänzende Strukturen dar, die im Sinne eines bürgerschaftlichen Engagements auch von offizieller lokalpolitischer Seite politisch erwünscht sind. (Das wird auch daran deutlich, dass viele der Vereine bzw. Projekte eine öffentliche Förderung erhalten.) Persönliche Vernetzung besteht zum Teil auch zu Personen in etablierten Strukturen. Von eigener Aktivität in lokalpolitischen Strukturen nehmen *sozial Engagierte* aber ganz überwiegend Abstand.

c) Einschätzung der Gesellschaft und politische Grund- und Wertorientierungen

Die Distanz zu etablierten lokalpolitischen Strukturen ist motiviert durch deren Wahrnehmung als administrativ-bürokratischer Apparat, der nur wenig konkrete Arbeit vor Ort leisten und letztlich nur Rahmenbedingungen schaffen kann. *Sozial Engagierten* ist eine ausgeprägt zivilgesellschaftliche Orientierung eigen, die dem konkreten Handeln der Einzelnen einen hohen Stellenwert einräumt, während staatlichen Instanzen und Großinstitutionen mit Skepsis begegnet wird.

Damit ist aber keine grundlegende Kritik an der Struktur des politischen Systems verbunden, das im Gegenteil in seiner Grundordnung ganz überwiegend akzeptiert wird. Es handelt sich vielmehr um eine grundlegende Skepsis gegenüber der Gestaltungsfähigkeit staatlicher Instanzen. Kritik, die gekoppelt wird mit eigenem, beruflich verankerten sozialen Handeln, bezieht sich vielmehr auf Defizite im Detail. In ihrer politischen generellen Orientierung sind *sozial Engagierte* (ohne aber politisch aktiv zu sein) als links-liberal bis links zu verorten, da die Unterstützung gesellschaftlich benachteiligter Gruppen allenfalls von den Parteien Die Linke, Bündnis 90 / Die Grünen und SPD erwartet wird (ggf. ist hier auch eine eher apolitische, kirchlich-bürgerliche Tugenden des Mitleids konservierende Einstellung leitend, die dann jenseits des linken Spektrums anzusiedeln wäre).

Das (harmonistische) Gesellschaftsbild der *sozial Engagierten* ist mittelschichtzentriert und basiert zentral auf der Annahme, dass eine für alle „gute Gesellschaft" erreichbar ist, wenn alle sich entsprechend ihrer Möglichkeiten für das Gemeinwohl einsetzen. Grundlage dafür ist eine Orientierung am Modell der Subsidiarität (und nicht der Solidarität). In der Teilung zwischen Etablierten, die sich selbst helfen können, einerseits und andererseits Schwachen bzw. Benachteiligten, die der Unterstützung bedürftig sind, wird eine zentrale gesellschaftliche Trennlinie verortet. Diese ist allerdings keine Konfliktlinie im engeren Sinne, da die Trennung nicht als unaufhebbar definiert wird, sondern durch die individuelle Befähigung der Benachteiligten als aufhebbar angesehen wird. Der singuläre Fokus auf Benachteiligte blendet zugleich eine Auseinandersetzung mit Konfliktlinien innerhalb der Etablierten weitgehend aus.

d) Politische Praxen und Politisierungskarrieren

Das eigene soziale Engagement wird in klarer Abgrenzung von *politischem* Handeln definiert. Zugleich sind aber *sozial Engagierte* auf Grund der Abhängigkeit der eigenen Aktivitäten von Zugängen zu lokaler Infrastruktur und finanzieller Förderung auf den Austausch mit Politik und Administration angewiesen. In diesem Kontext ist *subpolitisches* Handeln zumindest im lokalen Kontext erforderlich und wird auch praktiziert. Potenziale für eine Politisierung im engeren Sinne dürften sich allenfalls aus der individuell gewonnenen Einsicht ergeben, dass auch zivilgesellschaftliche Handlungsoptionen letztlich auf diese ermöglichende politische Strukturen und Entscheidungen angewiesen sind.

e) Verhältnis zur linken Bewegung

Grundlegend für *sozial Engagierte* ist eine diffuse Affinität zum linksliberalen bis linken Parteienspektrum bei gleichzeitiger Abstinenz von eigenem, rein politischen Engagement. Eine thematische Verknüpfung besteht am ehesten durch die ausgeprägte Orientierung *sozial Engagierter* auf eine „soziale" Gesellschaft, in der die sozial Schwachen umfassend Unterstützung finden. Anknüpfungspunkte bestehen am ehesten auf lokaler Ebene durch Einbeziehung sozialer Projekte bzw. Vereine in übergreifenden Bündnissen.

3.2.10 Kartografierung exemplarischer Einzelgruppen Linksaffiner

In der Zusammenschau der in den Abschnitten 3.2.1-9 dargestellten Milieugruppen erweisen sich drei miteinander in Verbindung stehende Bezugspunkte für alle Gruppen relevant:

a) Wie wird Bezug genommen auf das Leitbild der gesellschaftlichen Integration durch (Erwerbs-)Arbeit?

b) Wie wird das kapitalistische System eingeschätzt?

c) Wie ist die lebensweltliche Grundeinstellung zur Gesellschaft?

Entscheidend ist, dass diese drei Bezugspunkte für alle Linksaffinen bedeutsam sind. Wie sich die unterschiedlichen Gruppen Linksaffiner dazu inhaltlich positionieren, variiert dagegen. Die entsprechenden milieutypischen Positionen lassen sich wie folgt schematisch darstellen:[5]

---

5 Anzumerken ist, dass die Jugendlichen auf Grund ihrer biografischen Situation nur vorläufig verortet werden können, deshalb sind sie bei der Grafik in gestrichelten Linien gesetzt.

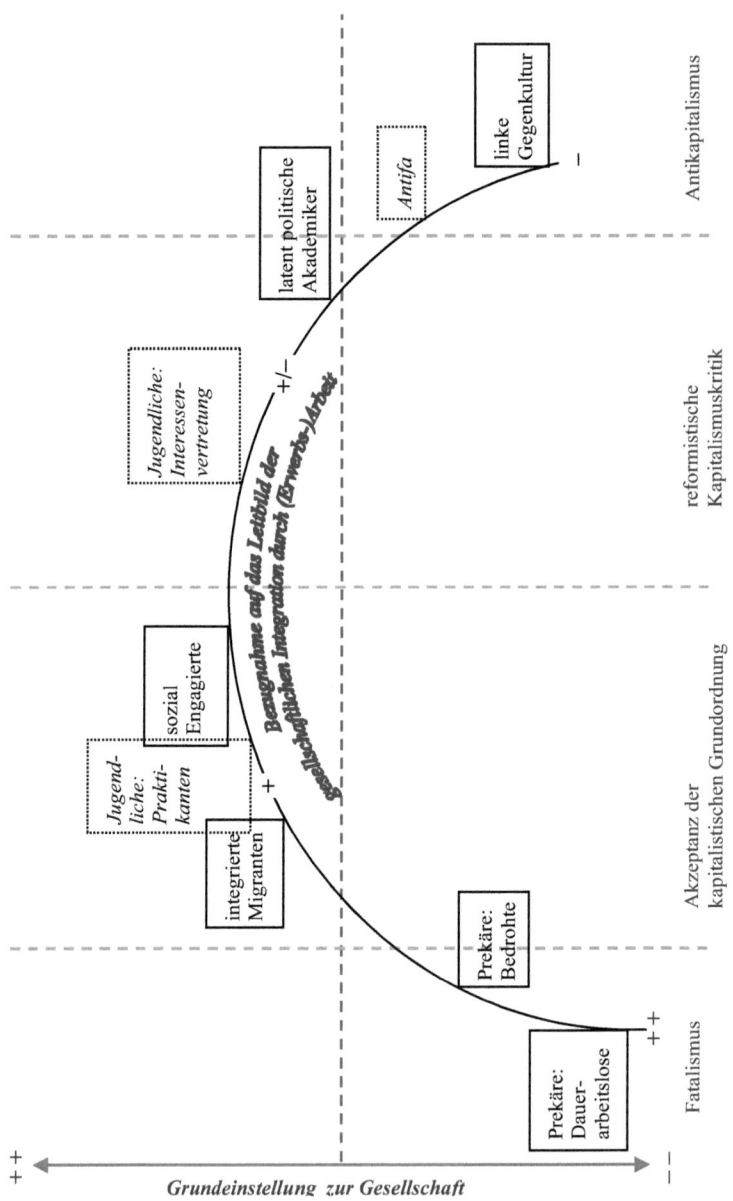

Abbildung 7: Kartografierungsmodell: Verortung der exemplarischen Einzelmilieus

Ad a) Bezugnahme auf das Leitbild der gesellschaftlichen Integration durch (Erwerbs-)Arbeit

Der Erwerbsarbeit wird in den meisten linksaffinen Milieus eine wichtige gesellschaftliche Integrationsleistung zugesprochen. Bei der Thematisierung dieses Leitbildes bewegen sich die *sozial Engagierten* und die *integrierten Migranten* im Sollbereich der eigenen Orientierung: Sie haben eine relativ gefestigte berufliche Position auf dem Arbeitsmarkt. Die *latent politischen Akademiker* beziehen sich dagegen weniger eindeutig auf die monokausal erscheinende Integrationsperspektive durch Erwerbsarbeit, sondern reklamieren auch andere, postmaterielle Lebens- und Selbstverwirklichungsformen. Insoweit relativiert sich die Bedeutung der als vorübergehend oder jedenfalls nicht dauerhaft antizipierten Arbeitslosigkeit. Daraus lässt sich aber nicht schlussfolgern, dass andere Integrationsperspektiven virulent wären, die zu der Erwerbsarbeit in Konkurrenz treten könnten. Arbeitslosigkeit – wenn sie denn eintritt – wird auf Grund der qualifizierten Ausbildung als temporäre Phase innerhalb der eigenen Erwerbsbiografie erlebt. Desintegrationsmechanismen erscheinen hier am Horizont, werden aber nicht selbst erfahren. Die noch im Bildungssystem verweilenden *Jugendlichen der Antifa* wissen zwar um die Bedeutung der Erwerbsarbeit, aber auf Grund ihrer antikapitalistischen Grundeinstellung hat die Erwerbsarbeit für sie keine Priorität. Bei den Vertretern der *linken Gegenkultur* hat sich diese distanzierte Haltung verstetigt und noch weiter radikalisiert. Dem gesellschaftlichen Leitbild der Integration durch Erwerbsarbeit können sie wenig abgewinnen. Da sie sich selbst durch ihre Stellung außerhalb des beruflichen Erwerbssystems definieren, zählt die klassische Erwerbsarbeit nicht zu dem für die eigene Person gewählten Lebensentwurf. Arbeit sollte ihres Erachtens vorrangig zur Selbstverwirklichung des Einzelnen dienen, bzw. zur Finanzierung politischer Projekte.

Ad b) Einschätzung des kapitalistischen Systems

In Bezug auf den Kapitalismus nehmen die meisten linksaffinen Gruppen eine zustimmende Position ein. Allerdings zeigen sich unterschiedliche Ausprägungsformen der Zustimmung. Eine fatalistische Form ist vorzugsweise bei denen anzutreffen, die am wenigsten von den kapitalistischen Strukturen profitieren: den Arbeitslosen. Während dieser Gruppe jede Gegenwehr abhanden gekommen ist, erscheint den *akut von Arbeitslosigkeit Bedrohten* immerhin noch politische Aktivität in Form von scheinbaren Verzweiflungstaten möglich, die, wie im Fall einer untersuchten Gruppe, zum Erfolg führte. Zu fragen bleibt, ob es neuer Formen des Arbeitskampfes bedarf, um langfristig alternative Wirtschaftsstrukturen zu etablieren. Von *Migranten* und gut situierten *sozial Engagierten* werden die kapitalistischen Strukturen in der Regel ebenfalls nicht in

Frage gestellt. Systemimmanente Kritik, vorgetragen als Forderung nach Reformen, findet man bei *Jugendlichen*, die in *Interessenvertretungen* aktiv sind sowie bei den *latent politischen Akademikern*. Wie bereits oben erwähnt, nehmen lediglich die *Antifa-Jugendlichen* und die Vertreter der *linken Gegenkultur* eine antikapitalistische Grundhaltung ein. Offenbar sind Linke, die den Kapitalismus abschaffen, deutlich in der Minderheit.

Ad c) (Lebensweltliche) Grundeinstellung zur Gesellschaft
Bei den neun exemplarisch dargestellten Einzelgruppen überwiegen im Hinblick auf die Grundeinstellung zur Gesellschaft die positiven Bezüge, die an der gültigen Demokratienorm und ihrer Umsetzung im gesellschaftlichen Leben festgemacht werden. Das kann bei den Jugendlichen (*Politische Praktikanten* und *Jugendliche...Bildungssystem*) kaum verwundern, ist ihre Zukunft doch durch ihren Bildungsstand relativ abgesichert. Das Gleiche gilt auch für die gut situierten *sozial Engagierten* und *integrierten Migranten*. Von den Migranten werden zwar die restriktive Zuwanderungspolitik und die sozialen Problemlagen kritisch betrachtet, aber auf Grund der eigenen Zugehörigkeit zu den eher abgesicherten Milieus überwiegt offensichtlich die positive Wahrnehmung der Gesellschaft als Ganze. Etwas überraschender ist dies bei den *latent politischen Akademikern*, die trotz des sie selbst betreffenden Problems möglicher Arbeitslosigkeit die politischen Institutionen als tragende Säulen der Gesellschaft nicht in Frage stellen – auch wenn sie kritische Perspektiven einnehmen.

Dezidiert negativ wird die Gesellschaft zum einen von den *prekären Dauerarbeitslosen* bzw. von den von *Arbeitslosigkeit Bedrohten* eingeschätzt. Hier zeigt sich eine starke Verzahnung mit dem Leitbild der gesellschaftlichen Integration durch Erwerbsarbeit: Durch die faktische oder drohende Prekarisierung wird dieses Leitbild zwar nicht brüchig, erzeugt aber eine Verunsicherung im Hinblick auf die Gesellschaftsordnung, die auf Grund der fundamentalen Ausgrenzung Arbeitsloser insgesamt negativ bewertet wird.

Erwartungsgemäß beschreibt die *linke Gegenkultur* (und mit Abstrichen auch die Gruppe *Jugend: Antifa*) die bestehende Gesellschaftsordnung sehr kritisch. Seien es die fehlenden Möglichkeiten für individuelle wie gesellschaftliche Alternativen oder die verharmlosende Reaktion der Gesellschaft und der Politik auf neonazistische Umtriebe: Die Gesellschaft wird als statische und letztens Endes nicht im wirklichen Sinne demokratische Entität eingeschätzt.

Insbesondere von den Vertretern der *linken Gegenkultur* wird eine strikt antikapitalistische, auf Systemüberwindung orientierte Grundhaltung eingenommen, die mit der Solidarität mit den Ausgebeuteten einen indirekten Bezug auf Erwerbsarbeit nimmt. Für die eigene Person wird dagegen eher die Alternative in der radikalen Systemüberwindung bzw. Schaffung von ausbeutungsfreien Arbeitszusammenhängen gesehen.

3.3 Gemeinsame Bezugspunkte linksaffiner Alltagsmilieus – ein Ordnungsversuch

Die beim Vergleich der neun untersuchten linksaffinen Alltagsmilieus herausgearbeiteten gemeinsamen Bezugspunkte werden im Folgenden aufgegriffen und unter Verwendung der empirischen Ergebnisse der qualitativen Einzelbefragung und der quantitativen Repräsentativbefragung differenzierter betrachtet (Abschn. 3.3.1 bis 3.3.3). Aufbauend auf diese Systematisierung wird abschließend ein abstrahierendes Kartografierungsmodell Linksaffiner erstellt (Abschn. 3.3.4).

3.3.1 Bezugnahmen auf das Leitbild der Erwerbsarbeit

Erwerbsarbeit ist für die meisten ein zentraler Baustein ihres Lebens – trotz aller Debatten um das Ende der Arbeitsgesellschaft, dem Verschwinden der Arbeit generell oder der Geburt einer Tätigkeitsgesellschaft, in der Erwerbsarbeit nur noch eine neben anderen Kennzeichen der Gesellschaft ist.[6] Auch wenn es sich nicht mehr in jedem Falle um Vollbeschäftigung handelt, ist der Anteil der Erwerbstätigen an der Bevölkerung gegenwärtig so hoch wie nie. Schon deshalb sind apokalyptische Warnungen deplatziert – zudem sie alternative Entwicklungspfade von vornherein als illusorische Gedankenspiele verwerfen und Szenarien jenseits der Arbeitsgesellschaft auf der Grundlage einer erneuerten Ökonomie (Negt 1995) verunmöglichen.

Was genau aber mit der Arbeit abseits des damit einhergehenden Erwerbsverhältnisses verbunden wird, ist auch unter Linksaffinen zunächst einmal gar nicht so klar: So listet etwa labournet aktuell eine rege Debatte, in der widerstreitende Meinungen zum Thema „Das Ende der Arbeit?" wiedergegeben werden (labournet 2010). Die thematische Skala reicht dabei von Aneignungsstrategien im informellen Kapitalismus über die Wiederbelebung genossenschaftlichen Produzierens bis hin zu gesellschaftlichen Folgen der Massenarbeitslosigkeit. Diese Bandbreite kann als Ausweis der Vielstimmigkeit der politischen Linken hinsichtlich eines ihrer zentralen Leitbilder gedeutet werden. Sie kann anhand der hier zur Diskussion stehenden Daten natürlich nicht in vollem Umfang umrissen werden. Vielmehr wird es im Folgenden darum gehen, die über den reinen Lohnerwerb hinaus gehende Bedeutung der Erwerbsarbeit

---

6 Für einen schnellen Überblick über die intensive Debatte vgl. die Beiträge in Bundeszentrale für politische Bildung (Hrsg.) 2001.

zu durchleuchten. Die befragten Linksaffinen der qualitativen Einzelinterviews nehmen jeweils primär Bezug auf eine der folgenden Dimensionen der Bedeutung von Erwerbsarbeit:

*   die gegenüber der Gesellschaft bestehende Pflicht zur Arbeit;
*   die Erwerbsarbeit als Modus der Integration in die Gesellschaft sowie
*   die individuelle Sinnstiftung durch Erwerbsarbeit.

In Kombination mit einer positiven, einer relativierenden und einer ablehnenden Bewertung des gesellschaftlichen Stellenwerts von Erwerbsarbeit ergeben sich insgesamt neun Positionierungen zur Erwerbsarbeit (EA).

Wahrgenommene primäre Funktion von Arbeit	Bewertung des gesellschaftlichen Stellenwertes von Erwerbsarbeit		
	positiv erachtete Zentralität von Erwerbsarbeit	*relativierte Bedeutung des Erwerbsaspekts: Tätigkeitszentrierung*	*negativer Bezug auf Erwerbsarbeit*
„Pflicht": *Arbeit als funktionale Notwendigkeit und soziale Verpflichtung*	EA als materielles Anreizsystem zur Übernahme notwendiger gesellschaftlicher Aufgaben; dient zur Systemstabilisierung	EA plus entlohnte gemeinnützige Tätigkeiten als alternative Anreizsysteme zur Übernahme notwendiger gesellschaftlicher Aufgaben	System der EA ist repressiv und verhindert gesellschaftlich sinnvolle Produktion und Arbeitsteilung (Systemkritik)
„Integration": *Soziale Integration in Gesellschaft durch Arbeit*	EA weist Status zu und schafft soziale Ordnung	Arbeit als Modus gesellschaftlichen Miteinanders; Reziprozität gesellschaftlich notwendiger Tätigkeiten	individuelle Freiheit als Basis für befreite und solidarische Gesellschaft
„Sinn": *Individuelle Sinnstiftung / Identitätsbildung*	EA als identitätsstiftender Faktor: Zuweisung positiver gesellschaftlicher Funktion in arbeitsteiliger Gesellschaft	Wahlmöglichkeit individuell sinnhafter, gesellschaftlich notwendiger Tätigkeiten	Selbstentfaltung durch herrschaftsfreie, selbsttätige, individuelle Praxis

Abbildung 8: Deutungen sozialer Dimension von Erwerbsarbeit

Insoweit die beiden ersten Ebenen der Bedeutungszuschreibung auf Arbeit (als funktionale Notwendigkeit und Pflicht sowie als Modus der sozialen Integration) einen dezidiert gesellschaftlichen Bezug ausweisen, während die dritte Ebene (Arbeit als Sinn- und Identitätsstiftung) stärker das Individuum fokussiert, lässt sich eine Zweiteilung dieser Dimension in eher sozial versus eher subjektiv orientierte Perspektiven festhalten. Wohlgemerkt: Auch die soziale Ebene bezieht sich auf Individuen, setzt diese aber in unterschiedlicher Weise und mehr oder weniger funktional ins Verhältnis zur einbettenden Gesellschaft. Selbst die sinnbezogene Ebene schließt gesellschaftliche Bezüge nicht ausdrücklich aus – vielmehr sind in einigen Interviews jenseits des individuellen zentralen Bezugs zur Erwerbsarbeit auch Nebenpfade erkennbar, die auf eine andere Ebene verweisen.

Solche Verschränkungen werden deutlich, wenn die allgemeine Bewertung der Bedeutung von Erwerbsarbeit einbezogen wird: auf jeder der drei Ebenen finden sich Interviewte, die entweder erwerbsarbeitszentriert sind oder eine solche Zentrierung eher ablehnen bzw. dem Gedanken einer Tätigkeitsgesellschaft anhängen. Auch dies ist zunächst als Ausdruck für die Pluralität des Bezugs auf Erwerbsarbeit auf Seiten der Linksaffinen zu verstehen. Allerdings ist in dem untersuchten Sample eine deutliche Neigung feststellbar, den Arbeitsbegriff zumindest in der einen oder anderen Form als an die Erwerbsarbeit bzw. einer als gleichwertig erachteten Tätigkeit zu koppeln.

Das dürfte nicht lediglich ein Bias der qualitativen Studien sein, sondern spiegelt sich auch in den Befunden der repräsentativen Untersuchung wider. Die mit Erwerbsarbeit verbundenen Einstellungen und Orientierungen ergeben faktorenanalytisch zwei reliable Skalen.[7] Im Mittelwertvergleich zeigen sich diesbezüglich keine signifikanten Unterschiede zwischen den drei Gruppen politischer Grundorientierungen, Linksaffine, Tendenzlose und Rechtsaffine (vgl. Abschn. 2.2.4) – ein erster Hinweis darauf, dass sich die Grundkonstellationen der Perspektive auf die Erwerbsarbeit tief in das kollektive Bewusstsein der Erwerbstätigen eingeschrieben haben. In Bezug auf einzelne Items haben sie nahezu unisono das Gefühl, mit ihrer Arbeit etwas Sinnvolles zu tun (RA = <98%; TL und LA jeweils >93%). Gesellschaftliches Ansehen durch die eigene Arbeit erkennen ca. siebzig Prozent aller Befragten, ein Viertel der Linksaffinen lehnen das Statement „Durch meine Arbeit erhalte ich gesellschaftliches Ansehen" ab – damit ist die Distanzierung etwas weniger deutlich

---

7 Die Skala „soziale Anerkennung durch Arbeit" umfasst die Items „Durch meine Arbeit erhalte ich gesellschaftliches Ansehen" sowie „Durch meine Arbeit erhalte ich eine gesellschaftlich anerkannte Position" (Cronbach's Alpha = .771). In die Skala „Berufliche Sicherheit" gehen die Items „Meine berufliche Zukunft ist unsicher" und „Ich kann meine berufliche Zukunft langfristig vorausplanen" (Cronbach's Alpha = .745) ein. Der dritte Faktor mit den Items „Ich habe kein Interesse an einer beruflichen Karriere" und „Im Grunde arbeite ich nur, um Geld zu verdienen" wird auf Grund geringer Güte verworfen. Auf der Grundlage theoretischer Überlegungen wird aus c) und g) außerdem die Skala „Instrumentalismus" gebildet. Die Reliabilitätsprüfung zeigt aber, dass nur bei den Linksaffinen und Tendenzlosen eine hinreichend starke Korrelation der Items vorliegt; bei den Rechtsaffinen ist dies nicht der Fall.

als in den anderen beiden Gruppen. Ganz ähnlich verhält es sich hinsichtlich der Frage nach der durch die Arbeit vermittelten gesellschaftlich anerkannten Position: Gut siebzig Prozent politisch tendenzlose Erwerbstätige meinen, durch die Arbeit eine solche zu erreichen; Links- wie Rechtsaffine sind geringfügig zurückhaltender.

Bezüglich der instrumentellen Arbeitsorientierung sieht es anders aus: Sie wird zwar im Ganzen mehrheitlich abgelehnt, es zeigen sich aber deutliche Unterschiede nach politischer Einstellung: Weniger als dreißig Prozent der Linksaffinen können für eine solche Haltung Verständnis aufbringen (vs. 37% RA und 41% TL). Die Ablehnung des Statements fällt umgekehrt noch deutlicher aus: Knapp ein Drittel der linksaffinen Arbeitenden kann einer instrumentellen Arbeitshaltung gar nichts abgewinnen und drei Achtel sind gegenüber einem solchen Ansinnen verhalten. Arbeit hat demnach insbesondere für Linksaffine einen über den reinen Gelderwerb hinausgehenden Zweck – ein deutlicher Hinweis auf eine immanente Sinnzuschreibung.

Angesichts der Finanz- und Wirtschaftskrisen kann es kaum verwundern, dass die Skala zur beruflichen Sicherheit keine signifikanten Unterschiede im Mittelwertvergleich ausweist. Unsicherheit bezüglich der weiteren wirtschaftlichen Entwicklung, und damit verbunden der eigenen beruflichen Zukunft, ist ein weit verbreitetes Phänomen geworden. Die befragten Erwerbstätigen nehmen dabei unterschiedliche Perspektiven ein, die entlang ihrer politischen Grundorientierungen changieren. Vor dem Hintergrund der aktuellen Wirtschaftskrise sind sich jeweils ca. 60 Prozent der Linksaffinen bzw. Tendenzlosen sowie ca. 55 Prozent der Rechtsaffinen über ihre berufliche Zukunft unsicher. Das belegt eindrücklich die in der Gesellschaft weit verbreitete Verunsicherung bezüglich der weiteren wirtschaftlichen Entwicklung in breiten Bevölkerungskreisen. Das beeinflusst die Wahrnehmung der Planbarkeit beruflicher Zukunft. Diesbezüglich sind unterschiedliche Perspektiven zu erkennen:

Die Hälfte der Linksaffinen sieht die eigene berufliche Zukunft als mehr oder weniger gut planbar an; die andere Hälfte ist hier verhaltener und sieht diesbezügliche Risiken. Bei Rechtsaffinen wie Tendenzlosen dominieren (jeweils mit ca. 60%) im Hinblick auf die Planbarkeit der eigenen beruflichen Zukunft eher skeptische Einstellungen. Offensichtlich übertüncht der den Linksaffinen eigene positive Bildungsbias solche Prädiktoren, die eigentlich eine erhöhte Unsicherheit hervorrufen müssten, wie z. B. der auf Grund des Alters erst kürzlich erfolgte Berufseinstieg etc. Das setzt sich im Statement „Ich habe kein Interesse an einer beruflichen Karriere" fort: Mit knapp 23 Prozent voller oder bedingter Zustimmung verfängt diese Aussage bei Linksaffinen weniger als bei Anderen (TL: > 26%, RA: >30%).[8]

Bezüglich der Orientierung auf die Erwerbsarbeit ist die Einstellung gegenüber dem Statement „Es ist die Freizeit, die das Leben lebenswert macht, nicht die Arbeit" ein guter Fingerzeig. Das betrifft nicht nur die Erwerbstätigen selbst, sondern auch diejenigen, die aus dem einen oder anderen Grund nicht (mehr) zu den Erwerbstätigen zählen. Im Mittelwertvergleich einer sieben-poligen Skala weisen sich Linksaffine (Mw 4,48) als relativ stärker an Arbeit orientierte Personen aus (RA: 4,17; TL: 4,32). Insoweit scheinen Linksaffine der vielzitierten Wertesynthese weniger stark zu folgen als andere – sie sind in spezifischer Weise „Traditionalisten" in Bezug auf die Bedeutung der Erwerbs-arbeit für das eigene Leben.

Linksaffine zeigen sich also etwas weniger instrumentell in Bezug auf die Erwerbsarbeit, haben in Bezug auf ihre Zukunft in der Erwerbsarbeit weniger Befürchtungen und sehen sich hinsichtlich ihrer Planungen etwas stärker als gestaltend und antizipierend an. Arbeit wird zudem entlang der Sinndimension durch Rechts- bzw. Linksaffine ebenso unterschiedlich eingeschätzt wie dies für die Zuweisung von Positionen in der Gesellschaft gilt.

In diesem Zusammenhang ist auch die Frage nach Einkommens- und Status-unterschieden von Bedeutung, wie sie mit der Aussage „Nur wenn die Unter-schiede im Einkommen und im sozialen Ansehen groß genug sind, gibt es auch einen Anreiz für persönliche Leistungen" abgefragt wurde. Auch hier unter-scheiden sich die Protagonisten der verschiedenen Gruppen in ihrer Bewertung: Etwas mehr als 48 Prozent der Linksaffinen stimmen dem Statement voll oder eher zu; sie werden hier von den Tendenzlosen (fast 53%) bzw. insbesondere den Rechtsaffinen gut (73%) in den Schatten gestellt.

Während demnach das Thema bei den Rechtsaffinen weniger umstritten ist, zeigen die Werte für die beiden anderen Gruppen, dass hier klare Positio-nierungen nach dem politischen Lager nicht statthaft sind. In Bezug auf das schon des Öfteren angesprochene Vordringen neoliberaler Denkmuster kann dieses Ergebnis als ein Hinweis darauf gesehen werden, dass leistungsbezogene Verteilungsfragen zumindest en vogue sind, aber noch nicht entschieden zu sein scheinen. Offensichtlich ist der Begriff der Leistung als legitimatorisches Argument für soziale Unterschiede innerhalb der Gesellschaft etabliert. Womöglich verbirgt sich hinter Zustimmung wie Ablehnung aber auch ein differenter Leistungsbegriff, wie er in dem bekannten Bonmot „Jedem nach seiner Leistung, jedem nach seinem Bedarf" durchscheint.

---

8 Knapp die Hälfte der Rechtsaffinen lehnt diese Einstellung kategorisch ab – eine deutlichere Polarisierung innerhalb der Genusgruppe zwischen den sie konstituierenden Sozialprofilen.

Noch deutlichere Unterschiede bestehen hinsichtlich der Position zur Aussage: „Jeder sollte für seinen Lebensunterhalt selbst arbeiten". 95 Prozent der Rechtsaffinen, 92 Prozent der Tendenzlosen und 88 Prozent der Linksaffinen stimmen der Aussage zu – eine angesichts der nur wenigen widersprechenden Stimmen erschlagende Übereinstimmung. Das bedeutet aber nur bedingt eine inhaltliche Gleichförmigkeit: Weder fokussiert die Aussage explizit auf Erwerbsarbeit, noch reflektiert sie die Situation auf dem Arbeitsmarkt. Transfereinkommen etc. bleiben also unberücksichtigt. Insoweit ist die inhaltliche Streuung des Statements selbst sehr groß, was die hohe Übereinstimmung bedingen kann. Insbesondere nach den bisherigen Ergebnissen zum Arbeitszentrismus steht zu vermuten, dass jede politische Richtung die Aussage inhaltlich entsprechend den eigenen Vorstellungen umkodiert und so passfähig macht – beispielsweise in den Lesarten „Jeder sollte für seinen Lebensunterhalt selbst arbeiten *können*" oder „Jeder sollte für seinen Lebensunterhalt arbeiten *müssen*". Auf einer zweiten Ebene wird aber genau daran die Zentralität der Erwerbsarbeit in der gegenwärtigen Gesellschaft nochmals deutlich sichtbar: Für seinen Lebensunterhalt zu arbeiten, (tätig zu sein etc.) ist tief verankertes Momentum der Arbeitsgesellschaft. Das lässt sich auch in den Werten zum Statement „Jeder Mensch hat ein Recht auf Arbeit" belegen: Es erntet über die politischen Genusgruppen hinweg nahezu ausschließlich Zustimmung. Das Recht auf Arbeit ist demnach als Substanz- oder Elementarrecht im kollektiven Bewusstsein tief verankert – und stellt im Umkehrschluss den zentralen Integrationsmodus der Gesellschaft dar.

Durch Erwerbsarbeit und das damit verknüpfte System sozialer Sicherung werden letztlich gesellschaftlicher Status, Identität und Sinn vermittelt. Nur ein kleinerer Teil der Linksaffinen mag sich von dem mittlerweile tradierten Bild lösen und präferiert ein (gesellschaftliches) Leben jenseits lohnabhängiger Erwerbsarbeit. Daran entzünden sich aktuell angesichts der andauernden Massenarbeitslosigkeit quer durch die politischen Lager Debatten um eine Entkopplung der materiellen Sicherung von der Erwerbsarbeit, etwa in Form des bedingungslosen Grundeinkommens. Es kann kaum überraschen, dass auch im linksaffinen Spektrum unterschiedliche Ansichten hier zum Tragen kommen. Wie in anderen politischen Feldern auch, ist hier weniger von einer parteipolitisch gefärbten Richtungsentscheidung zu sprechen, die die Neigung zu der einen oder anderen Position beeinflusst. Vielmehr ist von einer die üblichen Lagergrenzen sprengenden tradierten Normalitätsvorstellung auszugehen.

Vergegenwärtigt man sich nochmals die Abbildung 8 (vgl. S. 80), so zeigen sich drei Ebenen der Wahrnehmung der primären Funktion von Arbeit: Sowohl die Kategorie der Pflicht wie der Integration verweisen auf soziale Aspekte, während die Sinnstiftung durch Arbeit einen stärker individualistischen Impetus aufweist. In Bezug auf den gesellschaftlichen Stellenwert lassen sich wiederum drei Ebenen unterscheiden, von der Zentralität der Erwerbsarbeit über eine Relativierung bis hin zur Negation dieser Position.

Die Zentralität der Erwerbsarbeit zeigt sich am ausgeprägtesten in den gut verdienenden Mittelschichten, weil sie sowohl den Integrations- als auch den Pflicht- und Sinnaspekt der Arbeit betonen. Bezieher geringer Einkommen, denen Erwerbsarbeit eine zentrale Größe ist, finden sich dagegen nur auf der Ebene der Integration wieder. Es liegt der Gedanke nahe, dass hier angesichts der prekären Situation der Wunsch Vater des Gedankens um Integration ist und die Zugehörigkeit zur Gesellschaft als eine über die eigene Erwerbsarbeit definierte Stellung vermutlich schmerzhaft als nicht oder nur teilweise geglückt tagtäglich erfahren wird. Die Erwerbsarbeitszentrierung ablehnende bzw. relativierende Einstellungen finden sich klarer in der Gruppe ökonomisch und / oder sozial Prekarisierter; und sie werden insbesondere von Jüngeren radikaler formuliert. Ob hier das „Sein das Bewusstsein" determiniert, kann nicht mit letzter Klarheit gesagt werden. Wäre dem so, ließe sich von einem Einrichten in der Situation sprechen, das fatalistische Züge tragen oder annehmen könnte. Dem scheint auf Seiten Prekarisierter nur der Ausweg einer in Richtung Tätigkeitsgesellschaft vorgenommenen Reformulierung des gesellschaftlichen Stellenwerts von Arbeit im Generellen entgegen zu stehen – auch dies jedoch eher aus der Not geboren, keinen Anschluss an die Erwerbsarbeitsgesellschaft realisieren zu können.

Interessanter Weise wird der Sinnstiftung qua Erwerbsarbeit von Befragten eine hohe Relevanz beigemessen, die in unterschiedlichen städtischen Regionen Westdeutschlands oder in ostdeutschen Großstadtmilieus leben bzw. einen entsprechenden Hintergrund haben. Ostdeutsche insgesamt scheinen in diesem Sinne eher sozialen Perspektiven zugeneigt und entweder in der Pflicht gegenüber der Gesellschaft bzw. in der Integrationskraft der Erwerbsarbeit die herausgehobene Bedeutung von Arbeit zu sehen. Wird darüber hinaus berücksichtigt, dass auch die das System der Erwerbsarbeit gänzlich ablehnenden Protagonisten ganz überwiegend Westdeutsche sind, liegt die Schlussfolgerung nahe, dass entsprechende Positionen vor allem ein Ausdruck des in westlichen Ländern in den vergangenen Jahrzehnten anwachsenden Postmaterialismus ist. Darin wurzelt nicht nur ein zivilgesellschaftlicher Begriff von einer Tätigkeitsgesellschaft, sondern auch eine Exit-Option angesichts einer als fremdbestimmt abgelehnten Erwerbsarbeit. Nun steht der Postmaterialismus als Leitvorstellung selbst unter Druck, wie die Renaissance eher materialistischer Werte verdeutlicht (vgl. Klages / Gensicke 2006) und es ist zudem kaum anzunehmen, dass Ostdeutsche keine postmaterialistischen Werte ausgebildet hätten. Um die qualitativen Befunde zu fundieren, lohnt sich daher ein weiterer Rückgriff auf die Repräsentativbefragung.[9] Demnach weisen 24,5 Prozent der Linksaffinen im Sample materialistische und 36,7 Prozent postmaterialistische Wertorientierungen auf; die übrigen 38,8 Prozent sind dem Mischtyp zuzuordnen. Materialistisch orientierte Linksaffine weisen im Vergleich zu postmaterialistischen (aber auch zum Mischtyp) im Hinblick auf das Äquivalenzeinkommen des Haushalts deutlich häufiger eine unterdurchschnittliche („niedrig" + „untere Mitte") Einkommenssituation auf. Postmaterialistische Linke polarisieren im Hinblick auf das Äquivalenzeinkommen in Richtung der Extremwerte: Die Kategorien niedrig und hoch sind jeweils deutlich stärker vertreten als die jeweils benachbarte Mittelkategorie:

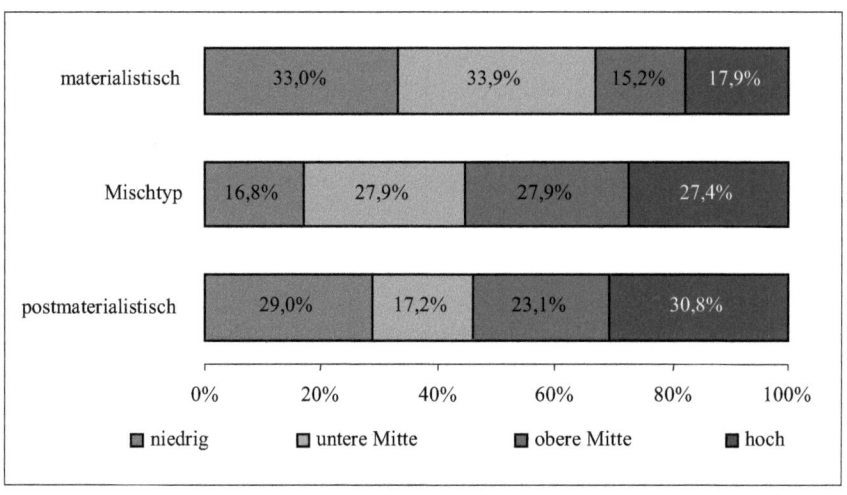

Abbildung 9: Äquivalenzeinkommen nach Wertorientierung – nur Linksaffine

Dies korrespondiert mit der breiten Streuung, wie sie im Kartografierungsmodell angezeigt ist: Das Feld umfasst diametral entgegengesetzte Lebenslagen wie einerseits die nach Selbstverwirklichung der eigenen Lebensidee ggf. außerhalb des wohlfahrtstaatlichen Systems suchenden und an den Rändern der

---

9 Zweifelsohne ist das erweiterte linke Spektrum dahingehend differenziert, dass sich hier „traditionale" und „modernisierte" bzw. „materialistische" und „postmaterialistische" Milieus kreuzen. Um dies vertieft zu untersuchen, wurde aus sechs Items einer Fragebatterie zu Werten, die für das eigene Leben wichtig sind, die Variable Wertorientierung gebildet, die polar in „materialistische" und „postmaterialistische" Orientierungen trennt; die Mittelkategorie „Mischtyp" erfasst die dazwischen liegenden, nicht eindeutig zuordnenbaren Fälle.

Gesellschaft sich einfindenden subkulturellen Außenseiter, andererseits aber die auf Grund ihrer beruflichen Kompetenz etablierten und im System mehr oder weniger fest verankerten oberen Mittelschichten. Schließlich existieren auch traditionell materialistisch orientierte Linksaffine, die vermutlich über ein ausgeprägtes Facharbeiterbewusstsein verfügen und ihren Lebensentwurf um die Arbeit herum zentriert konzipieren.

Nicht nur die Einkommenssituation ist different, auch weisen materialistisch orientierte Linksaffine im Vergleich zu postmaterialistischen (aber auch zum Mischtyp) im Durchschnitt eklatant niedrigere Schul- und Ausbildungsabschlüsse auf, wie die folgende Tabelle verdeutlicht:

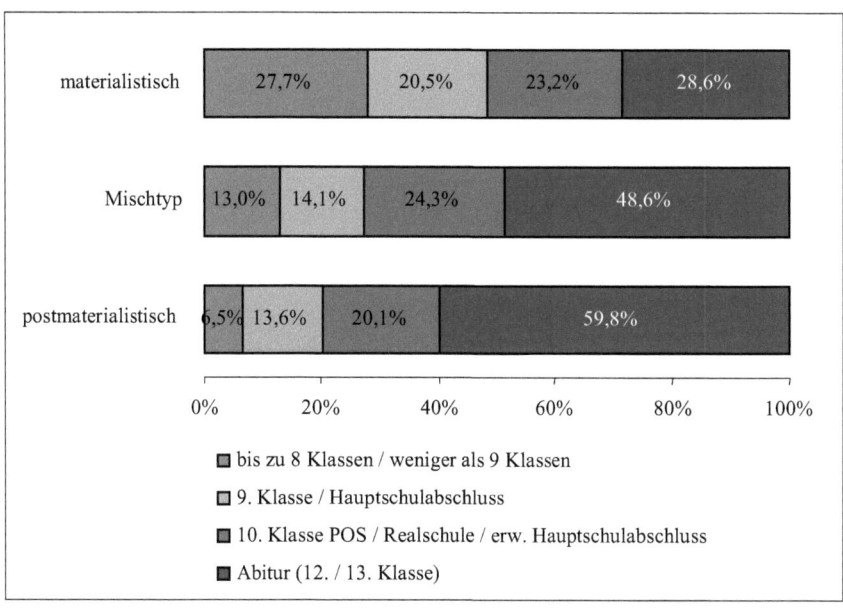

Abbildung 10: Anteile höchster Schulabschluss nach Wertorientierung – nur Linksaffine

Insgesamt wird auf der Grundlage der vorstehenden Einzelanalysen deutlich, dass bei den Linksaffinen – wie auch in der Gesamtpopulation – postmaterialistische Orientierungen eher in den gebildeten Mittelschichten und materialistische eher bei den Arbeitern vorzufinden sind. Linksaffine zeigen sich hier als ein Spiegelbild der Gesamtgesellschaft und sind nicht auf spezifische Gruppen innerhalb dieser zu reduzieren. Dies dürfte Konsequenzen für das Politikangebot haben, aber auch nach entsprechender Differenzierung im Hinblick auf die Möglichkeiten politischer Partizipation: Als Sammelbecken extrem gegensätzlich orientierter Parteigänger selbst innerhalb des linksaffinen Spektrums zu agieren, ruft bei den Parteien unweigerlich Probleme hervor, während ein zu eng gestricktes Angebot wiederum Sympathisanten vergraulen könnte und die Parzellierung in unterschiedliche Gliederungen und autonome Gruppen innerhalb einer Partei Fokussierungsprobleme nach sich ziehen könnte.

Der Einschätzung, dass man durch seine eigene (Erwerbs-)Arbeit gesellschaftliche Anerkennung und eine gesellschaftlich anerkannte Position erhält (Skala „soziale Anerkennung durch Arbeit"), stimmen postmaterialistische Linksaffine signifikant häufiger zu als materialistische.

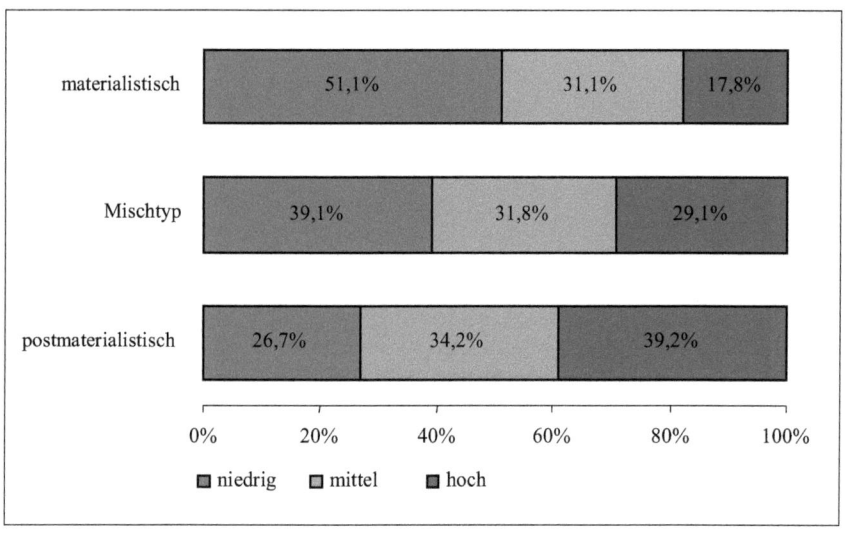

Abbildung 11: Stellenwert sozialer Anerkennung durch Arbeit nach Wertorientierung – nur Linksaffine

Zu vermerken ist in diesem Kontext, dass die Wertorientierungen im Hinblick auf die Skala „soziale Anerkennung durch Arbeit" nur bei den Linksaffinen einen statistisch signifikanten Unterschied ergeben – bei Tendenzlosen und Rechtsaffinen zeigt sich keinerlei systematischer Zusammenhang zwischen generellen Wertorientierungen und dem Stellenwert sozialer Anerkennung durch die eigene Erwerbstätigkeit. Erwerbsarbeit scheint damit bei den Linksaffinen einen ganz eigenen – und womöglich aus der Tradition der Linken als Arbeiterbewegung gespeisten – Wert zu besitzen, der sich selbst in der

Verschiebung auf postmaterialistische Orientierungen noch als zentraler Faktor zeigt. Dies erweist sich unter anderem in der Verknüpfung von Arbeit und Würde als ein Kern linker Identität.

3.3.2 Bezugnahmen auf den Kapitalismus

Die Bezugnahmen auf den Kapitalismus als hierzulande dominantes Gesellschafts- und Wirtschaftssystem variieren unter den Linksaffinen: Es gibt einerseits verhalten positive Bilanzierungen, die als Versprechen dem Kapitalismus immanente Möglichkeiten betonen. Andere verweisen kategorisch auf systembedingte negative Auswirkungen und die immanente Instabilität des Systems, insbesondere aber auf die negativen Effekte, wie den sozialen Ausschluss und die gesellschaftliche Desintegration.

Diesem Modus einer generalisierenden *politischen* Bewertung des kapitalistischen Systems stehen häufig pragmatische Bezugnahmen gegenüber, die in einer alltagsbezogenen Perspektive unmittelbar die eigene Person mit in Rechnung stellen. Salopp formuliert: nicht der Einzelne soll für das kapitalistische System da sein sondern umgekehrt. Kapitalismus wird hier von einem globalisierten Systembegriff zu einem mehr oder weniger alltagspraktisch handhabbaren Gestaltungsfeld, auf das bezogen individuelle Bedürfnisse artikuliert werden. Sehr schnell ergibt sich dann eine positive bzw. negative Bilanzierungen des abstrakten Systems Kapitalismus. Diese Bezugnahmen beinhalten neben eher passiven bzw. resignativen Facetten eine ganze Bandbreite von subjektiver und / oder gesellschaftlicher Wirkmächtigkeit, mit deren Hilfe der omnipräsenten Strukturmacht des kapitalistischen Systems regulierend gegenübergetreten werden kann. Im Extremfall kann dies radikalisiert werden – bis hin zur Überwindung des Kapitalismus als erklärtem Ziel einiger Befragter und dem damit einher gehenden Selbstverständnis als „Revolutionär".

In den Interviews wurde deutlich, dass die individuelle Konstellation zum einen eine generalisierende Perspektive auf den Kapitalismus als auch ein auf die eigene Person bezogenes Verhältnis zum System in Form eines je unterschiedlichen typischen Engagementwillens beinhaltet. Insgesamt lassen sich so sechs Typen der Bezugnahme auf das kapitalistische System unterscheiden, die folgende Charakteristika aufweisen:

1) Resignation
Eigene politische Wirkmächtigkeit nehmen Interviewte mit der Haltung einer resignativen Akzeptanz des Systems als nicht gegeben an. Ihre eng an die eigene soziale Lage geknüpfte Erfahrung bezüglich der kapitalistischen Wirklichkeit ist

die einer übermächtigen Struktur, der nichts entgegenzusetzen ist. Das persönliche Schicksal wird als Ausfluss dieser Konstellation begriffen, das Bemühen um individuelles Auskommen innerhalb des kapitalistischen Systems steht konsequenterweise in der persönlichen Rangfolge vor politischem Engagement gegen das System.

2) Indifferenz

Gegenüber dem Kapitalismus indifferent eingestellte Linksaffine weisen politischem Handeln generell einen eher randständigen Wert für das eigene Dasein zu. Dies verlängert sich augenscheinlich auf das Feld der Systemkritik – und dies auch dann, wenn vor dem Hintergrund der eigenen politischen Einstellung eine grundlegend negative Bilanzierung des Kapitalismus vorherrscht. Möglicherweise inkludiert die bei den Protagonisten saturierter Indifferenz vorherrschende erfolgreiche soziale Position die Abkehr von Forderungen gegenüber dem politökonomischen System. So gesehen erklärt sich die Enthaltung hinsichtlich politisch-praktischer Aktivität als rationales individualistisches Kalkül in freier Anwendung des Brecht'schen Sentenz: „Erst kommt das Fressen, dann die Moral". Weniger moralinsauer könnte diese Position aber auch als Rationalisierung von eigenen Ohnmachtserfahrungen gegenüber einem übermächtig erscheinenden System bei gleichzeitiger Erfahrung der eigenen Wirkmächtigkeit in einem präferierten gesellschaftlichen Teilsystem gedeutet werden – man nutzt die Gelegenheiten eines Spiels, das man eigentlich nicht spielen möchte, aber zu spielen gezwungen ist.

3) Akzeptanz

Von solchen Dilemmata bleiben diejenigen verschont, die entweder in positiver Bilanzierung (Typus *Adaption neoliberaler Ideologien*) das kapitalistische System akzeptieren oder es trotz prinzipiell negativer Perspektive auf das System dieses als alternativlos anerkennen (Typus *Akzeptanz der Alternativlosigkeit*). Von den Indifferenten unterscheidet beide Typen genau dieses gelegentliche geringe Aktivitätslevel, das nötig ist, um Toleranz gegenüber seiner Umwelt aufzubringen – es wird zumindest in der theoretischen Auseinandersetzung ein Bezug zum kapitalistischen System hergestellt. Das fällt denjenigen mit einer positiven Bilanzierung (Typus *Adaption neoliberaler Ideologien*) leichter; sie finden zu einer positiven Akzeptanz der Verhältnisse, nicht selten unter dem Verweis auf neoliberal bzw. konservativ anmutende Positionen insbesondere in Wirtschaftsfragen. Eine weniger positive Haltung nehmen diejenigen ein, die ihre grundsätzliche Kritik am System formulieren, ohne in aktive Gegnerschaft dazu zu treten (Typus *Akzeptanz der Alternativlosigkeit*). Eine wesentliche Vorbedingung für Toleranz scheint, ähnlich wie bei den Indifferenten, die überwiegend abgesicherte, wenn nicht saturierte soziale

Lage zu sein – selbst wenn diese (v. a. bei Schülern und Studenten) noch prospektiv ist. Zwischen Indifferenten und Toleranten besteht demnach nur ein gradueller Unterschied.

4) (Technokratische) Regulation

Stärker in die Richtung kritischer Positionierung gegenüber dem Kapitalismus als System neigen diejenigen, die aus einer insgesamt negativen Bilanzierung die Forderung nach seiner Regulation stellen. Im Sample der Befragten sind es ausschließlich materiell gut Abgesicherte, die sich dieser Position anschließen. Es liegt nahe, dahinter auch eine Absicherung des einmal Erreichten und damit durchaus persönliche Gründe für den Ruf nach Regularien zu sehen, zumal sich die Forderungen mehr oder weniger auf eine Konservierung des Bestehenden beschränken. Insoweit sind sich die Vertreter einer Regulation und die Toleranten / Akzeptanten recht nahe – bemerkenswerter Weise scheinen aber die weniger gut Situierten innerhalb dieser beiden Genusgrupen weniger zur Regulation zu neigen. Toleranz / Akzeptanz mag daher auch ein Ausdruck von Zurückhaltung beim Einfordern eines größeren Anteils sein – oder kritischer: Ausdruck eines relativen Unvermögens, die eigenen Belange gegen andere gesellschaftliche Interessengruppen durchzusetzen und dazu entsprechende Bündnisse zu schmieden.

5) Reformorientierte Kritik

Die Gruppe der reformorientierten Kritiker ist dagegen deutlicher an Änderungen des bestehenden Systems interessiert – einerlei ob man im Grundsatz positiv (Typus *(sozial-)politische Kritik und kompensatorische Ergänzungen*) oder negativ (Typus *politische Kritik und Transformation*) dem System gegenüber eingestellt ist. Tendenziell scheint es wiederum die soziale Lage zu sein, die die entsprechende grundsätzliche Position dem System gegenüber formt – bis hin zu partiellen Konvergenzen mit antikapitalistischen Einstellungen. Reformistische Kritik geht – bei allen Unterschieden der beiden skizzierten Typen – in hohem Maße mit politischem Engagement einher. Die Differenzen lassen sich nicht eindeutig auf bestimmte Merkmale reduzieren. Zum Teil sind es individuelle Partikularinteressen, die aus unterschiedlichen biografischen Erfahrungen und Lebenslagen herrühren, zum Teil aus dem eigenen gesellschaftlichen Engagement heraus sich entwickelnde unterschiedliche Reformpfade wie Sozialarbeit, Ehrenamt, politische Basisarbeit etc., die gleichsam ein originäres Distinktionsmerkmal für die Aktiven bilden – bisweilen jenseits theoretischer Auseinandersetzungen.

6) Antikapitalismus

Die im Sample kleine Gruppe erklärter Antikapitalisten eint die mehr oder weniger stark ausgeprägte negative Bilanzierung des Systems – ähnlich wie bei denjenigen, die eine negative Akzeptanz des Systems aufweisen, scheint hier die eigene prekäre soziale Lage einen präformierenden, allerdings weniger deterministischen Einfluss auszuüben. Der Unterschied besteht in der zukunftsgerichteten Perspektive und in der die eigene Person überschreitenden Reichweite der grundsätzlichen Kritik. Bereits in den Gruppendiskussionen wurde deutlich, dass dies, lebensphasenspezifisch gerahmt, durchaus die Konsequenz einer selbst gewählten Prekarität haben kann und einerseits bei bildungsnahen prospektiv gut Situierten wie andererseits bei bildungsfernen Jüngeren gleichermaßen gut zu verfangen scheint. In welche Richtung sich die Positionierung in der Folgezeit bewegt, ist im Durchlauf der vorstehend gezeichneten Möglichkeiten angelegt, ohne stringent starren Pfadabhängigkeiten zu folgen. Ein Ausstieg aus der selbstgewählten Nische steht zumindest eine Zeitlang und insbesondere denjenigen mit hinreichendem materiellem Hintergrund offen.

Die antikapitalistische Grundhaltung trifft sich mit jenen systemkritischen Positionen, die sich auf eher institutionalisierten Pfaden der politischen Identität und Verortung bewegen: hier sind insbesondere Gewerkschaften und linke Parteien ein Pool zum gemeinsamen politischen Engagement innerhalb mehr oder weniger etablierter Formen. Bestandteil des politischen Handelns ist ein an gegenwärtigen Zumutungen ausgerichtetes Engagement in Verbindung mit einer relativ klar umrissenen Zukunftsperspektive der Überwindung des Kapitalismus.

Bezüglich jeder Gruppe wäre das Marx'sche Verdikt vom Sein, welches das Bewusstsein bestimmt, zu modifizieren: es sind zum einen die individuell dauerhaften, qua Herkunft und Bildung konturierten politischen Perspektiven auf den Kapitalismus sowie der alltagspraktischen politischen Auseinandersetzung. Zum anderen ist aber die jeweils gegenwärtige soziale Lage ein wichtiger Prädiktor für das politische Selbstverständnis. Einen universellen Verlauf des politischen Alterungsprozesses im Sinn einer fortschrittlichen Jugend und eines konservativeren Alters gibt es demnach nicht – vielmehr sind es Gelegenheitsstrukturen und Wirksamkeitserfahrungen, die die Positionierung als politisches Subjekt strukturieren.

Die typologische Systematisierung verschiedener Orientierungen Linksaffiner im Hinblick auf das kapitalistische System verdeutlicht, dass (in Varianten der Typen 3 und 5 aufscheinende) positive Gesamtbewertungen des Kapitalismus sowohl mit einer Tolerierung (auch negativer Effekte) dieses Wirtschaftssystems als auch mit Reformorientierungen einhergehen können. Demgegenüber differenzieren sich diejenigen, die den Kapitalismus eher negativ bilanzieren, sowohl im Hinblick auf systembejahende wie systemkritische Bezugnahmen auf den Kapitalismus stärker aus. Im Hinblick auf die politische Praxis ist das insofern von Relevanz, als die negativ Bilanzierenden Nachteile in der Mobilisierung haben: Sie müssen womöglich erst einen kleinsten gemeinsamen Nenner suchen, um Beachtung findenden Protest gegen die als negativ empfundenen Auswirkungen zu organisieren. Diese Hürde scheint jedoch zu niedrig, um politisches Engagement per se unwahrscheinlich zu machen – selbst jenseits eines prinzipiell ungewissen Erfolges trägt politischer Aktivismus offensichtlich noch ganz eigene Gratifikationen mit sich, die zumindest einem Teil der Linksaffinen als attraktiv erscheinen: Neben dem guten Gefühl konkreter Hilfe sind es oft die kommunikativen und sozialen Erfahrungen in (sozial)politischen Aktionen, die als Boni genannt werden.

Berücksichtigt man die auf vorgängiger Bildungserfahrung und Zugangsmöglichkeit aufbauenden Einkommen und den beruflichen Status der Befragten, zeigt sich eindrucksvoll der enge Konnex zwischen generalisierter positiver bzw. negativer Einstellung und der sozialen Lage. Ohne dass von einem Determinismus gesprochen werden kann, neigen Angehörige höherer sozialer Lagen stärker jenen Orientierungen zu, die den Status quo nicht verletzen, während Angehörige anderer Soziallagen neben ebensolchen auch radikalere oder aber fatalistische Orientierungen hervorbringen. Dass diese das Bewusstsein zwar grundlegend, aber nicht bis in die letzte Facette politischer Orientierung strukturiert, belegt die vielgestaltige Ausdifferenzierung möglicher Positionierungen zum Kapitalismus. In diesem Zusammenhang ist auf die Bedeutung von Gelegenheitsstrukturen vor Ort (z. B. Bürgerinitiativen, Gelegenheit zu sozialpolitischem Engagement, Gleichgesinnte etc.) und situativer Abwägung der Relevanz für die eigene Person und Erfolgsträchtigkeit der verfolgten Ziele hinzuweisen.

Zentral sind aber auch Erfahrungen mit praktisch ausgeübter Opposition zum bestehenden System: Sind diesbezüglich keine Arenen zu gemeinsamem Handeln vorhanden (z. B. weil man „allein auf weiter Flur steht") oder verstetigen sich Erfahrungen der Ohnmacht, kann Resignation sowie Akzeptanz / Toleranz zum individuellen Repertoire eines Rückzugs von aktiv-kritischer Distanzierung gehören: Beide Haltungen legitimieren auf kompensatorische Weise die individuelle Absenz aus den politischen Arenen, indem sie auf das überindividuelle System und seine Macht verweisen – die eigene Person ist damit scheinbar freigestellt. Reformvorstellungen wie auch rigider Antikapitalismus können sowohl Durchgangs- wie Endpunkte der politischen Positionierung gegenüber dem ubiquitären System sein, die jeweils eine passfähige Legitimierung durch den Protagonisten erfahren. Das gilt auch für die Indifferenten, die ihre Gleichgültigkeit häufig mit der Chancenlosigkeit gegenüber den

Verhältnissen rationalisieren – gelegentlich in durchaus kalkulatorischer Art und Weise als individual-ökologischer Schutzraum. Rationalisierungen ist nicht immer rational zu begegnen – dieses Grundproblem politischer Mobilisierung betrifft alle Gruppen gleichermaßen.

Ein weiteres Problem liegt in der fast magischen Präsenz des Kapitalismus: Man weiß um seine Existenz, vermag auch unerwünschte Auswirkungen zu thematisieren und ihn insgesamt als negativ bilanzieren oder zu einer eher positiven Einstellung finden. Der Kapitalismus erscheint gewöhnlich ebenso omnipräsent wie unangreifbar. Ein Teil des Samples reagiert auf diese Situation mit einer De-Thematisierung: Zur Sprache gebracht werden (von den Befragten selbst sogenannte) „reale" Probleme, nicht aber Systemfragen. Mit den Indifferenten eint diese Einstellung des Ausblendens, dass der Schutz bei Letzteren zu einer politischen Immunisierung ausgeweitet ist. Inwieweit dies bei beiden Gruppen letztlich zu einer De-Politisierung führt, sei dahingestellt.

3.3.3   Lebensweltliche Grundeinstellung zur Gesellschaft

Die Wahrnehmung der Gesellschaft schließt in der Regel auch andere Aspekte als ausschließlich den Blick auf die ökonomische Verfasstheit ein. Damit wird deren Primat nicht verworfen, es eröffnen sich aber auch andere Arenen, die im Vergleich zum relativ abstrakten Bezugspunkt „Kapitalismus" eine erste Konkretion bedeuten – häufig herunter gebrochen auf vor Ort relevante Probleme. Relevant für entsprechende Wertungen sind vor allem (zum Teil in die Zukunft verlagerte) Gerechtigkeitsvorstellungen und Entwürfe für eine als gut empfundene Gesellschaftsformation im Großen wie im Kleinen. Zugleich konstituieren sich die Individuen als politische Subjekte, denen Einflussnahme prinzipiell als verbrieftes Recht zusteht. Durch diese doppelte Brille – Bilanzierung von gesellschaftlichen Entwicklungen einerseits und der eigenen Einflussnahme andererseits verfestigt sich die Wahrnehmung von der Gesellschaft.

Insgesamt lassen sich typisierend vier Formen der Bezugnahme auf Gesellschaft unterscheiden, die in Abbildung 12 zusammengefasst sind. Diesen Formen der Grundeinstellung zur Gesellschaft lassen sich auf der Grundlage des Samples einige mehr oder weniger distinkte Personengruppen zuordnen, ohne dass diese Gruppen bereits alle Teile des linksaffinen Spektrums systematisch erfassen.

Form	Beschreibung
Akzeptanz	insgesamt positives, Veränderungen als möglich antizipierendes Gesellschaftsbild; einzelne konkrete Kritikpunkte
Kritische Akzeptanz	insgesamt kritisches, Veränderungen als schwer möglich antizipierendes Gesellschaftsbild; mehrere, teils grundsätzliche Kritikpunkte
Kritische Distanz	grundsätzliche Kritik an gesellschaftlichen Strukturen, z. T. resigniert
Ablehnung	Ablehnung der gegenwärtigen Gesellschaft als sozial defizitäres und kaum beeinflussbares Modell; partiell gelebte Gegenentwürfe

Abbildung 12: Form der Bezugnahme auf die Gesellschaft

Die identifizierbaren Gruppen werden im Zusammenhang mit der nachfolgenden Beschreibung genauer charakterisiert. Ein interessanter Aspekt, auf den dabei besonders abgehoben wird, ist, dass sich die Wahrnehmung der eigenen Wirkmächtigkeit hinsichtlich der Veränderung gesellschaftlicher Strukturen oder auch nur der Bearbeitung von Problemlagen zwischen den Gruppen unterscheidet. Bei Personen mit (relativ) positiver Gesellschaftswahrnehmung muss die eigene Handlungsmacht aber nicht in jedem Fall als hoch eingeschätzt werden – für Einige gibt es schlichtweg wenig zu ändern.

1) Akzeptanz

Ungebrochen positive Wahrnehmungen von Gesellschaft finden sich insbesondere bei zwei Personengruppen: Zu einen bei Personen, die man als *etablierte Zivilgesellschaftler* bezeichnen könnte. Bei ihnen überwiegt ein harmonistischer Bezug auf eine durch individuelles wie gemeinsames konkretes Handeln im positiven Sinne gestaltbare Gesellschaft. Sie verorten sich auf der Grundlage einer etablierten sozio-ökonomischen Position (bzw. prospektiv auf dem Weg dorthin) innerhalb zivilgesellschaftlicher Strukturen. Sie üben zwar in einzelnen oder auch mehreren Punkten Kritik an gesellschaftlichen Entwicklungen. Häufig geschieht dies aber im Verweis auf „handwerkliche Fehler" der Politik, denen per Nachsteuerung zu begegnen sei. Eine grundsätzliche Kritik oder der Wunsch nach einer völlig anderen Gesellschaft wird nicht geäußert. Dies ist angesichts der erreichten sozio-ökonomischen Position und der damit im Allgemeinen korrespondierenden persönlichen Handlungsmacht in gewisser Weise folgerichtig. Die Position erleichtert in gewisser Weise zugleich das zivilgesellschaftliche Engagement des Einzelnen – auch als „Dienst an der Gesellschaft" (oder Gemeinschaft), ohne dass dieser als Zwang erlebt wird. Gesellschaft und Individuum stellen keinen Gegensatz dar, sondern im

Zusammenwirken von Individuen entstehen gesellschaftliche Strukturen bzw. können bestehende verändert werden – und sei es auch nur im unmittelbaren Umfeld.

Ganz ähnlich argumentieren auch wohlfahrtsstaatlich orientierte Traditionalisten; sie setzen allerdings weniger auf Aktivitäten, die einen staatlichen Rückzug aus der Sozialpolitik kompensieren, als vielmehr auf eine politisch-kritische Intervention in solchen Prozessen. Dazu werden vorhandene Ressourcen und Kanäle aktiviert oder man ist bereit, sich selbst zur Verfügung zu stellen. Vor dem Hintergrund einer prinzipiell als gegeben erachteten Handlungsmacht als politischer Bürger schränken auch die manchmal langsam mahlenden Mühlen der staatlichen Administration oder der politischen Eliten nicht generell die Erfolgsträchtigkeit des eigenen Handelns ein. Im Vergleich zu etablierten Zivilgesellschaftlern bestehen mehr als nur leise Zweifel an der vorgeblichen Alternativlosigkeit gegenüber der gesellschaftlichen Entwicklung; insofern ein bisweilen nur defensives Ziel der Verteidigung bzw. Wiederherstellung aller Rechte angestrebt wird, überlässt man das politische Feld häufig institutionalisierten Akteuren und behält sich hier das Recht vor, erzielte Ergebnisse wiederum zu kritisieren. Die politische Arena wird unter Delegation eigener politischer Verantwortung an politische Akteure wahrgenommen, die zugleich aber durch den Souverän kontrolliert werden sollen.

2) Kritische Akzeptanz

Diese Form der Bezugnahme auf Gesellschaft ist dadurch gekennzeichnet, dass Gesellschaft zwar insgesamt kritisch betrachtet, aber in ihrer Grundstruktur hingenommen wird, da kaum Veränderungsmöglichkeiten gesehen werden. Diese Haltung findet sich insbesondere bei einem Personenkreis, den man als *Orientierung suchende verunsicherte Mitte* bezeichnen kann. In einer Art Wartehaltung werden Veränderungen in der Gesellschaft, die gegebenenfalls bedrohliche Folgen haben könnten, sehr sensitiv registriert. Konsequenter Weise weiten sich die politischen Sinne, und Kritik kann grundsätzlicher ausfallen als etwa bei den etablierten Zivilgesellschaftlern. Resultat kann jedoch eine polit-praktische Retardation sein: Tendenziell wird Politik und politisches Handeln in dem Maße unwichtiger, wie die eigene, tendenziell prekäre persönliche Situation in den Vordergrund rückt. Zum Teil langjährige parteigebundene politische Strukturen scheinen hier noch im Sinne einer Delegierung politischer Macht am ehesten die Rolle eines festen Ankers zu spielen – ob damit zugleich ein gewisser politisch-praktischer Konservatismus einhergeht, kann an dieser Stelle nicht belegt werden. Selbst wenn Personen dieser Gruppe dazu tendieren, bürgerlich-demokratische Positionen zu übernehmen, sind sie doch gegen nationalistische Einflüsse gefeit. Das markiert zugleich eine wichtige Abgrenzung zu nicht linksaffinen Personen in gleicher sozialstruktureller Lage. Ein erhöhter Grad der politischen Aufmerksamkeit im Sinne einer politisch mobilisierenden Empörung ist nur selten auszumachen und verbleibt häufig im Konjunktiv – Verunsicherung offenbart hier lähmende Kraft, die gesteigert ein fundamentales Problem der demokratischen Gesellschaftsformation erkennen lässt: Partizipationsverweigerung.

3) Kritische Distanz
Diese Haltung ist durch grundsätzliche Unzufriedenheit mit der bestehenden Gesellschaftsstruktur gekennzeichnet, die sich in einer kritischen Distanz zur Gesellschaft niederschlägt. Daraus resultiert aber nicht automatisch eigene Aktivität zur Veränderung der Verhältnisse; oft herrscht eine resignative Grundhaltung vor. Auf der Grundlage des Samples lassen sich zwei distinkte Personengruppen identifizieren, bei denen diese Grundhaltung vorherrscht.

Abgesicherte Skeptiker müssen sich hinsichtlich der konkreten beruflichen Situation keine konkreten Sorgen machen; dennoch treibt sie die allgemeine wirtschaftliche Entwicklung als tendenziell bedrohlich um, sondern auch der Zusammenhalt der Gesellschaft insgesamt. Durch politisches Engagement dagegen zu wirken scheint angesichts einer generellen Skepsis gegenüber den Erfolgsaussichten solcher Aktivitäten allerdings wenig attraktiv; die Verkrustungen der politischen Arena werden als übermächtig wahrgenommen.

Stille Radikale haben sich mehr oder weniger auf eine Beobachterposition zurückgezogen, von der aus sie allenfalls gelegentlich dann gesellschaftsrelevante Aktivitäten beginnen, wenn sie in politischen Prozessen eine manifeste Gefahr entdecken. In der Regel werden aber privatisierende bis vergemeinschaftlichende Politikzirkel gepflegt, die entweder nahezu messianischen Charakter besitzen oder aber als bewusste Abwendung von politischen Auseinandersetzungen gewählt sind. In der Praxis wird damit auch der mögliche Misserfolg politischen / sozialen Engagements umgangen. Insoweit ist dieser Reaktion eine „Politik zweiten Grades" eigen, die Intervention weitgehend aufgegeben hat, bei Gelegenheit / Notwendigkeit aber reaktivierbar hält. Ob und inwieweit die Aktivierung im Bedarfsfall tatsächlich erfolgt, ist nicht abzusehen.

4) Ablehnung
Während die Kritiker sich bei aller Kritik lebensweltlich „in der Gesellschaft" eingerichtet haben, ist für eine ablehnende Bezugnahme auf die gegenwärtige Gesellschaftsform eine sozial marginalisierte Position konstitutiv. Die Gesellschaft wird als sozial defizitäre und kaum beeinflussbare abgelehnt. Die Marginalisierung nimmt zwei sehr unterschiedliche Ausprägungen an, die durch zwei im Sample identifizierbare Personentypen repräsentiert sind.

Desillusionierte Prekarisierte sind von gesellschaftlicher Teilhabe durch ihre Dauerarbeitslosigkeit, teils in Verbindung mit chronischen Krankheiten, weitgehend ausgeschlossen. Sie erleben die Gesellschaft als sozial defizitär und fühlen sich an den Rand gedrängt. Ohne absehbare Chance auf den gleichberechtigten Wiedereintritt sehen sie sich aller Möglichkeiten der Beeinflussung von gesellschaftlichen Prozessen beraubt. Eigene Aktivitäten blitzen allenfalls sporadisch auf und sind dann eher zufällig. Dieses Verhältnis der Wahrnehmung der Gesellschaft zu eigenen politischen Aktivitäten ist nicht unumkehrbar – die Hürden der Rückkehr sind allerdings denkbar hoch gelegt.

Von diesen sozial Marginalisierten sind jene zu unterscheiden, die sich in einer Art Selbstmarginalisierung dem gesellschaftlichen Mainstream zu entziehen versuchen. Personen, die subkulturelle Gegenentwürfe zu leben versuchen, demonstrieren auf der Grundlage einer fundamentalen Kritik an gesellschaftlichen Verhältnissen eine gewissermaßen hohe individuelle Handlungsmacht (allerdings bei gleichzeitig geringer gesellschaftlicher Relevanz): Sie haben den Ausweg subkultureller Nischen gefunden und versuchen hier, Alternativen zu praktizieren. Das bezieht sich auf die Gesellschaft als Ganzes eher in Form von alternativen Entwürfen, die dem Mainstream entgegengesetzt werden. Dieser Privatismus erklärt politisches Handeln zu einem individuellen Projekt mit sozialräumlicher Reichweite, die auf den unmittelbaren Nahraum beschränkt ist. Im Schritt einer Parallelisierung sind dabei durchaus internationale Projekte möglich – etwa indem landwirtschaftliche Produkte von indigenen Kooperativen vertrieben werden. Ein abstrakt-politisches Veränderungspotenzial steht allerdings nicht (mehr) im Fokus des Interesses.

Die vier skizzierten Grundeinstellungen zur Gesellschaft sind typisierende Zuspitzungen. In der Praxis vermischen sich die Arten politischer Betätigung und Bezugnahme, die den einzelnen Typen relativ trennscharf zugeschrieben wurden: *Alternative* besuchen durchaus ausgewählte Demonstrationen oder beteiligen sich an Foren etc., wie andersherum *desillusionierte Prekarisierte* ihre Anliegen auch in der Öffentlichkeit vorbringen können, *Traditionalisten* können durchaus zivilgesellschaftliches Engagement zeigen oder *Skeptiker* und *stille Revolutionäre* aktiv werden. Der Konnex zwischen eigener Positionierung in der Gesellschaft und wahrgenommener eigener Handlungsmacht hinsichtlich gesellschaftlicher Veränderung ist in der Tendenz unübersehbar, im Einzelnen jedoch durch vielerlei Faktoren gebrochen. Im Hinblick auf das politische Engagement sind dies vor allem vergangene negative Erfahrungen mit politischen Instanzen (z. B. Demokratiedefizite in Parteien oder Initiativen; mangelnde Reformfähigkeit des Establishments), die wahrgenommene Begrenztheit der eigenen Wirkmächtigkeit in Auseinandersetzung mit etablierten (semi-)politischen Strukturen (Verwaltungen), das Ausbleiben eines unmittelbaren und nachhaltigen politischen Erfolgs, aber auch die individuellen Kosten. In Gänze beurteilen politisch Interessierte politisches Engagement nach einem Kalkül des (zu antizipierenden) Erfolges in Relation zum Aufwand. Wird dieser nicht bedient oder zunehmend unwahrscheinlich, setzt eine kaskadenförmige Rückläufigkeit der Bereitschaft zum Engagement ein, an deren Ende der Zweifel stehen kann, auch nur an der eigenen Situation etwas verändern zu können. Dann nicht völlig zu resignieren, sondern einen individuellen Ausweg unter (partieller) Einklammerung des Politischen zu suchen, zeugt gegenüber der Position von Ohnmacht immerhin von einer gewissen Emanzipation von Politik.

Politisch zu handeln folgt nicht allein rationalen Kalkülen von wünschenswerten Zielen, sondern in Relation zur Wahrnehmung der Gesellschaft als veränderbare Entität. Entsprechende Einschätzungen wiederum erfolgen vor dem Hintergrund der eigenen Position in der Gesellschaft. Und mit ihr konturiert sich tendenziell auch das Bild von der Gesellschaft selbst. In einem politischen Zirkelschluss wird die erreichte persönliche Position tendenziell zum Gradmesser der sozialen und demokratischen Güte der Gesellschaft – gebrochen allerdings von einer Sensitivität gegenüber sozialen Problemlagen, deren Stoßrichtung bei Linksaffinen vor allem auf Erwerbsarbeit sowie soziale und ökologische Problemlagen rekurriert, wie andererseits Fragen der politischen Partizipation und der Demokratisierung zentral sind. Die Stärke der Kritik an gesellschaftlichen Entwicklungen korrespondiert ganz offensichtlich mit der Wahrnehmung der Chance auf Veränderung. Werden Problemlagen (vor dem Hintergrund eigener Ressourcen) als bearbeitbar erkannt, schwindet ihre Größe. Im umgekehrten Fall wächst die Problemsicht an und kann fundamentale Ausmaße annehmen. Partizipations- wie demokratietheoretisch stünde also die Ausweitung der individuellen wie kollektiven politischen Selbstwirksamkeit auf der Agenda, um gesellschaftliches Engagement zu befördern. Das Engagement ist gegenwärtig nicht zuletzt entlang sozio-ökonomischer Positionierungen ungleich verteilt und gefährdet im Inneren den Zusammenhalt der Gesellschaft.

In einer distanzierten Betrachtung schält sich der Zusammenhang von sozialer Lage und Grundeinstellung zur Gesellschaft sowie der darauf bezogenen Empfindung eigener politischer Partizipation bzw. Gestaltungsmacht überraschend deutlich heraus. Abseits vereinfachender Annahmen eines materiellen Determinismus zeigt sich der Tendenz nach die Partizipationsorientierung besonders deutlich bei Saturierten bzw. denjenigen, die qua Ausbildung und / oder Beruf zukünftig einen relativ gesicherten Lebensstandard erwarten können. Darunter befinden sich auch solche, bei denen die Gefahr des Scheiterns durchaus gegeben ist. Vermutlich wirken hier von Anfang an das antizipierte kulturelle Kapital sowie die Bedeutung sozialen Kapitals fördernd hinsichtlich eines sozialen oder politischen Engagements: Prospektiv Saturierte verhalten sich schon früh so, wie sie es von ihrer sozialen Gruppe vorgelebt bekommen. Ausgegrenzte vermögen sich dann nur noch negativ auf Gesellschaft und ihre Chancen auf Gestaltung zu beziehen, wenn sie nicht wie politische Gegenkulturen über alltagstaugliche Alternativentwürfe verfügen. Der Prozess der Konstitution politischer Haltungen ist damit als ein dynamischer zu verstehen, der umgekehrt zur eben dargestellten Aufstiegsorientierung auch bei Gefahr des Abstiegs Konsequenzen erwarten lässt. Entsprechende Konsequenzen können generell als Radikalisierung, als Veralltäglichung bzw. Verstetigung, aber auch als Aufgabe sozialen oder politischen Engagements eintreten. Die auslösenden Faktoren sind vielgestaltig (und werden in Kapitel 5 systematisch analysiert).

3.3.4   Kartografierung analytisch abstrahierter Gruppen Linksaffiner

Vor dem Hintergrund der eben gemachten Ausführungen zu den drei milieuübergreifenden Bezugspunkten – der Bezugnahme auf das Leitbild der gesellschaftlichen Integration durch (Erwerbs-)Arbeit; der Einschätzung des kapitalistischen Systems und der Grundeinstellung zur Gesellschaft – lässt sich das Kartografierungsmodell weiter generalisieren. Ohne damit den Anspruch auf Vollständigkeit zu erheben, können markante Milieugruppen identifiziert werden, die in Abbildung 13 zusammengefasst sind.

Das Schema verdeutlicht gleichermaßen Brüche und Brücken zwischen den unterschiedlichen Gruppen der linksaffinen politischen Hemisphäre. Gerade deshalb sind evidenzbasierte theoretische Argumente ableitbar, warum die Vorstellung eines Mosaiks der Linken sehr wohl ein politisches Programm sein kann, die Metapher der „Mosaik-Linken" selbst aber zunächst unterkomplex ist. Um im Bild zu bleiben: Es sind keine farblich changierenden Steinchen gleichartiger Konsistenz, sondern es gibt größere und kleinere, feste und poröse, runde und eckige aus vielerlei Material, die sich da zusammenfinden müssen, um eine gemeinsame Gestalt zu ergeben. Und es ist nicht klar, wie der Mörtel beschaffen ist, der die einzelnen Teile zusammen hält. Daher ist zunächst den im Schaubild aufgeführten sozialen Genusgruppen als Solitären linksaffiner Identität beziehungsweise darüber hinaus ihren Verbindungen und Abgrenzungen genauer nachzuspüren.

Linksaffine finden sich unter sozial Marginalisierten ebenso wie unter den relativ Saturierten dieser Gesellschaft, und sie finden sich auf allen dazwischen befindlichen Feldern sozialer Positionierung. Das bedeutet nicht nur, dass das Etikett „bürgerlich" kaum noch in aller Ausschließlichkeit für diejenigen reserviert werden kann, die es in der Auseinandersetzung mit dem linken politischen Lager gerne für sich reklamieren: den liberalen und konservativen Kreisen.

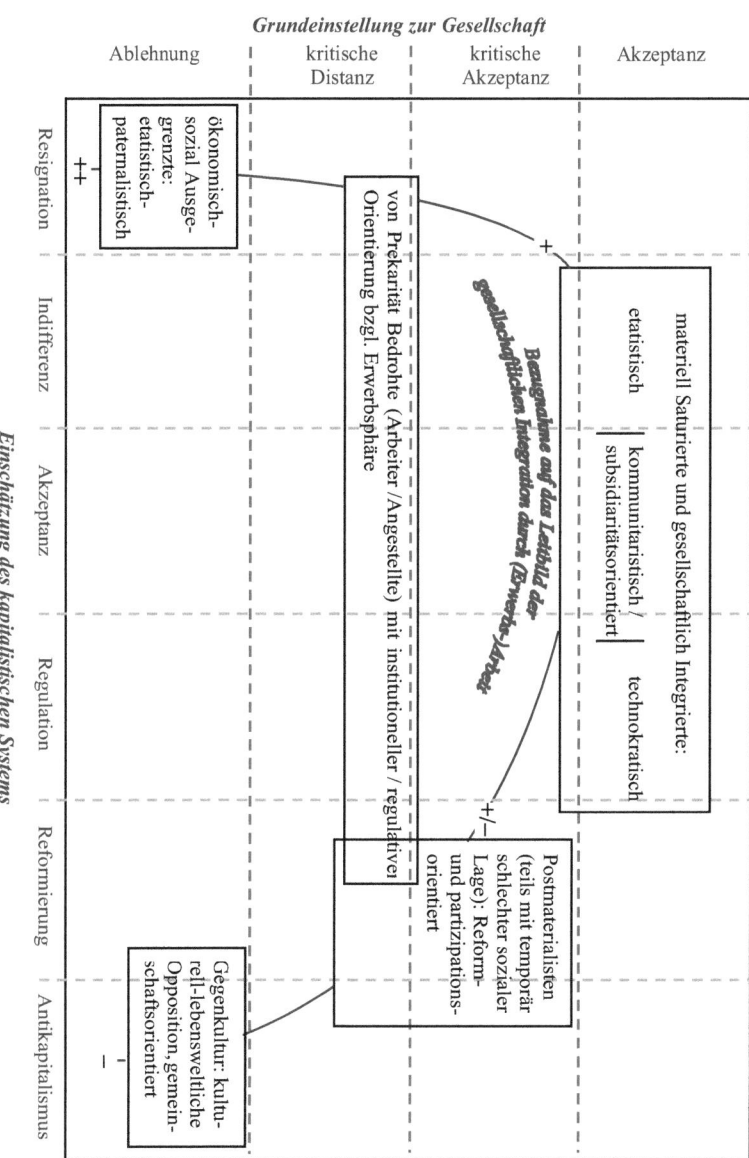

Abbildung 13: Generalisierendes Kartografierungsmodell

In diesen Kreisen mag es kulturelle Distinktionen geben, der faktischen Diffusion Linksaffiner weit in die bürgerliche Sphäre hinein tut das keinen Abbruch. Zugleich ist damit aber auch ein Problem benannt: die Heterogenität der Linksaffinen. Sie gründet bereits in unterschiedlichen Positionen zur Erwerbsarbeit als Leitbild für gesellschaftliche Integration: Bleiben die einen einem paternalistisch unterlegten Leitbild des fordistisch geprägten regulativen Wohlfahrtsstaats verhaftet und weisen so explizit etatistische Züge aus, sehen andere in der Befreiung von der Pflicht zur Erwerbsarbeit als primäres Medium materieller Existenzsicherung eine Möglichkeit, vermeintlich überkommene Strukturen des Sozialstaats alter Prägung aufzubrechen. Solche Ausdifferenzierungen, die nicht selten entlang sozio-ökonomischer wie -kultureller Zugehörigkeiten verlaufen, führen bislang eher zu Abgrenzungstendenzen untereinander denn zu einer gemeinsamen Stoßrichtung. Das mag auch damit zu tun haben, dass parteipolitische Kreise im linksaffinen Spektrum selbst den Traum von Prosperität und Vollbeschäftigung weiter träum(t)en und entsprechende Sozialstaatsmodelle kolportierten. In diesem Umfeld eine offene und in der Folge verbündende Debatte zu führen, scheint im Tagesgeschäft des Politikbetriebes unmöglich zu sein.

Vor dem Hintergrund der Kartografie linksaffiner Teilgruppen erscheinen im Hinblick auf die Frage nach einer möglichen übergreifenden Identität als politisch Linke zwei Aspekte besonders interessant: Zum einen wäre zu klären, welche Voraussetzungen für eine Überwindung der Diskrepanz in der Wahrnehmung der Gesellschaft bzw. ihrer Entwicklung zwischen den einzelnen Subgruppen Linksaffiner bestehen.

Zum anderen gilt es zu reflektieren, ob und gegebenenfalls wann Übertritte von reformistischer Kapitalismuskritik hin zum Antikapitalismus oder von Antikapitalismus womöglich zu Fatalismus (und jeweils vice versa) erfolgt. Für ein solches empirisch fundiertes Gedankenexperiment ist es hilfreich, das zweidimensionale generalisierende Kartografierungsmodell (bzw. das Papier, auf dem es gedruckt ist) zu einem Zylinder umzuformen. Dann zeigen sich nach wie vor in einer wellenförmigen Bewegung Diskrepanzen in der Wahrnehmung der Gesellschaft; die Bezugnahme auf das kapitalistische System verläuft nun jedoch als (gegebenenfalls) iteratives Kontinuum von Resignation, Indifferenz, Akzeptanz, Regulation, reformorientierter Kritik und Antikapitalismus. Das Leitbild gesellschaftlicher Integration durch (Erwerbs-)Arbeit lässt sich weiterhin nach seinem Grad der Bedeutung bzw. Ablehnung unterscheiden.

Vergegenwärtigt man sich im Bild des Kartografierungsmodells die skizzierten Bezüge auf die Gesellschaft, auf das kapitalistische System und auf die Erwerbsarbeit, so zeigen sich zwischen den idealtypischen Positionen deutliche Divergenzen. Eine (eher) negative Wahrnehmung von Gesellschaft wirkt –

gebrochen durch die Art der Bezugnahme auf das Leitbild gesellschaftlicher Integration durch (Erwerbs-)Arbeit – formierend auf die Bezugnahme auf das kapitalistische System: Diejenigen mit einer weniger stark ausgeprägten Bezugnahme auf das Leitbild (Erwerbs-)Arbeit und der Möglichkeit, sich in der als positiv wahrgenommenen Gesellschaft eine abgesicherte materielle Position zu erschließen, üben eher moderate Kritik am System oder akzeptieren es. Grundsätzlicher Widerspruch oder Akzeptanz wie auch andere Einstellungen gegenüber dem System erscheinen damit weniger als eine bloße Reaktion auf (sozial-) politische Ereignisse denn als eine Gemengelage aus grundsätzlichen Einstellungen und solchen bisweilen nur tagesaktuellen Ereignissen. Insoweit wirkt offensichtlich in einigen Schichten der lange Arm des Fordismus fort, während sich andere davon schon verabschiedet haben und zu anderen Integrationsmodi übergehen. Die Relation zwischen langfristigen und kurzfristigen Perspektiven und Wahrnehmungen nun ist es, die übereinstimmende politische Bewertungen gesellschaftlicher Prozesse und damit auch die alltagspolitische Praxis erschwert und von Institutionen wie den Parteien einen regelrechten Spagat verlangt, wollen sie massenwirksam sein.

Eine so dynamisierte Verortung im durch die drei vorstehend genannten Dimensionen konturierten Raum politischer Perspektiven dürfte der Erfahrung Vieler entsprechen: die grundsätzliche Einstellung ändert sich und kann Positionen einnehmen, die vorher undenkbar waren; ehemalige Aktive z. B. können sich in politischen Kämpfen aufgerieben und aus der politischen Praxis zurückgezogen haben und mehr oder weniger explizit die gesellschaftliche Entwicklung nur noch fatalistisch verfolgen – darin den sich selbst als ohnmächtig Einstufenden ähnlich, die sich vielleicht nie mit Fragen politischer Praxis beschäftigt haben. Ebenso wird auf diesem Wege aber auch eine Radikalisierung abbildbar, die nicht nur den relativ kleinen Schritt von der reformistischen Kapitalismuskritik zum Antikapitalismus geht, sondern als Umschlag von Fatalismus in Antikapitalismus verläuft wie es einige Prekarisierte für sich und Gleichgestellte in den Interviews reklamierten.[10]

Hinsichtlich der kartografierten linksaffinen Positionierungen zeigen sich sowohl übereinstimmende und ineinander übergehende als auch zum Teil divergente Perspektiven – zudem solche unterschiedlicher Reichweite und eines differenten Grades an angestrebter Konsistenz: für die einen existieren als

---

10 Was davon Verbal-Radikalismus war und was nicht, ist an dieser Stelle nicht letztgültig entscheidbar. Unter demokratietheoretischen Erwägungen erscheint relevanter, dass jenseits der, wie bereits betont, nationalismusresistenten Linksaffinen in anderen politischen Lagern ähnliche Verwerfungen genau diesen erstarken lassen könnten – als neue Konstellation von langfristigen Perspektiven und kurzfristigen Erregungen.

ultima ratio klar zusammengehörige Positionen, die nur in engem Konnex gedacht werden und entsprechende Praxen strukturieren. Eine solche Unverbrüchlichkeit ist anderen Linksaffinen nicht einsichtig und kann daher auch nicht Grundlage ihres politischen Handelns sein. Zudem gilt: Was den Einen Kern des politischen Bewusstseins ist, erhält bei Anderen einen eher randständigen Platz. Diese Vielfältigkeit mag Ausdruck pluralistischer Verhältnisse sein. Insoweit scheint sie Ergebnis eines Demokratisierungsprozesses, aber ebenso Ausweis stärker individualisierter Politikbezüge, mit denen die eigenen politischen Positionen mehr Gewicht erhalten. Damit geht einher, dass eine Vereinnehmbarkeit der Subjekte für politische Bewegungen bzw. Parteien immer weniger gegeben ist.

4 „Aus meiner Perspektive…" – Politische Orientierungen der Linksaffinen

Politische Einstellungen anhand der gängigen Kodierung in Links, Rechts, Liberal holzschnittartig zu klassifizieren, trägt eine Reduktion auf wenige Parameter in sich und ist somit im politischen Alltag eine hilfreiche Entlastung. Für eine tiefere Analyse politischer Orientierungen reicht dies nicht aus. Das linksaffine Spektrum ist, wie bereits gezeigt, durch heterogene politische Positionen gekennzeichnet. Zugleich gilt aber auch: Positionierungen sind im Laufe der Zeit wandelbar, der Fokus auf bestimmte politische Themen mag sich verändern, und schließlich können sich Phasen intensiver politischer Arbeit mit solchen eines eher verhaltenen Engagements aus den unterschiedlichsten Gründen ablösen – alles Gründe, um als Individuum einen Wandel der politischen Orientierung zu durchlaufen, der bei den Einen größer, bei Anderen geringer ausfällt (vgl. dazu auch Kap. 5). So gesehen ist alltagspolitische Heterogenität ein Ausweis der lebendigen politischen Kultur innerhalb der politischen Lager wie zwischen ihnen. In diesem Ringen schälen sich tragfähige (und im weitem Sinne: hegemoniale) Orientierungen erst heraus. Dieser Prozess ist prinzipiell nie abgeschlossen und daher Bodensatz für Innovationen genauso wie für Retardation und stellt sich daher insbesondere den professionellen Politikern als zu bestellendes Feld immer wieder neu. Das ist umso herausfordernder, als dies nicht im Modus des Nürnberger Trichters verlaufen kann, sondern die politisch Interessierten überzeugende Argumente erwarten, die ihnen eine Positionierung ermöglichen. Aus den jeweiligen Angeboten wählen sie dann nach eigener Rationalität aus, fühlen sich einer bestimmten Position hingezogen oder stimmen notfalls dem kleineren Übel zu. Insgesamt ist daher weniger die Heterogenität an sich überraschend, als die überdauernden Zusammenhänge, die aus ihr erwachsen – das gilt für die Einzelnen wie für die politischen Spektren insgesamt.

Die Pluralität politischer Orientierungen im linksaffinen Spektrum soll im folgenden Kapitel anhand theoretisch relevanter Analysedimensionen systematischer unter die Lupe genommen werden. Die empirische Grundlage dafür bieten neben den thematisch offen geführten qualitativen Gruppeninterviews, die bereits zahlreiche Aufschlüsse liefern, die zeitlich später durchgeführten qualitativen Einzelinterviews und die Repräsentativbefragung. Auf der Grundlage der Befunde der Gruppendiskussionen wurden als relevant angenommene Orientierungen gezielt thematisiert[11] – in der Repräsentativbefragung durch konkrete Fragen, in den qualitativen Einzelinterviews durch Erzählimpulse, die den Befragten die Möglichkeit einräumten, eigene Relevanzen zum angestoßenen Thema zu entfalten bzw. anzuzeigen, dass bestimmte Themen für sie keine Relevanz haben.

Elaboriert wird in den folgenden thematisch gegliederten Unterkapiteln, welche inhaltlichen Bezugsweisen auf den jeweiligen Gegenstand sich identifizieren lassen. Im Vordergrund stehen zunächst erkennbar typische Bezugnahmen Linksaffiner auf das Wirtschaftssystem (4.1) und das politische System (4.2) als zentrale gesellschaftliche Funktionsbereiche, die unzweifelhaft relevant für die Analyse politischer Orientierungen der Linksaffinen sind. Angesichts der diagnostizierten Heterogenität des linksaffinen Spektrums ist es im Weiteren von Interesse, systematisch zu erfassen, welche gesellschaftlichen Probleme von Linksaffinen als zentral erachtet werden und in welcher Weise diese Probleme jeweils fokussiert werden (4.3).

Die Auswertung der Gruppendiskussionen erwies die hohe Bedeutung von zwei weiteren Analysedimensionen. Eng mit der bereits in Abschnitt 3.2.1 identifizierten Zentralität und divergenten Bewertung des gesellschaftlichen Stellenwerts von Erwerbsarbeit korrespondieren unterschiedliche Einstellungsmuster Linksaffiner in Bezug auf den Sozialstaat und die materielle Existenzsicherung der Bürger (4.4). Für die Art der Bezugnahme auf das Politische (und als Grundlage für eigenes politisches Handeln) erweist sich außerdem der Stellenwert von Gesellschaftskritik und damit verbundener utopischer Entwürfe für eine gerechte Gesellschaft als zentral (4.5).

---

11 Es handelt sich also in diesen Fällen um von den Forschern vorgegebene, konstruierte Dimensionen, die allerdings auf den Rekonstruktionen der Gruppenanalysen basieren. – Dazu ein methodologischer Hinweis, um mögliche Missverständnisse zu vermeiden: Zum Teil wird bei der nachfolgenden Präsentation der Befunde zu politischen Orientierungen auf Themen Bezug genommen, die bereits in Abschnitt 3.2 fokussiert worden sind. Es handelt sich aber nur scheinbar um eine Dopplung in der Darstellung der Befunde, da beide Kapitel auf unterschiedlichen Zugängen zum Untersuchungsgegenstand basieren: In Kapitel 3 wird zunächst auf der Grundlage der empirischen Daten (insbesondere der thematisch offen geführten Gruppendiskussionen) rekonstruiert, welche Dimensionen für die Bezugnahme Linksaffiner auf Gesellschaft zentral sind. Auf dieser Grundlage wird dann unter Rückgriff auf die gesamte vorliegende Empirie analysiert, welche unterschiedlichen charakteristischen Weisen der Bezugnahme innerhalb jeder Dimension sich identifizieren lassen, um auf diesem Wege zu einer Kartografierung des linksaffinen Spektrums zu gelangen. Die zunächst erfassten Bezugsdimensionen waren dort nicht von vornherein vorgegeben, sondern sie wurden zunächst auf der Grundlage der qualitativen empirischen Daten als für die Befragten relevante Bezugspunkte identifiziert und sind nicht deckungsgleich mit den theoretisch vorausgesetzten Analysedimensionen dieses Kapitels.

4.1 Bezugnahmen auf Wirtschaft

Nach einer relativ stabilen Phase des auf Fordismus, Regulation und Wirtschaftswachstum gründenden (westdeutschen) Wohlfahrtsstaatmodells setzt in den 1970er Jahren ein deutlicher Umschwung ein. Häufig in unmittelbaren Zusammenhang mit dem sogenannten Ölpreis-Schock zu Beginn dieser Dekade gebracht, realiter aber systemisches Ergebnis des kapitalistischen Produktionsprozesses selbst, zeigen sich vermehrt krisenhafte Entwicklungen bis hin zur gegenwärtigen Finanz- und Wirtschaftskrise. Langanhaltende Massenarbeitslosigkeit, eine Deregulierung des Arbeitsmarktes, der Umbau des Sozialstaates, die Privatisierung der Vorsorge etc. sind dafür seit langem strukturelle Insignien einer sich verändernden sozio-ökonomischen Gemengelage, die zudem mit einer Umverteilung von unten nach oben und vermehrten Spaltungstendenzen in der Gesellschaft einhergeht.

Solche Umbruchsprozesse sind immer auch Gelegenheit, alternative Wirtschafts- und Sozialmodelle zu entwickeln bzw. von parteienpolitischer Seite anzubieten. Diese Möglichkeit schien nach dem Scheitern des osteuropäischen Staatssozialismus desavouiert und delegitimiert. Im Umkehrschluss wurde dem kapitalistischen System häufig eine weltweite Vormachtstellung qua überlegener Produktivität zugemessen, die zugleich Grundlage seiner Attraktivität sei. Zwar entstanden an anderen Stellen des Globus alternative Modelle und riss die Kritik am Kapitalismus auch in den 1980er und 1990er Jahren nicht ab, sondern sie institutionalisierte und internationalisierte sich (z. B. durch die Sozialforen). Jenseits skandalisierender Protestformen und den warnenden Hinweisen von Interessenverbänden schien aber in Deutschland die Systemfrage zu Gunsten des marktwirtschaftlichen Modells beantwortet. Erst mit der sich an den Folgen des sozialstaatlichen Umbaus der achtziger und neunziger Jahre entzündenden Diskussion zu Unterschicht, Prekarisierung und Armut rückte der Zusammenhang von Wirtschafts- und Sozialsystem als gesellschaftliche Grundfrage wieder stärker in den Fokus.

Einen fulminanten Schub erhielt diese Debatte in der breiten Öffentlichkeit dann mit der globalen Finanzkrise von 2008, die durch die Insolvenz einiger namhafter Banken – nicht zuletzt der US-amerikanischen Investment-Bank Lehman-Brothers im September des Jahres – ausgelöst wurde. Kritik an vermeintlichen Auswüchsen wurde nun (auch für politische Institutionen, wie etwa nationalstaatlichen Regierungen) opportun, und reißt seitdem nicht ab. Ganz allgemein scheint auch das Interesse an der theoretischen Auseinandersetzung

gestiegen.[12] Die gegenwärtige Konjunktur von Kritik am und Alternativ-
vorschlägen zum bestehenden kapitalistischen System berührt politische Kernthemen – insbesondere Vorstellungen von Gerechtigkeit, der Politisierung der
Gesellschaft und der gesellschaftlichen Transformation. Alles in allem existieren einige Gründe dafür, dass sich Positionen zum Wirtschaftssystem und zum
konkreten Wirtschaftshandeln entlang vieler unterschiedlicher Parameter verdichten können und insgesamt eher divergent denn einheitlich sind. Inwieweit
vor diesem Hintergrund Brückenschläge möglich sind, kann als Effekt von
Dynamisierungsphasen der Thematisierung gewertet werden, die ebenso schnell
wieder brüchig werden können. Kapitalismuskritische Akteure haben jedenfalls
bisher nicht zuletzt auf Grund ihrer unterschiedlichen Auffassungen vom Lauf
der Welt allenfalls zu temporärer Gemeinsamkeit gefunden – häufig überwogen
die gegenseitigen Abgrenzungen innerhalb des kapitalismuskritischen Lagers.

Die Beschäftigung mit dem Wirtschaftssystem ist ganz offensichtlich eine
voraussetzungsvolle Angelegenheit: Sie bedarf neben dem basalen Interesse an
der Auseinandersetzung über grundlegende Strukturen der Gesellschaft auch
entsprechender Diskussionszusammenhänge und gegebenenfalls aktueller Impulse. Weder unmittelbare Betroffenheit allein noch rigorose Ablehnung der
bestehenden Gesellschaft wären hinreichende Gründe für eine Auseinandersetzung. Die relative Ferne des abstrakt zu verhandelnden Themas von
konkreten – und ggf. persönlich durchaus ökonomisch relevanten – Alltagserfahrungen erleichtert die Beschäftigung damit nicht. Sich wirtschaftspolitischen Themen oder einer fundierten Kapitalismuskritik zu nähern setzt eine
hohe Motivation voraus. Gleichwohl hat das Wirtschaftssystem natürlich eine
hohe alltagsweltliche Relevanz für Individuen, und folglich setzen sich diese in
„vortheoretischer" Weise alltäglich mit dem Wirtschaftssystem auseinander.
Auf der Grundlage unmittelbarer und selektiver Wahrnehmungen und Refle-
xionen werden Wirtschaftspolitik und -system von den Akteuren in kohärenter
Weise bewertet.

Das sollte mit bedacht werden, wenn es im Folgenden um die Perspektiven
Linksaffiner auf das Wirtschaftssystem und um die Bewertung von Ergebnissen
wirtschaftlichen Handelns geht. Zunächst werden die generellen Formen der
alltagsweltlichen Bezugnahme auf das Wirtschaftssystem nachgezeichnet
(4.1.1). Daran anschließend werden einige zentrale Perspektiven im Einzelnen

---

12 Eine Reihe sozialwissenschaftlicher Fachtagungen setzt sich mit der „Wiederkehr der
Klassengesellschaft" bzw. dem „Kapitalismus" auseinander. Es kommen entsprechende Publikationen auf den Markt (u. a. Dörre / Lessenich / Rosa 2009) und last but not least wird Marx wieder
verstärkt rezipiert. Sein Hauptwerk „Das Kapital" wird fortlaufend nachgedruckt, und es gibt eine
wachsende Nachfrage an der gemeinsamen Lektüre dieser Schrift.

präsentiert, um die Vielgestaltigkeit linksaffiner Fokussierungen in Bezug auf die Wirtschaft zu verdeutlichen (4.1.2). In einem weiteren Abschnitt werden die prägnanten Scheidelinien herausgearbeitet (4.1.3). Anschließend werden einige ergänzende Befunde der repräsentativen Befragung dargestellt (4.1.4). Der Abschnitt endet mit einem kurzen Fazit (4.1.5).

4.1.1 Grundformen der lebensweltlichen Bezugnahme auf Wirtschaft

Die Kritik an ökonomischen Verhältnissen als zentrale Ursache sozialer Verwerfungen und verfestigten Ungleichheiten bildet traditionell einen Kern linker Identität (vgl. Abschn. 3.2.2 u. 4.5). Damit verbinden sich weniger ausschließlich wirtschaftsbezogene Urteile und Entwürfe als vielmehr dezidiert ein Gefüge von Wirtschaft und Gesellschaft thematisierende Perspektiven. Die Zentralität dieses Zusammenhangs wurde bereits durch die Überlegungen der Teilnehmer der ersten qualitativen Studie (vgl. Kap. 2) deutlich, in der die Wirtschaftsordnung – obgleich kein Kernthema der Untersuchung – nahezu unisono breiten Raum einnahm und damit die hohe lebensweltliche Relevanz des Themas für die Befragten umso deutlicher werden ließ.

Die individuellen Zugänge und Bewertungen der Befragten selbst zeigten sich demgegenüber heterogener. Deutlich wurde insbesondere zweierlei: Zum einen überwiegen bei der Auseinandersetzung mit wirtschaftspolitischen Fragen bei Weitem lebensweltlich geprägte Bezugnahmen auf der Grundlage moralisch-normativer Bewertungen gegenüber umfassender theoretischer Reflexion. Und zum anderen erfolgt diese Bezugnahme überwiegend – gewissermaßen „aus dem Bauch heraus" – in Form einer kohärenten wertenden Bezugnahme auf die Qualität des Wirtschaftssystems insgesamt.

Anhand der Gruppendiskussionen lassen sich im linksaffinen Spektrum vier Grundformen der Bezugnahme auf das kapitalistische Wirtschafts- und Gesellschaftssystem identifizieren:

1) Bei einem Teil der Befragten herrscht ein mehr oder weniger prägnanter Fatalismus bezüglich der als begrenzt erlebten individuellen wie auch bezüglich der – dem politischen System prinzipiell zugeschriebenen – kollektiven Handlungsmacht gegenüber wirtschaftlichen Akteuren und Prozessen vor. Auf der Mikroebene häufig auf Grund von Arbeitslosigkeit, Exklusions- bzw. Prekarisierungserfahrungen im Gefühl des Ausgeliefertseins mündend, wird auf der gesellschaftlichen Ebene des Öfteren ein strukturelles Ungleichgewicht konstatiert; insbesondere der Wirtschafts-Lobbyismus wird als übermäßig wirkmächtiger und zugleich der gesellschaftlichen Kontrolle entzogener Akteur benannt.

2) Die kapitalistische Grundordnung als weltweit dominierende weitgehend akzeptierend, bringen andere Befragte in graduellen Abstufungen eher verhaltene Kritik am System an. Primär werden einzelne als negativ erachtete Folgen eines dennoch nicht zuletzt auf Grund seiner ökonomischen Stärke insgesamt anerkennenswerten wirtschaftlichen Systems kritisch thematisiert, die im Nachgang zu regulieren seien. Der Fokus richtet sich häufig auf den Erfolg der deutschen Wirtschaft in der weltweiten Konkurrenz. Die wahrgenommenen negativen Effekte im eigenen Land werden als eine Art Kollateralschaden bewertet, zu deren Lösung Wirtschaft und Staat beitragen müssten bzw. zivilgesellschaftliche Institutionen unterstützend wirken müssten.

3) Systemimmanent-kritische Perspektiven in Form manifesterer Negativurteile formulieren diejenigen, die auf Reformen in einzelnen Dimensionen abzielen, ohne insbesondere im global gehaltenen Vergleich zu anderen Wirtschaftssystemen eine wirkliche Alternative erkennen können. Für sie geht es im Beharren auf einer Balance von Wirtschafts- und Gesellschaftsinteressen um Abwägungen jeweils im Einzelfall (der aber umfassend sein kann, etwa wenn es um die Frage eines Ausstiegs aus der Kernkraft geht). Dazu gehört auch, ein entsprechendes Gegengewicht zu wirtschaftlichen Interessen zu organisieren und ins Feld zu führen. Wirtschaft und Gesellschaftsmitglieder sind prinzipiell gleichberechtigte Akteure unter den gegebenen ordnungspolitischen Rahmungen.

4) Eine Ablehnung des kapitalistischen Wirtschaftssystems erfolgt mit Verweis auf eine insgesamt ins Negative fallende Bilanzierung. Hier werden die in unterschiedlichen Feldern (Ungleichheit, Bildungschancen, Demokratiedefizit) entstehenden und gleichsam sozialisierten Kosten kapitalistischer Wirtschaft stärker als die (als vorgeblich eingeschätzte) ökonomische Potenz des Systems gewichtet; Wirtschaft wird prinzipiell als ein der gesellschaftlichen Entwicklung nachgeordnetes System verstanden. Jeder reformerische Ansatz wird als letztlich nicht zielführend verworfen, da immer Kosten und Opfer insbesondere jenseits der westlichen Wohlstandsgesellschaften, aber auch innerhalb dieser zu beklagen sind. Damit will man sich nicht gemein machen und findet zu einer konsequenten Haltung der Systemgegnerschaft, die in unterschiedlichem Maß mit wirtschaftspolitischer Kompetenz unterfüttert wird.

Die qualitativen Daten liefern klare Hinweise darauf, dass die Bewertung des kapitalistischen Wirtschaftssystems umso positiver ausfällt, je besser materiell abgesichert die Befragten sind. Daraus lässt sich aber nicht ableiten, dass sich materiell abgesicherte Befragte generell einer kritischen Perspektive verweigerten bzw. eine unsichere Arbeitsmarktperspektive der Untersuchten immer eine Infragestellung des Wirtschaftssystems bewirke. Für diese Zusammenhänge existieren jeweils auch Gegenbeispiele, die eine pauschale Verallgemeinerung verbieten. Etwaige Verwerfungen oder persönliche negative Erfahrungen mit politischen, unternehmerischen und vor allem administrativen Akteuren werden zudem häufig eher pauschal personalisiert als dem System angelastet – in gewisser Weise eine Einhegung der Probleme in den eigenen Handlungsraum, der zumindest das Potenzial an Gegenwehr in sich trägt und damit Handlungsmacht reklamiert.

In der Frage möglicher Koalitionen stehen sich die einzelnen Grundformen gegenüber, ohne dass im Kern übergreifende Perspektiven gebündelt werden können – sie scheinen ob der immanenten theoretischen Perspektiven unvereinbar. Jenseits enggeführter Dogmen scheint allerdings den Einzelnen ein Drift zwischen einzelnen Positionen möglich: fatalistische Perspektiven können aufgebrochen werden und deren Vertreter dann zu einer zielorientierten interessenpolitischen Perspektive wechseln oder weitergehend eine politischere, systemkritische Position einnehmen. Tolerante wie Akzeptierende können angesichts der sprichwörtlichen Mühen der Ebene politische Betätigung einschränken und – als spezifische Form des Fatalismus – mehr oder weniger ausgeprägt privatisierend die Gesellschaft sich selbst überlassen. Denkbar ist aber auch eine relative Radikalisierung in Richtung systemimmanenter Kritik. Mit anderen Worten: Jede politische Position ist eine grundlegend temporäre, die beibehalten oder verlassen werden kann.

Solche Bewegungen erfolgen nicht unbedingt als Stufenleiter des unilinearen Auf- bzw. Abstiegs, sondern orientieren sich häufig an situativen Umständen und können als Bruch mit bisherigen Selbstverständlichkeiten verlaufen. Die alltagspolitische Dynamik (vgl. Kap. 5) scheint dabei insbesondere im relativ weiten Feld der (politischen) Ökonomie und insbesondere außerhalb mehr oder weniger professioneller Strukturen dazu zu führen, eher Ausschnitte wahrzunehmen und zu bearbeiten, als sich dem Thema als Ganzem zuzuwenden. Das liegt vermutlich an dem mit anwachsender Komplexität steigenden und zunehmend voraussetzungsvollen Abstraktionsniveau der Thematik; um jenseits professionalisierter Niveaus befriedigend durchdrungen zu werden, erfordert es neben einer persönlichen Disposition auch eine verstetigte Diskursteilnahme und ist damit aufwändig, ohne unmittelbare Wirkmächtigkeit zu zeigen – mithin trägt es ein hohes Frustrationspotenzial in sich. Es kann daher nicht verwundern, dass (politische) Ökonomie zwar in gewisser Weise zur Grundausstattung linksaffinen Gedankenguts gehört und dabei insbesondere das Verhältnis von Wirtschaft und Gesellschaft als Ungleichheitsthema artikuliert wird, jedoch keine die alltagspolitischen Aktivitäten dominierende Strahlkraft besitzt. Das

Thema Wirtschaft kann daher im (nicht institutionell gebundenen) linksaffinen Politikspektrum als „schwacher Gigant" bilanziert werden.

Für einen Teil der Befragten ist eine generelle Kapitalismuskritik zentral; am anderen Ende der Skala stehen affirmative Bezugnahmen zum System der sozialen Marktwirtschaft (als rheinischem Kapitalismus) bei zugleich vorgetragener konkreter Kritik an einzelnen konkreten Ausprägungen (z. B. den Regelsätzen von Hartz IV). In dieser Spannbreite ist die Auseinandersetzung mit dem gegenwärtigen Wirtschaftssystem zwar noch ein thematischer Bezugspunkt, aber die politische Überwindung dieses Systems kein gemeinsamer Fluchtpunkt mehr. Insgesamt dominieren Perspektiven, die entweder durchweg die negativen Auswirkungen kapitalistischer Produktionsweise (strukturelle Arbeitslosigkeit, Rüstungsproduktion, Umwelt, etc.) kritisieren oder die Ambivalenz der negativen Folgen einerseits und der ungeheuren Produktivität dieser Wirtschaftsform andererseits betonen.

4.1.2   Die Vielgestaltigkeit der Perspektiven auf Wirtschaftsentwicklungen

Den genannten, von den Befragten mehr oder weniger global umrissenen Positionierungen wurde in den qualitativen Einzelinterviews mit einer Schwerpunktsetzung auf das Thema Ökonomie detaillierter nachgegangen. Dazu wurden die unterschiedlichen Alltagsperspektiven von Linksaffinen auf das Wirtschaftssystem, die Erwerbsarbeit und die damit verbundenen politischen Positionen thematisiert, sofern dies nicht durch die Befragten selbst geschah. Als zentraler Aspekt erweist sich dabei die Frage nach einer möglichen Reform bzw. Neugestaltung des Wirtschaftssystems bis hin zur Überwindung des Kapitalismus, deren Beantwortung im Wesentlichen entlang der in der ersten Studie angetroffenen vier Grundsatzdispositionen verläuft.

In der Regel werden aber selbst solche Globalthemen an greifbareren Themenfokussierungen wie der Arbeitsmarkt- und Sozialpolitik oder Ähnlichem geknüpft. Das verdeutlicht bisweilen eindrucksvoll die Relevanz lebensweltlicher Fundierung gerade eines so umfassenden Themas wie der Wirtschaft(spolitik) für viele Befragte. So reflektiert eine 49-jährige lokalpolitisch engagierte Ostdeutsche das Thema Grundeinkommen anhand der Erfahrung eigener Arbeitslosigkeit:

> *„Ich bin mal davon ausgegangen wie ich selber betroffen gewesen bin. Ich war ja selber arbeitslos. Und hab ja die Umweltschule mit einer Arbeitsamtsicherung aufgebaut, ehrenamtlich. Mein Engagement ist nicht von wenig Geld geschmälert worden. Aber es war gut überhaupt*

etwas zu haben. Von daher würde ich sagen, man müsste dieses Grundeinkommen an gewisse gesellschaftliche Dinge, die zu leisten sind, koppeln."
Eigene Betroffenheit oder Erfahrungen, auch im familialen Umfeld oder im Freundeskreis, beeinflussen in dieser Form die Positionierung bei etlichen der Befragten, während andere eher von einer theoretischen Warte aus zu ihren Einsichten gelangen und dafür eher aggregierte Daten heranziehen, wie etwa die Arbeitslosenzahl, die Höhe der Managergehälter oder der Investitionen in bestimmte Wirtschaftsfelder (z. B. im Vergleich von Atomkraft vs. Erneuerbare Energien). Generell ist die ganze Bandbreite zwischen analytischer Einsicht bzw. emphatischem Miterleben anzutreffen – was gelegentlich Konsequenzen für die Kommunikation zwischen Linksaffinen hat: Eine gemeinsame Sprache ist häufig kaum vorhanden, gegenseitige Abgrenzungen werden dagegen befördert.

Im Ergebnis zeigt sich auch anhand der Einzelinterviews, dass die Thematisierung von ökonomischen Sachverhalten und die mehr oder weniger dezidiert vorgetragene Skepsis gegenüber dem wirtschaftlichen System bzw. den realen wirtschaftlichen Abläufen zum Kern linker bzw. linksaffiner Identität gehört. Die Thematisierung folgt jedoch keiner einheitlichen Linie, sondern die Bezugnahme erfolgt in unterschiedlichen Perspektiven mit jeweils unterschiedlichen Zielpunkten – anhand a) ökonomischer Fragen, b) der Arbeitsgesellschaft, c) der Regulierung des Wirtschaftssystems, d) der Analyse des Wirtschaftssystems –, wie im Folgenden nachgezeichnet wird.

Ad a) Perspektiven der Bezugnahme auf ökonomische Fragen
Solche Differenzen betreffen zunächst die Analyseebenen, in denen die Befragten primär auf ökonomische Fragen Bezug nehmen.
So legen einige einen globalen Maßstab an, der die Abhängigkeiten zwischen unterschiedlich entwickelten Regionen in der Welt ins Zentrum rückt. Dabei werden postkoloniale Abhängigkeiten, Dominanzstreben der westlichen Ökonomien oder mit dem wirtschaftlichen Erfolg der BRIC-Staaten (Brasilien, Russland, Indien und China) eine Veränderung der Weltwirtschaft in einer ganzen Reihe unterschiedlicher Aspekte thematisiert. Vor allem in einer Institution mit weltweiter Durchsetzungskraft wird eine Möglichkeit zur Regulierung erwarteter Konflikte gesehen. So führt ein politisch nicht aktiver 29-jähriger Unternehmensberater aus: Auf Grund der ungleich verteilten Ressourcen

„wird es zu Spannungen kommen, zu Konflikten um Wasser, Öl, was auch immer; dass lässt sich eigentlich nur lösen durch eine starke Instanz wie eine UN, die reformiert ist, nicht wie sie gegenwärtig besteht.

Eine UN-Reform, um dort zu gewährleisten, dass internationale Friedensabkommen realistisch sind."

Die globale Perspektive einzunehmen schließt die Wahrnehmung problematischer Entwicklungen im eigenen Land oder vor Ort nicht aus, gewichtet sie aber relativierend zur zentral präferierten Sichtweise auf globale Probleme. In diesem Zusammenhang wird die Armut von Prekarisierten hierzulande zuweilen mit dem Verweis auf die existenziellen Nöte in anderen Teilen der Welt gespiegelt oder mit als negativer wahrgenommenen „amerikanischen Zuständen" verglichen.

Andere Befragte nehmen dagegen eher auf den europäischen bzw. nationalstaatlichen Rahmen Bezug und thematisieren Lobbyismus, Seilschaften oder EU-interne Konkurrenzen. Auch bei ihnen dominiert die Hoffnung auf eine reformierte, demokratischere und damit durchsetzungsfähigere EU-Verwaltung, die nicht nur auf Marktliberalismus setzt. Wichtig ist ihnen aber auch, sozial- und wirtschaftspolitische Konzepte aus diesen Ländern zu adaptieren und als Reformmodell für Deutschland zu prüfen – insoweit ein Lernen von Nachbarn, dem ein vortheoretisch erscheinender Pragmatismus eigen ist.

Eine weitere Gruppe der Interviewten lenkt die Perspektive auf regionale Wirtschaftskreisläufe und sieht darin alternative Ansätze bzw. Ergänzungen zum derzeit herrschenden Wirtschaftssystem. Selbst Mitglied von Bündnis 90 / Die Grünen, führt eine 50-jährige Befragte aus:

„Also da gehe ich auch wieder mit den Grünen mit, dass ich sage, dass ebend diese Ausrichtung mehr wieder erfolgen muss auf diese regionalen Wirtschaftskreise. Die Verortung sozusagen in der Region, also das geht nicht in allen Bereichen, das ist klar, aber ich sehe das schon, dass wenn ich Wirtschaft kleinkreisig organisiere, dass dann mehr Arbeitsplätze geschaffen werden können. Denn das andere sind dann ja Großinvestitionen, wo ich hier Millionen investieren muss und zum Schluss kommen zwanzig Arbeitsplätze raus, aber dass, was – das erfährt man jetzt ja auch, Ansiedlungen, das muss eben gefördert werden."

Ebenfalls den Aspekt verstärkt regionaler Ansätze betonen diejenigen, die eine Kommunalisierung von Instrumenten der Arbeitsagenturen favorisieren; in dieser Perspektive kommt es darauf an, die vorhandenen finanziellen Mittel dort einzusetzen, wo sie sinnvolle Arbeitsplätze erzeugen bzw. unterstützen. Bezüglich der 1-Euro-Jobs führt eine 56-jährige Mandatsträgerin der Linken aus:

„Viele sagen ,Au prima, komm ich wenigstens raus' - aber: das ist doch Verarscherei! Sollen sie den Kommunen das Geld geben und die Leute ordentlich bezahlen. Und nicht immer – na ja. Ich würde mehr Geld in die Kommunen geben, weil die Kommunen helfen sich selbst."

Die drei letztgenannten, wirtschaftsräumlich differenten Perspektiven fokussieren jeweils spezifische Ausschnitte aus dem Themenfeld Ökonomie, so dass eher selten – selbst bei Bezug auf einen räumlich umfassenderen Ausschnitt – eine integrative Zusammenschau in konsistenter Weise angestrebt wird oder gelingt. Die jeweilige Interessenlage, Expertise bzw. der Erfahrungshorizont scheinen es nur selten zu befördern, Gemeinsamkeiten der wirtschaftlichen Prozesse in unterschiedlichen räumlichen Einheiten zum Gegenstand der Reflexion über kapitalistische Ökonomie werden zu lassen. Eine derartige Spezialisierung stellt sich in dieser Hinsicht als trennender Faktor dar und erschwert die Verständigung auch unter Linksaffinen derselben grundsätzlichen Orientierung.

Ad b) Arbeit und Umverteilung

Eine weitere Differenzierungslinie verläuft entlang der auch medial präsenten vorgeblichen Erosion der Arbeitsgesellschaft. Letztere macht der überwiegende Teil der Befragten als Kern des Wirtschaftssystems aus. In dieser Frage unterscheiden sich die linksaffinen Protagonisten vor allem in der Spezifizierung ihres Arbeitsbegriffs. Während eine Gruppe ihn als Erwerbsarbeit vor allem auf die real existierende Wirtschaft bezieht und angesichts der fortschreitenden Technisierung und Rationalisierung von einem absolut sinkenden Umfang an notwendiger Arbeit ausgeht, nimmt eine zweite Gruppe eine vergleichsweise erweiterte Perspektive ein: In ihr wird gesellschaftlich sinnvolle Arbeit als Kern einer weiterhin existenten Arbeitsgesellschaft proklamiert. In beiden Fällen ergeben sich eher skeptische Perspektiven a) einer Spaltung in Arbeitende und Nicht-Arbeitende, sofern nicht etwa durch Arbeitszeitverkürzung umverteilt würde, bzw. b) im Verpassen einer Chance, sofern nicht ein erweiterter Arbeitsbegriff und in der Folge eine jenseits kapitalistischer Erwerbsarbeit orientierte Arbeitsgesellschaft als Tätigkeitsgesellschaft gesellschaftlich durchgesetzt werden könne. Andererseits lassen sich auch verhalten optimistische Varianten erkennen, etwa bei geglückter Umverteilung oder veränderten Anerkennungsverhältnissen. In diesen Entwürfen bliebe die Erwerbsarbeit zentraler Integrationsmodus der Gesellschaft, deren Kohärenz allerdings ebenso wie die Existenz der Einzelnen gegebenenfalls durch sozialstaatliche Transfers gesichert werden müsse.

In der Frage nach einem verpflichtenden Charakter von Arbeit bei Bezug von Transferleistungen zeigen sich die Linksaffinen ebenfalls uneinheitlich. Sowohl Befürworter wie Ablehnende einer Arbeitspflicht finden ihre Begründung innerhalb linker Argumentationsmuster. Diese weisen generell einen starken Bezug auf einen „Sinn der Arbeit" aus, integrieren dabei aber auch Gerechtigkeitsvorstellungen im Sinne des Lohnabstandsgebotes bzw. rekurrieren eher auf den Aspekt einer doppelten Bestrafung auf Grund systemischer Knappheit der Arbeitsplätze. Erstere argumentieren in der Regel damit, dass die (partiell als fehlgeleitet bewerteten) Hartz IV-Reformen Engagement befördern und es prinzipiell gut sei, dass Alimentierung an Arbeit gekoppelt werde. Gerecht sei es aber, zwischen Willigen und Unwilligen zu unterscheiden. Diese Haltung dokumentiert etwa die Äußerung einer 49-jährigen lokalpolitisch engagierten Frau:

> *„Und Hartz IV, manchmal find ich die Diskussion schon ganz gut, dass manchem schon ein bisschen weniger bleiben sollte. Weil der Unterschied zwischen denjenigen, die 40 Stunden und länger arbeiten und denjenigen, die dann den ganzen Tag vor dem Fernseher sitzen können - dass die, die arbeiten dann nur wenig mehr bekommen als die, die nicht arbeiten, das ist nicht gerecht."*

Positionen, die eine Arbeitspflicht ablehnen, argumentieren dagegen eher strukturell. So postuliert ein 61-jähriger gewerkschaftlich aktiver Betriebsrat:

> *„Arbeitslosigkeit empfinde ich nicht als etwas, das selbstverschuldet ist, sondern dass hängt auch mit den Produktivverhältnissen zusammen, nämlich: wir haben immer mehr Automation – ist ja auch gut – aber diese Umverteilung hat so nicht stattgefunden, dass man sagen kann, man hätte- der kulturelle Bereich hätte ja auch daran partizipieren können. Es gab mal eine interessante Studie, die ist schon ziemlich alt, das war vom Grundprinzip her so gedacht: wenn man von der körperlichen Arbeit wegkommen kann, diese körperliche Arbeit durch Maschinen ersetzen, dass das nicht als Profit in die Tasche von wenigen Investoren wandert, sondern dass man gesagt hat, der Staat sollte das eigentlich steuern."*

Solche Differenzen in der Perspektive – und daraus folgend: in den Lösungsansätzen – betreffen auch Fragen der Umverteilung: Unisono wird die zunehmende Spaltung der Gesellschaft in Arme und Reiche beklagt – eine klassische und weiterhin wichtige Perspektive linker ökonomischer Kritik. Im Sinne einer Moralökonomie werden auseinander driftende Löhne und Gehälter zueinander wie auch in Bezug auf couponschneidende finanzkräftige Gruppen der Gesellschaft kritisiert. Dies wird mit dem Gedanken einer Leistungsgerechtigkeit verbunden, die gegenwärtig als nicht gegeben bilanziert wird. Pragmatisch in Forderungen nach verkürzter Arbeitszeit umgemünzt, findet der Umverteilungsgedanke nahezu bei allen Interviewten Anklang.

In diesem Zusammenhang spielt die Perspektive auf die Bedeutung des wirtschaftsbezogenen / wirtschaftspolitischen Lobbyismus eine große Rolle: Er wird entweder als moralisch verwerfliche, wenn nicht gesellschaftlich illegitime Vereinnahmung der Politik durch die Wirtschaft skandalisiert, während kühlere Stimmen ihn in einer Art empiristischem Fatalismus zu einer relativ rationalen

Form der Entscheidungsfindung in einem gesellschaftlichen Teilbereich erklärt, der kaum zu entkommen sei.

Ad c) Regulierung des Wirtschaftssystems

Auch in Bezug auf regulierende Einflussnahmen auf das Wirtschaftssystem bilden sich unterschiedliche Vorstellungen aus, wobei zwei Positionen vorherrschend sind: Auf der einen Seite ein genereller Primat der Politik in Form eines allgemeingültigen ordnungspolitischen Rahmens, der zu einer Gesamtregulierung der Wirtschaft führt und so destruktive Kräfte eines ungezügelten Kapitalismus bändigt; auf der anderen Seite ein hybrides Modell der Kontrolle und Steuerung großer Wirtschaftseinheiten bei weitgehender Freiheit und unbürokratischer Organisation von Handwerk und kleinerem / mittlerem Handwerk und Gewerbe.

Eine diesbezüglich skeptische Haltung formuliert ein politisch nicht aktiver Maschinenschlosser in der Reflexion zum Nebeneinander von privaten und öffentlichen Anbietern am Beispiel der Privatisierung der Bahn bzw. des Energiemarktes:

„Wir wollen eine deutsche Bundesbahn privatisieren, das Schienennetz soll aber zum Beispiel in öffentlicher Hand bleiben – ist genau das Gleiche mit der Privatisierung auf dem Energiemarkt: ‚Aber unser Leitungsnetz bleibt in öffentlicher Hand'. So etwas kann nicht funktionieren; entweder du hast einen Dienstleister der das voll durchzieht, oder es ist ein staatliches Unternehmen – fertig aus. Wer verteufelt denn die auch so schlimmen staatlichen Unternehmen, mein Gott?"

Diese Perspektive berührt im Kern die Frage nach der Steuerung gesellschaftlicher Infrastruktur (z. B. Verkehr, Wohnen, Gesundheit, weitere öffentliche Güter) und damit das Verhältnis von Privatwirtschaft und öffentlichen / staatlichen Unternehmen wie auch der Vergesellschaftung. Dabei wird ein Produktivitätsvorteil privatwirtschaftlicher Organisation erkauft vor allem durch soziales Downgrading (z. B. Einkommensverluste) nur von wenigen Befragten gebilligt, zumeist aber in ambivalenter Wertung als mit dem Systemsieg des Kapitalismus geschichtlich belegtes Faktum hingenommen. Vor allem vor dem Hintergrund der Ablehnung einer autoritativen wirtschaftspolitischen Rolle des Staates bietet sich als Alternative nur ein wie auch immer ausgewogenes Nebeneinander von staatlichen und privaten Akteuren an.

Solche Positionen gehen häufig mit einer sich eher als Glaubensgrundsatz denn rational abgewogen darstellenden Alltags-Philosophie der Ökonomie einher: der neoliberale Grundsatz von den Selbstheilungskräften des Marktes wird in dieser Radikalität zwar nicht geglaubt, aber es herrscht ebenso große Skepsis bezüglich der Heilkraft dauerhafter ordnungspolitischer Interventionen

– in dieser Frage gibt es für die Befragten keine Ökonomie außerhalb der globalen Ökonomie, die wiederum nationalstaatlich nicht zu regulieren sei. Konsequenterweise werden ordnungspolitische Rahmensetzungen dann europäisch bzw. global angelegt, auch wenn dies angesichts der Dynamik des Marktes selbstkritisch als sprichwörtlicher Wettlauf zwischen Hase und Igel klassifiziert wird. Jenseits utopischer Phantasien herrscht in weiten Teilen eine Art der realpolitischen Adaption von vorgeblichen Notwendigkeiten eines globalisierten Finanzmarktkapitalismus vor, dem weder auf staatlicher noch auf individueller Ebene zu entkommen sei. Auch der gelegentlich geäußerte Gedanke einer Wirtschaftsdemokratie entspringt selten programmatisch konzipierten Überlegungen, sondern eher einem eingeforderten politisch-moralischen Bedürfnis. Nur wenige der Interviewten haben klar umrissene Vorstellungen von den Konturen einer demokratisch organisierten Wirtschaft. Unter dem als realpolitische Anerkennung des ökonomisch Gegebenen verstandenen Vorbehalt einer im globalisierten Konkurrenzkapitalismus notwendigerweise wettbewerbsfähig zu organisierenden Wirtschaft wird dem geschichtlich überholten Modell des staatsautoritären Sozialismus (auch wenn punktuell auf positive Aspekte verwiesen wird) ebenso eine Absage erteilt wie dem ungezügelten und der reinen Marktideologie folgenden Kapitalismus. Favorisiert wird das Ziel einer (wie auch immer gearteten) demokratischen Wirtschaftsgesellschaft. Diesbezüglich existieren mal mehr, mal weniger diffuse Vorstellungen und Hoffnungen darüber, wie eine Ökonomie jenseits des gegenwärtigen Kapitalismus auszusehen hätte. So führt ein 38-jähriger, politisch momentan familienbedingt nicht aktiver Raumplaner aus:

„Das Wirtschaftssystem würde ich absolut in Frage stellen – aber da ist auch immer die Frage, in welchen Zeitraum man blickt; momentan seh ich wenig gesellschaftliche Kräfte, dass da was passieren könnte. Ich bin absoluter Fan von ‚Es muss mehr Demokratisierung geben'; ich weiß nicht, ob Planwirtschaft das große Ziel ist, da streitet man noch theoretisch drüber und die real Existierenden waren jetzt auch nicht auf dem Weg die Riesenvorbilder, sag ich mal. Ich bin gespannt auf die Entwicklungen, wie sie jetzt in Südamerika sind. Das finde ich ein spannendes Experiment und hoffe, dass da was Vernünftiges bei rauskommt und eben nicht nur dann doch spinnerten Selbstanführer sind, die dann doch wieder nur ihr eigenes Ziel vor Augen haben."

Zwischen diesen beiden Polen der ökonomischen Regulierung artikuliert sich zumeist ein konzeptuell kaum zu umreißender Wunsch nach einem im weltweiten Maßstab sozialeren System als dem dominanten Neoliberalismus. Zumeist auf Grund der globalen Dimension fühlen sich die Einzelnen zu umfassenden Gegenentwürfen häufig nicht in der Lage und beschränken sich auf im wahrsten Sinne auf naheliegende Reichweiten (vgl. a).

Ad d) Analytische Zugänge zum Wirtschaftssystem

Sowohl der Grad der Konkretion und der Reichweite solcher Visionen wie auch die Zielrichtung der ihnen zu Grunde liegenden Kritik an den bestehenden Verhältnissen sind dabei vom Zugriff insbesondere auf (nicht notwendigerweise nur fachspezifische Bildungs-)Ressourcen beeinflusst. Während der Verweis auf soziale Verwerfungen bei Zugangsstarken vergleichsweise analytischer geprägt ist und auf vorhandenes Fachwissen aufbaut, ohne deshalb Empathie vermissen zu lassen, neigen diejenigen ohne eine solchen Background tendenziell zu einer emotional gefärbten Globalperspektive mit dem Fokus auf soziale Notlagen und als allgemein gültig rezipierten Gerechtigkeitsnormen.

So werden von Ersteren sehr konkret als zentral angesehene Aspekte der kapitalistischen Ökonomie als anzugehendes Problemfeld genannt. Exemplarisch hierfür ist die Ausführung einer nicht berufstätigen, 58-jährigen Gesundheitsberaterin mit akademischem Hintergrund:

„Bei der Wirtschaft, bei der Form der Wirtschaft. Also für mich hat es nie eine freie Marktwirtschaft gegeben, umgesetzt nie, weil es gab ja immer Subventionen – was soll das mit der freien Marktwirtschaft, das funktioniert nicht. Und eine rein – ja, wie soll man das sagen – so, wie es drüben gelaufen ist, in den Ländern, das funktioniert auch nicht, da fehlt ein Anreiz, denk ich auch, sicher ist das so, soweit sind wir Menschen vielleicht noch nicht; also: Ich hab mich mal beschäftigt mit Silvio Gsell, wo es ja in erster Linie drum geht, dass der Zins aufgehoben werden muss, und das Eigentum an Boden, Grund und Boden - das ist mein Standpunkt. Es gibt eine Frau: Margret Kennedy, eigentlich hat die die Gsell-Theorie so modern zusammengefasst, das ist ja ein älterer Ansatz schon, kurz beschrieben, und die hat eigentlich immer das gefordert, was ich auch jahrelang so vertreten habe, also: Der Zins muss weg, es darf keine Zinsen geben, im Gegenteil. Wenn man Geld einen bestimmten Zeitraum hat, drei Monate oder so, dann gibt es einen Strafzins, wenn man es nicht ausgegeben hat, so ist es ja, grob gesprochen. Und darauf soll es hinauslaufen. Das das natürlich eine Utopie ist und nicht so schnell zu verwirklichen - ich finde die Regionalwährungen einfach Spitze, das läuft ja auch schon in Deutschland an einigen Orten."

Die wirtschaftspolitische Ausrichtung folgt hier Vordenkern, die man sich angeeignet hat und deren Konzepte man verwirklicht sehen möchte; auf dem Weg dahin sind notwendige Zwischenschritte an ganz konkreten Projekten sichtbar. In dieser Verbindung von theoretischem Wissen und praktischem

Handeln entwickelt sich eine Art ökonomisches Experimentierfeld; ähnlich der Genossenschaftsbewegungen in den zwanziger und dreißiger Jahren des vorherigen Jahrhunderts scheint in dieser Dualität eine gewisse Spannung und Attraktivität umgesetzt zu werden, die eine realutopische Perspektive auf die Wirtschaft kreiert und insofern über eine bloße Kritik der herrschenden Zustände hinausgeht.

Die andere, emotional gefärbte Perspektive betont eher moralökonomische Grundsätze (wie z. B. „Wirtschaft sollte für alle da sein") und beschreibt häufig die Wirkung diesbezüglich wahrgenommener Ungerechtigkeiten auf die eigene Person. In diesem Sinne äußert sich ein prekär beschäftigter, politisch nicht aktiver 30-jähriger Akademiker:

> *„Probleme sehe ich in einer Amerikanisierung der Arbeitskultur, insofern, als dass es für den Durchschnittsmitteleuropäer anscheinend nicht mehr genug ist zum Leben, wenn man einen Job hat. Es gibt genügend Leute mit drei Jobs gleichzeitig, die jetzt allerdings noch keine Familienverantwortung haben, die halt nicht so über die Runden kommen - in meinem Falle ja auch, ich hab auch zwei Jobs. "*

Wirtschaft wie kapitalistisches System werden als Rahmenbedingungen des eigenen Lebens verstanden, die bestenfalls durch Interventionen seitens Dritter (in der Regel durch die linken politischen Parteien) einzuhegen sind. Eine eigene Wirkmächtigkeit wird verneint – und zwar nicht nur generell dem System gegenüber, sondern im Einzelfall auch gegenüber den die eigene Moralökonomie bedrängenden Entwicklungen nicht existenzsichernder Entlohnung.

Zwischen beiden Gruppen existieren nicht nur semantische Schranken, die einen je besonderen Zugang zum Themenfeld Wirtschaft verdeutlichen: zum einen die auf das System als solches bezogene, rational vorgehende Analyse, die (zum Teil vor dem Hintergrund entsprechender fachlicher Kompetenzen) mit theoretischen Konstrukten etc. argumentiert, und zum anderen die aus dem eigenen Alltag entstehende Perspektive, die vor allem Folgen einer ansonsten als undurchschaubar erlebten Ökonomie fokussiert. Solche Differenzen des individuellen wirtschaftsbezogenen agenda setting erschweren eine Verständigung der Linksaffinen über eine bessere, alternative Wirtschaftsform oder auch nur Regulierung der bestehenden wirtschaftlichen Ordnung ebenso wie über Lösungsansätze angesichts aktueller Fehlentwicklungen. Wie in vielen anderen Themenfeldern stellt sich dies als Lücke zwischen Experten und Laien dar, die zu überbrücken zentral für einen hegemoniefähigen Alternativentwurf zu sein scheint.

In gewisser Weise zwischen diesen beiden Positionen befinden sich diejenigen, die eher über diffuse Vorstellungen darüber verfügen, wie Wirtschaft und Gesellschaft aufeinander aufbauen sollen. Zwar werden allgemeine Ziele benannt – etwa geringere Kluft zwischen Armen und Reichen oder der Zugang zu gleichen Bildungschancen –, aber es fehlt an einem zusammenhängenden Bild und damit auch an einer performativen Utopie bzw. Handlungsansätzen im Alltag. In diesem Sinne formuliert eine 33-jährige Datenbankmanagerin und studierte Sozialwissenschaftlerin: *„Ich hab nicht mehr die Vorstellung, wie es aussehen soll, ich hab nicht mehr die Vorstellung, wie es dazu kommt, oder wie man dahin kommt, dass es so aussieht. Da sind eher große Fragezeichen."* Die häufig schon sprachlich manifeste Trennung in spezifische Perspektiven auf die täglich erlebbare Erosion des nicht nur im Westen tief verankerten Referenzrahmens „soziale Marktwirtschaft" setzt sich in der Aufspaltung von systemisch im Sinne einer politökonomisch inspirierten Kapitalismuskritik argumentierenden Sichtweisen einerseits bzw. stärker soziale Folgen thematisierende Perspektiven andererseits fort. Während Erstere über das vorgeblich finale Stadium der gegenwärtigen Arbeits- und Wohlfahrtsgesellschaft relativ umstandslos den Weg zu Stufenmodellen der Kapitalismusentwicklung finden und gleichzeitig die Integrationskraft durch die Teilhabe an Erwerbsarbeit problematisieren, ist bei sozial-individualistisch orientierenden Befragten zumeist ein Balance des Gebens und Nehmens zwischen Gesellschaft und einzelnem Gesellschaftsmitglied implizit oder wird dezidiert betont. Gelegentlich wird auch die als notwendig erachtete eigene Anpassung thematisiert, gerade auch vor dem Hintergrund des als dominant auftretenden Neoliberalismus. Am Beispiel ihrer eigenen Arbeit erläutert die eben zitierte Datenbankmanagerin den Spagat:

„Es geht um Abrechnungen bei outgesourcten Dienstleistern. Früher hätte ich es wahrscheinlich beschrieben als etwas, dass ich niemals tun werde. Es ist schon so, dass ich mir denke: ,An der Grenze dessen, was ich okay finde'."

Während stärker systemisch argumentierende Befragte Strukturregeln der Wirtschaft fokussieren und darin u. a. Ausgangspunkte für Prozesse der Entsolidarisierung, der gesellschaftlichen Spaltung mit Ausgrenzungen gesellschaftlicher Subgruppen sowie einer wenig nachhaltig verankerten Zukunftsperspektive erkennen, formulieren individualistisch orientierte Befragte – häufig vor dem Hintergrund eigener oder intensiv beobachteter Erfahrungen – den Zusammenhang von Wirtschaft und Individuum als Erzählung des Durchkommens, der Anpassung, des Aushaltens und der Mühe. Der Riss zwischen diesen Perspektiven scheint damit auch der sozialen Standortgebundenheit geschuldet zu sein und ist damit nur schwer zu überbrücken: den Einen sind die Perspektiven der Anderen zu wenig analytisch und zu subjektorientiert, Letzteren die Perspektiven der Ersteren zu weitschweifig und wenig konkret in praktikablen Lösungsansätzen. In der Tat scheinen sich hier strukturelle Inkompatiblitäten in Bezug auf eine linke bzw. linksaffine gemeinsame Kritik des Wirtschaftssystems aufzutun, die mit Anrufungen einer sich diskursiv durchsetzenden Hauptlinie nicht vermittelt werden können, weil sie auf der einen oder anderen Seite Verrenkungen nach sich ziehen würden, die die Bereitschaft zur Einsicht jeweils überstrapazieren würde.

4.1.3   Hauptscheidelinien der Perspektiven auf das Wirtschaftssystem

Wie lassen sich nun die verschiedenen Einzelaspekte des vorigen Abschnitts bündeln? Die Hauptscheidelinie zwischen den differenten Bezugnahmen besteht darin, ob man wirtschaftliche Prozesse strukturell betrachtet und die dem System eigenen Gesetzlichkeiten als unumstößlich fasst oder aber einen Primat der Politik über das wirtschaftliche System einklagt. Eine dritte Position, die Schnittmengen zu beiden Seiten aufweist, setzt auf mehr oder weniger strikte Regulierungen des Wirtschaftssystems. Sozialistische Gesellschaftsvarianten in Form autoritativer Prägung werden von den Befragten durchweg als gescheitert und daher nicht beispielgebend bilanziert – was visionäre Entwürfe bei einem Teil verhindert, aber nicht generell ausschließt.

Alle drei Positionen weisen eigene Perspektiven und (daran anknüpfende) politische Gestaltungsansätze auf:

1) Die Annahme einer Dominanz der Wirtschaft gegenüber sonstigen gesellschaftlichen Strukturen führt zur Auffassung, zum bestehenden kapitalistischen System gebe es keine Alternative. Der mit ökonomischen Eigengesetzlichkeiten (insbesondere mit der Kapitallogik) operierende Kapitalismus (bzw. die als mehr oder minder „sozial" empfundene Marktwirtschaft) wird letztlich als Sieger im Wettstreit der Systeme empfunden und die angelsächsische Variante zudem als aktuelle Bedrohung des wohlfahrtsstaatlich abgefederten „rheinischen" Kapitalismus westdeutscher Provenienz gewertet. In diese Perspektive hat die gesellschaftlich dominante neoliberale Ideologie dahingehend Eingang gefunden, dass eine gesellschaftliche Steuerung der Wirtschaft als wenig realistisch eingeschätzt wird und insoweit einer Marktideologie Platz macht. Welche politischen Konsequenzen damit für Betroffene verbunden sind, wird durchaus unterschiedlich gesehen: Einige gehen von einer notwendigen Anpassung, insbesondere für jüngere Generationen aus, andere sehen hier den Staat in der Pflicht, Wohlfahrt auf einem bestimmten Level zu garantieren.

2) Die schärfste Kritik an durch das Wirtschaftssystem hervorgerufenen sozialen Verwerfungen kommt aus dem Lager derer, die auf den Primat der Politik setzen und Wirtschaft als ein der gesellschaftlichen Entwicklung

unterzuordnendes Teilsystem begreifen. Die Veränderung der Wirtschaft wird als strukturelle Aufgabe verstanden, die letztlich weltweit durchzusetzen sei. Insoweit decken sich Schärfe der Analyse und die daraus abgeleiteten politischen Folgerungen, ohne sich jedoch in praktischen Konsequenzen ergehen zu können, soweit nicht relativ diffus „revolutionären Gelegenheiten" das Wort geredet wird. Da dies auch den Protagonisten klar ist, wird in pragmatischer Hinsicht auf wesentliche Forderungen der Regulierer (vgl. Punkt 3) zurückgegriffen. Eine grundlegende Veränderung des Wirtschaftssystems wird so als Utopie eher herbeigesehnt als alltagspraktisch angegangen. Für einen kleinen Teil der „harten" Kritiker des kapitalistischen Wirtschaftssystems stellen Alternativökonomien als Basis für die Abkehr von der globalisierten Wirtschaft ein praktikables Alternativmodell mit systemsprengender Kraft dar – auch wenn diese gegenwärtig real nur eine geringe Verbreitung haben und kaum über den lokalen oder regionalen Rahmen hinaus wirken.

3) Regulierer erkennen an, dass Wirtschaft und Politik bzw. Gesellschaft als zwei ineinandergreifende Systeme zu verstehen sind, die in je eigener Logik operieren, aber letztlich nicht isoliert voneinander zu denken sind. Das geht einher mit der Forderung nach Demokratisierung der Wirtschaft, ohne dass im Einzelfall jenseits des Wunsches nach größerer Macht der Gewerkschaften genauere Auskunft darüber gegeben wird, wie das zu bewerkstelligen sei. Ausgangspunkt der Forderungen ist die Wahrnehmung negativer Effekte des derzeitigen Systems, die abzumildern sind – mittels der Setzung von Rahmenbedingungen durch die Gesellschaft, vermittelt über den Staat. Jenseits der Abstraktheit derjenigen, die auf strukturelle Eigengesetzlichkeiten des Wirtschaftssystems verweisen, orientiert sich diese Gruppe eher an konkreten sozialen Verwerfungen wie der spürbaren Exklusion von Arbeitslosen und Sozialhilfeempfängern, der sich öffnenden Schere zwischen arm und reich, aber auch der Bereitstellung gesellschaftlich notwendiger Güter und Dienstleistungen. Insoweit wird öffentlicher Wirtschaft ein eigener Stellenwert zugeschrieben, ohne dass damit einer Konkurrenz von staatlichen und privaten Betrieben das Wort geredet wird – vielmehr geht es um die Identifizierung solcher Bereiche, in denen die private Wirtschaft versagt.

Innerhalb des linksaffinen Spektrums scheint eine ambivalente Einschätzung der kapitalistischen Wirtschaftsordnung zu dominieren. Einerseits werden die wahrgenommenen Auswirkungen der ökonomischen Verwerfungen in den letzten Jahren kritisch bewertet, andererseits wird aber die kapitalistische Grundordnung allenfalls von einem Teil (noch) grundsätzlich in Frage gestellt. Es scheint, als hätten die Befragten sich mit dem bestehenden Wirtschaftssystem weitestgehend arrangiert und wären bestrebt, sich darin einzurichten. Das beruht weniger auf der Aufgabe der eigenen politischen Ansichten, als vielmehr darauf, bestimmten gesellschaftlichen Konstellationen ausgesetzt zu sein, denen man sich nicht einfach entziehen kann. Insoweit sind Kritiker der herrschenden Verhältnisse immer aufgefordert, ein richtiges Leben im falschen zu führen, was Kompromisse erfordert. Das hat ganz praktische Konsequenzen, die sich in zwei Auffälligkeiten äußern:

Zum einen machen die Befragten angesichts der krisenhaften Entwicklung der vergangenen Jahrzehnte Zugeständnisse, die zum Teil frühere Positionen („diesen Job würde ich nie machen") konterkarieren. Nur wenige (gut Situierte) sind in der Lage bzw. nur wenige (mit alternativen Lebensentwürfen) sind bereit, sich den Systemwirkungen gänzlich zu entziehen, so dass die Orientierung darauf als Hebel für die gesellschaftliche Integration wirkt. Getreu dem Motto „Erst kommt das Fressen, dann kommt die Moral" wird dies als Spagat zwischen eigenen Ansprüchen und den Notwendigkeiten des Lebens in einer bestimmten Gesellschaftsformation angesehen, der zumeist nur individuell bearbeitet wird.

Zum anderen rückt an die Stelle der Überzeugung von einer notwendigerweise radikalen Umgestaltung kapitalistischer Verhältnisse in vielen Interviews erstaunlich präsent eine harmonistische Sehnsucht danach, dass irgendwie alles besser und gerechter zugehen müsste; eine Angabe dazu, wie ein Weg dorthin aussehen könnte, fällt jedoch zumindest schwer oder ist vielen Befragten ganz und gar unmöglich. Diese diffuse Projektion geht gewöhnlich mit der Selbstattribution einher, auf dem Gebiet der Ökonomie nicht kompetent zu sein. Darin zeigt sich in gewisser Weise die ideologisierende Kraft des Neoliberalismus der letzten Jahrzehnte: Offenbar hat dessen Deutungshoheit im öffentlichen Diskurs zur Selbstwahrnehmung einer defizitären Ökonomiekompetenz bei nicht wenigen linksaffinen Personen beigetragen. Alternativen zu entwerfen oder auch nur jenseits der kapitalistischen Ökonomie zu denken, fällt damit offensichtlich umso schwerer.

4.1.4   Ergänzende Befunde der repräsentativen Befragung

Die qualitativ rekonstruierten grundsätzlichen Ansichten zum Kapitalismus konnten in der repräsentativen Befragung nicht analog abgefragt werden. Es wurde vielmehr auf mehr oder weniger klassische Skalen zurückgegriffen, die das Thema Wirtschaft und Gesellschaft / Staat fokussieren. Für das Gesamtsample wurde festgestellt, dass skeptische bis verhalten optimistische Perspektiven auf die heutigen bzw. zukünftigen Entwicklungen der Wirtschaft und des Arbeitsmarktes vorherrschen. Insgesamt bewegt sich das Niveau der Einschätzung aller Items auch nach Gruppen politischer Orientierungen unterschieden stets auf einem mittleren Wert, was durchaus als Ausdruck einer allgemeinen Unsicherheit gedeutet werden kann.

Im Detail gibt es zwischen den Gruppen differenter politischer Grundorientierungen sowohl Unterschiede wie Gemeinsamkeiten in den Einschätzungen (jeweils auf einer Skala von 1 bis 5, wobei 1 den positivsten und 5 den negativsten Wert markiert): Hinsichtlich der gegenwärtigen persönlichen wirtschaftlichen Situation (Mw 2,79), dem Vergleich dieser mit der persönlichen Lage zwei Jahre zuvor (Mw 3,25) sowie den Erwartungen zur wirtschaftlichen Entwicklung in Deutschland in den nächsten zwei Jahren (Mw 2,80) existieren keine signifikanten Unterschiede im Mittelwertvergleich. Aber mit knapp einem Viertel beurteilen deutlich mehr rechtsaffine Probanden die aktuelle persönliche ökonomische Situation als schlecht bzw. sehr schlecht als dies bei den anderen Gruppen der Fall ist.

Im Vergleich zur wirtschaftlichen Situation zwei Jahre zuvor kommen Linksaffine am stärksten zum Resümee einer verbesserten Lage, Rechtsaffine und Tendenzlose sind deutlich negativer gestimmt. Zugleich fällt die Einschätzung zur wirtschaftlichen Situation des Landes in zwei Jahren bei diesen beiden Gruppen polarisierter aus als bei den Linksaffinen: Viele haben Hoffnung (über alle Gruppen nahezu 50%), aber viele auch Ängste (Linksaffine 24,6%; Tendenzlose 29,1% und Rechtsaffine 28,4%), während die Annahme einer gleichbleibenden Situation vor allem bei den Linksaffinen relativ stärker besetzt ist.

Andererseits zeigt dieser Vergleich auch, dass die Einschätzung der gegenwärtigen wirtschaftlichen Situation des Landes von den verschiedenen Lagern ebenso unterschiedlich eingeschätzt wird wie die Antizipation der persönlichen wirtschaftlichen Lage in zwei Jahren differiert ausfällt. Die Mittelwertdifferenzen sind allerdings moderat. Im Hinblick auf die heutige wirtschaftliche Lage in Deutschland weisen Linksaffine eine im Durchschnitt etwas positivere Einschätzung (Mw 3,46) auf als die Tendenzlosen (Mw 3,60) und die Rechtsaffinen (Mw 3,55). In Prozentwerten ausgedrückt kann dieser Befund noch weiter ausdifferenziert und in Teilen auch korrigiert werden:

So folgt über alle Gruppierungen hinweg nur jeweils eine kleine, zu vernachlässigende Minderheit der Einschätzung, dass die heutige wirtschaftliche Situation als sehr gut einzustufen sei (jeweils < 1%). Zusammen mit der Einschätzung einer gegenwärtig guten wirtschaftlichen Lage setzen sich die Linksaffinen in ihrer Wahrnehmung ebenfalls kaum ab; sie trennen sich aber insbesondere in ihrer Zurückhaltung, die wirtschaftliche Lage als sehr schlecht einzuschätzen von den beiden übrigen Gruppen: nur 11,5 Prozent der Linksaffinen, aber 19 Prozent der Tendenzlosen bzw. 18 Prozent der Rechtsaffinen bilanzieren entsprechend. Das könnte an der traditionell internationalistischen Perspektive Linksaffiner liegen, die die Einschätzung der wirtschaftlichen Lage immer als relationale im internationalen Maßstab betont – in dieser Sichtweise ist die Wirtschaftslage in Deutschland vergleichsweise weniger dramatisch.

Die eigene wirtschaftliche Lage in zwei Jahren antizipieren Linksaffine positiver als die beiden anderen Gruppierungen (Mw 2,77); politisch Tendenzlose (Mw 2,97) und Rechtsaffine (Mw 3,06) unterscheiden sich nicht statistisch signifikant voneinander. Der genaue Blick auf die konkreten Werte lässt dennoch Unterschiede im Detail erkennen:

	sehr gut	gut	gleich-bleibend	schlecht	sehr schlecht	Gesamt
Linksaffine	9,6%	26,2%	46,6%	13,0%	4,7%	100%
Tendenzlose	3,7%	23,9%	49,6%	17,9%	5,0%	100%
Rechtsaffine	4,3%	23,5%	43,8%	18,0%	10,4%	100%

Abbildung 14: Beurteilung der eigenen wirtschaftlichen Lage in zwei Jahren nach politischer Orientierung

Eine stark positiv gestimmte Entwicklung der eigenen Lage nehmen knapp 10 Prozent der Linksaffinen, aber nur ca. rund 4 Prozent der beiden anderen Gruppierungen ein. Offenbar ist die Skepsis unter den Linksaffinen weniger stark verbreitet – bezieht man den Wert etwas besser jeweils mit ein, werden die Abstände noch eklatanter: Über ein Drittel der Linksaffinen erwartet bessere persönliche Verhältnisse, in den beiden anderen Gruppierungen wird dies jeweils nur von gut einem Viertel so angenommen. Diese optimistischere Sicht bei den Linksaffinen dürfte nicht zuletzt auf das tendenziell höhere formale Bildungsniveau und die damit verbundene bessere Berufsperspektive der Linksaffinen zurückzuführen sein. Nimmt man die oben genannten Erwartungen bezüglich der wirtschaftlichen Entwicklung des Landes hinzu, deutet sich hier eine manifeste Verunsicherung bezüglich der näheren ökonomischen Entwicklung an, mit deren Eintreten persönliche Konsequenzen erwartet werden. Vor diesem Hintergrund ist die Bilanzierung des Wirtschaftssystems als Ganzem von Interesse (Abb. 15).

Demnach bilanzieren 47 Prozent der Linksaffinen, 52 Prozent der Tendenzlosen und nahezu 57 Prozent der Rechtsaffinen das Wirtschaftssystem als gut funktionierend und allenfalls einiger Korrekturen bedürftig; jeweils im unteren einstelligen Prozentbereich wird Reformbedarf gar nicht wahrgenommen.

	„Es funktioniert gut und muss nicht verändert werden"	„Es funktioniert im Großen und Ganzen gut, muss aber in einigen Punkten verändert werden"	„Es funktioniert nicht gut und muss in vielen Punkten verändert werden"	„Es funktioniert überhaupt nicht und muss völlig verändert werden"
Linksaffine	2,3%	44,7%	43,2%	9,8%
Tendenzlose	1,7%	50,3%	37,1%	10,9%
Rechtsaffine	1,2%	55,5%	30,5%	12,8%
Gesamt	1,8%	49,7%	37,5%	11,0%

Abbildung 15: Einschätzung der Funktionsfähigkeit des Wirtschaftssystems nach politischen Orientierungen (Statement: „Alles in allem gesehen, was denken Sie, wie gut oder wie schlecht funktioniert unser Wirtschaftssystem heute? Welche der folgenden Aussagen kommt Ihrer Meinung am nächsten?")

Überschlagen sind etwa 10 Prozent aller Linksaffinen der Meinung, das System müsse völlig verändert werden. Bei geringerer Anzahl an grundsätzlichen Kritikern in den beiden anderen Gruppen ist der relative Anteil des scharfen Widerspruchs höher als bei den Linksaffinen. Mithin scheint radikale Wirtschaftskritik nur noch bedingt Domäne des linken politischen Lagers zu sein; zugleich ist aber die kritische Perspektive bei Linksaffinen weiter verbreitet.

Die Einstellungen aller Befragten gegenüber Staat, Wirtschaft und Gesellschaftsordnung können mittels einer Faktorenanalyse, die diese Aspekte einbezieht, zunächst weiter verdichtet werden.[13] Es konnten zwei reliable Skalen gebildet werden: Die Skala „Soziales Staats- und Wirtschaftsmodell" (Wertebereich von 1 „Ablehnung" bis 4 „Zustimmung") fasst die Statements „Es ist auf längere Sicht nicht mehr genug Arbeit für alle da. Deshalb ist die Einführung eines bedingungslosen Grundeinkommens notwendig, das die Existenz jedes Einzelnen sichert."; „Der Staat muss dafür sorgen, dass jeder Arbeit hat und die Preise stabil bleiben, auch wenn deswegen die Freiheiten der Unternehmen eingeschränkt werden müssen."; „Der Staat muss dafür sorgen,

---

13 Mittels Faktorenanalyse wird anhand statistischer Kriterien überprüft, inwieweit einzelnen Variablen des Datensatzes eine gemeinsame komplexe Hintergrundvariable – die als „Faktor" bezeichnet wird – zu Grunde liegt. Ist dies der Fall, so werden die Einzelvariablen anschließend zu einer Skala zusammengefasst. (Extraktionsmethode: Hauptkomponentenanalyse; Rotationsmethode: Varimax mit Kaiser-Normalisierung; die Rotation ist in 5 Iterationen konvergiert.) Die Statements „Der Kapitalismus muss überwunden werden.", „Das kapitalistische Wirtschaftssystem kann durch ein Besseres ersetzt werden." sowie „Der Wohlstandsegoismus zerstört das Empfinden für eine solidarische Gesellschaft." wurden in einem weiteren Faktor zusammengeführt, der sich aber als nicht reliabel erwies.

dass man auch bei Krankheit, Not, Arbeitslosigkeit und im Alter ein gutes Auskommen hat." sowie „Der Sozialismus ist im Grunde eine gute Idee, die nur schlecht ausgeführt wurde." zusammen (Reliabilität: Cronbach's Alpha = .668). Der scheinbare Widerspruch vom Ende der Arbeit für alle und der Forderung nach der Fürsorge des Staates, eben diese Arbeit zu garantieren, löst sich offensichtlich in Richtung der Sicherung des Lebensunterhalts auf. Präferiert wird ein starker Staat; sozialistischen Gegenentwürfen wird eine gewisse Sympathie entgegengebracht.

Die Skala „Alternativlose Wirtschaftsordnung" (Wertebereich von 1 „Ablehnung" bis 4 „Zustimmung") vereint die Statements „Es gibt derzeit keine durchsetzbare Alternative zum bestehenden Wirtschaftssystem." sowie „Es gibt derzeit keine vernünftige Alternative zum bestehenden Wirtschaftssystem." (Reliabilität: Cronbach's Alpha = .698). Gegenüber der ersten Skala mit seiner Transformationsperspektive besteht hier eher Skepsis gegenüber alternativen Modellen und wirtschaftspolitischen Experimenten.

Ein Vergleich der Mittelwerte (ANOVA) der drei politischen Orientierungen (linksaffin – tendenzlos – rechtsaffin) zeigt, dass sich für die gebildete Skala „Soziales Staats- und Wirtschaftsmodell" ein signifikanter Unterschied zwischen Rechtsaffinen (Mw 2,87) auf der einen und Tendenzlosen (Mw 2,99) sowie Linksaffinen (Mw 3,08) auf der anderen Seite ergibt. Rechtsaffine neigen einem „sorgenden" Sozialstaat signifikant weniger zu als die anderen Gruppen. In Bezug auf die Skala „alternativlose Wirtschaftsordnung" unterscheiden sich alle drei Gruppen ebenfalls signifikant voneinander, wobei die Linksaffinen den niedrigsten Mittelwert (Mw 2,76) und damit den ausgeprägtesten Glauben an eine alternative Wirtschaftsordnung aufweisen; die Rechtsaffinen weisen den höchsten Mittelwert (Mw 3,09) auf, Tendenzlose erreichen den Wert 2,92.

Für beide Skalen stellt der Wert 2,5 den neutralen Punkt dar. Daran dichotomisiert, stimmen drei Viertel aller Linksaffinen dem Inhalt der Skala „Soziales Staats- und Wirtschaftsmodell" zu, ein Viertel lehnt dies ab. Dem politischen Inhalt können mit 40 Prozent insbesondere viele der rechtsaffin eingestellten Personen nicht zustimmen. Die Zustimmung steigt bei den politisch eher Tendenzlosen bereits auf über 70 Prozent an und wird von den politisch linksaffin orientierten Befragten noch übertroffen. Die höhere Zustimmungsrate der Linksaffinen kann als Fortführung der in Wirtschaftsfragen eher zentralistisch argumentierenden sozialdemokratisch-sozialistischen Tradition verstanden werden. Die hohe Zustimmung der Tendenzlosen deutet auf eine hohe Attraktivität zumindest der wohlfahrtsstaatlichen Absicherungsmodi auch bei weniger stark systemtransformierend eingestellten Personen hin. Die relativ starke Ablehnung im Spektrum der Rechtsaffinen erklärt sich möglicherweise aus der Systemgegnerschaft: Kapitalismuskritische Positionen sowie ein ausgebauter Sozialstaat werden womöglich mit eher linken Positionen gleichgesetzt, was eine Abwehrreaktion provoziert.

Die Einschätzung der eigenen wirtschaftlichen Situation fällt bei Linksaffinen (wie auch bei allen übrigen Befragten) umso besser aus, je höher der Schul- und Berufsabschluss ist. Sie wird zudem mit steigendem Einkommen positiver wahrgenommen. Ursächlich dafür sind die mit steigendem Bildungsniveau besseren Erwerbschancen und geringeren Wahrscheinlichkeiten für Arbeitslosigkeit. Es wurde schon darauf hingewiesen, dass insbesondere Linksaffine zu relationalen Perspektiven neigen; vor diesem Hintergrund kann die ansteigende positive Wahrnehmung letztlich kaum verwundern: Wer um die Bedeutung hoher Bildungsabschlüsse z. B. für die Arbeitsplatzsicherheit weiß, wird bei Vorhandensein solcher Abschlüsse die eigene Situation relativ entspannt einschätzen können.

Mit zunehmendem Alter der befragten Linksaffinen fällt die Beurteilung der heutigen eigenen wirtschaftlichen Lage positiver aus; umso negativer gestaltet sich dagegen die Einschätzung der eigenen wirtschaftlichen Lage in zwei Jahren. Die Älteren schätzen ihre gegenwärtige wirtschaftliche Situation also tendenziell besser ein als die Jüngeren, zeigen sich aber in Bezug auf zukünftige Entwicklungen skeptischer und sehen in stärkerem Maß Verschlechterungen in der Zukunft auf sich zukommen. Ob dies eine generalisierte Angst vor Prekarisierungserfahrungen ist (etwa als Abstieg und Statusverlust im Rahmen der wirtschaftlichen Krisenentwicklung gedacht) oder aber spezifischer (etwa im Zuge verstärkter Altersarbeitslosigkeit) an die berufliche Situation gekoppelt ist, kann anhand der vorliegenden Daten nicht belegt werden; ein größerer Pessimismus bezüglich der eigenen wirtschaftlichen Zukunft lässt sich aber als relative Prekarisierungsangst interpretieren, die weniger von der materiellen Absicherung als vielmehr von dem Erhalt des jetzigen Lebensstandards gedacht wird.

Im Vergleich zu den jeweils anderen Linksaffinen geben die nicht Parteinahen und die der Partei Die Linke Nahestehenden relativ zu den übrigen Gruppen negativere Beurteilungen der wirtschaftlichen Lage ab (jeweils auf Grundlage des Konstrukts „Parteinähe"):

Nicht parteinahe Linksaffine schätzen die eigene und die allgemeine wirtschaftliche Lage in zwei Jahren schlechter ein als Parteinahe. Bei dieser Gruppe deutet sich möglicherweise ein quasi doppelter Vertrauensverlust bezüglich der beiden institutionalisierten Kernbereiche des gesellschaftlichen Lebens, (Parteien-)Politik und Wirtschaft, an: Die etablierte Politik wird, so die Annahme, nicht in der Lage sein, die wirtschaftliche Situation zum Besseren zu wenden, weshalb man sich von dem einen System (der Parteienpolitik) abwendet und sich im Hinblick auf das andere System (Wirtschaft) vermehrte Befürchtungen einstellen. Nicht zuletzt entzieht der Rückzug aus bzw. das Desinteresse gegenüber den Parteien ja auch Möglichkeiten, selbst an Problemlösungen mitzuarbeiten – man erzeugt die eigene Ohnmacht.

Linksaffine, die der Partei Die Linke nahe stehen, schätzen die wirtschaftliche Lage Deutschlands heute und in zwei Jahren und die eigene wirtschaftliche Lage heute im Vergleich zu den übrigen Linksaffinen deutlich negativer ein. Dies dürfte zum einen eine Reaktion auf die aktuelle Wirtschaftskrise, zum anderen mit der hohen Anzahl im Osten Ansässiger zu erklären sein, die ganz objektiv eine schlechtere wirtschaftliche Lage als etwa Westdeutsche vor Augen haben.

Relativ positive Einschätzungen weisen insbesondere Bündnis 90 / Die Grünen- und SPD-nahe Linksaffine auf: Linksaffine, die der Partei Bündnis 90 / Die Grünen nahe stehen, schätzen die eigene und allgemeine wirtschaftliche Lage in allen fünf befragten Aspekten positiver ein als die anderen Linksaffinen. SPD-nahe Linksaffine schätzen ihre eigene wirtschaftliche Lage heute sowie die allgemeine wirtschaftliche Lage heute und in zwei Jahren positiver ein als die übrigen Linksaffinen.

CDU-nahe Linksaffine weisen eine ambivalente Position auf: Sie schätzen die eigene wirtschaftliche Lage heute deutlich schlechter ein als alle übrigen Linksaffinen. Zugleich sind sie auch stärker der Meinung, in zwei Jahren wirtschaftlich besser da zu stehen als heute. Das lässt sich auch veranschaulichen, indem man statt des Konstrukts „Parteinähe" das prospektive Wahlverhalten als gruppierende Variable innerhalb der Linksaffinen heranzieht:[14]

Die heutige Lage der Wirtschaft wird von Linksaffinen gleich welcher Wahlpräferenz nur zu einem geringen Prozentsatz als gut oder sehr gut beurteilt; am wenigsten können diejenigen mit einer Wahlpräferenz für die Partei Die Linke (4,4%) zustimmen. Diese beurteilen die wirtschaftliche Lage zu deutlich mehr als zwei Dritteln als schlecht bis sehr schlecht, während die potenziellen SPD- und Bündnis 90 / Die Grünen-Wähler zu je gut einem Drittel von einer schlechten bzw. sehr schlechten Wirtschaftslage ausgehen. Bei den bürgerlichen Parteien zuneigenden Linksaffinen ist die Einschätzung ambivalent.

Interessant sind auch die nach Wahlpräferenz differenzierten Einschätzungen der Linksaffinen in Bezug auf die Entwicklung ihrer eigenen wirt-

---

14 Die „Sonntagsfrage" erfragt die Partei, die man wählen würde, wenn am nächsten Sonntag Bundestagswahlen wären. Es handelt sich also um eine reine Momentaufnahme zum Befragungstermin – auf Grund des hohen „Wechselwähler"-Anteils ist diese Einteilung nach Parteipräferenzen weniger verlässlich als das zuvor verwendete Kriterium der „Parteinähe". Da sich die Befragten für genau eine Partei entscheiden müssen (bei „Parteinähe" sind dagegen Mehrfachnennungen möglich), erlaubt aber die Darstellung der Ergebnisse mehr Übersichtlichkeit. Aus diesem Grund werden die Befunde zur Wahlpräferenz hier ergänzend angeführt.

schaftlichen Lage in den letzten zwei Jahren, insbesondere in Verbindung mit der Erwartung der eigenen wirtschaftlichen Lage.

Linksaffine potenzielle CDU- und FDP-Wähler nehmen die Entwicklung der eigenen Lage in den letzten zwei Jahren häufiger als negativ wahr, sind aber zugleich in höherem Maße optimistisch, dass es ihnen in zwei Jahren wieder besser geht. Demgegenüber sehen potenzielle Wähler der Partei Die Linke unter den Linksaffinen sowohl in der jüngsten Vergangenheit als auch für die nächsten beiden Jahre in überdurchschnittlichem Maße Verschlechterungen ihrer eigenen Lage. Potenzielle SPD- und Bündnis 90 / Die Grünen-Wähler unter den Linksaffinen sehen allenfalls moderate Verschlechterungen für sich in den vergangenen beiden Jahren und weisen damit relativ positive Werte auf, dafür sehen sie aber anders als CDU- und FDP-Wähler für die nächste Zeit auch nur moderate Verbesserungen auf sich zukommen.

Die Einschätzungen innerhalb der Linksaffinen bezüglich der gegenwärtigen wie zukünftigen Wirtschaftslage differieren also nach ihrer Position innerhalb dieses Spektrums und zeigen sich umso optimistischer, je mehr sie der „politischen Mitte" zuzurechnen sind. Will man nicht der Regierungsarbeit der letzten dominierenden Parteien eine vielleicht noch psychologisch erklärbare Selbstzuschreibung guter, die Wirtschaft voranbringender Aktivität als Motor des Optimismus gelten lassen – und vice versa den Parteigängern der Partei Die Linke ihren häufig oppositionellen Status als Freilos für Mäkeleien – so sind vermutlich weitere Aspekte verantwortlich, die mit dem vorliegenden Datensatz nur bedingt erfasst werden.

Unterschiede zeigen sich aber zum Beispiel hinsichtlich der Funktionsweise des politischen und wirtschaftlichen Systems. Mit steigendem Äquivalenzeinkommen wird die Einschätzung des politischen und des Wirtschaftssystems unter den Linksaffinen etwas positiver. Linksaffine, die zu wirtschaftsliberalen Ansichten[15] neigen, bewerten sowohl das politische als auch das Wirtschaftssystem positiver als die Übrigen. Die parteinahen Linksaffinen schätzen die Funktionsweise des politischen Systems positiver ein als nicht parteinahe – und scheinen insofern systemkonformer zu sein als die nicht parteinahen. Für das Wirtschaftssystem ergeben sich dagegen keine signifikanten Unterschiede. Innerhalb der Parteinahen ergeben sich (auf der Grundlage des Konstrukts „Parteinähe", vgl. 3.3) die folgenden signifikanten Differenzierungen: SPD- und

---

15 Die dichotome Variable „Wirtschaftsliberalismus" wird aus den Skalen "Soziales Staats- und Wirtschaftsmodell" und „Alternativlose Wirtschaftsordnung" durch Teilung beider Skalen am Mittelwert gebildet. Wirtschaftsliberal sind jene Befragte, die im Hinblick auf die erstgenannte Skala eine niedrige und zugleich im Hinblick auf die zweitgenannte Skala eine hohe Ausprägung aufweisen.

der Partei Bündnis 90 / Die Grünen-nahe Linksaffine bewerten sowohl das politische als auch das Wirtschaftssystem der BRD positiver als die jeweils übrigen Linksaffinen. Demgegenüber bewerten die der Partei Die Linke Nahestehende sowohl das Wirtschafts- als auch das politische System in Deutschland deutlich negativer als dieser Partei nicht nahestehende Linksaffine.

Unterscheidet man die Linksaffinen nicht nach dem Kriterium der Parteinähe, sondern nach der Wahlpräferenz, so ergibt sich im Detail ein etwas anderes Bild. Im Mittelwertvergleich zeigt sich, dass diejenigen, die bei der Sonntagsfrage CDU / CSU, SPD, FDP oder Bündnis 90 / Die Grünen als Wahlpräferenz angeben, sich im Hinblick auf die Beurteilung sowohl des politischen als auch des Wirtschaftssystems untereinander nicht signifikant unterscheiden, aber allesamt signifikant zu jenen kontrastieren, die die Partei Die Linke wählen würden. Letztere schätzen die Funktionalität des politischen und des Wirtschaftssystems jeweils deutlich negativer ein als alle übrigen Gruppen.

Im Hinblick auf das politische System gibt nur ein Viertel der prospektiven Wähler der Partei Die Linke an, dass es gut oder eher gut funktioniere und keine grundlegenden Reformen erforderlich seien; im Hinblick auf das Wirtschaftssystem gar nur ein Sechstel. Demgegenüber geben 70 Prozent der prospektiven SPD-Wähler, zwei Drittel von Bündnis 90 / Die Grünen-Wählern, drei Fünftel der CDU- und die Hälfte der FDP-Wähler unter den Linksaffinen an, das politische System benötige keine umfassenden Reformen. Ein grundlegend verändertes politisches System wird bei jenen nur von äußerst Wenigen gefordert; dagegen äußert von den prospektiven Wählern der Partei Die Linke mehr als ein Fünftel diese Position. Im Hinblick auf das Wirtschaftssystem sieht die Mehrheit der linksaffinen prospektiven CDU-, SPD-, FDP- und Bündnis 90 / Die Grünen-Wähler ebenfalls keinen umfassenden Reformbedarf. Auffällig ist hier, dass immerhin ein Zehntel der CDU-Wähler unter den Linksaffinen eine grundlegende Reform des Wirtschaftssystems fordert – neben einem Fünftel der Wähler der Partei Die Linke scheint vor allem die Fraktion der Herz-Jesu-Marxisten systemkritisch in Bezug auf das Wirtschaftssystem zu denken.

Verwendet man zur internen Differenzierung der Linksaffinen nach politischen Orientierungen die Kategorie „Wahlpräferenz" statt dem Konstrukt „Parteinähe", so nivellieren sich in Bezug auf die Einschätzung des politischen und Wirtschaftssystems die Unterschiede zwischen SPD- und Bündnis 90 / Die Grünen-Affinen einerseits und CDU- und FDP-Affinen andererseits, und der Kontrast aller vier Gruppierungen gegenüber den der Partei Die Linke-Affinen tritt deutlicher hervor. Das ist dadurch zu erklären, dass auf Grundlage der Kategorie „Parteinähe" jeweils nur 266 der 470 Linksaffinen analysiert werden (jene, die eine deutliche Nähe zu mindestens einer Partei aufweisen), während mit der Kategorie „Wahlpräferenz" immerhin 413 Fälle einbezogen werden. Die

Sonntagsfrage subsumiert auch Personen, die keine klare Parteinähe ausweisen und die man umgangssprachlich als „Wechselwähler" ohne feste Parteibindung bezeichnet, unter die jeweils präferierte Partei. Zudem unterliegt die Wahlentscheidung immer auch kurzfristigen taktischen Kalkülen.

Die im Hinblick auf die Kategorie „Wahlpräferenz" sich ergebende Diskrepanz (im Vergleich zu den Befunden zur Kategorie „Parteinähe") zwischen der Partei Die Linke und den übrigen Parteien in Bezug auf politisches und Wirtschaftssystem verweist darauf, dass die Partei Die Linke ein in hohem Maße systemkritisches, in geringerem Maße parteipolitisch gebundenes linkes (Protest-?)Wählerpotenzial an sich bindet, das sich klar von den andere Parteien bevorzugenden Linksaffinen unterscheidet.

Ein weiterer Aspekt ergibt sich, wenn nach Alternativen zum bestehenden Wirtschaftssystem gefragt wird: Im Mittelwertvergleich sind sich die Linksaffinen quer zu den Fraktionen nach Wählerpräferenz über die geringe Chance auf Umsetzung einer alternativen Wirtschaftsordnung mehr oder weniger einig: Sie sehen keine vernünftige Alternative. Zwar sind prospektiv der Partei Die Linke ihre Stimme gebende Linksaffine hier mit einem Mittelwert von 2,38 zurückhaltender als etwa SPD-Wähler (Mw 2,07) oder Bündnis 90 / Die Grünen-Wähler (Mw 2,36), aber selbst gegenüber FDP-Wählern bzw. CDU-Wählern unter Linksaffinen besteht kein signifikanter Unterschied in der Einschätzung. Niemand scheint dem verbreiteten Neoliberalismus ein mehr oder weniger gleichwertig ausgearbeitetes System entgegenstellen zu können – eine Bestätigung ganz eigener Art des in den qualitativen Interviews getroffenen Befundes einer selbst erklärten weitgehenden Inkompetenz gegenüber wirtschaftlichen Belangen. Das kann aber auch etwas mit realistisch eingeschätzten Chancen zu tun haben: Mit einem Mittelwert von 2,43 schätzen auch die der Partei Die Linke nahestehenden und sie prospektiv wählenden Linksaffinen die Chancen dafür verhalten skeptisch ein, während andere noch skeptischer sind (Mw zwischen 1,86 und 2,30). Linksaffine Wähler der Partei Die Linke hegen also noch eine kleine Hoffnung – und gerade deshalb, so steht zu vermuten, fällt auch ihre Bewertung der aktuellen und zukünftigen eigenen bzw. landesweiten Wirtschaftslage relativ schlecht aus: Wenn eine gesellschaftliche Lösung entsprechend der eigenen Orientierung nicht ernsthaft in Sicht ist, bleibt nur die Kritik an den bestehenden Zuständen in der Hoffnung auf eine schleichende Transformation.

4.1.5   Fazit

Alles in allem wird durch die von linksaffinen Befragten vorgetragene und zugespitzte Perspektive auf das Wirtschaftssystem eine Kritik an dessen spaltenden und entsolidarisierenden Effekten gesetzt. Dieser Kritik schließen sich auch Vertreter anderer politischer Grundüberzeugungen durchaus an, so dass die wirtschaftliche Ordnung der Gesellschaft als eine um ihre Akzeptanz Ringende angesehen werden kann.

Die zum Teil manifeste Kritik an Auswüchsen, Nebenfolgen bzw. wohlkalkulierten Effekten trifft jedoch in weiten Teilen auf eine Skepsis gegenüber alternativen Entwürfen oder steuernden Eingriffen. Auch bei den Linksaffinen sind solche Tendenzen klar zu erkennen; sie können als Hinweis auf den Einfluss neoliberalen Gedankenguts auf weite Teile der Gesellschaft und auch auf die prinzipiell gesellschaftskritisch orientierten Linksaffinen verstanden werden. Dabei handelt es sich nicht nur um eine angesichts der politischen Verhältnisse zugleich realistische wie desavouierte Einsicht in die aktuell als gering erscheinenden Chancen zur Umgestaltung der Gesellschaft (jenseits gewünschter Verhältnisse in den Parlamenten). Es entsteht vielmehr der Eindruck, als sei weiten Teilen der Linksaffinen mental ein gesellschaftlicher Gegenentwurf abhanden gekommen (vor allem, soweit sie nicht in Parteien organisiert sind; selbst dort sind solche Tendenzen zu erkennen).

Hinsichtlich der eigenen Gestaltungsmacht scheint sich eine fatalistische Grundhaltung zu verbreiten, die die Vorstellung von einem demokratischeren, die ökonomischen Risiken besser verteilenden System zugunsten der scheinbar rational agierenden kapitalistischen Produktionsweise weitgehend aufgibt. Insofern verdeutlicht die von politischen Akteuren gelegentlich bemühte Rede von der Alternativlosigkeit die Schwäche der linksaffinen Gegenentwürfe und die Stärke des herrschenden Systems zugleich: Vorstellbar sind demnach allenfalls bzw. immerhin Reformen, nicht aber eine andersartige Ökonomie.

Es ist nun wenig realistisch, Kompetenz in Wirtschaftsfragen alleine als Bildungsprogramm der dem linken Spektrum zugehörigen Institutionen zu konzipieren – gerade angesichts der hegemonialen Kraft des Kapitalismus würde dies schnell an Grenzen stoßen. Denkbar scheint aber eine verstärkte Debatte a) über Kosten neoliberaler Ökonomisierung der Gesellschaft und b) über den Zusammenhang von Wirtschaft und Gesellschaft als Zukunft gestaltendes Thema. Damit stände die hinter wirtschaftspolitischen Entscheidungen stehende Rationalität zur kritischen Disposition; im Weiteren die Verständigung darüber, was die Gesellschaft will. Erst beides zusammen ergibt ein hinreichend anschlussfähiges Gegenstück zur neoliberal dominierten kapitalistischen Entwicklung, die dann nicht als blinde Markt-Urgewalt, sondern als zu gestaltender

gesellschaftlicher Prozess auch bei Linksaffinen wieder als attraktives Betätigungsfeld an Bedeutung gewinnen könnte. Zumindest beinhaltet dies die
Chance auf die Entwicklung aktiver(er) Einflussnahme – ein Sich-Einmischen,
das in Fragen der Ökonomie auf Grund der negativen Selbstzuschreibung mangelnder ökonomischer Kompetenz verloren gegangen zu sein scheint oder als
vergeblich betrachtet wird.

4.2 Bezugnahmen auf das Politische

Das politische System zielt auf die Formulierung und Durchsetzung kollektiver
Entscheidungsprozesse. Die hier herbeigeführten Entscheidungen sind kollektiv
bindend und somit von gesamtgesellschaftlicher Bedeutung. Insofern ist es nicht
verwunderlich, dass seitens der Öffentlichkeit ein breites Interesse an den politischen Zielsetzungen und Gestaltungsoptionen der beteiligten Akteure, Organisationen und Institutionen besteht. Maßgeblich für die Bürger ist, ob die Politiker
und politischen Einrichtungen in der Lage sind, zum einen die als wichtig
eingestuften Probleme zu lösen und zum anderen Identifikationsangebote
(insbesondere normativer und weltanschaulicher Art) zu machen. Umgekehrt
müssen sowohl die politisch Herrschenden als auch die politische Opposition
bemüht sein, Zustimmung und Gefolgschaft in der Bevölkerung zu erzielen.
Ungünstig ist es für sie, unpopuläre Entscheidungen gegen eine Mehrheit
durchzusetzen. Aus diesem Grund, sind politische Akteure auf ein positives
Image und eine positive Resonanz ihrer Vorhaben angewiesen.

Mit der Frage, in welchem Maße die Bevölkerung tatsächlich hinter den
politischen Akteuren, Organisationen und Institutionen steht, beschäftigt sich
insbesondere die empirische Parteien- und Politikforschung. Ihr geht es um
valide Aussagen über die subjektiven Einstellungen und Orientierungen der
Bürger hinsichtlich der institutionellen (polity), prozessualen (politics) und inhaltlichen Aspekte (policy) des Politischen. Demoskopische Erhebungen liefern
ein Bild darüber, wie innerhalb der Bevölkerung die institutionellen Rahmenbedingungen (insbesondere Demokratie; Grundgesetz), politischen Organisationen (Parteien, soziale Bewegungen, Interessenverbände, Vereine, etc.) und die
involvierten Akteure (Politiker, Vertreter anderer politisch tätiger Organisationen, etc.) eingeschätzt werden. Darüber hinaus werden die Einstellungen und
Orientierungen gegenüber den staatlichen Einrichtungen (bspw. Parlament,
Regierung, Justiz) abgefragt sowie gegenüber den Ergebnissen politischen
Handelns, die sich in konkreten Policies (z. B. Wirtschaftspolitik der Merkel-
Regierung) niederschlagen.

Im Folgenden wird zunächst der Frage nachgegangen, welche spezifischen Grundverständnisse von „Politik" Linksaffine aufweisen (4.2.1). Während die Daten der repräsentativen Befragung Erkenntnisse darüber bringen, ob es Ähnlichkeiten und Unterschiede zur Politikauffassung Rechtsaffiner und Tendenzloser gibt, wird auf die qualitativen Befragungen zurückgegriffen, um zu klären, ob sich Linksaffine untereinander diesbezüglich ähneln oder stark unterscheiden. Anschließend geht es um die Wahrnehmungs- und Bewertungsmuster in Bezug auf den Staat (4.2.2), um kritische Bezugnahmen auf das Parteiensystem (4.2.3) sowie die typischen Erwartungshaltungen gegenüber dem politischen System (4.2.4). Im letzten Abschnitt werden Einschätzungen zu Parteien und Politikern anhand der repräsentativen Befragung aufgezeigt (4.2.5).

4.2.1 Allgemeines Politikverständnis

Linksaffine, Tendenzlose und Rechtsaffine bewerten das politische System insgesamt relativ einheitlich, setzen aber jeweils verschiedene Akzente: Eine deutliche Mehrheit aller Befragten ist im Großen und Ganzen mit dem politischen System einverstanden. Überraschenderweise ist der Anteil der radikalen Kritiker bei Linksaffinen geringer als bei Tendenzlosen und Rechtsaffinen: Während bei diesen jeweils 10 Prozent der Bewertung „Es [=das politische System] funktioniert überhaupt nicht und muss völlig verändert werden." zustimmen, sind es bei jenen nur sieben Prozent.

	„Es funktioniert gut und muss nicht verändert werden."	„Es funktioniert im Großen und Ganzen gut, muss aber in einigen Punkten verändert werden."	„Es funktioniert nicht gut und muss in vielen Punkten verändert werden."	„Es funktioniert überhaupt nicht und muss völlig verändert werden."
Linksaffine	8,7%	47,4%	36,8%	7,0%
Tendenzlose	6,4%	51,6%	31,9%	10,0%
Rechtsaffine	7,8%	55,7%	26,7%	9,9%
Gesamt	7,5%	51,3%	32,2%	9,0%

Abbildung 16: Bewertung der Funktionsweise des politischen Systems (Statement: „Und wie sieht es mit dem politischen System aus?")

Dennoch sind Linksaffine insgesamt (mit in der Summe knapp 44%, die die Funktion des politischen Systems als nicht gut oder überhaupt nicht bewerten) systemkritischer eingestellt als Tendenzlose (knapp 42%) und mit einem deutlichen Abstand zu den Rechtsaffinen (fast 37%). Dem System vorbehaltlos zustimmen können jeweils unter 10 Prozent in jeder Gruppe. Die überwiegende Mehrheit in allen Gruppen sieht dagegen mehr oder weniger deutlichen Handlungsbedarf. In dieser Reformorientierung, in einigen oder vielen Punkten Veränderungen für erforderlich zu erachten, treffen sich jeweils über vier Fünftel der in drei Gruppen aufgesplitteten Befragten – eine relativ deutliche Zustimmung zur grundsätzlichen Architektur der parlamentarischen Demokratie bundesrepublikanischer Bauart, aber zugleich auch ein deutlicher Verweis darauf, dass der Status quo in Einzelaspekten für veränderungswürdig erachtet wird.

Innerhalb des gegebenen Systems lässt sich mit unterschiedlichen Stilen Politik verwirklichen. Die Präferenz der Befragten für die eine oder andere Form politischer Arbeit differiert dabei recht deutlich entsprechend der jeweiligen politischen Grundüberzeugung. Dabei erfahren Politikstile der Härte wie auch jene, die deutliche Einschnitte favorisieren, insgesamt betrachtet, eine Ablehnung, während ein partizipativer Politikstil überwiegend begrüßt wird.

	voll dafür	eher dafür	eher dagegen	strikt dagegen
Linksaffine	4,3%	16,4%	43,9%	35,4%
Tendenzlose	12,2%	24,4%	36,0%	27,4%
Rechtsaffine	15,8%	27,2%	36,3%	20,8%
Gesamt	10,5%	22,5%	38,5%	28,4%

Abbildung 17: Politikstil: „starke Führung mit Härte" notwendig

Mit gut einem Fünftel – voll (4,3%) und eher (16,4%) – sieht nur ein geringer Teil der Linksaffinen in einer starken Führung mit Härte einen notwendigen Politikstil. Die beiden anderen Gruppen politischer Grundorientierung unterscheiden sich signifikant davon: Deutlich über ein Drittel der Tendenzlosen (12,2% voll und weitere 24,4% eher) befürwortet einen Politikstil der Härte; bei den Rechtsaffinen sind es deutlich über zwei Fünftel (15,8% voll und weitere 27,2% eher). Mit 35,4 Prozent strikter Ablehnung zeigen Linksaffine die deutlichste Abwehr gegenüber einer solchen politischen Performanz, hinzu kommen 43,9 Prozent, die eher ablehnend urteilen. Von den Tendenzlosen lehnt mit 27,4 Prozent gut ein Viertel den entsprechenden Politikstil strikt ab und weitere 36 Prozent tun dies eher; nur ein Fünftel der Rechtsaffinen (20,8%) wenden sich strikt gegen Härte als Politikstil, ein gutes Drittel (36,3%) tendiert eher zur Ablehnung. Insgesamt sind damit Linksaffine, die einen harten

Politikstil unterstützen, unter den Befragten eine klare Minderheit – womöglich ist dies vor dem Hintergrund einer höheren Bildung und der Bedeutung postmaterialistischer Werte ein Ergebnis der Symbiose von eher linkslibertären Linksaffinen aus dem Westen und den vor dem Hintergrund ihrer Erfahrung mit einem autoritativen Staat quasi immunisierten Linksaffinen aus dem Osten. Demgegenüber scheint sich ein weniger bzw. nicht mit Härte agierender Politikstil im politischen Handlungsrepertoire von Personen, die den anderen Grundorientierungen anhängen, weniger eindeutig durchgesetzt zu haben – offensichtlich herrschen hier bei einem Gutteil der jeweiligen Befragten nicht nur obrigkeitsstaatliche, sondern manifest autoritative Denkmuster vor. Diese scheinen in jüngster Zeit zudem an Boden zu gewinnen und einen regelrechten Shift in der politischen Verfasstheit der Gesellschaft auszulösen (Heitmeyer et al. 2009).

Linksaffine sind kritischer gegenüber autoritativer und bürgerferner Politik eingestellt als die Befragten mit anderen politischen Orientierungen. Sie präferieren in stärkerem Maß offene Formen der politischen Partizipation, die auch über die bestehende parlamentarisch verfasste Demokratie hinausweist und Parteien wie Individuen als gleichwertige Subjekte in einem notwendigerweise strukturierten Prozess etabliert. Politik wird in diesem Sinne stark als bottom-up-Prozess der Teilhabe an der gesellschaftlichen Entwicklung aufgefasst. Eine etwas verhaltenere Position weisen die Tendenzlosen bei prinzipiell ähnlichem Muster auf. Rechtsaffine tragen dagegen noch am stärksten autoritative und obrigkeitsstaatliche Denkmuster in sich. Dennoch sind auch hier Elemente der Partizipation vorhanden.

Die dargestellten Befunde aus der Repräsentativbefragung geben erste Hinweise auf die für Linksaffine charakteristische „politische Kultur" (Almond / Verba 1980). Darüber hinaus ist es aufschlussreich zu rekonstruieren, welche Relevanzen und Bedeutungen die Personen selbst den abgefragten Einstellungen zuschreiben und welche latenten politischen Ordnungsentwürfe bzw. „politischen Alltagstheorien" (Patzelt 1987) dahinter stehen. Die im Rahmen dieser Studie durchgeführten qualitativen Einzelinterviews bieten einen Zugang zu solchen

> „in die politische und gesellschaftliche Wirklichkeit eingelassene[n] Ideen, die Politikhorizonte abstecken, Sinnbezüge stiften und von ihren jeweiligen gesellschaftlichen Trägern als Maßstäbe zur Auswahl, Organisation, Interpretation, Sinngebung und Beurteilung politischer Phänomene benutzt werden" (Rohe 1994: 3).

Die relevante offene Frage des Interviewers im Rahmen der Einzelinterviews lautete: „Was ist eigentlich für Sie Politik?" Die Vielzahl der Antworten lassen sich zu drei typischen Politikverständnissen verdichten: a) dem parteienpolitisch-etatistischen, b) dem zivilgesellschaftlichen und c) dem lebenswelt-lich-ubiquitären Politikverständnis.

Ad a) Parteienpolitisch-etatistisches Politikverständnis
Erwartungsgemäß verbindet ein Großteil der Linksaffinen mit „Politik" das Wirken der Parteien und politischen Eliten im Rahmen der parlamentarischen Demokratie sowie die Aktivitäten des Staates. Die Dominanz eines entsprechen-den parteienpolitisch-etatistischen Politikverständnisses ist keine Spezifik Linksaffiner. Reproduziert wird hier die durch die politische Bildung in der Schule und die Berichterstattung der Medien vermittelte gängige Vorstellung. Bei zwei Gruppen der Linksaffinen ist dieses Verständnis – wenn auch mit unterschiedlichen Konnotationen – der Dreh- und Angelpunkt ihrer Bezug-nahme auf das Politische: Zum einen sehen politisch bzw. bürgerschaftlich Inaktive in den parlamentarischen Parteien die zentralen politischen Wirk-mächte. Ihnen wird die Verantwortung für gesellschaftliche Belange zuge-schrieben. Hier finde – um exemplarisch einen 32-jährigen Angestellten eines Sozialverbandes und passives Mitglied der Partei Bündnis 90 / Die Grünen zu zitieren – die „*Weichenstellung für Gesellschaft"* bzw. „*die Interessenvertre-tung der Bürger und Organisationen"* statt.

Während bei den Inaktiven das parteienpolitisch-etatistische Politikverständ-nis eher aus einer Beobachterhaltung betroffener Dritter resultiert und dieses Verständnis teilweise paternalistische Züge trägt, ist das selbe Grundverständnis auch bei den aktiven Partei- bzw. Organisationsmitgliedern im linken Spektrum stark ausgeprägt – allerdings aus einer ganz anderen Perspektive heraus. Bei diesen Linksaffinen spiegelt die parteienpolitisch-etatistische Auffassung die eigene Erfahrungswelt als Funktionär bzw. ehrenamtlich Eingebundener wider. Ein 24-jähriger kommunalpolitisch in der SPD Aktiver bringt diese Einstellung auf den Punkt: Für ihn sind Parteien die „*zweckdienlichen Player, bei denen inhaltlich etwas rauskommt"*. Während hier ein eher technokratisches Grund-verständnis aufscheint, findet man insbesondere bei in der DDR sozialisierten Parteimitgliedern ein Verständnis von Parteienpolitik, das noch Züge des zentra-listisch organisierten Einparteiensystems trägt. Was damals der SED allein zugestanden wurde – nämlich als „Avantgarde-Partei der Arbeiterklasse" die Gesellschaft maßgeblich zu planen –, wird nun auf die Verhältnisse der BRD übertragen. Politik sei, wie etwa eine 56-jährige Aktivistin der Partei Die Linke meint, „*gesellschaftliche Rahmenbedingungen [zu] schaffen, damit Leben, Zusammenleben funktioniert"*.

Ad b) Zivilgesellschaftliches Politikverständnis
Ein Kontrast zum Top-Down-Denken des parteienpolitisch-etatistischen Politik-verständnisses stellt das zivilgesellschaftliche Politikverständnis dar. Nach

diesem Verständnis geht das Politische aus wirksamen Gruppen und Organisationen jenseits des etablierten politischen Systems mit seinen Parteien und staatlichen Einrichtungen hervor und hat seinen Ursprung im „aktiven Bürger". Dieses Verständnis ist insbesondere bei jenen Linksaffinen ausgeprägt, die selbst in entsprechenden Bereichen (etwa in NGO`s oder Bürgerinitiativen) aktiv sind. Auch in diesen Fällen manifestiert sich die Handlungslogik des eigenen politischen Wirkungsbereiches der Befragten in dem politischen Grundverständnis. Exemplarisch äußert sich eine Mitinitiatorin einer Bürgerinitiative, die zugleich Mitglied der Partei Bündnis 90 / Die Grünen ist:

„Also äh Politik ist schon äh für mich Einmischen in äh größere gesellschaftliche Vorgänge und äh Zusammenhänge, also dann, wenn ich och mitspreche, wenn es um bestimmte Themen und so weiter geht, wenn Ausrichtungen festgelegt werden, dass ich da äh mich mit einbringen kann, also Politik is ja also äh, wenn och so Rahmenbedingungen äh festgelegt werde, wie soll was passieren."

Symptomatisch an dieser Position ist, dass das eigene Engagement („Einmischen", „mich mit einbringen") mit dem Anspruch versehen ist, gesellschaftliche Verantwortung zu übernehmen. Hierin unterscheiden sich Protagonisten dieses Politikverständnisses nicht von den Parteiaktivisten, die ein parteienpolitisch-etatistisches Politikverständnis vertreten. In beiden Fällen wird das eigene politische Handeln jeweils auf Probleme von allgemein gesellschaftlicher Relevanz und deren Lösung bezogen.

Ad c) Lebensweltlich-ubiquitäres Politikverständnis

Bei einem Teil der Linksaffinen sind Züge eines anders gelagerten Politikverständnisses ausgeprägt. Dieses Verständnis ist – mit den Worten einer im Umweltschutz engagierten 27-Jährigen formuliert – *„ganz einfach gesagt eigentlich alles, irgendwie hat alles eine politische Dimension"*. Bei diesem Statement scheint das 68er Motto „Das Private ist politisch" auf. Ubiquitär ist dieses Verständnis insofern, als tatsächlich keine klare Grenze gezogen ist, was alles darunter fallen kann und was nicht. So verschieden die Relevanzsetzungen auch inhaltlich sind, so besteht die Gemeinsamkeit darin, dass die Befragten in ihren Statements jeweils einen Bezug zur eigenen Person herstellen (ganz im Sinne von Almond / Verba 1980). Als politisch deklarieren sie, was sie jeweils selber tun.

So argumentiert eine 70-jährige, in mehreren kommunalen Vereinen und Initiativen Aktive: *„Wenn jemand einen Baum pflanzt oder irgendwo sauber hält oder äh die die den Abfall trennt, oder so, dann handelt er schon politisch. Das muss keine Partei sein."* Die Befragte bezeichnet damit zwei Aktivitäten, die Gegenstand ihrer eigenen konkreten Projektarbeit im Umweltbereich sind, als paradigmatische politische Handlungen.

Eine 34-jährige Frau, die unerwartet auf Grund eines schweren Unfalls aus ihrer sozialen / politischen Tätigkeit herausgerissen wurde und seitdem politisch inaktiv, aber politisch interessiert ist, führt aus:

„Also es ist schon so, dieses, wenn man offen ist für anderer Leute Probleme und was dagegen tut und ihnen hilft, is man schon irgendwie politisch oder wenn man einfach nur, ähm mit Leuten darüber redet, das so und so is es und man kann da was machen, dann is man schon politisch ... Es fängt einfach schon bei anderen Sachen an, so weit man einfach offen is und, wenn man sich informiert, is man schon politisch, also wenn man sich konkret für Sachen einsetzt, einfach nur informiert und darüber nachdenkt, so is man eigentlich schon ein politischer Mensch.“

Als politisch werden hier die Tätigkeiten angesehen, die die Befragte selbst im sozialen Nahraum praktiziert: anderen durch Ratschläge helfen, sich in Bezug auf konkrete Dinge informieren und darüber nachdenken.

Bemerkenswert ist an den beiden stellvertretend ausgewählten Beispielen, dass die herausgehobenen Referenzpunkte nicht etwa beiläufig von den Interviewten erwähnt werden, sondern den Dreh- und Angelpunkt ihrer subjektiven Deutungen des Politischen bilden. *„Obwohl ich selbst nicht politisch aktiv bin“*, so die eigentliche Botschaft dieser Statements, *„gehöre ich nicht zu den Unpolitischen“*. Die Frage des Interviewers: *„Was ist eigentlich für Sie Politik?“* veranlasst die Linksaffinen mit einem ubiquitären Politikverständnis zu einer Selbstverortung als zoon politikon. Interpretieren lässt sich dieses auffällige Antwortverhalten dahingehend, dass hier die gängigen Aspekte des Politischen, die Herbeiführung kollektiver Entscheidungen sowie die damit zusammenhängende gesellschaftliche Machtausübung und Interessendurchsetzung aus dem Blick geraten, während die stark lebensweltlich bezogenen Verhaltensweisen einseitig betont werden.

4.2.2 Staatliche Ordnung

Wie in den Erläuterungen eben bereits anklang, ist das allgemeine Politikverständnis Linksaffiner mit Auffassungen darüber verzahnt, welche Rolle die etablierten staatstragenden Institutionen und die Parteien des parlamentarischen Systems bei der weiteren Ausgestaltung der Gesellschaft spielen sollten. In den Gruppeninterviews wurden die Einstellungen zur staatlichen Ordnung explizit abgefragt, ebenso sind diese Einstellungen Gegenstand der Einzelinterviews.

Die Einstellungen zur staatlichen Ordnung reichen von paternalistischen und etatistischen Positionen über Subsidiaritäts- und Reformansätzen bis hin zu Vorstellungen einer radikalen Systemveränderung.

Etatistischer Paternalismus

Es kann kaum verwundern, dass sich bei Personen mit faktischen oder erwarteten Ausgrenzungserfahrungen auf Grund der eigenen Erwerbssituation eine Verunsicherung breit macht. Dies betrifft vor allem Linksaffine, die auf staatliche Unterstützung angewiesen sind (etwa Dauerarbeitslose) oder in prekären Beschäftigungsverhältnissen arbeiten. Die gegenwärtige gesellschaftliche Entwicklung wird von diesen Linksaffinen als negativ erlebt und die staatliche Einflussnahme bei der Gestaltung der Gesellschaft betont. Rekurriert wird bei dieser etatistisch-paternalistischen Perspektive vor allem auf die wohlfahrtsstaatlichen Unterstützungsleistungen für „den kleinen Mann". Gefordert wird aktuell ein Zurückrudern der neoliberalen Hartz IV-Reform. Häufig ist eine resignative Grundhaltung vorherrschend. Die Betreffenden sind stark auf die eigenen Existenzgrundlagen fokussiert und in vielerlei Hinsicht gesellschaftlich nicht integriert. Auf staatliche Maßnahmen hoffend, werden sie selbst nur partiell aktiv. Die Eigeninitiative bezieht sich in der Regel unmittelbar auf die eigene Situation – etwa in Form der Durchsetzung von Rechtsansprüchen gegen Verwaltungseinrichtungen. Insbesondere Arbeitsloseninitiativen leisten hier Unterstützung und stärken die Betroffenen, als (politische) Akteure zu agieren. Gewissermaßen eine oder nur wenige Stufen vor dieser Erfahrung des Ausgegrenzt-Seins antizipieren Prekaritätsbedrohte die Bedeutung sozialstaatlicher Absicherung und reklamieren diese für sich – bisweilen auch mit Mobilisierungsfolgen für den Einzelnen.

Sozialer Etatismus

Parteinahe reformorientierte Traditionslinke weisen ebenfalls Züge eines paternalistischen politischen Bewusstseins auf, allerdings mit der Forderung nach einer wirtschaftsregulierenden und sozialstaatlich wirksamen politischen Ordnung. Ein solcher sozialer Etatismus favorisiert in zentralen Bereichen eine Fortführung der fordistischen Nachkriegsgesellschaft. Politische Rezepte z. B. des Keynesianismus werden ob ihrer früheren Erfolge als auch gegenwärtig nutzbringend angesehen. Man steht insbesondere Ansätzen, die damit brechen (z. B. bedingungsloses Grundeinkommen), nicht zuletzt mit dem Verweis auf die Integrationskraft von regulärer Erwerbsarbeit skeptisch gegenüber. Die überwiegende Nähe zu sozialdemokratischem Gedankengut und Gewerkschaften zeugt von einer lange gewachsenen wie traditionalen Perspektive, deren Modernisierung zuweilen nur unter Schmerzen mit vollzogen wird. Dies gilt für sozialstaatliche Umstrukturierungen wie die sogenannten Hartz-Gesetze ebenso wie für darauf folgende Kehrtwendungen. Beides ist Ausweis der politischen Steuerung von Gesellschaften als erprobten und bisweilen alternativlosen Gestaltungsmodus. Die Vorstellung vom sozialen Wohlfahrtsstaat zielt bei ostdeutschen orthodoxen Linken auf eine (sozialistische) Gesellschaftsordnung, in der ein starker Staat mittels Lenkungs- und Umverteilungspolitik gerechte soziale Verhältnisse schafft.

Neosozialer Etatismus

Einem im Sinne Lessenichs (2008) neosozialen Etatismus sind vor allem gut situierte Linksaffine zugeneigt, die kommunitaristische Orientierungen auf selbstverantwortliche Gemeinwohlorientierung positiv bilanzieren und darin einen Umbau des Sozialstaats befürworten, der angesichts der öffentlichen Finanzlage als notwendig erachtet wird. Von den beiden erstgenannten Gruppen trennt sie der positive Bezug auf das kapitalistische System: Wahrgenommene Defizite werden eher als zu überwindendes Problem denn als grundlegende Infragestellung anerkannt. Der Umbau der Sozialsysteme vor dem Hintergrund einer sich wandelnden Bedeutung der Erwerbsarbeit wird als gesellschaftliche Aufgabe begriffen, die den Zusammenhalt in letzter Instanz eher absichert denn auflöst. Die Gesellschaft wird als eine im Kleinen wie im Großen zu gestaltende verstanden und man selbst sieht sich in der Lage, an dieser Gestaltung tatkräftig und in direkter sozialer Solidarität mitzuwirken, ohne damit politische Steuerung auszuschließen.

Subsidiarität

Insbesondere sozial Engagierte betonen, dass wohlfahrtsstaatliche Maßnahmen zwar notwendig, aber nicht hinreichend sind. Diese sollten ergänzt werden durch entsprechende Organisationen bzw. durch Eigeninitiative der Bürger jenseits staatlicher Strukturen. Solche sozial(politisch)en Bemühungen sollten sich vor allem auf jene richten, die aus welchen Gründen auch immer „gestrauchelt" sind, und zielen – wo möglich – auf die Befähigung zu eigenständigem Handeln als gleichberechtigte Gesellschaftsmitglieder.

Reform

Defizite in der bestehenden Gesellschaftsordnung werden von unterschiedlichsten linksaffinen Milieus in einer Reformperspektive artikuliert. Zwar wird von ihnen die bestehende staatliche Grundordnung nicht in Frage gestellt, aber erkennbar ist eine (vor allem zivilgesellschaftlich basierte) Suchbewegung nach strukturellen Verbesserungen staatlicher Politik. Reform- und Partizipationsorientierte vertrauen vor dem Hintergrund persönlicher (in der Regel aufstiegsbezogener) Erfahrungen auf die eigene Kraft und distanzieren sich in mehr oder weniger deutlicher Form, zumeist aber nur in ausgewählten Sozial- oder Politikfeldern, von staatlichen Eingriffen, die als entmündigend gebrandmarkt werden. Postmaterialistische Werte sind hier Zentrum des individuellen Lebens- wie Gesellschaftsentwurfs und es besteht eine hohe Gewissheit, bestimmte soziale Lagen erreichen zu können. In diesem individuellen Aufstieg gründet nicht zuletzt ein Gutteil der positiven Wahrnehmung der Gesellschaft als sozial durchlässige. Zugleich besteht eine aus der linken bzw. linksaffinen politischen Grundorientierung (insbesondere Gerechtigkeit und Egalität) resultierende soziale Sensitivität gegenüber schwächer Gestellten, denen Chancengleichheit einzuräumen ist, während man zugleich vor vermeintlich deaktivierender Überversorgung warnt. Der Bezug auf die Erwerbsarbeit ist ambivalent: Einerseits profitiert man qua Bildungshorizont und Ausbildung von den jetzigen Möglichkeiten, andererseits glaubt man nicht an eine gelingende Fortführung der bisherigen Modelle. Dementsprechend finden sich bei reformorientierten Linksaffinen alternative Überlegungen wie Grundeinkommensmodelle, die vor dem Hintergrund eigener Wirkmächtigkeit in der Gestaltung des Lebenslaufs als förderlich angesehen werden.

Systemveränderung

Bei Linksaffinen, die zur Systemveränderung tendieren, sind zwei diametral verschiedene Positionen erkennbar. An sozialistischen Gegenentwürfen orientierte Traditionslinke nehmen insbesondere die kapitalistische Wirtschafts- und Eigentumsordnung negativ wahr, während gegenkulturelle Gruppierungen von (meist jüngeren) Linken eher dazu neigen, die Gesellschaft als Ganze abzulehnen. Folgerichtig sind die antikapitalistischen Traditionslinken stärker lebensweltlich in unterschiedliche Sphären der Gesellschaft integriert, können sich noch eher auf den Staat als Verkörperung gesellschaftlicher Macht einlassen und finden im Rahmen der Parteiendemokratie politische Handlungsoptionen. Entsprechend ihrer kollektiv-anarchistischen Vorstellungen sehen dagegen Angehörige radikal-linker Gegenkulturen die Abschaffung des Kapitalismus als Grundlage für eine sich von unten selbst organisierende befreite Gesellschaft an. An die Stelle staatlicher Reglementierung haben subkulturell-alternative Lebensentwürfe und basisdemokratische Umgangsformen zu treten. Als Konsequenz der radikal geforderten Systemveränderung werden alternative Leben- und Arbeitsformen in subkulturellen Nischen jenseits des bürgerlichen Mainstreams praktiziert. In letzter Konsequenz ist der vermeintlich gemeinsame Antikapitalismus vor allem Ausdruck für die Kritik am Gegenwärtigen, die über punktuelle Zusammenarbeit zwischen den beiden Positionen hinaus aber noch kein gemeinsames Projekt begründet.

Die eben erläuterten unterschiedlichen Modi der Bezugnahme auf staatliche Ordnung lassen sich übersichtsartig darstellen (vgl. Abb. 18, nächste Seite). Die beispielhafte Zuordnung einzelner Gruppen orientiert sich an den empirisch identifizierten Sozialgruppen und ist eher illustrativ als erschöpfend. Gleichwohl werden darin Tendenzen der Orientierung auf bestimmte Leitvorstellungen erkennbar, die durch soziale Lagen und Erfahrungen konturiert sind:

Leitprinzip	Charakterisierung	Beispielhafte Gruppen
Etatistischer Paternalismus	diffuse Orientierung auf eine paternalistische Gesellschaft, in der der Staat alles zum Guten regelt. Hier sind aber neue Formen von Eigeninitiative zu beobachten	Prekäre: Dauerarbeitslose sowie von Arbeitslosigkeit Bedrohte
Sozialer Etatismus	Bewusstsein der Vorteile einer absichernden, paternalistischen Gesellschaft mit umfassenden Sozialsystemen und Regulation des Wirtschaftslebens (fordististische Perspektive)	Reformistische Traditionslinke unterschiedlicher sozialer Lagen
Neosozialer Etatismus	Akzeptanz der bestehenden Gesellschaftsordnung mit partieller Orientierung an neosozialem Grundgerüst bei etatistischer Absicherung gesellschaftlicher Mindeststandards und Regulation der Wirtschaft	Gesellschaftlich materiell Saturierte mit sozialpolitischer Verantwortung, zwischen Kommunitarismus und Eigenverantwortung
Subsidiarität	Akzeptanz der bestehenden Gesellschaftsordnung, deren Defizite durch Eigeninitiative der Gesellschaftsmitglieder kompensiert werden müssen	Soziale Engagierte und Integrierte Migranten
Reform	zivilgesellschaftliche Suchbewegungen nach strukturellen Verbesserungen des Gesellschaftssystems auf Basis der bestehenden Grundordnung, partiell mit antietatistischen Orientierungen	Partizipationsbewusste Postmaterialisten mit positiven Zukunftsperspektiven
Systemveränderung	Abschaffung staatlicher Strukturen als Grundlage für eine „befreite" Gesellschaft	Radikal-linke (jugendliche) Gegenkultur
	Abschaffung des Kapitalismus und Etablierung eines sozialistischen Gesellschaftssystems	Systemkritische Traditionslinke

Abbildung 18: Modi der Bezugnahme auf staatliche Ordnung

4.2.3   Kritik am etablierten Parteiensystem

Innerhalb der empirischen Forschung zur politischen Kultur nimmt die Frage der Parteienidentifikation eine große Bedeutung ein. Die empirischen Befunde der letzten zwei Jahrzehnte belegen, dass es zu einem generellen Rückgang der Parteienidentifikation innerhalb der Bevölkerung gekommen ist.

Der Identifikationsrückgang mit den Parteien wird häufig im Zusammenhang mit der sogenannten „Parteienverdrossenheit" diskutiert (Klingemann / Wattenberg 1990; Rattinger 1993). Inzwischen hat die rhetorische Figur der Verdrossenheit Konjunktur in den öffentlichen Massenmedien. Hier ist neben der „Parteienverdrossenheit" auch immer wieder die Rede von der „Politik-" bzw. der „Politikerverdrossenheit". Bei so viel mutmaßlicher Verdrossenheit in der Gesellschaft scheint es angebracht, genauer nachzufragen, womit die Bürger unzufrieden sind, was sie an den Parteien und Politikern kritisieren und welche Erwartungshaltungen jener Verdrossenheit eigentlich zu Grunde liegen.

Auch bei den befragten Linksaffinen ist eine kritische Grundhaltung verbreitet. Vielen erscheinen die etablierten Parteien – mit Anthony Giddens (1996) formuliert – „entbettet" aus den lebensweltlichen Kontexten. Die Distanz zwischen den Parteien des politischen Systems und dem Alltag der Bürger manifestiert sich in dem Stereotyp: *„die großen Parteien kümmern sich nicht um die Belange des kleinen Mannes".* Sie findet sich aber auch in drastischen Formulierungen wie beispielsweise der eines prekär beschäftigten, politisch nicht aktiven 30-jährigen Akademikers: *„Sie sind mal angetreten als Volksparteien ... und denen ist wahrscheinlich echt ihr Volk abhanden gekommen."*

Solche Statements sind allerdings nur die „Spitze des Eisberges". Wie im Folgenden gezeigt wird, artikulieren Linksaffine statt einer nur diffusen Verdrossenheit eine Reihe struktureller Probleme, an denen sich ihre Kritik und Skepsis gegenüber den Parteien entzündet. Hierbei handelt es sich vor allem um: a) Sach- und Handlungszwänge, b) fehlende Autonomie, c) innerparteiliche Demokratiedefizite, d) Lobbyismus und e) politische Indifferenz.

Ad a) Sach- und Handlungszwänge als Begrenzung politischer Gestaltungsmacht

In der aktuellen Finanzkrise offenbart sich für viele Interviewte die Handlungseinschränkung aller Parteien und Politiker. Die ökonomischen Zwänge haben inzwischen (im Zuge der Globalisierung) eine solche Dimension erreicht, dass eine angemessene Problembearbeitung nicht mehr möglich scheint. So führt ein 29-jähriger, politisch nicht aktiver Unternehmensberater aus:

„Parteien können heute nicht mehr Einfluss ausüben, als sie es tun". (...)
Sie repräsentieren nicht, was die Bevölkerung will ... weil oftmals ähm

eben Dinge etabliert und beschlossen werden mit der Argumentation die du auch kennst, hauptsächlich Globalisierung und das sind alles Sachzwänge. Das sind eigentlich alles strukturelle Zwänge denen man sich fügt. "

Auch andere Handlungszwänge werden von Linksaffinen genannt. Hierunter fällt insbesondere die Abhängigkeit der Politik (auf kommunaler, regionaler und Landesebene) von der Verwaltung, wodurch die Interessen der Bürger systematisch vernachlässigt werden.

Ad b) Fehlende Autonomie, Korruption und moralische Delegitimierung
Der Verweis auf Sachlogik und Handlungszwänge ist gekoppelt mit der Ansicht, Parteien und Politiker könnten auf Grund von Abhängigkeiten nicht (mehr) autonom und souverän agieren. Dies wird entweder als selbst verursachte Ohnmacht (soweit die Politik sich der Wirtschaft angedient habe) oder als strukturell bedingte Zuweisung im Machtgefüge von Wirtschaft und Politik verstanden.

In einer gesteigerten Form kommt es zu pauschalisierenden Urteilen über unehrliche, korrupte Politiker, womit dem politischen System insgesamt die moralische Legitimation entzogen wird. Hierzu tragen maßgeblich die öffentlichen Skandale bezüglich des Fehlverhaltens hochrangiger Politiker bei. Insbesondere bei Linksaffinen der sogenannten Unterschicht wird öffentlich skandalisiertes Fehlverhalten von Politikern emotional und moralisch hochgekocht. Der latent mitschwingende Vorwurf lautet, dass den Politikern und Parteien kein Vertrauen geschenkt werden darf. Eine symptomatische Äußerung (hier in Anspielung auf die VW-Affäre mit Peter Hartz) lautet: *„Geld hinterziehen und sogar eine Provision kassieren, ich als Hartz IV-Empfänger bekäme Sperre beim Arbeitsamt".* Das Gefühl der Ungleichbehandlung wird hier mit den Deutungsrahmen „Ungleichheit zwischen Arm und Reich" und „soziale Ungerechtigkeit" belegt. Somit kann der eigene Vertrauensverlust bzw. Politik(er)verdrossenheit argumentativ abgestützt und das politische Desinteresse und Inaktivität (vor sich selbst) gerechtfertigt werden. Aber auch Linksaffine aus anderen Bevölkerungsschichten bzw. Milieus schreiben Politikern oder Parteien ein spezifisches, d. h. auf konkrete Umstände bezogenes, oder aber auch gelegentlich ein generelles Fehlverhalten zu. Dem stimmen teilweise sogar politisch Aktive in den Parteien oder Organisationen zu, allerdings ohne dass dies an ihrem Engagement etwas ändert.

Symptomatisch für eine (auch) unter Linksaffinen weit verbreitete moralische Delegitimierung von Parteipolitikern ist das Statement einer aus der DDR stammenden, gewerkschaftlich aktiven 53-jährigen Lehrerin: *„Wenn ich äh* *verschiedene Politiker erlebe, wie die sich äußern, wie die sich gegenseitig auch beknuspern, das finde ich nicht immer sehr prickelnd.* "

Ad c) Innerparteiliche Demokratiedefizite und mangelnde themenorientierte
      Problembearbeitung

Den Parteien und Politikern mangele es an Sachkompetenz und Problembearbeitungskompetenz. In der Wahrnehmung der Interviewten zerreiben sich die Parteien in ihren ideologischen Grabenkämpfen und politischen Machtkämpfen untereinander sowie im innerparteilichen „Klüngel" und den festen Organisationsstrukturen. Fraktionszwang sowie die Karriere- und Machtorientierung blockieren – so der stereotype Vorwurf – die Autonomie von Parteien. Gerade der innerparteiliche Fraktionszwang habe zur Folge, dass nicht die sachlich orientierte Problemlösung im Mittelpunkt der Politik stehe, sondern die Durchsetzung bei parteipolitischen Machtkämpfen. In einigen Fällen hat sich der Eindruck fehlender Autonomie von Parteien und Politikern in der Grundhaltung verstetigt, Parteien könnten innerhalb des politischen Systems nichts bewegen. Im Vordergrund stünde viel zu stark das „Postengeschachere" und da nicht immer Fachexperten ihr Ressort leiteten und die Posten relativ schnell wechselten, entstehe der Eindruck einer unprofessionellen Politik. Linksaffine mit eigenen Erfahrungen in der Parteiarbeit konstatieren unisono: „Die Politik ist zuweilen ein schmutziges Geschäft".

Der Vorwurf einer mangelnden themenorientierten Problembearbeitung wird von Angehörigen bildungsfernerer Schichten sowie von Arbeitslosen (insbesondere, wenn keine Verbindung zu politischen Institutionen vorhanden ist) dahingehend geäußert, dass Politik nichts über das wirkliche Leben wüsste. Auf Grund der prekären Lebenssituation und direkten Abhängigkeit von staatlicher Alimentierung ist gerade in der letztgenannten Gruppe die Enttäuschung über versagende Politik(er) recht hoch. Es entsteht der Eindruck, (Parteien-)Politik tue nichts für „den kleinen Mann". Andere Linksaffine reagieren in ihrer Kritik abgeklärter und abstrahieren von ihrer eigenen aktuellen Situation. Sie verweisen auf das Streben nach Macht als Grundmotiv des politischen Systems. Die Problemlösungskompetenz sehen sie eher als Mittel zum Zweck der Machtgenerierung.

Ad d) Lobbyismus

Letztlich seien Parteien und Politiker von der Wirtschaft abhängig. Die Milliardenkredite der Regierung für Banken angesichts der Finanzkrise gelten hier als Lackmustest für den Lobbyismusvorwurf. Selbst bei ihren spezifischen traditionellen Kernthemen hätten die etablierten Parteien jeweils Kompetenzen eingebüßt. Diese Kritik wird nicht etwa nur von linksaffinen Inaktiven geäußert,

sondern auch von Linksaffinen mit eigenen Erfahrungen auf kommunalpoliti-
scher und landespolitischer Ebene.

*Ad e) Trend zur politischen Indifferenz und schwindende Identifikations-
angebote der Parteien*

Die Gefolgschaft der Bevölkerung (etwa in Form von Wahlpräferenzen) ist aber
nicht nur abhängig von der wahrgenommenen Problemlösungskompetenz und
Souveränität der Parteien. Sie resultiert zudem daraus, ob die Parteien erfolgreiche politisch-ideologische Identifikationsangebote offerieren können. Einige
der Interviewten wünschen sich, dass die Parteien stärker als politischer
Identifikationsanker und Interessenvertreter fungieren. Die große Regierungs-
koalition zwischen der CDU / CSU und der SPD beförderte allerdings eine
Nivellierung der Volksparteien. Vielfach ist unter Linksaffinen die Meinung zu
hören, es mache *„keinen gefühlten Unterschied, ob jetzt Merkel regiert oder
früher Schröder"*. Bei einigen Befragten führt das „in die Mitte Streben" der
großen Volksparteien, um noch Wähler zu gewinnen zu politischen Orien-
tierungsproblemen (*„Ich kann keine Partei ... sagen, die steht für das und
das"*). Der Trend der politischen Indifferenz unterläuft die klassischen Cleavages der politischen Kultur. Dies spiegelt sich auch in Meinungen und kon-
kretem Wahlverhalten von Linksaffinen, die nicht (mehr) an einer Partei als
politischen Identifikationsanker festhalten. Eine Partei wird weniger aus der
Überzeugung gewählt, dass sie die eigenen Interessen vertritt und durchsetzt,
sondern eher *„als geringstes Übel ... weil sie die größte Schnittmenge hat"*.
Innerhalb unseres Samples geben lediglich Funktionäre von Parteiorganisa-
tionen an, eine „politische Heimat" zu haben. Für den überwiegenden Anteil
aller Interviewten ist die politisch-ideologische Indifferenz der Parteien allerdings kein gravierendes Problem. Offenbar bilden die untersuchten linksaffinen
Milieus ein großes Reservoir von Wechsel-, Protest- und Nichtwählern.

Unterm Strich lässt sich konstatieren, dass der Trend einer gefühlten lebensweltlichen Entbettung der politischen Parteien auch bei Linksaffinen beo-
bachtbar ist. Es überwiegen skeptische bis distanzierte Einschätzungen. Zu
befürchten ist, dass die lebensweltliche Entbettung der Parteien kein temporäres
Gegenwartsproblem darstellt, sondern bereits latent in der Struktur der politischen Kultur verankert ist. Die um sich greifende Erkenntnis bei den (linksaffinen) Bürgern, dass in Zeiten der Globalisierung der politische Machteinfluss
der nationalstaatlich organisierten und operierenden Parteien und Politiker
schwindet, dürfte dem allgemein sinkendem Vertrauen in das Parteiensystem
Vorschub leisten.

4.2.4   Erwartungshaltungen gegenüber politischen Parteien

Die im vorigen Abschnitt dargestellten Problemsichten und Kritikpunkte, die sich in den Gruppendiskussionen und Einzelbefragungen manifestieren, belegen, dass Skepsis und Distanz in der Regel über eine bloße diffuse Antihaltung der Parteien- und Politikerverdrossenheit hinausgehen. Offenbar haben viele Linksaffine ganz bestimmte Erwartungshaltungen, die von den Parteien und Politikern nicht oder nur unzureichend bedient werden. Es lohnt sich, diesen Erwartungshaltungen auf den Grund zu gehen.

Es lassen sich idealtypisch vier differierende Erwartungshaltungen darüber, was Parteien in der Gesellschaft leisten können bzw. sollten, identifizieren:

a) (Vernünftige) Konsensfindung;

b) (Partikulare) Interessendurchsetzung;

c) (Auszuhandelnde) Kompromisslösung und

d) (Sachkompetente) Problemlösung.

Die vier idealtypischen Erwartungshaltungen werden im Folgenden einzeln erläutert.

Ad a) (Vernünftige) Konsensfindung

Personen mit dieser Erwartungshaltung stellen an Parteien den Anspruch, dass sie auf die Formierung und Durchsetzung eines kollektiven Gesamtinteresses bzw. eines Mehrheitswillens der Bevölkerung hinwirken. Symptomatisch formuliert ein 29-jähriger, politisch nicht aktiver Unternehmensberater:

> *„Ja also ich erwarte eigentlich, dass sie [die Parteien] die Bevölkerung adäquat präsentieren, dass sie also eigentlich mit ihren politischen Programmen das repräsentieren sollten, was sich die Bevölkerung wünscht. "*

Im vorliegenden Fall speist sich die Forderung an Parteien, die Gesamtinteressen bzw. Wünsche der Bevölkerung zu repräsentieren, aus einem lebensweltlich-ubiquitären Politikverständnis (vgl. Abschn. 4.2.1). Das auf den Erfahrungshorizont der eigenen Lebenswelt bezogene und moralisch-emotional stark aufgeladene Harmoniebestreben ist hier auf die Gesamtgesellschaft projiziert. Erwartet wird, dass die Parteien im Sinne dieser volonté générale im Sinne Rousseaus agieren. Eine solche Position läuft in letzter Konsequenz auf eine kollektive Willensbildung hinaus, die über Konsensfindung herbeigeführt wird. Implizit wird vorausgesetzt, dass sich über politische Interessensunterschiede und -konflikte hinweg allgemein verbindliche (politische) Entscheidungen treffen lassen.

Will man begründen, wie es zu solchen konsensualen Entscheidungen kommen soll, könnte man elaborierte Konzepte bemühen – etwa die deliberative Vorstellung von Jürgen Habermas (1984, 1992). Habermas insistiert auf der über den herrschaftsfreien Diskurs hergestellten vernünftigen Konsensfindung. Freilich scheint das theoretische Konzept des herrschaftsfreien Diskurses weit entfernt von der alltäglichen Lebenspraxis der Bürger und der alltäglichen Politik der Parteien und Politiker. Die Akteure lassen sich in der Regel nicht allein von der „Rationalität des Arguments" leiten und nicht alle Bürger würden – wie die nachfolgenden Ausführungen zeigen werden – ein solches Vorgehen goutieren. Fasst man allerdings die vernünftige Konsensfindung als einen abstrakten Idealtypus im Sinne Max Webers auf, kann man erkennen, dass diese normative Idee nicht ganz „aus der Luft gegriffen" ist. So hat das Selbstverständnis der „Volks"-Parteien als normativen Fluchtpunkt die Idee, dass es innerhalb einer großen Bevölkerungsgruppe konsensfähige Interessen und Wünsche gibt, die durch eine Partei vertreten und erfüllt werden können. Diesbezüglich gibt es sogar eine überraschende gemeinsame Schnittmenge zwischen dem Volksparteienkonzept westlicher Demokratien und dem Konzept der Avantgarde-Partei in staatssozialistischen Gesellschaften. Auch im Selbstverständnis marxistischer Parteien ist jener normative Fluchtpunkt der vernünftigen Konsensfindung eingebaut. Man findet ihn in der These aus der Revolutionstheorie von Marx / Engels von der „historischen Mission der Arbeiterklasse" wieder, die postuliert, dass die avantgardistische Arbeiterpartei nicht nur die gesamte Menschheit aus der Unterdrückung und Ausbeutung befreie, sondern auch deren kollektive Interessen vertrete.

Es soll an dieser Stelle nicht weiter diskutiert werden, dass die normative Leitidee der Herbeiführung eines vernünftigen Konsenses durch die marxistische Avantgardepartei in den vierzig Jahren der DDR ideologisch verfremdet und politisch missbraucht wurde – etwa indem die faktisch nicht vorhandene „Einheit der SED und dem Volk der DDR" permanent staatlich proklamiert wurde, um daraus den alleinigen Führungsanspruch der Staatspartei abzuleiten. Im Rahmen der vorliegenden Studie ist vielmehr von Interesse, dass die internalisierte Funktionszuschreibung, Parteien sollten einen vernünftigen gesellschaftlichen Konsens herbeiführen, in den Köpfen von ehemaligen SED-Mitgliedern weiter existiert. Vorzugsweise findet man diese Leitidee bei harmonieorientierten Personen (darunter auffällig häufig Frauen), die in der DDR über Umwege bzw. nur zeitweilig den Weg in die SED fanden. So meint etwa eine 43-jährige, heute ehrenamtlich und in der SPD politisch aktive Selbstständige aus Ostdeutschland, Parteien müssten

„also im Grunde aus der Bevölkerung heraus äh die Bedürfnisse und äh alles was damit verbunden is, äh auffangen, sich Gedanken machen, das

direkt in Ziele äh beschreiben äh umformulieren und daran arbeiten, nicht im eigenen Interesse sondern im Interesse der- also aller. … Also ich meine jeder hat Wünsche und Bedürfnisse, und äh es muss aber einen Leitfaden geben oder Ziele muss es geben, wonach ich des auch, sinnvoll äh handhaben kann und umsetzen kann, wenn jeder irgendwo rumwurschtelt, dann geht das natürlich gar nicht, dann funktioniert nichts ja, und die Parteien sind natürlich auch äh dafür da, dass es nicht nur umgesetzt wird auch ab und zu mal kontrolliert wird, wie das eigentlich alles passiert … und äh natürlich auch äh ja die Verantwortung haben für die breite Masse. Also des is ganz wichtig."

Offenkundig wird hier ein technokratisch-paternalistisches Politikverständnis. Den Parteien wird die Fähigkeit zugesprochen, individuelle Interessen zu bündeln und Leitlinien der gesamtgesellschaftlichen Entwicklung vorzugeben. Sie könnten das planlose „Durchwursteln" verhindern und es liege in ihrer Verantwortung, die Umsetzung einer planvollen Gesellschaftsentwicklung zu kontrollieren.

Fast im Gleichklang mit dieser technokratisch-paternalistischen Einstellung äußert sich eine 70-jährige ostdeutsche Rentnerin, die heute in der Partei Die Linke und in Bürgerinitiativen aktiv ist: *„Von Parteien verlange ich für die Gesellschaft das Beste tun, für die gesamte Gesellschaft und wo irgendwer im Wege steht, das politisch per Gesetz zu ändern. Das ist Aufgabe der Parteien dachte ich."*

Die Gemeinsamkeit der Linksaffinen aus West- und Ostdeutschland, die stark auf die vernünftige Konsensfindung orientiert sind, besteht darin, dass für sie Parteien nicht primär Vertreterinnen von gesellschaftlich durchzusetzenden Partikularinteressen sein sollten. Diesbezüglich besteht ein gravierender Unterschied zur nachfolgend erläuterten politischen Funktionszuschreibung von Parteien.

Ad b) (Partikulare) Interessendurchsetzung

Bei dieser macht- und konfliktorientierten Auffassung wird darauf insistiert, dass sich jede Partei für bestimmte Interessen und Ziele innerhalb der Gesellschaft einsetzt, um diese gegen konkurrierende Vorstellungen durchzusetzen. Anders als bei der Suche nach einem möglichst breiten Konsens steht hinter dieser Auffassung ein agonales Konzept der politischen Gegnerschaft. Es geht also weniger um die rationale Durchsetzung von als vernünftig erachteten politischen Zielen oder um das Herstellen kollektiv bindender Entscheidungen. Stattdessen solle eine Partei vor allem eine politische Heimat bereitstellen, die das Interesse, sowie Leidenschaften und Begeisterung beim Bürger weckt und Identifikation ermöglicht. Ganz in diesem Sinne formuliert ein 33-jähriger, in einer NGO engagierter umweltbewusster Angestellter seine Grunderwartung kompromisslos so: *„Die von mir gewählte Partei soll meine Interessen vertreten."*

Die Interessen, an denen parteienpolitisch ungebundene Linksaffine ihre Nähe zu Parteien festmachen, können ganz unterschiedlich sein. Oftmals hängen sie mit eigenen Tätigkeitsbereichen zusammen. Traditionellerweise gibt es diesbezüglich einen Konnex zwischen Gewerkschaftsarbeit und linken Parteien. Exemplarisch für diese Orientierung ist die Äußerung einer gewerkschaftlich aktiven 53-jährigen Lehrerin:

„Es gibt Parteien, von denen erwarte ich gar nichts, weil sie mich nur enttäuschen. Und es gibt Parteien, von denen ich ganz viel erwarte. Zum Beispiel von den Linken, in der Bildungspolitik. Die ist ganz nah bei der GEW-Position."

Auch persönliche Lebenssituationen und Problemlagen von Linksaffinen spielen bei ihrer parteipolitischen Orientierung unter Umständen eine entscheidende Rolle. So scannen Arbeitslose und prekär Beschäftigte die Parteienlandschaft danach ab, welche Unterstützungsleistungen ihnen in Aussicht gestellt werden. Dagegen achtet beispielsweise eine Frau, die einen hohen Betreuungsaufwand für ihr Kind mit einer nicht heilbaren Erkrankung hat, auf die Gesundheitspolitik der Parteien oder ein Mann, der sich im Dienstleistungssektor selbstständig machen will, auf die für ihn relevante Wirtschaftsförderung. Man könnte noch weitere Beispiele aus den untersuchten Fällen anführen – wichtig ist festzuhalten, dass ein Teil der Linksaffinen dezidiert die Erwartung an (auch linke) Parteien hat, die spezifischen eigenen Interessen zu vertreten.

Auch für die Erwartungshaltung, Parteien sollten partikulare Interessen gegen andere durchsetzen, findet man prominente theoretische Konzeptionalisierungsversuche. An erster Stelle ist hier Chantal Mouffe (2007) zu nennen. Sie ist erklärtermaßen eine radikale Verfechterin eines solchen „agonalen Politikverständnisses". Auf das Freund-Feindschema von Carl Schmitt rekurrierend, wendet sie sich dezidiert gegen das deliberative Konsensmodell (etwa von Habermas). Um tatsächlich eine schlagkräftige linke Hegemonie durchzusetzen, bedarf es ihres Erachtens einer klar interessengeleiteten Politik, die als antagonistische Gegenposition zu liberalen politischen Kräften Stellung bezieht.

Ad c) (Auszuhandelnde) Kompromisslösung

Gewissermaßen zwischen der vernünftigen Konsensfindung im Sinne einer volonté générale und der partikularen Interessendurchsetzung im agonalen Parteienwettstreit ist eine weitere normative Erwartungshaltung gegenüber Parteien angesiedelt. Es handelt sich um eine liberale Auffassung, die besagt, dass die Aufgabe von Parteien vor allem die Herbeiführung von Kompromissen sein sollte. D. h. Parteien müssten um einen Ausgleich bzw. um eine Schlichtung der verschiedenen, miteinander konkurrierenden Interessen bemüht sein. Die Kompromisslösung meint die Einigung auf einen „kleinsten gemeinsamen Nenner". Die ist nicht zu verwechseln mit dem über die vernünftige Einsicht aller Beteiligten hergestellten Konsens. Hier kehrt der liberale Grundgedanke wieder, dass konfligierende Interessensgegensätze weder radikal beseitigt noch vernünftig überwunden werden können, sondern für solche Konflikte nur ein geregelter Umgang gefunden werden kann, um ihre gesellschaftliche Sprengkraft zu entschärfen. In Ansätzen der soziologischen Konflikttheorie – etwa von Georg Simmel oder Ralf Dahrendorf – ist dieser Gedanke theoretisch konzeptionalisiert worden. Sie verweisen auch darauf, dass solche Konflikte in der Gesellschaft keine dysfunktionalen Erscheinungen darstellen, sondern produktiv für den sozialen Wandel sind. Aus der lebensweltlich-pragmatischen Sicht einer 51-jährigen bei einer deutschen Außenstelle der Vereinten Nationen Angestellten, die im Rahmen einer Bürgerinitiative aktiv ist, stellt sich diese macht- und konkurrenzorientierte Perspektive wie folgt dar:

> *„Das finde ich ablehnend, wie hier Senat, Bezirk … wie die sich gegenseitig auf die Füße treten, auf die Bremse treten, wo nichts Gedeihliches für die Gesellschaft entstehen kann. Wo die gelangweilt und kichernd irgendwie drin sitzen und sich aufführen wie die kleinen Kinder da wo kein Ernst da ist, zum Beispiel kein ernsthaftig sich mal mit gegensätzlichen Positionen auseinanderzusetzen und zum gemeinsamen, zum gemeinsamen Ganzen zu kommen. Also das ist das Abstoßendste für mich an der Politik, dass man dabei stehen bleibt: ich hab die Meinung, du hast die Meinung und damit hat's sich. Also ich bin für Auseinandersetzung und dann gemeinsam was tragen, man muss ja nicht die gleiche Meinung haben am Ende, aber man kann ja was gleich gemeinsam tragen und probieren."*

Ad d) (Sachkompetente) Problemlösung

Die vierte, hier idealtypisch verdichtete Erwartung an die Parteien und Politiker ist Ausdruck eines technokratischen Grundverständnisses. Parteienpolitik wird danach bewertet, wie sie zur Lösung von gesellschaftsrelevanten Problemen beiträgt. Diesbezüglich besteht eine ähnliche Stoßrichtung wie beim deliberativen Konzept der vernünftigen Konsensfindung. Allerdings geht es nicht primär um die Bändigung der parteipolitischen Machtkämpfe. Im Vordergrund steht vielmehr die Problemlösungskompetenz der Parteien. Erwartet wird von ihnen, so eine häufig gebrauchte Formulierung, *„dass sie sich auf die Sache konzentrieren".*

Die dargestellten vier idealtypischen Funktionszuschreibungen bilden die Eckpunkte eines normativen Raumes, zwischen denen die zuvor dargestellten Problemsichten und Kritikpunkte (vgl. Abschn. 4.2.3) der untersuchten Linksaffinen changieren. Im Ergebnis entsteht folgende Matrix, in der die Kritikpunkte am aktuellen Parteiensystem genauer verortet werden können:

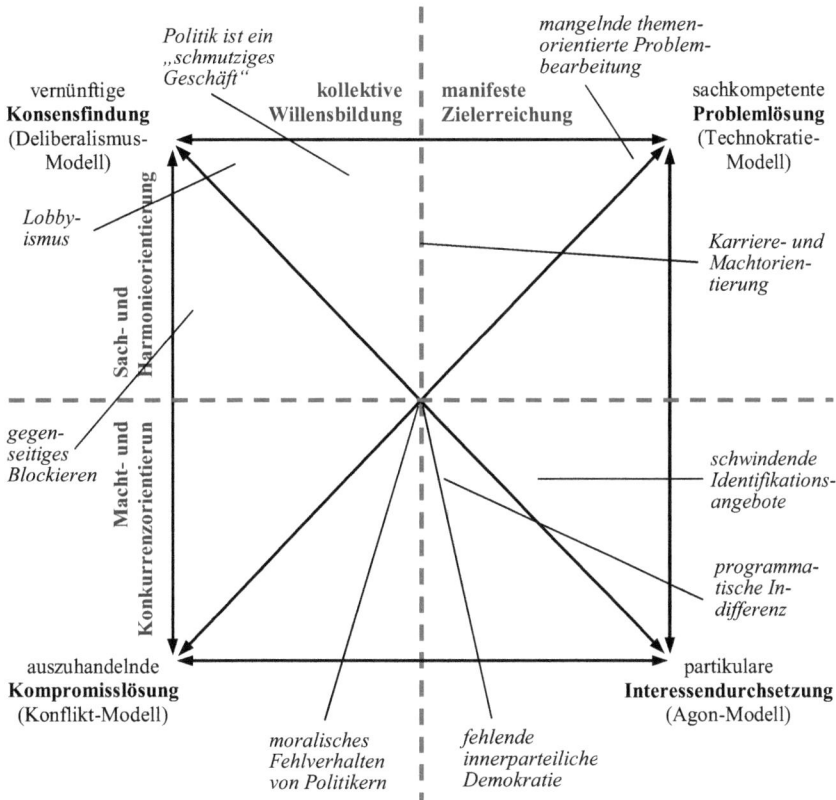

Abbildung 19: Den Parteien zugeschriebene Funktionen und Problemsichten (wahrgenommene Negativentwicklungen)

Betont werden muss noch einmal, dass es sich bei den vier Erwartungshaltungen um idealtypische Konstruktionen handelt; in der Realität sind Mischformen anzutreffen. Es scheint so, dass in unserem Sample das agonale normative

Konzept – Parteien sollten primär die partikularen Interessen durchsetzen – deutlich weniger vertreten ist. (Allerdings ist das qualitative Sample natürlich nicht repräsentativ.) Inwiefern die im Vergleich stärker vertretenen Konzepte – das deliberative, das zweckrationale und das liberalistische Parteienpolitik-Konzept – tatsächlich Ausdruck einer linken Haltung sind, müsste näher untersucht werden.

4.2.5   Einschätzungen konkreter Parteien

Im Folgenden interessiert, wie Linksaffine Parteien des politischen Spektrums konkret einschätzen und welche Identifikationsangebote es für sie gibt. Aufgeschlüsselt auf die Linksaffinen, Rechtsaffinen und Tendenzlosen ergibt sich anhand der eigenen repräsentativen Befragung folgendes Bild.

Die Befragten aller drei politischen Grundorientierungen stehen den Parteien – und damit auch dem Parteiensystem – nur bedingt klar distanziert oder ablehnend gegenüber. Fasst man unter „Parteinahe" jene Befragten, die auf einer 100er-Nähe-Distanz-Skala (0 = stehe der Partei überhaupt nicht nahe, 100 = stehe der Partei sehr nahe) einer oder auch mehreren der im Bundestag vertretenen Parteien sowie der NPD mindestens 75 Punkte zuweisen (vgl. Abschn. 4.1.4), so ergibt sich bei den Tendenzlosen ein mit nur 31 Prozent relativ niedriger Anteil Parteinaher, während über die Hälfte der Linksaffinen und fast zwei Drittel der Rechtsaffinen in diesem Sinne parteinah sind. Der niedrige Anteil der Tendenzlosen ist allerdings auch ein statistisches Artefakt, da fehlende Parteinähe im obigen Sinne eines von zwei Kriterien zur Konstruktion der drei politischen Grundorientierungen ist (vgl. Abschn. 2.2.3).

Absolut betrachtet, entspricht der geringe Anteil Parteinaher bei den Tendenzlosen aber dem Stellenwert, den sie der Politik in ihrem Leben beimessen – ein überwiegend eher randständiges, allenfalls punktuell wichtiges Feld des Engagements, das keinesfalls Zentralität erlangt, ohne aber zwingend politische Abstinenz zu befördern (Information, Wahl etc.). Für Links- wie Rechtsaffine hat im Vergleich zu den Tendenzlosen Politik einen höheren Stellenwert, wird zum Teil explizit ausgelebt und führt bei einem vergleichsweise größeren Anteil zu einer klaren Parteiidentifizierung.

Dabei äußern die auf dem 75-Punkte-Niveau einer 100er Skala Parteinahen (über alle Gruppierungen hinweg 56,6% der Befragten) durchaus überraschende Verbindungen zu bestimmten Parteien: Mit der NPD identifizieren sich nahezu ausschließlich Befragte mit rechtsaffiner Grundorientierung (9,9%). Weder von den Linksaffinen noch von den Tendenzlosen ist hier ein relevanter Sympathiewert zu erwarten. Die FDP gilt für 16,2 Prozent der Rechtsaffinen, aber nur für

6,4 Prozent der Tendenzlosen und noch für 3,6 Prozent der Linksaffinen als Identifikationsobjekt; im Mittelwertvergleich nivellieren sich die Unterschiede zwischen den Linksaffinen und den Tendenzlosen auf ein nichtsignifikantes Maß. Rechtsaffine agieren hier deutlich anders. Auch die CDU kommt in allen Gruppen politischer Grundorientierungen als Identifikationsangebot in Frage, allerdings mit deutlichen und schon im Mittelwertvergleich signifikanten Unterschieden: 35,9 Prozent der Rechtsaffinen sowie 16 Prozent der Tendenzlosen schreiben dieser Partei eine solche Kraft zu. Überraschenderweise kommt dies auch für fast jeden zehnten Linksaffinen in Betracht (8,3%). Bündnis 90 / Die Grünen eignen sich vornehmlich für Linksaffine als Identifikationsobjekt (21,5%), während dies für nur 4,4 Prozent der Tendenzlosen und erstaunliche 6,7 Prozent der Rechtsaffinen der Fall ist. Linksaffine identifizieren sich auch in hohem Maß mit der SPD (26,2%); die Sozialdemokratie punktet aber auch bei Tendenzlosen (9,3%) und bei Rechtsaffinen (11,9%). Die Partei Die Linke ist nahezu ausschließlich Linksaffine ein Identifikationsangebot (12,1%), während sie sowohl für Tendenzlose (1,9%) wie Rechtsaffine (2,3%) kaum relevant ist.

Alles in allem sind damit die Identifikationskonstellationen relativ erwartbar ausgebildet. Die relative Offenheit von Parteien zur Identifikation für Personen mit unterschiedlichen politischen Grundorientierungen kann als vorsichtige Vervielfältigung der Optionen im Zuge der landläufigen Angleichung der politischen Akteure verstanden werden, beinhaltet möglicherweise aber auch ein prospektives Protestpotenzial im Hinblick auf kommende Wahlen.

Werden die nach grundlegender Orientierung differenzierten Angaben der Befragten dazu herangezogen, welche Partei sie in der nächsten Legislaturperiode nicht im nächsten Bundestag vertreten sehen wollen, verdichtet sich das Bild: Alle etablierten Parteien mit einem altbundesrepublikanischen Hintergrund erzielen hier ähnlich niedrige Resultate. Sie sind etabliert und wahrscheinlich für eine Vielzahl von Wählenden kaum wegzudenken. Dagegen würden es mindestens zwei Drittel der Angehörigen jeder der drei Gruppen politischer Grundüberzeugungen begrüßen, wenn die NPD nicht im nächsten Bundestag vertreten wäre (Rechtsaffine: < 60%; Tendenzlose: knapp 80%; Linksaffine: knapp 90%). Die Linke sieht sich in dieser Frage insbesondere einer starken Ablehnung aus dem Lager der Rechtsaffinen (> 60%), aber auch der Tendenzlosen (45%) gegenüber. Ist es im ersten Fall vermutlich manifeste politische Gegnerschaft, könnte im Fall der Tendenzlosen ein latenter Antikommunismus nach wie vor Wirkungen zeigen.

Insgesamt ist davon auszugehen, dass die Befragten das neue Fünf-Parteien-System akzeptiert haben und allmählich auch die Partei Die Linke als konstitutiven Bestandteil der parlamentarischen Demokratie in Deutschland sehen. Das differiert nach den politischen Grundüberzeugungen: Linksaffin

Eingestellte akzeptieren mehr oder weniger alle demokratischen Parteien, möchten insbesondere aber SPD und Bündnis 90 / Die Grünen im Bundestag vertreten sehen. Bei den Rechtsaffinen gilt die CDU sozusagen als gesetzt. FDP und die Partei Die Linke erhalten aber ähnliche Ablehnungswerte. Tendenzlose präferieren die altbundesrepublikanischen Parteien mit einer leicht erhöhten Abwehr gegenüber Bündnis 90 / Die Grünen. Zwei Fünftel von ihnen distanzieren sich von der Partei Die Linke, vier Fünftel nehmen eine entsprechende Position gegenüber den rechtsextremen Parteien ein. Ganz offensichtlich dominiert bei den Tendenzlosen eine Anlehnung an die politische Mitte als dem sicheren Hafen politischer Orientierung jenseits von als extrem eingeschätzten Positionen, zu denen ein guter Teil der Tendenzlosen auch die Partei Die Linke zählt. Deren parlamentarische Präsenz wird allerdings bereits von der Mehrzahl der Tendenzlosen offensichtlich als prinzipiell tolerierbar bewertet und die Partei damit als normaler Teil des bundesrepublikanischen Parteiensystems akzeptiert. Diese Akzeptanz unterscheidet zugleich die Perspektive der Tendenzlosen auf die Partei Die Linke von der Perspektive auf rechtsextreme Parteien.

Rechtsaffine tendieren zu bürgerlichen Parteien mit zugleich relativ starker Ablehnung von Bündnis 90 / Die Grünen und der SPD. Die Partei Die Linke nicht im Parlament vertreten zu sehen, würden fast zwei Drittel befürworten - ein ähnlich hoher Wert wie in Bezug auf rechtsextreme Parteien. Neben einer klaren parteipolitischen Lagerorientierung scheinen viele Rechtsaffine einer im Hinblick auf Parteien vergegenständlichten Totalitarismusthese anzuhängen, nach der in ihren Augen links- wie rechtsextreme Parteien gleichermaßen aus den Parlamenten zu verdrängen seien. Dafür spricht auch, dass von den Rechtsaffinen 48,9 Prozent derjenigen, die keine Probleme damit haben, die Partei Die Linke und / oder NPD bzw. DVU nicht im nächsten Bundestag vertreten zu sehen, beide Parteien angegeben haben. 14,5 Prozent dieser Subgruppe hat nur die Partei Die Linke als im Parlament verzichtbar angegeben, aber mit 15,6 Prozent leicht mehr sogar noch nur die NPD / DVU. Keine dieser Parteien haben nur knapp 21 Prozent dieser Subgruppe angegeben.

4.3 Wahrnehmung zentraler gesellschaftlicher Problemfelder

In allen drei Untersuchungen – den Gruppendiskussionen, den Einzelinterviews sowie der repräsentativen Umfrage – wurde nach aktuellen bzw. drängenden gesellschaftlichen Problemen gefragt. Gesellschaftliche Probleme waren von den Befragten meist schnell benannt. In der Regel fiel es ihnen leicht, ein oder mehrere dringliche gesellschaftliche Probleme aufzuzählen. In den Interviews gab der Großteil der Befragten zwei bis vier Problemfelder an. Bei der repräsentativen Befragung benannte nahezu das gesamte Sample ein bis zwei Problemfelder. Eine dritte Angabe unterließ mehr als die Hälfte. Die Wahrnehmung und die gewichtete Dringlichkeit aktueller gesellschaftlicher Probleme sind dabei von einigen subjektiven Faktoren abhängig. So spielen die eigenen Erfahrungen der Befragten, ihre politischen Einstellungen sowie die Verarbeitung von Informationen, die über die Medien vermittelt werden, eine zentrale Rolle. Eigene Erfahrungen und die politische Einstellung konstituieren ein mehr oder weniger gefestigtes subjektives Wissen über allgemeine Problemfelder in der Gesellschaft. Die Aktualität und Dringlichkeit der Wahrnehmung gesellschaftlicher Probleme ist stark vom Einfluss der Medien geprägt. Entlang dieser Inputs spannen sich verschiedene Themen auf, die unterschiedliche Reichweite besitzen. Sie reichen von konkreten Problemen im eigenen Wohnumfeld über nationalstaatliche Ereignisse und Prozesse bis zu europäischen und weltweiten Geschehnissen. Das Spektrum der Kritik reicht dabei von positiven Bezügen auf die demokratische Ordnung über negative Beurteilungen auf Grund zunehmender Ausgrenzung vor allem von Arbeitslosen bis zur harschen Kritik auf Grund von wahrgenommenen Demokratiedefiziten.

Gesellschaftliche Probleme, die von den Befragten thematisiert werden, beziehen sich auf gesellschaftliche Sachverhalte, die aus Sicht der Befragten und insbesondere des linksaffinen Milieus auf die politische Agenda drängen und umgehend bearbeitet werden müssen. Die Benennung gesellschaftlicher Probleme verweist aber nicht nur auf die Dringlichkeit ihrer Bearbeitung, sondern durch sie werden auch die Vorstellungen der Befragten zu sozialer Gerechtigkeit und gesellschaftlicher Gestaltung sichtbar. Die Benennung der Probleme und ihre Gewichtung zeigen an, wo die Notwendigkeit gesellschaftlichen Handelns von den Befragten unmittelbar gesehen und verlangt wird, und sie werfen ein Licht auf die Idee von Gesellschaft, wie sie linksaffinen Milieus inhärent ist.

Die Themen soziale Gerechtigkeit, Bildung und Chancengleichheit, Arbeitslosigkeit, sowie Klimawandel und Umweltschutz wurden in den qualitativen Interviews am häufigsten als dringende gesellschaftliche Probleme genannt. Weitere Themen, die allerdings einen geringeren Teil der Befragten aus den Interviews auf sich versammeln, sind Kriegseinsätze, Rechtsextremismus, Familienpolitik, die Gleichstellung der Frau und Armut.

Diese Gewichtung einzelner gesellschaftlicher Problemfelder korrespondiert im Großen und Ganzen auch mit den Befunden aus der repräsentativen Befragung. Mit den meisten Nennungen das offenbar wesentlichste gesellschaftliche Problem in der Perspektive der Befragten ist das Thema Wirtschaft / Finanzen: Nahezu ein Drittel räumt diesem zum Zeitpunkt der Befragung

Priorität ein, dicht gefolgt vom Thema Arbeitslosigkeit mit einer Nennquote von fast 30 Prozent bereits in der ersten von sieben möglichen Angaben. 27 Prozent der Befragten ist die Sicht auf soziale Problemlagen wichtig, die sie deshalb an erster Stelle nennen. Diese Rangfolge reproduziert sich in den nachfolgenden Antwortfenstern allerdings nicht, sondern erfährt partiell eine Neuordnung. Abbildung 20 gibt dies für die ersten vier, vergleichsweise gut besetzten Bereiche anhand von sechs mehr als nur vereinzelt genannten Themenfeldern wieder:

Themen komplex	Soziale Problemlagen: Gerechtigkeit; Bildung; Familie; Generationen; Gesundheit	Wirtschaft / Finanzen	Arbeitslosigkeit	Umwelt	Außenpolitik inklusive Kriegseinsätze	Politische Instanzen und Politiker
Prozente in jeweiligem responseport 1-4	1= 27,2 2= 52,5 3= 55,3 4= 50,8	1= 32,3 2= 17,7 3= 19,2 4= 13,6	1= 29,4 2= 15,7 3= 9,5 4= 13,1	1= 3,0 2= 4,5 3= 5,1 4= 9,4	1= 3,1 2= 4,1 3= 5,7 4= 8,1	1= 2,4 2= 5,3 3= 5,2 4= 5,1

Abbildung 20: Offene Nennungen von problematischen sozialen Bereichen

Die drei ersten Themenkomplexe soziale Problemlagen mit der darin zusammengefassten sozialen Gerechtigkeit und den Bildungs-, Familien-, Generationen- und gesundheitspolitischen Problemen[16], nationale wie internationale Wirtschaftsprobleme und Arbeitslosigkeit (inklusive Entwicklung der Arbeitsgesellschaft) dominieren die Problemperspektive der Befragten der repräsentativen Umfrage. Das gilt insbesondere, wenn sozialpolitische Themen, wie beispielsweise die Bildung, in Bezug auf die Arbeit eine Doppelbedeutung erhalten und mit einiger Berechtigung auch in diese Kategorie eingruppiert werden könnten. Alle anderen Themen – und dies ist das eigentlich interessante Ergebnis – fallen dagegen in ihrer Bedeutung für die political mind map der Befragten deutlich ab: Umweltthemen, die Außenpolitik inklusive der Kriegseinsätze sowie die Perspektive auf Politiker und Parteien wurden, grob geschätzt, von jeweils nur einem Zehntel der Probanden als drängendes Problem

---

16 Die Einzelnennungen erreichen jeweils deutlich höhere Werte als die Themen Umwelt, Militarisierung, Außenpolitik und politisches System.

genannt. Sie sind als Thema nicht als zentraler Wahrnehmungsbestandteil der überwiegenden Mehrzahl der Wahlbevölkerung verankert. Oder aber – das lässt sich nicht mit Gewissheit sagen – sie werden gegenwärtig durch die Dominanz der wirtschafts- und sozialpolitischen Themen verdrängt.

Das Thema Umwelt ist in den Befragungen unterschiedlich gewichtet worden. In der repräsentativen Befragung sieht nur eine Minderheit ein drängendes gesellschaftliches Problem darin im Unterschied zum Resultat aus den Interviews, wo es durchaus häufig genannt wurde. Der Bereich Wirtschaft und Finanzen ist unter den einzelnen Befragungen nicht vergleichbar, da er in den Interviews so nicht benannt wurde. Vor allem aber die Bereiche Bildung, Arbeitslosigkeit und soziale Gerechtigkeit nehmen in allen Untersuchungen eine zentrale Stellung in Bezug auf drängende gesellschaftliche Probleme ein. Generell ist darauf hinzuweisen, dass die Dominanz der Themen auch in Zusammenhang mit ihrer medialen Präsenz gesehen werden muss. So ist die hohe Aufmerksamkeit des Themas Wirtschaft und Finanzen in der repräsentativen Umfrage sicher nicht zuletzt der Wirtschaftskrise Ende 2008 geschuldet.

4.3.1 Soziale Gerechtigkeit

Die wahrgenommene soziale Ungleichheit impliziert in der Regel die Forderung nach mehr sozialer Gerechtigkeit in der Gesellschaft. In den Interviews ist eindeutig der Tenor zu vernehmen, dass in der Gesellschaft keine ausgleichende soziale Gerechtigkeit mehr vorherrscht. Indem gesellschaftliche Teilhabe nicht mehr für alle gleich – und für einige gar nicht mehr – gewährleistet ist, wird auch die Forderung nach der Gestaltung der Rahmenbedingungen für soziale Gerechtigkeit lauter.

„Das ist halt, sind Fragen, die Gerechtigkeit angehen. So was wie die gleichen Startchancen in der Gesellschaft, das scheint mir sehr sehr wichtig zu sein. Da man ja schon beobachten kann, dass auch in Deutschland so was wie ne große Schere, dass die Schere sich immer weiter öffnet zwischen arm und reich. Und da irgend wieder sowas wie Gerechtigkeit herzustellen. "

Die Aussage des 33-jährigen Befragten impliziert, dass (soziale) Gerechtigkeit nicht mehr vorhanden sei. Als Grund hierfür werden die ungerecht verteilten „Startchancen" angegeben. Das Zitat verdeutlicht ein typisches Argumentationsmuster: Chancengleichheit und soziale Gerechtigkeit werden in einen unmittelbaren Zusammenhang gestellt. Als Resultat oder auch als Indikator gilt die zunehmende Differenzierung zwischen reich und arm. Diese Differenzierung wird von einigen Befragten mit Beispielen aus konkreten Bereichen unterfüttert.

So leitet eine jüngere bei Bündnis 90 / Die Grünen Aktive von der Spanne zwischen arm und reich und der darin liegenden Ungerechtigkeit direkt zur Gesundheitspolitik über:

> *„Ja es ist ähm, wenn man dann eben in diesen großen Bereich Gerechtigkeit reingeht, sag ich mal, ist natürlich die Kluft, die zwischen arm und reich immer größer wird. Ich seh auch noch Schwierigkeiten im, ja Gesundheitsbereich, dass wir da, sach ich mal, in Deutschland natürlich im Vergleich zur Welt immer noch relativ gut darstelln, dastehn. Aber ich finds eigentlich nen Unding, dass wir da ne Zweiklassengesellschaft haben, also mit den privaten-, Privatversicherten und den gesetzlich Versicherten. Find ich eigentlich ne Sauerei. Das kann man eigentlich gar nicht so stehn lassen, ne."*

Kritisiert wird in dieser Passage die Kluft in der Gesellschaft am Beispiel der Gesundheitspolitik. In der Ablehnung einer medizinischen Zweiklassengesellschaft wird deutlich, dass hier die politisch vorgegebenen Rahmenbedingungen ins Visier genommen werden. Die gestaltende Politik und nicht der empirische Fakt einer sozialen Differenzierung steht im Mittelpunkt.

Einer unzureichenden Sozialpolitik, die die sogenannten sozial Schwachen nicht hinreichend berücksichtigt, wird aber nicht nur eine soziale Ungerechtigkeit bescheinigt, sondern auch eine Ignoranz sich anbahnender sozialer Konflikte. Dazu die eben Zitierte:

> *„Die soziale Frage, die man vorrangig angehen muss. Da ist eine dermaßene Ungerechtigkeit und Sprengkraft auf Dauer drin. Wo ich auch merke, man ist auch selber betroffen. Ich mein, ich leb nen halbwegs gutes Leben, mir geht's gut. Ich hab nicht ständig finanzielle Sorgen. Bin auch gut behütet aufgewachsen. Erleb aber durch meine Arbeit Randbereiche und blicke gewollt, ungewollt in Abgründe rein. Dann denk ich da schlummert was und wenn man das nicht angeht und es mehr wird, dann ist sozusagen der soziale Frieden ernsthafter gefährdet."*

Bei einem Großteil der Befragten findet die Auseinandersetzung mit sozialer Gerechtigkeit allerdings eher auf einer theoretisch-abstrakten Ebene statt. Vor allem bei linksaffinen Akademikern und beruflich Etablierten ist dies zu beobachten. Es liegt nah, anzunehmen, dass es kaum Berührungspunkte zu sozialen Nahräumen der sichtbaren sozialen Ungleichheit gibt und ein emphatischer Zugang zu den sozialen Dimensionen von Ungleichheit dadurch erschwert wird.

Eine ungerechte Gesellschaft konstatieren in der Repräsentativbefragung (Statement „Unsere Gesellschaftsordnung ist im Großen und Ganzen gerecht.")

tendenziell eher Bezieher niedriger Einkommen, Frauen und Befragte mit Wohnsitz in den Neuen Bundesländern. Insbesondere die Befragten der mittleren Altersgruppe von 30 - 49 stehen den Auswirkungen der Gesellschaftsordnung im Hinblick auf Gerechtigkeit skeptisch gegenüber. Es sind augenscheinlich die in der einen oder anderen Form eher an den Rand der Gesellschaft gedrängten, aber zugleich in der Mitte des Lebens befindenden und damit das Zentrum der Gesellschaft bildenden Protagonisten, die ihre Erfahrungen zu einer Perspektive einer ungerechten Gesellschaftsordnung verdichten.

Unterscheidet man dieses Statement nach den politischen Orientierungen der Befragten der Repräsentativumfrage, so stimmen 53 Prozent der Rechtsaffinen, 45 Prozent der Tendenzlosen und über 46 Prozent der Linksaffinen dieser Aussage voll oder eher zu. Völlig ablehnend stehen dieser Aussage 15 Prozent der Linksaffinen und jeweils ca. 13 Prozent der beiden anderen Gruppen gegenüber.

Insgesamt kristallisieren sich bei den Befragten zwei Ansätze in der Auseinandersetzung mit sozialer Gerechtigkeit heraus: die Herstellung gleicher Chancen für alle sowie die Umverteilung des gesellschaftlichen Reichtums. Die Garantie gesellschaftlicher Chancengleichheit wird von den Linksaffinen als Voraussetzung einer leistungsbezogenen Teilhabe interpretiert. Dabei gilt Leistung bis auf wenige Ausnahmen bei den befragten Linksaffinen des Interviewsamples als anerkanntes Differenzierungsmerkmal sozialer Unterschiede. Einigkeit besteht bei der Forderung nach einer gerechteren Umverteilung des gesellschaftlichen Reichtums als Beitrag zu mehr sozialer Gerechtigkeit.

4.3.2 Bildung und Chancengleichheit

Bildung ist für Linksaffine eines der zentralen Themen auf der Agenda dringender gesellschaftlicher Probleme. Ein unmittelbarer Zusammenhang besteht für die Befragten zwischen sozialer Gerechtigkeit und gleichen Bildungschancen. Investitionen in Bildung rsp. Bildungspolitik werden nicht nur als Garant für eine erfolgreiche gesellschaftliche Entwicklung angesehen, sondern auch für die Teilhabe- und Mobilitätschancen der einzelnen Gesellschaftsmitglieder. Interessanterweise kristallisierte sich im Interviewsample keine klare Gewichtung des Themas Bildung auf Grundlage der einzelnen Bildungsabschlüsse heraus. Die Dringlichkeit des Themas Bildung lässt sich demzufolge nicht anhand der unterschiedlichen Bildungsabschlüsse strukturieren. Eine Unterscheidung gibt es allerdings zwischen jenen mit Wohnsitz in Ost- und in Westdeutschland. Auffällig ist, dass das Thema Bildung bei den Befragten aus den Neuen Bundesländern dominanter ist als bei den Befragten aus den Alten Bundesländern. Erklärungen für diesen Befund lassen sich zum einen aus der höheren Arbeitslosigkeit in den Neuen Bundesländern sowie möglicherweise aus dem Karriereknick der Generation der heute 50 bis 60-Jährigen ableiten. Durch die alltägliche Präsenz von Arbeitslosigkeit – sei es aus der unmittelbaren persönlichen oder der mittelbaren Erfahrung durch Personen des jeweils sozialen Nahraums – wird unausweichlich erlebbar, dass Bildung bzw. Ausbildungsstand zwar nicht ausschließen, die Erwerbsarbeit zu verlieren, aber das Risiko eines Verlustes deutlich senken. Hinzu kommt, dass gerade Menschen mit guten und höheren Ausbildungsabschlüssen auf Grund der schwierigen Situation auf dem Arbeitsmarkt die Neuen Bundesländer verlassen, um in den Alten Bundesländern eine Erwerbsarbeit aufzunehmen. Es ist mittlerweile nicht nur für Bildungs- und Demografieforscher ein Allgemeinplatz, dass mit steigenden Bildungs- und Ausbildungsabschlüssen die Erwerbsorientierung auf den nationalen und internationalen Arbeitsmarkt gerichtet ist. Ein zweiter Grund für den oben erwähnten Befund besteht möglicherweise in der Einschränkung oder auch durch den Wegfall einer beruflich-strategischen Unterstützung der 25 bis 35-Jährigen durch ihre Eltern. Diese heute 50 bis 60-Jährigen erfuhren durch die gesellschaftlichen und ökonomischen Umwälzungen, die die 89er Revolution mit sich brachte, einen Karriereknick. So sind ihre Erfahrungen aus der Erwerbszeit vor 1989 für die beruflich-strategische Unterstützung ihrer Kinder nur bedingt hilfreich und die Erfahrungen in der Erwerbszeit ab 1990 – soweit sie ihre Erwerbsarbeit behielten – durch den Karriereknick abgeschwächt.

Für den Großteil der Befragten ist der Zugang zu gleichen Bildungschancen eine Voraussetzung für soziale Gerechtigkeit. Am Schulsystem wird aus der Perspektive der Linksaffinen soziale Ungleichheit besonders offensichtlich, weil sie bereits im Kindesalter individuelle Bildungschancen und damit auch soziale Mobilität und Teilhabechancen vorstrukturiert. So kritisiert eine Aktive bei Bündnis 90 / Die Grünen mittleren Alters aus den Neuen Bundesländern das Bildungssystem wie folgt:

> *„Also dass das Bildungssystem endlich umgestellt werden muss, also die Zugangsbedingungen für alle gleich sind. Dass alle die gleichen Voraussetzungen haben. Und durch den Erwerb von Bildung dann auch ganz andere Möglichkeiten und Chancen haben, einen beruflichen Einstieg zu kriegen. Und dass die Förderung wirklich unabhängig von irgendwelchen sozialen Herkünften und so weiter dann sein muss."*

Der Zugang zu Bildung soll für alle sichergestellt und gleich sein. Erst diese Voraussetzung sichert sozusagen die gleichen Ausgangsbedingungen auf dem Arbeitsmarkt. Bildung bleibt in dieser Darstellung verknüpft mit der Idee der Leistungsgesellschaft, in der Ungleichheiten im Zugang zu Beschäftigung und

zu differenziert entlohnten beruflichen Positionen auf individuelle Bildungsanstrengungen zurückgeführt werden. Wie die PISA-Studien der letzten Jahre
aber gezeigt haben, ist in kaum einem der anderen untersuchten Länder der
Zusammenhang zwischen Bildung und sozialer Herkunft so groß wie in
Deutschland. Damit wurde offensichtlich, dass Bildungsanstrengungen nicht auf
den gleichen Voraussetzungen beruhen und auch zu anderen Ergebnissen
führen. In diesem Sinne fordert auch die eben Zitierte eine von der sozialen
Herkunft unabhängige Bildungsförderung.

Ein zentraler Kritikpunkt in den Interviews ist die empfundene fehlende
Chancengleichheit. Dabei wird auch immer wieder auf den unmittelbaren
Zusammenhang zwischen Bildung und gleichen Chancen hingewiesen. Es
scheint offensichtlich, dass aus Sicht der Interviewten keine Bildungsgerechtigkeit besteht und damit auch keine wirkliche Chancengleichheit. Ein
jüngerer inaktiver Linksaffiner aus den Neuen Bundesländern postuliert dazu:

*„Ein dringendes Problem ist Chancengleichheit, die immer weniger
vorhanden ist. Chancengleichheit als Zugang zur Bildung und Zugang zu
Arbeit, äh, und Chancen, ein ähnliches Einkommen zu erzielen mit
gleicher Arbeit. "*

Diese Interviewpassage verdeutlicht, dass Bildung einerseits als Voraussetzung
für den Zugang zum Arbeitsmarkt mit entsprechenden Einkommenschancen
interpretiert wird, Chancengleichheit andererseits aber immer weniger vorhanden ist. Es ist ein Hinweis auf die Verfestigung sozialer Strukturen mit
zunehmender sozialer Immobilität. Soziale Ungleichheiten werden somit nicht
abgebaut, sondern verstetigt. Chancengleichheit gewinnt aus dieser Perspektive
eine enorme Brisanz: nur der Zugang zu gleicher Bildung ermöglicht die
gleichen Chancen auf dem Arbeitsmarkt und ein selbstbestimmtes Leben,
garantiert gesellschaftliche Teilhabe und trägt letztlich zu sozialer Gerechtigkeit
bei. Der Zugang zu Bildung wird deshalb auch als entscheidendes Moment für
soziale Integration verstanden. Die Ausgrenzungsrisiken lassen sich, wenn man
so will, entlang der individuellen Bildungsbiografien festmachen. Dass ein
zunehmender Teil der Gesellschaft die geforderten Bildungsstandards kaum
oder nicht mehr erfüllt und damit Gefahr läuft, aus der Gesellschaft ausgeschlossen zu werden (vgl. Bude 2008), wird von den Interviewten in Zusammenhang mit der sozialen Herkunft gebracht.

Eine Aktive mittleren Alters, die sich bei der SPD und im Umweltbereich
engagiert und im strukturschwachen ländlichen Raum in Ostdeutschland lebt,
deklariert einen „Bildungsnotstand":

*„Probleme, die ganz intensiv bearbeitet werden müssten, ich sag mal,
das sind ganz einfach also die Arbeitslosigkeit, dieser Bildungsnotstand,*

also den man hier, wenn man an der Basis arbeitet, massiv zu spüren bekommt. .(...) Wenn man mit Kindern und Jugendlichen arbeitet und den vielen Arbeitslosen, die vorhanden sind, dann kann's einem nur Angst und Bange werden. Also das ist so ne Vereinsamung, die hier stattfindet, und dann och noch so ne, na ja, son richtiger Bildungsnotstand. (...) Unser Schulsystem ist so arm. Die letzten PISA-Ergebnisse sollen ja nun besser gewesen sein. Ja ich weiß nicht, man bekommt mit, dass der Weg, dass die Spirale nach unten führt. Also es entwickelt sich so diese Spirale nach unten. Und merkt, dass das bei den Kindern nicht mehr so ankommt wie es sein sollte und dass irgendwo so ne gewisse Verrohung stattfindet. (...) Es ist nicht nur das Wissen nicht da, sondern auch diese Gesell-schaftsfähigkeit und diese Kommunikation, das alles ist irgendwo, das geht schon ziemlich den Bach runter."

„Bildungsnotstand" zielt in dieser Beschreibung auf den Umstand eines Inte-grationsdefizits. Die Fähigkeit, Anschluss an die Gesellschaft zu halten und zu finden, wird in Frage gestellt, da offensichtlich kommunikative und integrative Voraussetzungen nicht mehr erfüllt sind. In die gleiche Richtung argumentiert eine 50-jährige Gewerkschafterin aus dem Bildungsbereich, die ebenfalls in einem strukturschwachen ländlichen Raum lebt:

„Mit jungen Leuten besser umgehen, heißt nicht nur, ihnen Arbeit zu bieten, sondern sie auch zu befähigen, von klein auf, sich so zu bilden und gebildet zu werden, dass sie auch für die Anforderungen, die hohen Anforderungen, die immer höher werden, in der Lage sind, die zu bewältigen."

Im Unterschied zur vorhergehenden Interviewpassage wird nicht der wahr-genommene Zustand im Bildungsbereich beschrieben, sondern gefordert, Jugendliche – also Schüler und Schülerinnen – für Anforderungen (des Arbeits-marktes) fit zu machen. Die Interviewauszüge verdeutlichen, dass Bildung als Voraussetzung für gesellschaftliche Teilhabe eingeschätzt wird und dass Regionen mit arbeitsmarktschwacher Struktur Räume erzeugen, in denen die Gefahr sozialer Desintegration für die Einzelnen zunimmt.

Die Forderung, soziale Ungleichheiten über Chancengleichheit in Bezug auf Bildung abzubauen, insistiert auf der Idee einer Bildungsgerechtigkeit als Voraussetzung für soziale Gerechtigkeit und gesellschaftliche Teilhabe. Bildungsinvestitionen werden dabei als probates Mittel angesehen. Die Ökono-misierung des Bildungssystems, die sich in einer zunehmenden Privatisierung von Bildung äußert, wird allerdings mehrheitlich abgelehnt.

Im Übrigen ist die Forderung, über Bildung mehr Chancengleichheit innerhalb der Gesellschaft herzustellen, nicht neu und wurde schon Ende der sechziger Jahre in der Bundesrepublik eingefordert (dazu Dahrendorf 1965). Auch damals wurde kritisiert, dass Bildung nicht bestimmten Gesellschaftsgruppen vorbehalten bleiben dürfe. Wenn auch die gesellschaftliche und politische Situation eine andere war, so scheint doch der Abbau bzw. die Verhinderung von Bildungsprivilegien auf der Grundlage von sozialer Herkunft auch heute das zentrale Ziel zu sein.

4.3.3   Arbeitslosigkeit

Arbeitslosigkeit wird von den Befragten als eines der dringlichsten gesellschaftlichen Probleme angesehen. In der repräsentativen Umfrage zu gesellschaftlichen Problemen rangiert Arbeitslosigkeit bei den Erstnennungen gleich hinter dem Thema Wirtschaft / Finanzen (vgl. Abschn. 4.3, Abb. 20, S. 160). In den Interviews versammelt es die meisten Nennungen auf sich und wird oft in Zusammenhang mit sozialer Gerechtigkeit und der Hartz-IV-Gesetzgebung genannt. Überraschender Weise wurde das Thema Arbeitslosigkeit von Erwerbstätigen bei der offenen Fragestellung allerdings oft erst auf konkrete Nachfrage benannt. Das legt den Schluss nahe, dass Massenarbeitslosigkeit nach mehreren Jahrzehnten inzwischen als Normalität von vielen akzeptiert wird – sofern sie nicht selbst davon betroffen sind. Zwischen Gewöhnung und Verdrängung hat man sich dieses Themas zwar nicht entledigt, aber es steht auch nicht im Zentrum der eigenen gesellschaftlichen Problemwahrnehmung. Dieser Bedeutungsverlust eines axialen Themas linker Gesellschaftskritik in der Alltagswahrnehmung wird üblicherweise mit dem Verweis auf das im internationalen Vergleich als hinreichend bewertete deutsche Sozialsystem begleitet. Diese Relativierung impliziert, dass solidarisch-emphatische Zugänge zum Thema Arbeitslosigkeit kaum bzw. nicht hergestellt werden. In einer gesellschaftstheoretischen Perspektive vermengt sich dies bei einem Teil der Befragten mit der Erwartung vom Ende der Arbeitsgesellschaft und dem Übergang in eine Tätigkeitsgesellschaft, die dann völlig anders mit Erwerb und sozialer Absicherung umgehen muss. Dabei gibt es unterschiedliche Argumentationsmuster und Begründungen, wie die soziale Grundsicherung gestaltet sein sollte. Das hängt nicht zuletzt davon ab, ob die Einzelnen mehr oder weniger den Prinzipien des industriegesellschaftlich-fordistischen Leitbildes verhaftet bleiben oder aber den Rückgang industriegesellschaftlicher Erwerbsarbeit als unumkehrbar interpretieren. Insgesamt ist unter Linksaffinen die Orientierung auf arbeitsgesellschaftliche Werte dominant, so dass alternative Modelle zur sozialen Grundsicherung einen eher geringen Zuspruch erfahren. (vgl. dazu Abschn. 4.4)

Auffällig ist eine größere Sensibilität in Bezug auf das Thema Arbeitslosigkeit bei den Befragten mit Wohnsitz in den Neuen Bundesländern. Das überrascht nur bedingt, da zum einen die Arbeitslosenquote in den Neuen Bundesländern prozentual weitaus höher liegt als in den Alten Bundesländern[17] und auf Grund dieser höheren Präsenz im Alltag mehr Berührungspunkte gegeben sind bzw. prozentual auch mehr Menschen Passagen der Arbeitslosigkeit aus eigener Erfahrung kennen. Zum anderen mag sich diese Sensibilität auch aus einer direkteren Betroffenheit der Infragestellung sozialer Anerkennung erklären. Diese ist vor allem dort fragil, wo Arbeitsverhältnisse prekärer und schlechter entlohnt sind.

In einem direktem Zusammenhang mit den unterschiedlichen Positionen zur sozialen Grundsicherung (vgl. Abschn. 4.4) stehen die verschiedenen Positionen zu Erwerbsarbeit bzw. zur Regulierung von Arbeitslosigkeit. In Bezug auf die Konstanz bundesrepublikanischer Arbeitslosigkeit werden unterschiedliche Erwartungen an die Arbeitsmarktsituation und damit verbundene unterschiedliche Erwerbsorientierungen sichtbar. Grundsätzlich schälten sich zwei divergierende Orientierungen heraus: eine erwerbsarbeitszentrierte sowie eine tätigkeitsorientierte Perspektive.

In der erwerbsarbeitszentrierten Perspektive wird Erwerbsarbeit als zentraler Integrationsmodus moderner Gesellschaften vorausgesetzt. Eine Rentnerin, die aktiv in der Partei Die Linke ist, sieht Erwerbsarbeit als existenzsichernde Voraussetzung, durch die der Einzelne erst zum Mitglied der Gesellschaft wird.

„Ich bin mit der Einstellung groß geworden: man arbeitet und kann davon leben. Geld kriegen ohne zu arbeiten, das, das ist meinen Vorstellungen fremd. Der Mensch muss eben was für tun, dass er was essen kann. Und Arbeit ist was Gutes."

Diese Interviewpassage zeigt exemplarisch, dass eine Bereitschaft zur Erwerbsarbeit grundlegend angenommen und auch erwartet wird – nach dem Motto: wer etwas essen will muss auch etwas dafür tun. Das schließt natürlich eine sozialstaatliche Absicherung im Fall der unfreiwilligen Arbeitslosigkeit ein. So fährt die Befragte hinsichtlich des Verlustes von Arbeit fort:

„Nun muss man sich aber auch drauf einstellen, dass es nicht genügend Arbeit für alle gibt, obwohl man das Gegenteil behauptet. Also wenn ich keine Arbeit mehr habe, weil keine da ist, auch wenn ich bescheiden bin,

---

17 So ist die offizielle Arbeitslosenquote laut statistischem Bundesamt nahezu doppelt so hoch wie in den alten Bundesländern. Dieser Trend ist seit 1991 mit geringen Abweichungen und unabhängig von der jährlichen Gesamtquote konstant geblieben.

wenn ich meine Ansprüche zurückstelle, und trotzdem, ich finde keine Arbeit mehr, dann muss mich jemand auffangen. "

Angesprochen wird an anderer Stelle des Interviews aber auch das Potenzial der individuellen Entwicklung und Verwirklichung des eigenen Lebens durch Erwerbsarbeit.

„Das Arbeiten muss ja Freude machen, ist ja nicht nur zum Lebensunterhalt da. / Interviewer: kommt drauf an / haha, ja kommt drauf an, sicher. Straßenfegen, die seh ich hier immer, der ist schon ewig dabei, hier die Straßenfeger. Ich bin schon versucht ihn zu grüßen, weil ich ihn so oft sehe. Das kann ja auch befriedigend sein unter Umständen, wenn ich ne schöne saubere Straße habe. "

Dieser Bedeutungszuweisung von Erwerbsarbeit neigen in der Regel eher diejenigen mit höherer Bildung / Ausbildung und höheren Berufspositionen zu. In dieser Zuweisung wird eine Differenzierung der Arbeit nur indirekt vorgenommen. Ein höherer Bildungs- / Ausbildungsgrad scheint eher ein Indikator für den Selbstverwirklichungsanspruch an Erwerbsarbeit zu sein. Erwerbsarbeit muss demzufolge neben Sicherung des Lebensunterhalts auch die Möglichkeit zur Selbstverwirklichung offerieren, unabhängig von der Art der Erwerbsarbeit. So sieht die zitierte Rentnerin, wenn auch etwas skeptisch, auch in sogenannten einfachen Arbeiten die Möglichkeit zu Arbeitszufriedenheit gegeben. Zufriedenheit und Verwirklichung bzw. Entwicklung sind letztlich aber verschiedene Dinge. Der Anspruch, sich über Erwerbsarbeit selbst verwirklichen zu können, impliziert, dass für alle die gleichen Bildungs- / Ausbildungschancen bestehen. Die Orientierung auf berufliche Selbstverwirklichung beinhaltet deshalb immer auch Chancengleichheit und soziale Mobilität.

Ein jüngerer ungelernter arbeitsloser Monteur ist in Bezug auf Erwerbsarbeit materialistischer eingestellt. *„... aber also dass ich die Möglichkeit eben habe, was für mich zu erschaffen, zu erarbeiten. "* Hier wird eine Leistungsorientierung deutlich, die die Möglichkeit einfordert, sich durch eine erwerbszentrierte Fokussierung etwas „zu erarbeiten". In dieser Orientierung ist nicht das Selbstverwirklichungspotenzial von Erwerbsarbeit zentral, sondern die Garantie des Zugangs zum Erwerbsarbeitsmarkt.

Obgleich in der erwerbsarbeitszentrierten Perspektive der größere Teil der Befragten nicht mehr an die Wiederkehr einer Vollbeschäftigung glaubt, sondern von einem auf Dauer gestellten Mangel an Erwerbsarbeitsplätzen überzeugt ist, hält er an Erwerbsarbeit als zentralem Modus sozialer Integration fest. Die Möglichkeit einer gesamtgesellschaftlichen Teilhabe an Erwerbsarbeit wird von einigen der Befragten in der Reduktion der Arbeitszeit gesehen.

„Äh ich glaube, dass die Arbeitslosigkeit auf einem bestimmten Level stehen bleiben wird. Und ich glaube nicht, dass das nochmal runter geht auf ne Rate, die wir vielleicht in den fünfziger und sechziger Jahren hatten. Also ne gewisse Arbeitslosigkeit und ne gewisse Negativfolge von dem Ganzen wird immer da sein. Ich weiß nicht. Ähm ich hab mal gedacht, dass vielleicht so nen Teilzeitmodell tatsächlich funktionieren könnte, dass die Leute dreißig Stunden die Woche arbeiten und dafür mehrere Leute in Jobs reinkommen, als Möglichkeit. Nur ich äh weiß ich auch nicht, ob das funktioniert. "

Die hier zitierte Sozialpädagogin steht der von ihr angesprochenen Möglichkeit, der Arbeitslosigkeit mit einer verringerten Wochenarbeitszeit zu begegnen, selbst skeptisch gegenüber. Ihre Argumentation ist beispielhaft für jene, die trotz der prognostizierten Unveränderbarkeit der hohen Arbeitslosigkeit an einer erwerbsarbeitszentrierten Perspektive festhalten, obwohl sie keine oder wenige und kaum überzeugende Arbeitsmarktregulierungen anführen können, denen sie letztlich selbst distanziert gegenüberstehen. In der Skepsis gegenüber einer grundlegenden Verringerung der Arbeitslosigkeit drückt sich zudem ein unreflektiertes Wissen darüber aus, dass der alte Grundsatz „Leistung gegen Teilhabe" nicht mehr gilt. Und das die von Arbeitslosigkeit Betroffenen – in Abhängigkeit von der Dauer ihrer Arbeitslosigkeit – für die Erfüllung bestandsnotwendiger Systemfunktionen keine Rolle mehr spielen (vgl. Offe 2006).

Die Mehrheit derjenigen, die nicht an eine Wiederkehr der Vollbeschäftigung glauben, sehen in der Ausweitung auf gesellschaftliche Tätigkeiten, die über die bisherige Engführung erwerbsorientierter Arbeiten hinausgehen, eine Lösung, um dem Problem der sozialen Desintegration zu begegnen. Ziel ist es deshalb, freiwillige Arbeit und Familienarbeit aufzuwerten und mit Erwerbsarbeit gleichzustellen (vgl. Mutz 2001).

In der Perspektive vom Ende der Arbeitsgesellschaft und dem Übergang in die Tätigkeitsgesellschaft öffnet sich eine Möglichkeit sowohl in alltagspraktischer als auch in gesellschaftstheoretischer Weise. Für die in prekären Lagen lebenden hoch motivierten und kreativ Engagierten offeriert sich darin der Anschluss an sinnstiftende und gesellschaftlich anerkennende Tätigkeiten. Für diejenigen, die sich in beruflicher und sozialer Sicherheit reflektieren, eröffnet sich vor allem eine gesellschaftstheoretische Perspektive auf die Tätigkeitsgesellschaft, die grundlegend anders mit Erwerb und sozialer Absicherung umgehen muss.

Auf den Sinn einer Grundsicherung angesprochen, äußert sich eine bürgerschaftlich engagierte SPD-Aktive wie folgt: *„Auch für engagierte Leute würde das ein ganz anders Spektrum bieten. Also wenn man zumindest erst einmal leben kann, ohne sich ständig Gedanken zu machen, wie man den nächsten*

Monat überlebt. " Sichtbar an dieser Passage ist die Gleichsetzung von bürgerschaftlichem Engagement mit der existenzsichernden Erwerbsarbeit. Auch wenn diese Form des Tätigseins über staatliche Transferzahlungen sichergestellt werden soll, bleibt der Grundsatz Lohn gegen Tätigkeit erhalten. Folgerichtig lehnt die hier zitierte Befragte eine Sicherung ohne Gegenleistung ab: *„Natürlich muss dann auch die, so ne Grundsicherung mit nem Anliegen verbunden sein. Man muss sich dann auch engagieren dafür. Geld zu bekommen ohne was dafür zu leisten, das ist nicht sinnvoll. "*

Zentraler Punkt des Tätigseins, das an der Gemeinschaft ausgerichtet ist, ist der für das Individuum damit verbundene Sinn bzw. das Potenzial sozialer Integration.

„Arbeitslosigkeit ist ebenfalls ein großes Problem, weil viele Leute gar nicht mehr wissen, wozu sie da sind. Viele Leute sind schon seit Jahren zu Hause, die auch keinen Sinn mehr sehen. Und man braucht definitiv einen Sinn für sein Leben. Man braucht eine Aufgabe, und das kann nicht nur das Putzen einer Wohnung sein. So etwas ist tödlich. "

In der tätigkeitsorientierten Perspektive werden Existenzsicherung und Sinnhaftigkeit in der zu erbringenden Tätigkeit zusammengedacht. Einem Tätigsein, dem per se Sinn zugesprochen wird, ist immer auch die Möglichkeit der individuellen Selbstverwirklichung immanent.

Die Entkoppelung der Erwerbsarbeit oder eines gesellschaftlichen Tätigseins von Lohn- oder Transferzahlungen sieht ein kleinerer Teil der Befragten in der Idee eines bedingungslosen Grundeinkommens. Sie gehen ebenfalls davon aus, dass Erwerbsarbeit im herkömmlichen Sinne nicht mehr für alle Erwerbsfähigen ausreichend vorhanden sein wird. Im Unterschied zu jenen, die für Transfereinkommen eine Gegenleistung einfordern, lösen sie den zwangsläufigen Zusammenhang zwischen Lohn gegen Arbeit auf, indem sie die Idee des kreativen Menschen, der sich jenseits der Arbeitspflicht und durch materielle Sicherstellung erst entfalten kann, in den Mittelpunkt stellen. Einige der befragten Frauen aus Ostdeutschland verwiesen in dem Zusammenhang auch auf die durch Arbeitslosigkeit zunehmende Abhängigkeit vom Ehepartner. Diese Beobachtung wird ausschließlich von Frauen wahrgenommen, was nahe legt, dass eine geschlechterspezifische Dominanz der Abhängigkeit vorherrscht. Eine Aktive der Partei Die Linke formuliert diese Einseitigkeit direkt: *„ Wir nennen das hier eigenständige Grundsicherung, um, mit dem Ziel, die Abhängigkeit von Frauen von ihren Männern aufzuheben. "*

Generell wird im bedingungslosen Grundeinkommen die Möglichkeit der Befreiung des Einzelnen vom Arbeitszwang, das darin liegende Potenzial selbstbestimmten Tätigseins sowie die Ermöglichung gesellschaftlicher Teilhabe gesehen. (vgl. weiterführend zur Thematik der sozialstaatlichen Existenz-sicherung Abschn. 4.4)

4.3.4 Armut

In den Einzelinterviews wurde von einem Teil der Befragten, oft in Zusammen-hang mit Arbeitslosigkeit, auch immer wieder das Thema Armut angesprochen. Armut sowie Altersarmut werden angesichts der ökonomischen Veränderungen und des sozialstaatlichen Umbaus als zunehmendes gesellschaftliches Problem wahrgenommen. Dabei wird Armut in der Regel mit gesellschaftlichen Teil-habechancen in Verbindung gebracht. In den Interviews wird in erster Linie nicht auf die aus Armut resultierenden sozialen Verwerfungen hingewiesen, sondern auf die Tendenz einer abnehmenden Chancengleichheit. Diese wird, wie weiter oben schon erwähnt, in einen direkten Zusammenhang mit Bildungs-chancen gebracht.

Niedrige Bildungsabschlüsse erhöhen das Risiko von Arbeitslosigkeit und der Abhängigkeit von Transferzahlungen, und sie erhöhen damit das Risiko von Armut und nicht gelingender gesellschaftlicher Anschlussfähigkeit. Die Frage von gesellschaftlicher Armut stellt sich somit „als Problem der Teilhabe an beziehungsweise des Ausschlusses von den gesellschaftlich realisierten Mög-lichkeiten des Lebensstandards, der politischen Einflussnahme und der sozialen Anerkennung" (Andress / Kronauer 2006: 50). Die Gewährleistung gleicher Bildungszugänge, unabhängig von sozialer Herkunft, ist deshalb die zentrale Forderung der Befragten. Bildung als Garant von Chancengleichheit ist in dieser Orientierung Ausdruck sozialer Gerechtigkeit. Die Interviews zeigen deutlich, dass eine gerechte Gesellschaft in der Vorstellung der Linksaffinen auf einer solidarischen und gemeinwohlorientierten Perspektive beruht. Diese Perspektive hat den Anspruch bzw. das Ziel der sozialen Integration aller Gesellschafts-mitglieder.

4.3.5 Egoismus und Entsolidarisierung

In vielen Interviews kommt bei den Befragten das normative Leitbild einer solidarischen und gemeinwohlorientierten Gesellschaft zu Tage. Dieser Vor-stellung genau gegenläufig wird demgegenüber die momentane gesellschaftliche Realentwicklung interpretiert. Der Großteil der Linksaffinen beklagt eine tendenzielle Ökonomisierung sowie Entsolidarisierung der Gesellschaft. Aus-druck dieser nahezu alle Bereiche durchdringenden Ökonomisierung sei die

Orientierung auf Konsum sowie die Zunahme egoistischen Verhaltens. Eine jüngere Aktive bei Bündnis 90 / Die Grünen dazu: *„Ja, dass jeder, also dass viele nur an sich denken. Und fast alles auf Konsum ausgerichtet ist. "* Konsumorientierung und Egoismus haben laut eines Großteiles der Befragten ihre Ursache in der Dominanz des kapitalistischen Wirtschaftssystems (vgl. Abschn. 4.1). Die Etikettierung des Wirtschaftssystems als kapitalistisches wird dahingehend zugespitzt, dass es die Suspendierung des Sozialen und die Dominanz des Eigennutzes unterstreiche. Dementsprechend sei in der Gesellschaft die Zunahme von Egoismus bei gleichzeitiger Abnahme der Solidarität die scheinbar logische Folge eines Kapitalismus, der sich aus den Bandagen einer sozialen Marktwirtschaft und des ihr komplementären Sozialstaates befreit. Deutlich auf den Punkt gebracht wird die Wahrnehmung einer zunehmenden Entsolidarisierung bei einem jüngeren inaktiven Mitglied von Bündnis 90 / Die Grünen:

„Unsere Gesellschaft ist charakterisiert durch einen abnehmenden Zusammenhalt und eine zunehmende soziale Spaltung. (...) Im gesellschaftlichen Denken fehlt mittlerweile, dass die, die mehr Kapital haben, auch eine Verantwortung haben, schwächere Mitglieder mitzutragen. Das müsste aber ein zentraler Gedanke einer Gesellschaft sein. (...) Die Gesellschaft wird immer mehr, entsolidarisiert sich immer mehr. "

Dieser Befund korrespondiert auch mit den Ergebnissen der repräsentativen Bevölkerungsumfrage. Über 80 Prozent der Befragten sehen im Wohlstandsegoismus eine manifeste Gefahr für den sozialen Zusammenhalt der Gesellschaft. In der Tendenz stimmen eher Frauen und Menschen aus den Neuen Bundesländern dieser Auffassung zu. Bei den Jüngeren der Befragten können allerdings mehr als ein Viertel dieser Auffassung eher nicht oder überhaupt nicht zustimmen. Möglicherweise zeigen sich an dieser Stelle Risse im Generationenvertrag, der wegen der Belastung jüngerer Generationen im Zuge der Rentendiskussionen Jüngere zu einer prononcierteren Stellungnahme herausfordert.

	stimme voll zu	stimme eher zu	stimme eher nicht zu	stimme überhaupt nicht zu	Gesamt
Linksaffine	55,9%	29,1%	11,3%	3,6%	100%
Tendenzlose	47,7%	33,5%	15,6%	3,2%	100%
Rechtsaffine	39,9%	31,8%	20,1%	8,2%	100%
Gesamt	48,5%	31,8%	15,3%	4,5%	100%

Abbildung 21: Einstellungen zum Wohlstandsegoismus nach politischer Orientierung (Statement: „Der Wohlstandsegoismus zerstört das Empfinden für eine solidarische Gesellschaft.")

Die Zustimmungs- bzw. Ablehnungswerte zwischen Linksaffinen, Tendenzlosen und Rechtsaffinen unterscheiden sich zwar teilweise erheblich, aber sie erreichen in der Zustimmung der einzelnen Gruppierungen jeweils eine deutliche Mehrheit. So stimmen 85 Prozent der Linksaffinen, 81 Prozent der Tendenzlosen und 72 Prozent der Rechtsaffinen dem Statement „Der Wohlstandsegoismus zerstört das Empfinden für eine solidarische Gesellschaft." voll bzw. eher zu.

Der Zusammenhang zwischen Ökonomisierung, Konsumorientierung und Individualismus wird von nahezu allen Linksaffinen sowohl als Bedingung als auch als Resultat eines „Mehr" an Kapitalismus interpretiert. Dabei wird nicht einem emanzipatorischen Individualismus das Wort geredet, der zur Steigerung biografischer Freiheit führt, sondern einem Individualismus, der, bereit zu erhöhter Flexibilität, statussichernde Betriebszugehörigkeiten und Rechtssicherheiten einschrumpft, zur Entsolidarisierung beiträgt, und der letztlich den Eigennutz ins Zentrum des Handelns rückt. In diesem Zusammenhang stellen Hartmann und Honneth fest, dass die „neoliberale Umstrukturierung" fortschrittliche Prozesse (Individualismus als emanzipatorischen Prozess) zwar nicht rückgängig mache, sie aber in ihrer Bedeutung und Funktion nachhaltig verändere (vgl. Hartmann / Honneth 2004). Die Folgen dieser Entwicklung, so lässt sich konstatieren, manifestieren sich in einer (neuen) Klassengesellschaft, die sich in Begriffen wie „Unterschicht", „Prekariat", „Abgehängte", „Überflüssige", „Verlierer" etc. äußert. So wird auch im öffentlichen Diskurs sichtbar, wie anhand der um den Sozialstaat und um soziale Gerechtigkeit geführten Debatten das soziale Gefüge hinsichtlich „Anrechten und Angeboten" (vgl. Dahrendorf 1994) neu verhandelt wird. Der Großteil der linksaffinen Befragten geht in diesem Zusammenhang von einer weiteren sozialen Spreizung in der Gesellschaft aus, in deren Folge die sozialen Spannungen zunehmen werden. So kommentiert ein junger Sympathisant von Bündnis 90 / Die Grünen: *„Es steckt viel Sprengstoff darin, immer wieder herauszustellen, dass die, die arbeiten, die Leistungsträger sind, auf deren Kosten Millionen von Menschen leben."*

Dabei bleibt die Richtung der zu erwartenden Spannungen diffus. Sofern nicht von einer Minderheit der Befragten von einem zwar radikalen, aber eher abstrakten Systemwechsel gesprochen wird, bleibt die mögliche Alternative auf einen bewahrenswerten bzw. neu zu konzipierenden Sozialstaat gerichtet. Offen bzw. streitbar ist auch hier beim größten Teil der Befragten, wie sich dieser finanzieren lasse und wie die Anrechte von den einzelnen Gesellschaftsmitgliedern erworben werden sollten (vgl. Abschn. 4.4).

4.3.6 Soziale Integration als Querschnittsthema

Soziale Integration ist das Feld, in dem Arbeitslosigkeit, Armut, Teilhabechancen und Bildung in einen Zusammenhang gebracht werden. Ist Bildung Voraussetzung, um Arbeitslosigkeit zu bekämpfen und Teilhabechancen zu garantieren, so helfen Letztere, Armut und Abhängigkeit von Sozialsystemen zu vermeiden. An den Rechten und Pflichten derjenigen, die soziale Hilfe in Anspruch zu nehmen gezwungen sind, entspannt sich die öffentliche Debatte, die auch unter Linksaffinen unterschiedliche Argumentationsmuster und Positionen aufzeigt. So fordert der kleinere Teil, die Unterstützung nicht von Forderungen der Gesellschaft abhängig zu machen, während der größere Teil die Pflichten der Unterstützten gegenüber der Gesellschaft zur Geltung bringen. Dass gerade anhand der Themen Arbeitslosigkeit und Bildung die Tendenzen einer zunehmenden gesellschaftlichen Entsolidarisierung problematisiert werden, schließt nicht aus, dass unter Linksaffinen teilweise die Pflichten von Alimentierten gegenüber ihren Rechten in Stellung gebracht werden. Dieses Muster der Argumentation lässt sich dahingehend interpretieren, dass der Gemeinschaft tendenziell eine höhere Bedeutung als der Solidarität zugeschrieben wird. In dem Maße, in dem der Wert von Gemeinschaft für die Stabilität von Gesellschaften zunehmend anerkannt wird, wächst die Forderung, die Alimentierten an ihre Pflichten gegenüber der Gesellschaft zu erinnern und diese Pflichten auch abzuverlangen. Diesem Argumentationsmuster liegt der Grundsatz Leistung gegen Teilhabe zu Grunde. Abgesehen davon, dass dieser Grundsatz quasi für diejenigen, die zu Gegenleistungen verpflichtet werden (sollen), nicht mehr besteht, wird der Anspruch Leistung gegen Gegenleistung aufrecht erhalten.

In politischer Hinsicht wird in diesem Kontext Formen der direkten Demokratie das Wort geredet. Darin werden vor dem Hintergrund zunehmender Politikverdrossenheit und Lethargie für die Vertreter dieser Idee die Konturen einer aktiven Bürgergesellschaft sichtbar. Eingebettet in diese Denkfigur ist eine Orientierung auf mehr Gemeinsinn als Reaktion auf einen von den Linksaffinen konstatierten verbreiteten gesellschaftlichen Egoismus und auf die steigenden Ausschlusstendenzen der sogenannten „Abgehängten". Die Fokussierung auf eine Gemeinwohlorientierung setzt damit auch die stärkere Thematisierung von Pflichten des Einzelnen gegenüber der Gesellschaft auf die Tagesordnung.

In der Orientierung auf Gemeinschaft wird versucht, die Problematik der sozialen Anerkennung aufzulösen. Soziale Anerkennung wird in erster Linie durch die Vergütung leistungsgerechter Erwerbsarbeit zugeschrieben. Dies erklärt auch, warum der Versuch, Erwerbs-, Familien- und freiwillige Arbeit gleichzustellen, nicht gelingt. Fehlt Erwerbsarbeit, führt das zwangsläufig zur gesellschaftlichen Degradierung der sozialen Anerkennung, die, auf Dauer gestellt, dann möglicherweise auch von den betroffenen Personen in die eigene Innenperspektive übernommen wird. Die Orientierung auf Gemeinsinn resultiert, wie durch die qualitativen Untersuchungen gezeigt werden konnte, aus der Ambition der Linksaffinen, der neoliberalen Forderung nach mehr Marktfreiheit etwas entgegenzusetzen. Einem negativ konnotierten, am Eigennutz ausgerichteten Individualismus wird die Idee einer sozial integrativen Gemeinschaft gegenübergestellt. Durch diesen auf Gemeinschaft gerichteten Fluchtpunkt liegt es nah, die Pflichten des Einzelnen gegenüber der Gemeinschaft verstärkt in den Blick zu nehmen. Damit wird aber das beabsichtigte kritische Moment teilweise unterlaufen. Indem die Pflichten des Einzelnen zu Lasten seiner Rechte in den Mittelpunkt der Debatte um soziale Integration rücken, wird letztlich der neoliberalen Argumentation um die Neuverhandlung von Anrechten auf soziale Sicherung Vorschub geleistet.

Insgesamt lässt sich sagen, dass die Linksaffinen nach wie vor in ihren Wertorientierungen verstärkt an sozialer Gerechtigkeit und libertären Werten (Partizipation; direkte Demokratie; Gleichstellung der Geschlechter; Umweltschutz, etc.) ausgerichtet sind. In der Wertausrichtung auf die politische Ordnung werden aber verstärkt politische Regularien in Bezug auf die Wirtschaft eingefordert, da der Glaube an einen sich selbst regulierenden Markt vollends abhanden gekommen ist.

4.3.7 Klimawandel und Umweltschutz

Im Klimawandel und Umweltschutz sehen Linksaffine ein weiteres brisantes Problemfeld. Während ein gutes Drittel der offenen qualitativen Einzelinterviews auf die Dringlichkeit dieses Problems verweist, sind es allerdings in der repräsentativen Umfrage, die relational nach den dringendsten gesellschaftlichen Problemen fragt, nur gut ein Zehntel der Befragten, die dieses Thema auf die Agenda heben.

Wider Erwarten lässt sich bei diesem Thema keine klare Gruppenzuordnung ausmachen. Unabhängig von politischer Orientierung, Alter, Geschlecht und Region (inkl. Stadt / Land) ist diese Position im Sample gleichgewichtig vertreten. Eine berentete Ingenieurin aus Ostdeutschland, die in der Partei Die Linke aktiv ist, sieht den Klimawandel als dringendstes Problem:

> *„Global sehe ich an erster Stelle das Klima. Ob das nun alles vom Menschen ausgeht, weiß ich nicht. Aber der Mensch ist der Einzige, der etwas machen kann. Also muß er auch etwas machen. Da habe ich gar keine Zweifel. Und die Berichte und so sind ja eindeutig. Da muss viel mehr Kraft rein, als da jetzt im Moment geschrieben und gehandelt wird.*

Es wird da auch um Verzichte gehen. (...) Ich halte die am Himmel stehende Klimakatastrophe für real. Und dorthinein müssten 90 Prozent der Energie und des Geldes investiert werden – global gesehen. Wie man das Indern und Chinesen beibringt, weiß ich nicht. Denn die muss man ja erst einmal aufholen lassen. "

Ein jüngerer, im Managementbereich tätiger, inaktiver und parteiloser Befragter aus den Alten Bundesländern sieht ebenfalls den Klimawandel als dringendstes gesellschaftliches Problemfeld:

„Also global, gesellschaftlich, ganz klar, Finanzkrise hin oder her, mir eigentlich völlig schnurz, die die Klimaveränderung. Das ist, wenn man da ein bisschen recherchiert, da guck ich eigentlich immer selber viel, über alle Medien hinweg, das zieh ich mir rein. Und wenn man da einen Bericht über den Permafrostboden in Sibirien oder die mangelnde Reflektionskraft des Kontinents, der eigentlich Eis sein sollte, liest, kriegt man echt das Grausen, das steht für mich über allem. "

Klima- und Umweltschutz werden als die großen zukünftigen Herausforderungen für die Menschen in globaler Perspektive angesehen. Im Unterschied zu den anderen Problemfeldern wird eine klare Abgrenzung zwischen nationaler und globaler Ebene nicht vorgenommen. Tendenziell wird die Gefährdung des Klimas und der Umwelt der Logik des momentanen Wirtschaftens und der darin eingebetteten Profitorientierung zugeschrieben. Einstimmigkeit besteht im Antagonismus von Profitmaximierung und umweltschonendem Wirtschaften.

Im Fokus des Klima- und Umweltschutzes lassen sich mehrere kritische Punkte an der vorherrschenden Wirtschaftslogik verbinden: Trotz besseren Wissens werden klima- und umweltzerstörende Tendenzen in Kauf genommen, wird der Raubbau an den natürlichen Ressourcen fortgesetzt, der industriebedingte Schadstoffausstoß nur minimal gemindert, und damit nicht nur die Gefährdung der Lebensgrundlagen aller Menschen in globalisierter Perspektive aufs Spiel gesetzt, sondern auch die der kommenden Generationen.

Das Thema Klima- und Umweltschutz fungiert für jene Befragten, die dieses Thema auf die Agenda der zu behandelnden Probleme heben, als eine Art Konsensthema. Einigkeit besteht über die Brisanz dieses Themas und den dringenden Veränderungsbedarf im umweltpolitischen Bereich. Dieser Konsens beinhaltet aber nicht die gleiche Positionierung in gesellschaftspolitischen Fragen. Hier können gleichzeitig sehr unterschiedliche Auffassungen bestehen. Als Beispiel kann die folgende Interviewpassage mit einem parteilosen Versicherungsangestellten gelten, der eine politische Diskussion unter Freunden schildert:

„Ich hab vor allen Dingen halt eine Diskussion vor Augen (...) Ja gut Arbeitsverteilungen, Reichtumsverteilungen natürlich, also die Ungleichverteilung. Im Zuge des, das war das absolute Kernthema gewesen. Also wir sind alle ökologisch eingestellt. Des ist kein Thema (...) Es konnte auch verdammt hitzig werden, ja. Also extrem gegensätzliche Positionen, dass teilweise geschrien wurde. /Interviewer: Hattet ihr denn eine grundsätzlich unterschiedliche politische Intere-, oder Linie? / Intentionen. Njah, wenn ich mir das so überlege, ja, ja schon. Es kam dann schon zu größeren, also Linien muss man sagen. Es fing an quasi mit irgendeinem tagespolitischen Einwurf von irgendjemanden, ja. Irgendeiner sagt ahm: Von drei Euro fünfzig kann ein Mensch gut leben. Das war was weiß ich Hartz IV-Diskussion, und da kann man sich natürlich wunderbar aufh-, ja aufheizen oder. Also nach dem Motto so, Fremdverschulden, Selbstverschulden, Arbeitslosigkeit, ähm Solidarität, ist ja n`riesen Thema, das man da aufwerfen kann. Neoliberale Position versus ähm, jaa, die linken Positionen beziehungsweise keynesianischen Positionen. Und da ging es schon heiß her, weil die Leute verschiedene Einstellungen zu dem Thema haben, sozusagen."

Diese Interviewpassage macht am Beispiel einer Alltagsdiskussion unter Freunden deutlich, wie stark die politischen Positionen innerhalb eines sozialen Zusammenhangs, der auf einem „ökologischen" Grundverständnis gründet, hinsichtlich sozialer Ungleichheit differieren. Die politische Gemeinsamkeit bündelt sich hier in der „ökologischen" Frage, in der man sich einig ist. Daraus lassen sich aber keine Gemeinsamkeiten in der sozialen Frage ableiten. Im Gegenteil, sie stellen den sozialen Zusammenhang – die Freundschaft der Diskutanten – auf die Probe. Die Passage lässt sich dahingehend interpretieren, dass es unter Linksaffinen einen etablierten ökologischen Grundkonsens gibt, während der sozialpolitische Grundkonsens aufgelöst scheint bzw. neu verhandelt wird.

Insgesamt lässt sich ein kritisches Problembewusstsein hinsichtlich Klima- und Umweltveränderung konstatieren. Der vorherrschenden Wirtschaftsweise wird ein grundsätzliches Profitinteresse unterstellt, das ökologische Belange in den Hintergrund schiebt bzw. diese der Logik des Profits unterwirft (vgl. Abschn. 4.1).

Dem globalisierten Kapitalismus neoliberaler Prägung wird eine umweltzerstörerische Dynamik attestiert, die weder das Versprechen einer weltweiten Demokratisierung einlöst noch die Teilhabe aller am erwirtschafteten Wohlstand. Zur Kritik an den zerstörerischen Tendenzen für die Umwelt, die auch die kommenden Generationen inkludieren, gesellt sich die Kritik an der Bedrohung der ärmeren Völker in der Dritten Welt. Die Klima- und Umweltzerstörung durch den globalisierten Kapitalismus ist also nicht der Preis für weltweiten Wohlstand und Demokratie, für die Linderung von Armut und Hunger und die Verhinderung von Kriegen, sondern im Gegenteil, er ist ihre Ursache. Das Thema Klima- und Umweltschutz ist zu einem Querschnittsthema geworden, in dem sich die Themen Gerechtigkeit, Ungleichheit, Partizipation und Demokratie überschneiden. Das erzeugt eine Anschlussfähigkeit sowohl materialistischer als auch postmaterialistischer Perspektiven.

4.3.8 Kriegseinsätze

Kriege bzw. Kriegseinsätze sind ebenfalls ein Thema in der Problemwahrnehmung der Befragten. Während es in der repräsentativen Umfrage nahezu genauso häufig wie das Umweltthema benannt wurde (ca. von einem Zehntel der Befragten), hoben es in der Interviewbefragung deutlich weniger als dringendes Thema auf die Tagesordnung als den Klima- und Umweltschutz. Im Kern geht es bei den Kommentaren zu Kriegseinsätzen der Bundeswehr um die Legitimität solcher Einsätze. Diejenigen, die dieses Problemfeld in den Interviews thematisieren, sehen in den Kriegseinsätzen den Kampf um Ressourcen und deren Sicherung für nationale wirtschaftliche Interessen. Damit erklärt sich zum Teil auch der im Wesentlichen positive Bezug auf die Weigerung der Bundesregierung unter Gerhard Schröder, den zweiten Irak-Krieg durch deutsche Soldaten zu unterstützen. Diese Position wird von weiten Teilen der Befragten aufgegriffen und nimmt als antimilitaristischer Politikansatz nahezu identitätsstiftenden Wert an. Die öffentliche Legitimierung des Afghanistan-Einsatzes: Die Verteidigung der Menschenrechte (oder: Deutschland werde am Hindukusch verteidigt) wird von den Befragten abgelehnt bzw. angezweifelt.

In der direkten Frage nach dem Afghanistan-Einsatz in der Fokusgruppenuntersuchung zeichnet sich allerdings ein differenzierteres Bild ab. Dort reicht der Bogen von genereller Ablehnung über vorsichtige Zurückhaltung auf Grund eigener Kompetenzunsicherheiten bis zu vorsichtiger Bejahung, die sich auf einen Vertrauensvorschuss in den Bundestag bezieht. Auffällig ist, dass die hier vorgebrachte Kritik hinsichtlich des Afghanistan-Einsatzes unter dem Hinweis auf thematische Inkompetenz von einigen der GruppendiskussionsteilnehmerInnen immer wieder relativiert wird. Die Beurteilung von Kriegseinsätzen erfordert offenbar auf Grund des komplexen Hintergrundes ein Expertenwissen. Die Relativierung der subjektiven Beurteilungen hebt die Unsicherheit der Befragten in Bezug auf den politischen Standpunkt zu Kriegseinsätzen hervor. Allerdings muss hier beachtet werden, dass in der Diskussion um den Afghanistan-Einsatz eine beachtliche dynamische Entwicklung zu konstatieren ist. Als die Fokusgruppeninterviews erhoben wurden, war der Einsatz der Bundeswehr eher einer Entwicklungshilfeaktion vergleichbar als einem Kriegseinsatz.

4.3.9 Weitere gesellschaftliche Problemfelder: Rechtsextremismus, Familienpolitik, Gleichstellung der Frau

Weitere Themen, die von Befragten aufgeworfen wurden, sind a) Rechtsextremismus, b) Familienpolitik und c) die Gleichstellung der Frau. Diese Themen werden in der Interviewbefragung nur von einem kleineren Teil der Befragten als drängende gesellschaftliche Probleme angesehen. In der repräsentativen Umfrage werden diese Themen mit Ausnahme der Familienthematik nicht genannt. Das Thema Familien ist dort unter „soziale Problemlagen" eingeordnet, die bei den Erstnennungen an dritter Stelle, nach „Wirtschaft / Finanzen" und „Arbeitslosigkeit" stehen.

Ad a) Rechtsextremismus

Als dringendes gesellschaftliches Problem wird Rechtsextremismus sowohl von Jüngeren als auch von Älteren des Samples benannt. Zum einen ist Rechtsextremismus in den Antifa-Gruppen ein zentrales Thema politischen Engagements. Viele Jüngere beginnen ihre politische Aktivität in einer Antifa-Gruppe und kommen dort unmittelbar mit diesem Thema in Berührung. Zum anderen ist Rechtsextremismus aber – meist für Jugendliche – zu einer zunehmenden alltagsrelevanten Konfrontation bzw. einem Angebot im unmittelbaren Lebensumfeld geworden, die bzw. das auch eine Positionierung herausfordert (vgl. Kap. 5). So beschreibt eine 19-jährige Schülerin aus Brandenburg die sich zuspitzende Präsenz rechtsradikaler Jugendkultur in einer brandenburgischen Kleinstadt. Gut sichtbar wird in dieser Ausführung die lebensweltliche Präsenz rechter Jugendkultur, die das Politische scheinbar in den Hintergrund rückt.

„Alle sagen, die wollen die Rechtsradikalen weiter runter bringen, also dass es sie sozusagen bald gar nicht mehr gibt, aber irgendwie werden es immer mehr. Was mich halt da hauptsächlich daran interessiert, ist, dass die meisten Rechtsradikalen gar keine Ahnung haben. Sie haben sich zum Beispiel die Frisur von Punks zugelegt, was ja die komplett andere Richtung ist, und sind einfach nur noch Mitläufer. Das heißt, an sich ist es gar nichts mehr Politisches bei denen. Sondern nur, ja, die ham Glatze, will ich auch eine haben, so in der Art. Und äh, so wirklich politisch sind die gar nicht mehr. Nur dass halt, dass es dem Staat nicht möglich ist, das alles wieder ein bißchen flach zu halten. (..) Weil es

*immer mehr wird. Also man sieht, dass es nicht weniger wird. Die
kriegen jetzt ja schon eigene Klubs und alles Mögliche, in Sachsen haben
sie jetzt einen gekauft, wogegen auch die Bevölkerung von dem Dorf
rebelliert sozusagen, aber bekommen tun sie es trotzdem."*

Diese Aussagen korrespondieren auch mit denen der befragten Jugendlichen aus
den Fokusgruppen. Die Positionierung zu rechtsextremen Tendenzen und Kon-
frontationen resultiert hier zunehmend aus den persönlichen Erfahrungen im
sozialen Nahbereich und weniger aus einer politischen Haltung zum Thema
Rechtsextremismus. Die Polarisierung durch rechtsradikal Orientierte in den
sozialen Nahräumen erzwingt ganz offensichtlich eine politische Positionierung,
die sich in einem Für oder einem Gegen äußert. Eine Teilnehmerin einer
Gruppendiskussion von FsJlern (freiwilliges soziales Jahr) in einer sächsischen
Stadt dazu:

*„Ich bin in der sächsischen Schweiz aufgewachsen, da gibt es nur, also
äh entweder du bist Nazi oder du hast ein Problem. Auf den Dörfern da
so ist das extremer. Und, äh also kannst du nur sagen: entweder du bist
ein Nazi oder du bist dagegen."*

Politisches Interesse und Aktivität laufen somit zwangsläufig, sofern sie nicht
durch zur Schau gestelltes politisches Desinteresse eine unpolitische Haltung
vorgeben, auf eine Gegenposition zum Rechtsextremismus hinaus. Die Verbreitung rechter Ideologie und Kultur vor allem unter Jugendlichen führt zu einer
Diffusion rechter Ideologie in die Alltagskultur von Jugendlichen. Inwieweit das
teilweise in den Familien mitgetragen wird, konnte bis auf einzelne Fälle, die
eine Konfrontation innerhalb der Familien austragen, nicht eruiert werden. Eine
Selbstständige mittleren Alters, die in der SPD aktiv ist, beschreibt die
Auseinandersetzung mit rechtsradikalen Ansichten im familiären Beziehungs-
zusammenhang:

*„Politik spielt im Alltag ne große Rolle. Also ich verfolge das in der
Presse, Zeitung les ich jeden Tag. Mit meim Mann diskutier ich och am
Frühstückstisch oder mit meim Sohn. Mein Sohn, der ist neunzehn Jahre
alt. Äh, hat äh ja Jugendliche um sich, die aus sehr sozial schwachen
Verhältnissen kommen. Und da kann ich gleich sagen, muss ich oft vieles
gerade rücken am Tisch, also Richtung rechts, obwohl er gar nicht so
groß geworden ist. Aber die tauschen sich aus, und da geht's, Ausländer,
die und ne? Also es gibt so Sachen, wo die Alarmglocken bei mir hoch-
gehen und ich sach, hallo, was passiert denn jetzt mit deinem Jungen. Ich
bin ein toleranter Mensch und mein Mann, a-, na ja, Männer, diskutieren
auch manchmal schräg am Tisch, ja. Aber, ja, wie soll ich das sagen, äh,*

sie sehen's nicht als rechte Äußerung an, was se da machen, aber es sind welche. "

Deutlich wird an dieser Passage nicht nur, wie durch die Präsenz rechter Subkulturen in den sozialen Nahräumen diese Subkulturen attraktiv für Jugendliche werden, die *„gar nicht so groß geworden sind"*, sondern auch, wie eine latente Fremdenfeindlichkeit der Eltern bzw. eines Elternteils die Orientierung der Jugendlichen beeinflusst und / oder bestätigt *(„Männer, diskutieren auch manchmal schräg am Tisch").*

Im Umkehrschluss kann die Preisgabe des öffentlichen Raumes – vor allem in strukturschwachen Regionen – durch demokratische Parteien und öffentliche Institutionen als Mitverursacher dieser Entwicklung angenommen werden.

Ad b) Familienpolitik

Familienpolitische Themen werden als dringendes gesellschaftliches Problem ganz überwiegend von Frauen thematisiert. Die Problematisierung der Familienpolitik zielt dabei in erster Linie auf die Dimension sozialer Ungleichheit. Angesprochen wird zum einen die soziale Schlechterstellung Alleinerziehender und sozial bedürftiger Familien. Zum anderen geht es um die Gefährdung gleicher Bildungs- und Entwicklungschancen der Kinder aus sozial benachteiligten Familien. In einem erweiterten Verständnis wird aber vor allem auf die sozialen Schließungstendenzen verwiesen. Eine politisch Aktive in der Partei Die Linke sieht die Bildung vor allem bei Kindern aus sozial schwächeren Familien gefährdet.

> *„Aber das Soziale noch mal, also Arbeiterkinder heute, wenn's die überhaupt noch gibt, in dem Sinne Arbeiterkinder, wahrscheinlich wenn's keene Arbeiterklasse mehr gibt, gibt's och keene Arbeiterkinder mehr, die ham nicht die Möglichkeit heute, zu studieren, das geht gar nicht. Jedes Land versucht nun mit den Schulgebühren, mit den Studiengebühren das immer wieder abzuwälzen. Leute, die heute Geld haben, versuchen ihre Kinder in ne Privatschule zu schicken, damit se nich diese hässliche staatliche Schule, die ja nun sehr in der Kritik und in der Diskussion steht, mitmachen müssen. Also vielleicht ist das so mein Urinstinkt, dass ich sage, jedem die gleichen Möglichkeiten, die gleichen Chancen, diese Gerechtigkeit für alle. "*

Der von ihr verwendete Terminus „Arbeiterkinder" und ihre Überlegungen zur „Arbeiterklasse" deutet auf eine Unsicherheit der Befragten hinsichtlich der Definierung der Betroffenen hin. Um die unterschiedliche Chancengleichheit durch Bildung deutlich zu machen, greift sie auf die Differenz zwischen Privatschulen und der „hässlichen staatlichen Schule" zurück. Der unterschiedliche Zugang zu den Schulen wird über Geld gesteuert und ist somit sozial verortbar.

Die sozialstaatliche Gewährleistung sozialer Mobilität wird im Sinne sozialer Gerechtigkeit als obligatorisch angesehen. Damit stellt dieses Problemfeld den Bezug zum Problemfeld Bildung her.

Ad c) Gleichstellung der Frau
Das Thema wird in erster Linie von Frauen mittleren und reiferen Alters benannt, die in der Regel auf eine erfolgreiche Erwerbs- und / oder Engagementbiografie zurückschauen. Dabei werden im Rückgriff auf die eigenen Erwerbs- und / oder Engagementbiografien die Schwierigkeiten in einer von Männern dominierten Berufs- und Politikwelt in den Fokus gerückt und auf die Bedeutung des Sich-Behauptens gegen die Männerdominanz verwiesen. Es gibt aber auch Verweise darauf, dass auf Grund der schlechten Bedingungen am Arbeitsmarkt, neue alte Formen finanzieller Abhängigkeiten entstehen. Gerade Frauen sind hier zunehmend die Betroffenen, die trotz Erwerbstätigkeit die eigene Existenz nicht sichern können. Auf diese Tendenz entstehender Abhängigkeiten weist eine bei Bündnis 90 / Die Grünen Aktive mittleren Alters hin.

„Ja, dass die eigenständige Existenzsicherung von Frauen vorangetrieben und wirklich realisiert wird. Da ist auch Etliches passiert. Aber in der Realität ist es nicht so. Da, es gibt viele Frauen, die gerade im Niedriglohnsektor arbeiten."

In diesem Zusammenhang werden auch Formen geschlechtsspezifischer Abhängigkeitsmuster reaktiviert, die die ökonomische Gleichwertigkeit der Geschlechter in familiären Beziehungen und damit letztlich gleichberechtigte Partnerschaften unterlaufen. Diese Form der ökonomischen Partnerabhängigkeit stellt emanzipatorische Standards in Frage und ist insbesondere für Frauen, die durch den Verlust einer existenzsichernden Erwerbsarbeit ihre bisherige ökonomische Unabhängigkeit verlieren und auf den Partner verwiesen sind, eine Neuauflage geschlechtspezifischer Abhängigkeitsmuster, die tendenziell überwunden schienen.[18] Die eben zitierte politisch Aktive bringt dieses durch die

---

18 Hinsichtlich der geschlechtsspezifischen ökonomischen Unabhängigkeit ist allerdings auf die deutlichen Unterschiede in den Erwerbsbiografien zwischen ost- und westdeutschen Frauen hinzuweisen. Während die Erwerbsquote der Frauen in Westdeutschland von 1950 bis 2004 kontinuierlich anstieg, von 43,7 Prozent 1950 auf 64,5 Prozent 2004, stieg die Erwerbsquote von Frauen in Ostdeutschland von 51,9 Prozent 1950 auf 89 Prozent 1989, und fiel bis 2004 auf 79,9 Prozent. Wimbauer (2006) verweist zudem im Zusammenhang von Erwerbstätigkeit von Frauen auch auf das Erwerbsarbeitsvolumen erwerbstätiger Frauen in Deutschland insgesamt, das in den letzten Jahren nahezu gleich geblieben sei. Grund dieser scheinbaren Stabilität ist eine geschlechterspezifische Ausweitung der Teilzeitbeschäftigung und der geringfügigen Beschäftigung. (vgl. Wimbauer 2006: 143)

eintretende Abhängigkeit evozierte Unbehagen auf den Punkt: „*Ich war in meinen Entscheidungen absolut selbstständig, ökonomisch unabhängig. Als ich dann arbeitslos wurde und dann von meinem Mann abhängig war, hat mir das große Probleme bereitet.*"

Die Frage der Existenzsicherung verweist neben der weiter oben schon aufgeführten generellen Problematik zur Entstehung massenhafter sozialstaatlicher Abhängigkeiten auch auf einen modifizierten Rückgriff geschlechtsspezifischer Abhängigkeitsmodelle. Eine offene Frage ist dabei, wie und unter welchen Bedingungen sich solche Modelle im Alltag etablieren. In diesem Zusammenhang wäre auch der Frage nachzugehen, ob die bisher erreichten Erfolge hinsichtlich geschlechtspezifischer Ungleichheiten auf dem Arbeitsmarkt verloren gehen und eine stille Renaissance erfahren.

Dass die jüngeren Frauen des Samples diese Problematik nicht benennen, mag daran liegen, dass sie keine oder geringere Diskriminierungserfahrungen gemacht haben. Das ist sicherlich der bisher kürzeren Lebenszeit in arbeitsmarktlichen Konkurrenzsituationen geschuldet, aber auch dem Selbstverständnis gleichberechtigter geschlechtsspezifischer Standards. Naheliegend ist zudem auch, dass gerade auf Grund der gesellschaftlich etablierten geschlechtsspezifischen Standards diese Problematik zunehmend individualisiert wird. Beruflicher Erfolg oder Misserfolg kann somit auf die eigene Leistungsbereitschaft und -optimierung zurück geführt werden.

4.4 Positionen zur sozialstaatlichen Existenzsicherung

Erwerbsarbeit und die daran gekoppelte Altersrente sowie die Sozialleistungen im Falle einer Arbeitslosigkeit sind ein zentraler Integrationsmodus moderner Gesellschaften. Sie gewährleisten die materielle Existenzsicherung der Bürger und deren soziokulturelle Teilhabe an der Gesellschaft. Allerdings hat das entsprechende normative Leitbild der Integration über Erwerbsarbeit in den letzten Jahrzehnten Risse bekommen. Verstärkt werden Alternativmodelle gefordert und diskutiert. Hintergrund dieser Suche sind die gravierenden Veränderungen seit den 1970er Jahren: anhaltende Massenarbeitslosigkeit und wiederkehrende Wirtschaftskrisen sowie der neoliberale Umbau des Tarif- und Beschäftigungssystems (insbesondere zunehmend prekäre Arbeitsverhältnisse; staatliche Arbeitsmarktreform mit dem ideologischen Leitbild des „Förderns und Forderns").

Im Folgenden werden die Bezugnahmen der Linksaffinen zum Problem der sozialstaatlichen Existenzsicherung dargestellt. Hierbei geht es um typische linke Positionen, aber auch um Divergenzen innerhalb der Linksaffinen.

Zunächst wird dargestellt, wie die sozialpolitischen Maßnahmen seit der Ära Schröder eingeschätzt werden (4.4.1). Der schwindenden Dominanz der Erwerbsarbeit als Instrument der materiellen Existenzsicherung für alle Bürger wird im linksaffinen Spektrum mit unterschiedlichen normativen Positionen begegnet. Diese Positionen sind Gegenstand des anschließenden Abschnitts (4.4.2). Neben einer Stärkung bzw. Restituierung des gegenwärtigen Modells werden auch grundsätzliche Alternativen zum bisherigen, erwerbszentrierten System sozialstaatlicher Existenzsicherung erwogen. Es handelt sich insbesondere um das Bürgergeld oder das bedingungslose Grundeinkommen. Im letzten Abschnitt (4.4.3) wird ausgehend von unseren empirischen Befunden gezeigt, dass die Akzeptanz solcher sozialstaatlicher Alternativmodelle im linksaffinen Spektrum jedoch auf Grund tief verankerter arbeitsgesellschaftlicher kultureller Dispositionen bei Linksaffinen eher gering ausgeprägt ist.

4.4.1 Bewertungen des neoliberalen Sozialstaatsumbaus

Grundsätzlich wird von den Interviewten der Sozialstaat als zentrale gesellschaftliche Institution angesehen, die es zu erhalten und auszubauen gilt. Der Abbau sozialstaatlicher Leistungen wird kritisiert. Gleichwohl dringen in die Ränder des linksaffinen Spektrums hegemoniale neoliberale Deutungsmuster ein, die auch die Bewertung des Sozialstaates beeinflussen. Wichtiger Indikator hierfür ist die in vielen Interviews anzutreffende Einschätzung, dass der Sozialstaat in Deutschland „insgesamt gut" sei. Ein Facharbeiter mit Migrationshintergrund führt aus:

> „Also der Sozialstaat in Deutschland ist sehr sehr gut zum Beispiel. /I: Mhm.// Also kann vielleicht sein, dass das noch verbessert werden muss, aber ist auf jeden Fall besser als in anderen Ländern./I:Im Vergleich zu?// im Vergleich zu Amerika. /I: Mh./ Ein gutes Beispiel. Da gibts keine Sozial- Sozialversorgung, gar nichts. /I: Mh.// Also die Kranken, die krank sind, müssen selber Beiträge bezahlen oder selbst, wenn man krank ist, muss man da selbst irgendwas zahlen."

Der zu Grunde liegende Bewertungsmaßstab für den guten Sozialstaat in Deutschland ist ein diffuser kontrastierender Vergleich mit anderen Ländern. In der Regel wird auf ökonomisch schwächere Länder Bezug genommen oder – wie in diesem Fall – auf Länder mit weniger avancierten Sozialstaatssystemen. Dagegen bleibt ein Vergleich mit jenen Ländern aus, die ein ähnliches Wohlstandsniveau wie Deutschland aber ein noch umfassenderes Sozialsystem aufweisen. Damit wird systematisch die Frage ausgeblendet, ob in Deutschland die Gestaltungsmöglichkeiten vor dem Hintergrund des vorhandenen gesell-schaftlichen Reichtums tatsächlich ausgeschöpft sind.

Insgesamt dokumentieren Argumentationsmuster, die auf das vergleichs-weise hohe Niveau sozialstaatlicher Leistungen in Deutschland verweisen, eine unkritische Übernahme der öffentlichen Politiker-Behauptung, in Deutschland existiere ein auf Dauer gestellter hochwertiger Sozialstaat. Implizit wird mit dem diffusen Hinweis auf schlechtere Sozialstaaten anderswo dem sozial-politischen Downgrading hierzulande (in Form der Leistungskürzungen und strengeren Kontrollkriterien) ein Freibrief ausgestellt.

Ein weiteres, in der Öffentlichkeit verbreitetes Argumentationsmuster im Zusammenhang mit sozialstaatlichen Leistungskürzung ist ebenfalls bei einem Teil der befragten Linksaffinen anzutreffen: Aus dem Postulat, dass Erwerbs-arbeit nicht weniger Lohn einbringen dürfe als sozialstaatliche Transfer-einkommen, wird die Kürzung von Sozialleistungen gefordert anstatt die Anhebung der Mindestlöhne. Generell sind entsprechende Statements davon gekennzeichnet, dass sie das sozialstaatliche Basiskriterium einer angemessenen Existenzsicherung (sei es durch Erwerbs- oder durch Transfereinkommen) tendenziell aus dem Blick verlieren. Stattdessen dominiert hier ein leistungs-basiertes Gerechtigkeitsempfinden, das teilweise sogar der neoliberalen Neid-debatte *(„Hartz IV-Empfänger bekommen zuviel Sozialleistung für ihr Nichtstun")* Vorschub leistet.

Die als „Agenda 2010" firmierenden Arbeitsmarkt- und Sozialstaats-reformen der Ära Schröder werden von einigen Linksaffinen als prinzipiell notwendig erachtet. Von den meisten Befragten wird allerdings die praktische Durchführung als technisch mangelhaft umgesetzt oder aber als grundsätzlich fehlgeleitet kritisiert. Das folgende Statement einer jüngeren Frau, die bei Bündnis 90 / Die Grünen aktiv ist, beinhaltet beide Positionen:

> *„Ich sag mal vom Prinzip her, war da sicherlich vieles richtig dran, aber man kann glaub ich nie von Anfang an sagen, so machen wir des und so bleibt das jetzt die nächsten zehn Jahre. Aber ähm man muss dann irgendwann nach n paar Jahren eben mal gucken, was läuft davon gut und was läuft davon nicht so gut, ne. Und ähm, da denk ich manchmal, an manchen Stellen bleiben dann manche auch n bisschen zu hart, ne. Aber generell musste was passieren. Das hatte ja damals irgendwie auch son son gefühltn Push irgendwie gebracht, der vielleicht auch ganz gut und richtig war."*

Eine prinzipielle Zustimmung zur Agenda 2010 mit der Begründung, dass (irgend-)eine Strukturreform unabdingbar gewesen sei, findet man unter den befragten Linksaffinen bei jenen, die sich stark mit dem kulturellen Leitbild der Arbeitsgesellschaft identifizieren. Zum anderen sind es Personen, die selbst

beruflich mit Arbeitslosen bzw. Arbeitslosigkeit befasst sind. Vor diesem Erfahrungshintergrund trauen sie vielen Arbeitslosen nicht zu, ihren Alltag ohne
Strukturierung von außen durch eine feste Arbeitsaufgabe (letztlich in Erwerbsarbeit) selbst in sozial integrativer Weise zu organisieren. Beide Personengruppen betonen die desaktivierenden und dadurch desintegrativen Effekte
dauerhafter Sozialleistungen und sehen insbesondere die neoliberale Leitlinie
des „Förderns und Forderns" als sinnvolles Reformprinzip an.

An der Hartz IV-Gesetzgebung und Praxis[19] werden immer wieder drei
Aspekte kritisiert: die zu geringe Höhe des Hartz IV-Satzes, das strukturell
bedingte Demütigungspotenzial für die Empfänger sowie der innewohnende
Zwangscharakter zur Arbeit, wie er insbesondere in den „Ein-Euro-Jobs"
symbolisiert wird. Ein jüngerer Befragter, der selbst nach dem Studium schon
Hartz IV-Empfänger war, führt diese drei Aspekte in seinem Statement bündig
zusammen:

*„Also die Leute, die sagen ‚Hartz vier ist ne super Sache', sind dann
wirklich die geldigen Leute, weil die fühlen sich jetzt gerad auf der
Sonnenseite des Lebens, so nach dem Motto. Aber wenn du, also nicht
nur die Betroffenen frägst sondern auch andere, dann sagen die ‚phoh ist
schon ein hartes Brot wenn du da reinfällst'. Bist ja der stigmatisierte
Arsch schon mal, hast kein Geld, wirst noch gezwungen zu Tätigkeiten
wo du kein Bock hast. Wo sich niemand freiwillig dafür finden auch
lässt."*

In der Einschätzung des Befragten gelangen nur wenige Privilegierte *(„die
geldigen Leute")*, die sich nicht wirklich mit der Situation der Betroffenen
auseinandersetzen, zu einer (unrealistisch-)positiven Bewertung von Hartz IV.
Alle anderen hingegen – und nicht nur selbst Betroffene – sehen in Hartz IV
eine demütigende soziale Degradierung *(„bist ja der stigmatisierte Arsch")*, die
finanziell unzulänglich ist *(„hast kein Geld")* und zu unattraktiven Arbeiten
zwingt *(„wirst noch gezwungen ...")*.

Das Demütigungspotenzial von Hartz IV macht eine andere jüngere Befragte
anschaulich am Beispiel des verordneten „Osterbasteln":

---

19 Auffällig ist, dass auf „Hartz IV" diskursiv weitaus negativer Bezug genommen wird als auf die
„Agenda 2010". Wird die Agenda 2010 überwiegend als (mindestens) nachbesserungsdürftig
thematisiert, stößt die Hartz IV-Gesetzgebung auf weit größere und detailliertere Kritik. Das liegt
nicht zuletzt daran, dass der Begriff der „Agenda 2010" im Alltagsverständnis im Gegensatz zum
Begriff „Hartz IV" ein mehr oder weniger unspezifischer Begriff geblieben ist, der eher mit
„Arbeitsmarktreformen" assoziiert wird und nicht wie „Hartz IV" mit der sozialen Realität der Hartz
IV-Empfänger und mit einer Ausweitung von „Sozialhilfe"-Prinzipien auf über ein Jahr Erwerbs-
suchende.

„Also die äh, eben die Problematik um ämh Hartz IV, die Sachbearbeiter in den Arbeitsämtern die teilweise einen Umgang haben mit denjenigen, die ja angeblich ihre Kunden sind, /I: Mhm-mhm.// was äh, mich jedes mal auf die Palme, Palme bringt. Dann dieses ähm, sind im kleinsten Beispiel, ähm dieses Osterbasteln für erwachsene Menschen. Das ist doch, das ist doch ne Frechheit. Das äh, dass man, dass die Bearbeiter die Menschen wirklich zwingen solche Sachen zu tun. Ähm, also mündige Menschen so zu entmündigen, so herab zu setzen äh so zu erniedrigen, das find ich ne Frechheit."

Als demütigend wird hier die konkrete Umsetzung der Regelungen durch die Sachbearbeiter empfunden: Erwerbspersonen werden durch verordnete inadäquate Tätigkeiten in ihrer Würde verletzt, indem sie etwa, so wie das konkret angeführte Beispiel, wie Kinder behandelt werden.

Trotz dieser teils vehementen Kritiken an Hartz IV wird von Linksaffinen bis auf wenige Ausnahmen weiterhin am grundsätzlichen Primat der Existenzsicherung durch Arbeit festgehalten. Das Leitbild der über Erwerbsarbeit vermittelten gesellschaftlichen Integration ist nach wie vor ein zentraler Bezugspunkt für linke Positionen.

Wie bereits dargestellt, ist im allgemeinen Grundverständnis des linksaffinen Spektrums die sozialstaatliche Garantie einer materiellen Existenzsicherung für bedürftig gewordene Bürgerinnen und Bürger essenziell. Divergent sind dagegen die Ansichten darüber, wann und unter welchen Voraussetzungen sozialstaatliche Leistungen gewährt werden und wie hoch diese bemessen sein sollten. Dies mündet in grundlegend unterschiedliche Vorstellungen über sozialstaatliche Grundsicherungsmodelle.[20] Im Hinblick auf das Problem, wie materielle Sicherung (und soziale Integration) für die Bürgerinnen und Bürger gesellschaftlich organisiert sein sollte, nehmen die Befragten auf drei kategorial unterschiedliche Modelle mit kontrastierenden Grundprinzipien Bezug. Diese Modellvorstellungen – bedarfsorientierte Grundsicherung, Bürgergeld und bedingungsloses Grundeinkommen – werden nachfolgend in pointierter Form herausgearbeitet.

---

20 Anzumerken ist, dass in den Einzelinterviews nicht unmittelbar Stellungnahmen zu bestimmten, vom Interviewer vorgegebenen Modellen sozialstaatlicher Sicherung abgefragt wurden. Vielmehr wurde den Befragten Raum gegeben, diese Aspekte von selbst zu thematisieren (vgl. Abschn. 2.2.2).

4.4.2 Bedarfsbezogene Grundsicherung, Bürgergeld und bedingungsloses Grundeinkommen

Die unterschiedlichen Positionen zum Problem der sozialstaatlichen Existenzsicherung sind innerhalb des linksaffinen Spektrums abhängig von weiteren zu Grunde liegenden normativen Leitüberzeugungen (insbesondere Gerechtigkeitsvorstellung, Bedeutung der Arbeit und Menschenbild). Zudem spielt die jeweilige pragmatische Einschätzung eine Rolle, inwiefern eine Integration über Erwerbsarbeit angesichts des nicht ausreichenden Arbeitsangebots perspektivisch überhaupt bewerkstelligt werden kann. Denn das dominante Leitbild der Integration durch Erwerbsarbeit lässt sich angesichts der realen Erfahrungen von massenhafter Langzeitarbeitslosigkeit nur unter zwei Annahmen aufrechterhalten: Entweder wird angenommen, dass Arbeitslosigkeit in längerfristiger Sicht ein für die Einzelnen allenfalls temporäres Phänomen sein wird, oder es wird das neoliberale Ideologem übernommen, dass die heutigen Arbeitslosen auch schon „arbeiten könnten, wenn sie wollten". Kurzum, an der Frage, ob die gesellschaftliche Teilhabe der Bürger über die bezahlte Erwerbsarbeit sichergestellt werden sollte, scheiden sich die Geister. Während Befürworter das Modell der a) bedarfsorientierten Grundsicherung präferieren, findet man bei Skeptikern und entschiedenen Gegnern dieser erwerbsarbeitszentrierten Perspektive alternative Modelle, insbesondere die Modelle des b) Bürgergeldes oder des c) bedingungslosen Grundeinkommens.

Ad a) Erwerbsarbeitszentrierte Perspektive: bedarfsbezogene Grundsicherung
Bei Befürwortern dieses Prinzips dominiert ein Pflichtethos, dem gemäß nur diejenigen, die im gesellschaftlich-arbeitsteiligen Rahmen etwas für „die Gemeinschaft" leisten, auch materiell entlohnt werden sollen und nur jene, die sich ernsthaft um Erwerbsarbeit bemühen, auch ein moralisches Anrecht auf Transferleistungen haben. Es herrscht die Überzeugung vor, dass die Einzelnen grundsätzlich für ihre Existenzsicherung selbst aufkommen müssen und ihnen im Falle einer attestierten Bedürftigkeit nach dem Subsidiaritätsprinzip so lange wie nötig Unterstützung gewährt werden solle.

Jede Erwerbstätigkeit wird prinzipiell als „gesellschaftlich notwendig" angenommen; die Qualität der jeweils spezifischen Erwerbstätigkeit wird meist nicht thematisiert („Hauptsache Arbeit"). Arbeit wird primär unter ihrem Erwerbsaspekt wahrgenommen. Zugleich wird die Bedeutung der Erwerbsarbeit als identitätsstiftender Faktor für den Einzelnen (vermittelt über die Zuweisung von sozialem Status) positiv bewertet. Nur Befragte mit höherer Bildung und / oder Tätigkeiten mit Dispositionsspielräumen verweisen explizit darauf, dass Erwerbsarbeit zugleich auch Entwicklungs- und Selbstentfaltungspotenziale für das Individuum aufweisen sollte; für die Übrigen scheint dies keine relevante Frage zu sein.

Obwohl der Erwerbsarbeit Priorität eingeräumt wird, postulieren die Betreffenden so gut wie nie explizit ein verfassungsmäßig zu garantierendes (Menschen-)Recht auf Arbeit. Als konkret formulierbare politische Forderung ist es offenbar angesichts der ökonomischen Lage und der öffentlichen Deutungshegemonie neoliberaler Positionen gewissermaßen außer Reichweite geraten. Das bedeutet aber keineswegs, dass es als allgemeine moralische Orientierung verloren gegangen wäre, wie sich bei einer genaueren Analyse der Statements zeigt.

Vertreter erwerbszentrierter Positionen legen ihren Argumentationen oft skeptische, pauschalisierende Menschenbilder zu Grunde: „Der Mensch" sei ein egoistischer Einzelgänger, der nur insoweit sozial handele, wie es ihm selbst nütze. Enger auf Erwerbsarbeit bezogen, aber artverwandt, ist die Perspektive auf eine fundamentale Faulheit des Menschen. Oftmals mündet diese Perspektive in der pauschalen Kritik an der (unterstellten) Unwilligkeit Anderer zur Arbeit bzw. zu Leistung. Deutlich erkennbar wird dieser Rückgriff auf anthropologische Setzungen in der Ausführung einer kommunalpolitisch in der SPD aktiven Frau Ende 50, die auf dieser Grundlage das Alternativmodell eines „bedingungslosen Grundeinkommens" ablehnt, wie es in ihrer Perspektive innerhalb der Partei Die Linke propagiert wird:

> *„Da kommt ja auch die Debatte her was in <G-Stadt> auch von der Linken geführt wird- ich mein jetzt von der äh Partei, dieses bedingungslose Grundeinkommen. Also dem steh ich auch skeptisch gegenüber. Weil ich äh eigentlich äh den Wert der Arbeit auch als Lebensinhalt sehe. Und äh die Tendenz zur Bequemlichkeit die in jedem Mensch genetisch angelegt ist, möcht ich mal so sagen, die verhindert glaub ich das, was Marx so gesacht hat. Äh n erfülltes Leben; einmal die Arbeit, und dann. Vormittags Angeln nachmittag- abends äh zuhause Basteln. Wenn einem das freigestellt wäre, glaube ich, würde man vielleicht äh das Angeln noch machen aber äh die Arbeit eben lassen."*

Auch ein großer Teil der Dauerarbeitslosen in unserem Untersuchungssample orientiert auf erwerbszentrierte Modelle und räumt bezahlter Erwerbsarbeit gegenüber gemeinnützigen Tätigkeiten eine eindeutig höhere Wertigkeit ein. Das rührt zum Teil von eigenen Negativerfahrungen mit staatlich organisierter gemeinnütziger Arbeit her, kann unter Umständen aber auch Ausdruck der Hoffnung auf eine Verbesserung der eigenen Lebenslage sein. Ein wichtigerer Grund ist jedoch die Tatsache, dass die Entlohnung als eine manifeste Form sozialer Anerkennung wahrgenommen wird. Diese direkte Reziprozität zwischen eigener Leistung und dafür angemessenem Lohn ist in Alternativmodellen sozialer Sicherung nicht enthalten.

Ad b) Tätigkeitszentrierte Perspektive: Bürgergeld
Arbeit wird in dieser Perspektive nicht lediglich als Leistung für die Gesellschaft aufgefasst, sondern auch als sinnvolle Tätigkeit, die ein immanentes Potenzial zur individuellen Selbstverwirklichung aufweist, Teilhabe an der Gesellschaft ermöglicht und unumstößliche Voraussetzung für die gesellschaftliche Integration des Einzelnen in die Gesellschaft ist. Dabei ist zweitrangig, ob bezahlte Erwerbs- oder sozialstaatlich alimentierte Bürgerarbeit geleistet wird, da beide als gleichwertig angesehen werden. D. h. die Orientierung auf Erwerbsarbeit wird in Bürgergeld-Perspektiven also nicht gänzlich aufgegeben, sondern es wird nur ihr Stellenwert relativiert.

Ausgangspunkt ist die unmittelbare Erfahrung einer unaufhaltsamen Auflösung der bisherigen Erwerbsgesellschaft und der damit einher gehenden sozialen Desintegrationsprozesse. Die Befürworter zielen perspektivisch auf die Entwicklung einer Tätigkeitsgesellschaft, die gesellschaftlich sinnvolle Aktivitäten – seien es politisches oder soziales Engagement, soziale Dienstleistungen oder Familien- bzw. Erziehungsarbeit – außerhalb lohnabhängiger Erwerbsarbeit integriert. Die Befürworter von Bürgergeld-Modellen reden vermittelt über eine Ausweitung der leistungsbegründeten Anerkennung auf unbezahlte Aktivitäten im kulturellen Sinne letztlich eher einer Erweiterung der Arbeitsgesellschaft das Wort denn ihrer Umwandlung. Ihnen geht es primär um die Anerkennung gemeinschaftsorientierter Arbeit und nicht um die Aufhebung des Zwangscharakters von Erwerbsarbeit.

In pragmatischer Hinsicht wird argumentiert, dass eine Existenzsicherung aller über Erwerbsarbeit, wie sie erwerbszentrierte Perspektiven anstreben, auf Dauer unmöglich bleiben wird. So sieht ein jüngerer Parteiloser perspektivisch immer weniger Erwerbsarbeit vorhanden.

„Arbeitslosigkeit ist unvermeidbar und wird auch noch zunehmen. Also für mich ist es so, dass die Arbeit, die zur Verfügung steht einfach, es ist klar, dass sie immer weniger werden wird. Und das sie entweder immer hochqualifizie-, immer spezialisierter wird, und hoher Qualifikationen bedarf, oder immer einfacher und äh niedrig bezahlt eben. Da gibt es echt ne Schere, die sich da auftut."

Aus Sicht des Befragten nimmt nicht nur die Erwerbsarbeit insgesamt quantitativ ab, sondern die Möglichkeit der Existenzsicherung durch Erwerbsarbeit wird im gering qualifizierten Bereich noch verschärft. Aus der positiven Bewertung gesellschaftlich nützlicher Tätigkeiten wird die Forderung abgeleitet, dass die Gesellschaft verpflichtet sei, dem einzelnen Bürger über die materielle

Existenzsicherung durch Transferleistungen hinaus auch Zugänge zu (bezahlter oder unbezahlter) Arbeit zu sichern. In materieller Hinsicht wird davon ausgegangen, dass gegenwärtig aufgewendete Transferleistungen nur anders alloziert werden müssen, um Bürgergeld-Modelle finanzierbar zu machen. Wie dies im einzelnen geschehen soll, dazu äußern die Befragten meist keine konkreten Vorstellungen und verweisen gelegentlich auf entsprechende Programme bzw. Entwürfe von Parteien oder im sozialpolitischen Feld agierenden Institutionen.

Das Bürgergeld-Modell wird von im engeren Sinne politisch Linken kaum propagiert; hier dominieren Bezugnahmen auf erwerbszentrierte oder Grundeinkommensmodelle. Es sind vielmehr auf bürgerschaftliches Engagement orientierte postmaterialistische Befragte sowie selbst von Prekarität Betroffene, die sich für dieses Modell stark machen.

Bürgergeld-Modelle gründen auf einem kommunitaristischen Menschenbild, das sich pauschalisierender anthropologischer Prämissen enthält und vielmehr von der Verschiedenheit der Menschen ausgeht. Die Ursachen von Arbeitslosigkeit werden in gesellschaftlichen Strukturen verortet, und es wird auf Fördermaßnahmen gesetzt, die durch repressionsfreie Angebote Anreize für eine Partizipation aller schaffen sollen. Insoweit rekurriert dieses Verständnis auf ein pluralistisches und demokratisches Gesellschaftsbild, das die Einzelnen in Relation zur Sozialität setzt und damit eine Balance qua Einsicht postuliert – machttheoretische Aspekte etwa in Fragen der Definitionshoheit sinnvoller Tätigkeit haben darin nicht immer einen zentralen Platz.

Ad c) Libertäre Perspektive: bedingungsloses Grundeinkommen

Hier wird der freien Entfaltung durch selbstbestimmte Tätigkeit jenseits institutioneller Vorgaben (sei es der Erwerbsarbeit oder von administrativer Seite für sinnvoll erachteter „Bürgerarbeit") Vorrang eingeräumt. Ein solches Verständnis der materiellen Sicherung basiert auf einer Logik staatsbürgerschaftlicher Anrechte aller am gesellschaftlichen Reichtum. Favorisiert wird die Möglichkeit, unabhängig vom Einkommen tätig sein zu können und die Tätigkeiten selbstständig wählen zu können. Prämisse ist dabei, dass jeder Mensch willens und in der Lage ist, selbstständig eine sinnvolle und sozial integrierte Existenz zu gestalten. Allerdings wird in pragmatischer Hinsicht kaum differenziert aufgezeigt, wie Grundeinkommensmodelle umsetzbar wären.

Eine 22-jährige Studentin, die an der Grundeinkommensdebatte ihrer Partei (Bündnis 90 / Die Grünen) als Delegierte beteiligt war, stellt, bevor sie auf eine pragmatische Betrachtungsebene überwechselt und die Hinderungsgründe für eine praktische Umsetzung reflektiert, die Gründe für ihre positive Bewertung der Idee eines bedingungslosen Grundeinkommens so dar:

„Also, ich war damals auf dem Parteitag und hatte auch Stimmrecht. Das war total schwierig. Weil ich diese Idee total toll finde. Und weil ich total gut verstehe, was damit gemeint ist. Und, und was dahinter steht. Ähm, dass ja eben nicht jeder geprüft werden soll. Dass man einfach den Menschen, einfach so ein positives Menschenbild, dass man den Menschen das anvertraut, dass sie auch verantwortlich mit ihrer Zeit auch umgehen. Und dass nicht alle dann einfach nur faul sind und nichts machen. Das glaube ich auch nicht, dass es so wäre. (...) Eigentlich glaub ich schon, dass es sehr viele positive Effekte nach sich ziehen würde. Und dass auch viele Menschen einfach diese Freiheit, die sie haben sinnvoll nutzen würden. Und dass sie sich irgendwo engagieren würden, weil sie einfach nicht mehr so den Zwang haben und nicht mehr so gestresst sind. "

Deutlich wird in den Ausführungen der Befragten, dass die Leitidee im Sinne einer konkreten Utopie und nicht als konkretes sozialpolitisches Modell verhandelt wird. Die Handlungsentlastung befördert den visionären Gehalt der Idee vom bedingungslosen Grundeinkommen. Bei Anhängern dieser Idee dominiert ein libertäres Menschenbild: Der Mensch firmiert als kreatives Wesen, das erst durch die gesellschaftlichen Strukturen – insbesondere durch die Logik eines Konkurrenzkapitalismus – zu egoistischem Verhalten konditioniert wird. In dieser Perspektive wird das restringierte Entwicklungspotenzial des Einzelnen zum Orientierungspunkt politischer Argumentation erhoben.

Nur wenige Befragte weisen Werteorientierungen auf, die ein bedingungsloses Grundeinkommen legitimieren würden, das an keinerlei Verpflichtungen für die Empfänger gebunden ist. Tatsächlich befürworten dieses Modell sozialer Sicherung vor allem postmaterialistisch orientierte (gut situierte, intellektuelle) Linksaffine sowie Personen mit einer individualistisch-libertären Wertorientierung, die in Strukturen der Alternativökonomie eingebunden sind. Die Befürworter sehen ein Grundeinkommen primär als Instrument, um den Zwangscharakter von Erwerbsarbeit aufzuheben und um Selbstbestimmung und Selbstentfaltung zu ermöglichen.

Sofern ein bedarfsunabhängiges Transfereinkommen auf der Basis einer gemeinnützigen Gegenleistung befürwortet wird, ergibt sich aber das pragmatische Folgeproblem der Kontrolle der Leistungsempfänger. Die Befürworter von Bürgergeldmodellen unter den Befragten sehen diese Problematik häufig nicht, weil ihr Aufmerksamkeitsfokus überwiegend auf Personen gerichtet ist, die ohnehin schon gemeinnützige Tätigkeiten ausüben.

Oft konvergieren die Vorstellungen des Bürgergeld-Modells in Richtung der bereits jetzt praktizierten staatlich organisierten Tätigkeiten auf dem sogenannten dritten Arbeitsmarkt. Neben selbstorganisierten zivilgesellschaftlichen

Tätigkeiten, die durch Transferleistungen alimentiert werden, treten dann für jene, die nicht zu einer solchen Selbstorganisation fähig sind, administrativ vorgegebene Angebote zur gemeinwohlorientierten Arbeit. In diesem Sinne laufen Bürgergeld-Konzeptionen in der Praxis also auf eine Kombination von auf Eigeninitiative basierenden (zivilgesellschaftlichen) und staatlich organisierten „gemeinnützigen Tätigkeiten" hinaus, die soziale Teilhabe ermöglichen.

Dieses Dilemma nehmen BefürworterInnen des Bürgergeld-Modells aber zum Teil selbst wahr; etwa wenn eine 27-jährige, in einer NGO beschäftigte Befragte in ihrer Abwägung, wie in pragmatischer Hinsicht eine Reform des bestehenden Systems hin zu einem Bürgergeld-Modell ansetzen könnte, ausführt:

> *„was funktionieren könnte, um anzufangen wäre halt tatsächlich etwas wie äh Bürgergeld oder eben diese diese Engagementförderung mit-m durchn Grundsold, wer das möchte und dann eben auch die Nachweisstunden ääh zu bringen, in der Art und Weise wie das dann auch umgesetzt werde. Könnte, bürokratisch, in einer bürokratischen Gesellschaft. Stößt bei mir halt immer wieder an die Grenze, dass es eigentlich das ist, was ich nicht will. "*

Die Befragte erkennt selbst, wie die Notwendigkeit der Kontrolle, ob die Leistungsempfänger auch tatsächlich gesellschaftlich nützliche Arbeiten erbringen, die eigentliche politische Intention dieses Modells, Möglichkeiten für freiwillige gesellschaftliche Arbeit zu leisten, konterkariert.

4.4.3   Vergleich der drei Grundmodelle

In den Positionen Linksaffiner hinsichtlich der sozialstaatlichen Absicherung spiegelt sich die seit einigen Jahren virulente Diskussion um den Umbau des Sozialstaates häufig als diffuse Gemengelage von Sozialromantik und rationalem Gestaltungsanspruch gleichermaßen wider. Die oben erläuterten drei idealtypisch unterscheidbaren Modelle sozialer Sicherung sind in Abbildung 22 (nächste Seite) zusammengefasst.

Es ist bereits darauf hingewiesen worden, dass die erwerbszentrierte Perspektive bei den Linksaffinen dominiert, während die libertäre Vorstellung vom bedingungslosen Grundeinkommen am schwächsten vertreten ist. Dies hat etwas mit der hohen Präferenz für die soziale Norm der Reziprozität zu tun. Viele Linksaffine fordern von Transferleistungsempfängern eine Gegenleistung in Form einer gesellschaftlich nützlichen Tätigkeit. Nur eine solche Leistung berechtige zum Erhalt entsprechender Leistungen (oberhalb des derzeitigen administrativ festgelegten Mindestbedarfs). Dieser Befund einer weitgehenden Dominanz der Reziprozitätsnorm wird durch eine aktuelle empirische Studie

(Opielka u. a.: 2009) bestätigt. Grundlegend ist ein Gemeinschaftsdenken, das den Einzelnen nicht (nur) als Individuum, sondern (auch) als Teil einer Gemeinschaft definiert, die auf gegenseitigem Geben und Nehmen beruht (vgl. Lessenich 2008).

Modell	Normative Grundlagen	Leitbilder von Gesellschaft	Bedeutungen von Arbeit	Menschenbilder
Bedarfsorientierte Grundsicherung Erwerbsarbeit als Basis; ergänzend: subsidiäre Transferleistungen abhängig vom administrativ definierten Bedarf	Bereitschaft zur Erwerbsarbeit als allgemeine normative Verpflichtung; Statushierarchie: „Hilfsbedürftige" haben inferioren Status	Erwerbszentrierte Arbeitsgesellschaft: gemeinschaftsbezogenes Pflichtethos; individuelle Leistung, soziale Integration und Statuszuweisung über Erwerbsarbeit	Arbeit als unhintergehbare Pflicht; Erwerbsarbeit als identitätsstiftend	utilitaristisches Menschenbild: „Der Mensch ist egoistisch"; „faule Menschen wollen auf Kosten Anderer leben"; „Freiheit überfordert viele Menschen"
Bürgergeld Wahlmöglichkeit zwischen Erwerbsarbeit oder gemeinwohlorientierter Tätigkeit mit (bedarfsunabhängiger) Transferleistung	„gesellschaftlich sinnvolle Tätigkeiten" sind gleichwertig zur Erwerbsarbeit	Tätigkeitszentrierte Zivilgesellschaft: Gemeinschaftsorientierung soziale Teilhabe durch gemeinwohlbezogene Tätigkeit (auch: Erwerbsarbeit)	Arbeit als sinnstiftende Tätigkeit	kommunitaristisches Menschenbild ohne anthropologische Setzungen: „Die Menschen sind verschieden", bei Faulen sind Anreize für Partizipation erforderlich
Bedingungsloses Grundeinkommen Einheitlicher Transferbetrag für alle ohne Bedarfsprüfung (unter Beibehaltung der Sozialversicherungssysteme)	staatsbürgerliches Anrecht auf gesellschaftliche Teilhabe (auch am materiellen Reichtum „der Gesellschaft") Freiheit von staatlichen Zwängen	Repressionsfreie Gesellschaft: Gewährleistung individueller Selbstbestimmung des Einzelnen Sozialintegration durch freiwillige Assoziation	Erwerbsarbeit als Fremdbestimmung (oft verbunden mit Systemkritik)	libertäres Menschenbild: „Mensch ist kreatives Wesen" und wird erst durch die Gesellschaft zu egoistischem Verhalten konditioniert

Abbildung 22: Modelle sozialer Sicherung mit zu Grunde liegenden Leitideen

Die weitgehende kulturelle Dominanz der Reziprozitätsnorm in Bezug auf die Ausgestaltung der sozialstaatlichen Existenzsicherung verweist auf die vergleichsweise geringere Bedeutung bedingungsloser Solidaritätsnormen unter Linksaffinen: Primärer Orientierungspunkt ist nicht die Einforderung bzw. Stärkung individueller Bürgerrechte für („schwache") Einzelne gegenüber der Gesellschaft, sondern die Forderung an die Einzelnen, für eine erbrachte Leistung auch eine für billig angesehene Gegenleistung zu erbringen.

Welche Bringeleistung allerdings als hinreichend anerkannt wird, unterscheidet Linksaffine nicht nur häufig von Anhängern anderer politischer Orientierung, sondern eignet sich auch als Distinktionsmerkmal innerhalb der Linksaffinen.

Wie sich diese Relation bei Linksaffinen in der Vergangenheit dargestellt hat, kann empirisch fundiert nicht ermittelt werden. Zu vermuten ist aber, dass die empirischen Befunde Ausdruck eines – in Westdeutschland beginnend und mit der Vereinigung auch im Osten hegemoniale Kraft entwickelnd – seit den 70er Jahren im Gefolge der Neoliberalisierung sich vollziehenden Wandels der kulturellen Sozialstaatsorientierungen ist, den Lessenich (2008) als ideologisches Fundament des „neosozialen" Umbaus des Sozialstaats analysiert: Zentrales Element des Wandels ist demnach eine dominante Orientierung auf die „gesellschaftliche Gemeinschaft" (ebd.: 18), während das Wohlergehen des Einzelnen zweitrangig wird, so dass sich insgesamt eine Reorientierung „von Rechten zu Pflichten" für die Einzelnen ergibt. Dabei geht es nicht um einen reinen Liberalismus, der im Sinne eines Nachtwächterstaates den Rückzug des Staates aus, mittels Marktgeschehen, vermeintlich effizienter zu gestaltenden sozialpolitischen Handlungsfeldern propagiert. Vielmehr etabliert sich im Gewand der aktiv betriebenen neosozialen Restrukturierung eine neue Relation des Verhältnisses von Individuum und Gesellschaft. Diese Neo-Sozialität etabliert die Gemeinschaft gegenüber den Einzelnen als forderndes Kollektivsubjekt. Das beinhaltet eine staatliche Administration, die eben dies in alltäglicher Praxis prozessiert und so Neo-Sozialität als Standard durchsetzt.

Leitorientierung sozialstaatlichen Denkens ist damit weniger die Durchsetzung individueller Freiheit bzw. die Etablierung von unkonditionalen Bürgerrechten (vgl. Marshall 1992), sondern die Etablierung der Prinzipien Selbstverantwortung und Selbstverantwortlichkeit als Grundlage eines reformulierten Verhältnisses von Gesellschaft und Staat auf der einen und den Individuen auf der anderen Seite. Grundlegend dafür ist die kulturell hegemonial neoliberale Setzung, dass die Einzelnen unabhängig von ihrer jeweiligen sozialen Lage per Definition handlungsmächtig und für ihre Situation folglich selbst verantwortlich sind. Das radikalisiert (insbesondere in der unterschwelligen Ausblendung struktureller Aspekte von Notlagen) noch das viel beschworene

Subsidiaritätsprinzip, scheint aber gerade in dieser Unterschwelligkeit in breiten Kreisen zu verfangen.

Neben der Fixierung auf das Reziprozitätsprinzip liegt ein zweites Motivbündel für die Ablehnung bedingungsloser Transferleistungen in der positiven Bewertung von (regelmäßiger, sozial integrierter) Arbeit – seien es Erwerbsarbeit oder gemeinwohlorientierte ehrenamtliche Tätigkeiten – für die Identitätsbildung und soziale Integration der Menschen. Hier erwächst die Forderung nach regelmäßiger gemeinwohlorientierter Aktivität von Transferleistungsempfängern aus der Sorge des Sinnverlusts und der sozialen Desintegration.

Insgesamt scheint unter Linksaffinen das Zustimmungspotenzial zu Alternativmodellen sozialer Sicherung auf Grund einer anhaltenden Dominanz latenter arbeitsgesellschaftlicher Werteorientierungen eher gering ausgeprägt zu sein. Die relativ wenigen Befürworter von Bürgergeld und bedingungslosem Grundeinkommen äußern sich zudem nicht über pragmatische Realisierungsmöglichkeiten. Das bestätigt die Diagnose von Georg Vobruba (2007), dass die Grundeinkommensidee vor einem „Realisationsdilemma" steht: Je mehr sozialpolitische Maßnahmen in diese Richtung gehen, desto geringer ist die Akzeptanz, denn die „Moralausstattung in der Gesellschaft" werde zunehmend „überfordert" (ebd.: 201). Insoweit scheinen entsprechende Diskurse in den Parteien eher visionäre Kraft denn reformorientierte Strategie zu besitzen. Das spricht nicht gegen die Diskurse an sich, verpflichtet sie allerdings zu einer Rückbindung an alle potenziellen Nachfrager – immerhin wäre im anderen Fall ja eine ebenso verschämte Verweigerung gegenüber solchen dann politisch durchgesetzten Instrumenten denkbar, wie sie aktuell bereits in Fragen der sozialen Transferzahlungen zu beobachten sind. Mit anderen Worten: Die Idee eines bedingungslosen Grundeinkommens bedarf der Anschlussfähigkeit, um soziale Hegemonie zu erreichen.

Jene Befragten, die sich in ihren Ausführungen dezidiert gegen Modelle eines bedingungslosen Grundeinkommens aussprechen, führen überwiegend das ökonomische Argument der Nicht-Finanzierbarkeit und das funktionalistische Argument fehlender Arbeitsanreize an: Wenn kein materieller Anreiz für die Aufnahme einer Arbeit mehr bestünde, dann würden die unattraktiven, aber gleichwohl gesellschaftlich notwendigen Arbeiten von niemandem mehr angenommen. Die diskursive Strategie der Grundeinkommens-Gegner besteht letztlich immer darin, entsprechende Perspektiven als utopisch zu brandmarken.

Auffällig an der Art der Auseinandersetzung der Befragten mit dem Thema sozialstaatliche Existenzsicherung ist – so das Resümee – zum einen, dass utopische Denkansätze, die in der Bundesrepublik der 1970er Jahre noch allgemeiner Bestandteil linker politischer Debatten waren, als Dimension politischer Auseinandersetzung weitgehend fehlen. Vorherrschend ist ein scheinbarer neoliberaler Realismus. Zum anderen scheint die konkrete politische Auseinandersetzung mit der Frage nach grundlegenden Alternativen zum Status quo insgesamt eher wenig im Alltagsdenken der Subjekte verankert. Im Hinblick auf die konkrete politische Gestaltung des Sozialstaats sind die Befragten überwiegend auf den Erhalt und Ausbau bzw. auf die Wiederherstellung des bisherigen Sozialstaatsmodells orientiert und nicht auf fundamentale, strukturelle Veränderungen.

Vor diesem Horizont wird deutlich, dass die politische Wirkung von Positionen eines bedingungslosen Grundeinkommens nicht primär darin liegt, Reformvorschläge für die konkrete Umgestaltung des Sozialstaats zu formulieren. Sie hat vielmehr eine Funktion „zweiter Ordnung": Den pragmatisch bzw. technokratisch dominierten öffentlichen Sozialstaatsdiskurs überhaupt wieder aufzubrechen in Richtung einer (voluntaristischen) Debatte um eine wünschenswerte Gesellschaft und alternative Gesellschaftsmodelle (vgl. für entsprechende Perspektiven z. B. die Beiträge in Neuendorff u. a. 2009).

4.5 Gesellschaftskritik und Gesellschaftsutopien

Gesellschaftskritik ist nach wie vor ein Hauptbestandteil der Identität linksaffiner Akteure. Die Bedingungen für gesellschaftliche Teilhabe, soziale Sicherheit und persönliche Freiheit kritisch zu hinterfragen, ist ein zentraler Punkt linken Selbstverständnisses. Die Kritik schließt neben der Geißelung sozialer Missstände und Ungerechtigkeiten auch immer den prospektiven Entwurf für eine gerechte Gesellschaft ein.

Gesellschaftskritik kann insofern als distinktives gruppenspezifisches Merkmal mit identitätsstiftendem Charakter gelten, als die Zentralität von Gesellschaft als zentrale Analysekategorie außerhalb des linksaffinen Spektrums in Zweifel gezogen bzw. in Abrede gestellt wird. In einer globalisierten Welt, in der eine zunehmende Individualisierung zu beobachten ist, sei der Gesellschaftsbegriff, laut Argumentation seiner Kritiker, kein geeignetes Instrumentarium, um soziale Prozesse und Entwicklungen noch hinreichend beschreiben zu können. Durch seine territoriale und kollektivistische Ausrichtung gelinge es ihm nicht, Phänomene wie Globalisierung, Individualisierung und Kulturalisierung ausreichend zu erklären (vgl. Hartmann 2005). In neoliberaler Perspektive wird die Existenz der Gesellschaft sogar bestritten: dem Begriff entspreche nichts Reales. Der Ausspruch Margret Thatchers „[T]here is no such thing as society. There are individual men and women, and there are families" (Women's Own, 3.10.1987, S. 10) bringt dies treffend zum Ausdruck. Abhängigkeitsgenerierende Verhältnisse werden somit schlicht geleugnet. Daraus wird abgeleitet, dass der Einzelne für sein Verhalten und dessen Konsequenzen selbst verantwortlich ist. Soziale Ungleichheiten sind nach dieser Überzeugung Ausdruck individueller Entscheidungen und nicht auf soziale Umstände, soziale Herkunft oder soziale Lage zurück zu führen. Die neoliberale Grundüberzeugung, soziales Handeln frei von sozialen Bezügen zu deuten, ist heute allerdings nicht mehr nur auf ein neoliberales politisches Spektrum beschränkt. Sie zeitigt stattdessen breitenwirksame Erfolge, *da „die Subjekte gegenwärtig bereit sind oder aber angehalten werden, trotz wachsender sozialer Interdependenzen ihr Verhalten als individualisiert wahrzunehmen"* (Hartmann / Honneth 2004: 10).

Die empirischen Auswertungen weisen, wie im nachfolgenden Abschnitt 4.5.1 ausgeführt wird, die Fokussierung auf das Thema soziale Ungleichheit als einen zentralen gemeinsamen Fluchtpunkt von Gesellschaftskritik im linksaffinen Spektrum aus. Auffällig ist in unseren Untersuchungen außerdem, dass der Fokus der Kritik sich vorrangig auf konkrete gesellschaftliche Probleme richtet. Kritik ist nur bei wenigen Befragten in eine stringente linke Gesellschaftstheorie eingebettet, und elaborierte Utopien im Sinne von in die Zukunft gerichteten Gesellschaftsentwürfen sind nur bei einer Minderheit vorfindlich. Da utopische Vorstellungen von einer „guten Gesellschaft" sowohl identitätsbildend sind als auch gemeinsame Fluchtpunkte für politisches Handeln eröffnen, sollen in Abschnitt 4.5.2 die Kernpunkte gegenwärtig identifizierbarer Utopieentwürfe der Linksaffinen, wie sie in den empirischen Erhebungen erfasst werden konnten, genauer beleuchtet werden.

4.5.1   Soziale Ungleichheit als zentraler Bezugspunkt für Gesellschaftskritik

Zentraler Bezugspunkt der gesellschaftlichen Problemwahrnehmung im linksaffinen Spektrum ist die Orientierung auf soziale Ungleichheit. Damit ist nicht automatisch der Ruf nach Beseitigung jeglicher sozialer Ungleichheit verbunden. Dies vertritt nur ein kleiner Teil der Befragten. Der größere Teil der Befragten gibt einer sozialen Differenzierung gegenüber einer gleichmacherischen Nivellierung den Vorrang. Es handelt sich hierbei weniger um eine analytische Kategorie als um einen emphatischen Ausgangspunkt, von dem aus konkrete Probleme bewertet werden. Eingeschränkte Chancengleichheit und soziale Mobilität, die kontinuierliche Reduzierung sozialstaatlicher Leistungen sowie die sichtbare Zunahme von gesellschaftlicher Armut und sozialer Ausgrenzung scheinen eine hinnehmbare Toleranzgrenze in Bezug auf soziale Differenzierung überschritten zu haben. Dabei wird sowohl eine binnengesellschaftliche als auch eine weltumfassende Perspektive eingenommen. Die wahrgenommene wachsende soziale Spreizung innerhalb der Gesellschaft korrespondiert mit einer zunehmenden Differenzierung zwischen arm und reich im globalisierten Maßstab. So werden Armut, ungleich verteilte Chancen und unzureichende soziale Mobilität sowohl national wie international thematisiert. Ebenfalls wird auf die Ungleichheit der Geschlechter Bezug genommen. Auf die ‚Dritte Welt' beschränkt bleiben in erster Linie Hunger und Kriege.

Im Kern geht es um Fragen der Verteilungsgerechtigkeit bzw. der als ungerecht eingeschätzten Verteilung des gesellschaftlichen Reichtums. Die als ungerecht empfundene Neugestaltung des Sozialstaates bzw. sein Abbau wird an unterschiedlichen Themen der Sozialpolitik durchdekliniert: von den Hartz-IV-Reformen über Familien- und Gesundheitspolitik bis zur Bildungspolitik. Diese Perspektive lenkt den Fokus auf die unzureichende Möglichkeit gleichberechtigter Zugänge und gesellschaftlicher Partizipation.

Die Forderung, der zunehmenden sozialen Ungleichheit zu begegnen, ist Ausdruck einer klassisch linken, politisch-moralischen Position, die von einer noch tolerierbaren Ungleichheit – bzw. von einer Gleichheit aller – ausgeht, aber die Notwendigkeit zunehmender sozialer Ungleichheit für das Funktionieren gesellschaftlicher Abläufe in Zweifel zieht. Darin äußert sich das Idealbild einer sozialen Topografie, die auf einem entsprechenden Menschenbild gründet. Hinsichtlich dieses Bildes scheint sich allerdings ein Deutungswandel anzumelden. So neigen insbesondere einige Jüngere des Samples dazu, dem Argumentationsmuster, leistungsambitionierte Anreize durch soziale Unterschiede zu begründen, einiges abzugewinnen.

Eine größere Differenzierung hinsichtlich leistungsbezogener Anreize besteht zwischen den Akteuren unterschiedlicher politischer Orientierungen.

	stimme voll zu	stimme eher zu	stimme eher nicht zu	stimme überhaupt nicht zu	Gesamt
Linksaffine	16,6%	31,6%	36,9%	14,9%	100%
Tendenzlose	26,0%	36,6%	26,2%	11,2%	100%
Rechtsaffine	34,5%	38,9%	19,0%	7,6%	100%

Abbildung 23: Statement „Einkommens- und Statusunterschiede als Arbeitsanreiz" nach politischen Orientierungen

Wie mit der repräsentativen Umfrage gezeigt werden kann, stimmen vor allem Rechtsaffine dem Statement „Nur wenn die Unterschiede im Einkommen und im sozialen Ansehen groß genug sind, gibt es auch einen Anreiz für persönliche Leistungen." zu (Abb. 23). Über ein Viertel von ihnen lehnt diese Aussage ab.

Bei den Tendenzlosen sind es gut 37 Prozent und bei den Linksaffinen knapp 52 Prozent, die dieses Statement voll oder eher ablehnen. Eine klare Positionierung in Bezug auf dieses Thema ist bei den Linksaffinen der repräsentativen Umfrage nicht gegeben. Das Ergebnis kann möglicherweise als Hinweis darauf gesehen werden, dass leistungsbezogene Verteilungsfragen trotz der ständigen öffentlich politischen Debatten en vogue sind. Der Begriff der Leistung ist offensichtlich als legitimatorisches Argument für soziale Unterschiede innerhalb der Gesellschaft etabliert. Das überrascht nur teilweise, da Leistung, an Erwerbsarbeit gekoppelt, sich in einer im Großen und Ganzen gesellschaftlich goutierten Leistungsgerechtigkeit, die in den entsprechenden Löhnen ihren Ausdruck fand, spiegelte. Neu ist aber, dass Leistung vehement als Differenzierungskonstante für soziale Unterschiede eingefordert wird, obwohl ein wachsender Teil von Erwerbstätigen von ihren Erwerbsleistungen kaum oder nicht mehr leben können – als Beispiel seien hier die sogenannten „Aufstocker" erwähnt, die trotz einer Erwerbsarbeit von Transferleistungen des Sozialstaates abhängig sind. Den leistungsbereiten Arbeitslosen wird in der öffentlichen Diskussion diese Bereitschaft oft abgesprochen und in ihr Gegenteil verkehrt: sie werden als Leistungsverweigerer gebrandmarkt, die ohne Gegenleistung keinen Anspruch auf sozialstaatliche Leistungen geltend machen könnten. Dieses Bild ruht auf dem neoliberalen Argumentationsmuster auf, nach dem Arbeitslosigkeit in der Regel selbstverschuldet und Ausdruck mangelnder Selbstverantwortlichkeit sei.

Interessanterweise werden die sozialen Unterschiede in der gleichen Umfrage weniger gutgeheißen, wenn sie nicht explizit an persönliche Leistungen gekoppelt sind.[21] Dem Statement „Ich finde die sozialen Unterschiede in unserem Land im Großen und Ganzen gerecht." (Abb. 24, nächste Seite) können am ehesten noch die Rechtsaffinen etwas abgewinnen. Mehr als jeder Achte von ihnen kann dem Statement voll und ganz zustimmen, ein weiteres Viertel noch eher. Tendenzlose neigen zu etwas mehr als einem Viertel zu dieser Wertung, von den Linksaffinen ist es nur jeder Zwanzigste, der dem Statement voll zustimmt, insgesamt aber sind es nur gut 15 Prozent, die voll oder eher zustimmen.

---

21 Noch deutlicher wird diese Entkoppelung zwischen Leistungen und sozialen Unterschieden anhand der Einkommens- und Reichtumsverteilung. So beurteilt der überwiegende Teil der Deutschen diese Verteilung als ungerecht. Die thematisch verwandte Wohlstandsverteilung empfinden 79 Prozent der Westdeutschen und 85 Prozent der Ostdeutschen als ungerecht. (Glatzer 2009: 18)

	stimme voll zu	stimme eher zu	stimme eher nicht zu	stimme überhaupt nicht zu	Gesamt
Linksaffine	5,1%	10,7%	49,9%	34,3%	100%
Tendenzlose	6,3%	22,0%	43,8%	27,9%	100%
Rechtsaffine	13,5%	26,9%	40,1%	19,6%	100%

Abbildung 24: Statement „Vorhandene soziale Unterschiede sind gerecht" nach politischen Orientierungen

Damit lehnt die Mehrheit der Befragten aller politischen Orientierungen dieses Statement ab. Der Tendenz nach korrespondieren die Unterschiede zwischen den politischen Orientierungen in der Ablehnung bzw. Zustimmung mit dem vorhergehenden Statement. Über Gerechtigkeit in den sozialen Unterschieden herrschen demnach in den unterschiedlichen Gruppen sehr unterschiedliche Ansichten. Die Wölbung im mittleren Bereich der Rechtsaffinen und der Tendenzlosen weicht bei den Linksaffinen einer deutlichen Neigung zum Ablehnen der hinter dem Statement stehenden politischen Positionierung.

Soziale Ungleichheit bleibt, insbesondere gestützt auf die Befunde aus den Interviews, zentraler Bezugspunkt bei der Wahrnehmung gesellschaftlicher Probleme. Ungleichheit ist aus Sicht der meisten befragten Linksaffinen nicht beschränkt auf Eigentum und Einkommen, sondern hat ihre Ursachen hauptsächlich in einer nicht gegebenen Chancengleichheit, in Bildungsungerechtigkeit, Arbeitslosigkeit und Armut, wobei Letztere als Resultat gesellschaftlicher Strukturen interpretiert werden und nicht als Resultat individueller Handlungen.

Kritisch betrachtet wird die direkte Förderung sozialer Ungleichheit durch die Politik. Wobei, wie weiter oben angemerkt, gerade in Bezug auf Leistungserbringungen die Meinungen unter Linksaffinen auseinandergehen. Der größere Teil steht aber nach wie vor einer Ungleichbehandlung der Individuen auf Grundlage einer unterschiedlichen Leistungserbringung ablehnend gegenüber. So wird vor allem die durch die Politik beförderte zunehmende Differenz zwischen Arbeitslosen und sogenannten Leistungsträgern kritisch interpretiert. Darin werden vor allem die Aufgabe der Gleichwertigkeit und die Zunahme sozialer Ungerechtigkeit bemängelt. Diese Abkehr von bisher gültigen normativen Setzungen findet zum Beispiel in der Wahrnehmung eines jüngeren passiven Mitglieds von Bündnis 90 / Die Grünen exemplarisch in der „Politik für die Mitte" ihren Ausdruck.

„Die Gleichwertigkeit zwischen Arbeitslosen und Leistungsträgern wird zunehmend in Frage gestellt. Ich finde es extrem kritisch, dass gerade solche Positionen gerade FDPlastig besetzt werden: Wir machen Politik

für die Mitte der Gesellschaft, für die Leistungsträger. Die Politik für die Mitte schließt die anderen aus und entwertet sie. "
Diese Politik für die sogenannten „Leistungsträger" polarisiere die Gesellschaft, indem sie einen Teil der Gesellschaft (die „sozial Schwachen") ausschließt und diesen sozial entwertet. Dadurch legitimiere sie die Vernachlässigung der „sozial Schwachen" und der Ausgegrenzten. Sie unterläuft damit schließlich die immer wieder eingeforderte Verantwortung des Einzelnen für die Gesellschaft.

4.5.2 Utopien: Vorstellungen von der „Guten Gesellschaft"

Utopien als Vorstellungen von einer besseren Welt, an denen die hiesigen Verhältnisse kritisiert werden können, bilden nach wie vor einen wichtigen kollektiven Bezugspunkt linker politischer Identität, indem sie gemeinsame Fluchtlinien für politisches Handeln formulieren. In den Einzelinterviews wurden die Probanden nach ihren Vorstellungen von einer „guten Gesellschaft" befragt. Die Vorstellungen, die sich in den Antworten offenbaren, sind ziemlich diffus, weit gefasst und rekurrieren kaum auf ein konkretes Leitbild einer zukünftigen Gesellschaft. Auf den Sozialismus als Utopie wird kaum Bezug genommen. Eine dezidierte Gesellschaftsutopie des Sozialismus fehlt innerhalb des untersuchten Samples nahezu völlig.

Das überrascht insofern, als immerhin fast 60 Prozent der Befragten in der repräsentativen Umfrage der Aussage „Der Sozialismus ist im Grunde eine gute Idee, die nur schlecht ausgeführt wurde." voll (29%) oder eher (30,5%) zustimmen - gegenüber 24,9 Prozent, die eher nicht und 15,6 Prozent, die überhaupt nicht dafür sind. Tendenziell neigen eher Personen mit höherem oder hohem Einkommen dazu, dieser Aussage skeptisch zu begegnen. In den Neuen Bundesländern Ansässige mit dem Erfahrungshintergrund der DDR stimmen einer positiven Einschätzung eher zu, während im Westen wohnende Befragte vor dem Hintergrund des dort lange eingeübten Antikommunismus zurückhaltender sind. Aber auch hier stimmen über 56 Prozent dem Statement voll oder eher zu. Geschlechtsspezifische Positionierungen existieren nicht. Dabei sind insbesondere die 30-49-jährigen Befragungsteilnehmer vergleichsweise am skeptischsten.[22] In der Unterscheidung dieses Statements nach politischen

---

22 Es ist zu vermuten, dass die Wendeerfahrungen sich in das kollektive Gedächtnis dieser Altersgruppe besonders prägnant eingefräst haben, während Jüngere die abstrakte Idee positiv bewerten können, sie aber allenfalls mittels medialer Thematisierungen oder per oral history zu vergleichen in der Lage sind; jene, die über 50 Jahre sind, könnten einen Blick zurück über die unmittelbaren Wendejahre einnehmen und daraus ihre Stellungnahme ableiten.

Orientierungen innerhalb der repräsentativen Umfrage zeigen sich erwartungsgemäß folgende Gewichtungen: So stimmen zwei Drittel der Linksaffinen voll oder eher zu. Von den Tendenzlosen sind es gut 59 Prozent bei allerdings nur 28 Prozent, die voll zustimmen. Erwartungsgemäß halten sich hier die Rechtsaffinen am stärksten zurück: Aber erstaunliche 27 Prozent können voll, weitere gut 24 Prozent noch eher dem Statement zustimmen.

Selbstverständlich fallen die Zustimmungsquoten in Bezug auf den Sozialismus etwas anders aus, wenn dieser als Alternative zur bestehenden Gesellschaft ins Spiel gebracht wird. So meinen zwar immerhin noch 24 Prozent der Westdeutschen und 39 Prozent der Ostdeutschen 2007, dass der Sozialismus einen Versuch wert sei (vgl. Dimap 2008), aber eine Absenkung der Zustimmung ist hier offensichtlich. Noch deutlicher wird die Alternativlosigkeit, wenn konkret nach dem bestehenden Wirtschaftssystem gefragt wird. Mehr als die Hälfte der in der repräsentativen Umfrage Befragten gestehen dem momentanen Wirtschaftssystem bis auf einige nötige Veränderungen ein gutes Funktionieren zu, und fast 40 Prozent sehen dringenden Reformbedarf, aber keine Funktionsunfähigkeit. Das mag letztlich auch damit zusammenhängen, dass der Großteil der Befragten weder eine vernünftige noch eine durchsetzbare Alternative zum bestehenden Wirtschaftssystem sieht (vgl. hierzu ausführlich Abschn. 4.1).

Hinweise auf eine sozialistische Alternative zum bestehenden Gesellschaftssystem findet man bei den von uns untersuchten Linksaffinen allenfalls in abgeschwächter Form: angefangen von der Utopie einer (regressiv idealisierten) Sozialstaatlichkeit der DDR, die sich eher Ostdeutsche wünschen, über die Utopie eines sozialdemokratischen Kapitalismus mit jeweiligen Unterschieden der Regulierungsform des ökonomischen Systems bis hin zur Utopie eines libertären Sozialismus. Konsens unter den Linksaffinen ist allerdings die Ablehnung eines autoritären Staatssozialismus. Warum die in großen Bevölkerungsteilen latent wirksame Leitidee des Sozialismus auch in den prädestinierten linksaffinen Milieus keine klaren Konturen hat, kann im Rahmen der vorliegenden Untersuchung nicht schlüssig erklärt werden.

Der spezifische Stellenwert utopischer Leitbilder äußert sich in zwei unterschiedlichen Orientierungen. Was dem Einen ein Verrat an der Idee ist, ist für Andere realistische Utopie. Daraus resultieren im Alltag unterschiedliche politische Praxen: auf der einen Seite eine bewusste Verweigerung, an jetzigen gesellschaftlichen Projekten teilzunehmen bzw. eine subkulturell verankerte Distanzierung, auf der anderen Seite sukzessive projektförmige Basisarbeit als Umsetzung eines politischen Gestaltungsanspruchs. Konkrete politische Arbeit wird auf pragmatische Schritte begrenzt. Als Hintergrundfolien haben Utopien hier gleichwohl eine Funktion für gemeinsames politisches Handeln, indem sie kollektive Bezugspunkte herstellen, eine Verständigungsfunktion erfüllen und allgemeine verbindende Orientierungen im gemeinsamen praktischen Handeln erst sichtbar machen. Als Vorstellungen von einer besseren Welt, an der die hiesigen Verhältnisse kritisiert werden können, bilden sie nach wie vor einen wichtigen kollektiven Bezugspunkt linker politischer Identität.

In sich geschlossene gesellschaftliche Entwürfe, die sich an eine Kritik der bestehenden gesellschaftlichen Verhältnisse anschließen, sind nur bei einer Minderheit der Befragten auszumachen. Meist sind sie bei jenen zu finden, die die kapitalistische Ausrichtung der Gesellschaft grundlegend ablehnen. Die Mehrheit hält dagegen an einer Umgestaltung auf Grundlage zivilgesellschaftlicher Strukturen fest. Dabei wird eher auf konkrete gesellschaftliche Probleme fokussiert als auf eine umfassende Gesellschaftskritik. In dieser Reformperspektive sind aber durchaus Elemente aus früheren gesellschaftlichen Großutopien fortgeschrieben. Sie bestehen im allgemeinsten Sinne im Entwurf einer offenen und egalitären Gesellschaft, in der gleiche Chancen und Rechte für alle Voraussetzung für die Teilhabe aller sind. Zentralen Stellenwert in den Vorstellungen von einer besseren Gesellschaft hat das Thema soziale Gerechtigkeit, das an der Verbürgung für die gesellschaftliche Teilhabe jedes Einzelnen gemessen wird. Dieser kleinste gemeinsame Nenner bezieht sich unmittelbar auf zwei Arenen der Gestaltung: Ökonomie und Sozialität. Es sind die Kernbereiche, die kritisch interpretiert werden und die zugleich Kernthemen im prospektiven Wurf hinsichtlich einer besseren Gesellschaft sind.

Die vorherrschende Wirtschaftsordnung wird von einem Großteil der in den Einzelinterviews Befragten zwar sehr kritisch gesehen, prinzipiell wird ihr aber eine Reformfähigkeit unterstellt. Gelegentlich wird die Meinung vertreten, dass eine bessere Gesellschaft auch nach dem Konkurrenzprinzip organisiert sein könne, da nur Konkurrenz eine Anreizstruktur für eine zu verbessernde Welt garantiere. Eine in der SPD Aktive mittleren Alters bringt gegen die Utopie von einer gerechten Gesellschaft, der sie skeptisch gegenüber bleibt, den Antrieb menschlichen Handelns und gesellschaftlicher Gestaltung in Stellung.

„Da muss ich immer an Marx so ein bisschen denken, ja. Das war gut gedacht, so, aber ich weiß auch nicht, ob es funktionieren würde. (...) Gleichheit, ähm, halt ich für nicht so sinnvoll, weil wir ja dann auch keine Bedürfnisse und Ziele mehr richtig so hätten. Ich denke, dass schon ein Egoismus dazu gehört."

Ausgeprägter Egoismus und zunehmende Ökonomisierung der Gesellschaft werden als umkehrbar interpretiert, als Zuspitzungen, die überwindbar bzw. korrigierbar sind. Dieser Reformperspektive liegt die Annahme zu Grunde, dass über einen Wandel der Mentalitäten von Individuen, als eigentlichen Trägern der gesellschaftlichen Strukturen, sich diese Strukturen verändern lassen. Diese Überzeugung findet insbesondere im bewussten Konsumenten ihren Ausdruck, der Politik und Wirtschaft durch seine Konsumentscheidungen in seinem Sinne beeinflusst und Gesellschaft gestaltet. Eine Jüngere bei Bündnis 90 / Die Grünen Aktive verweist in diesem Zusammenhang auf die Bedeutung eines individuell reflektierten Handelns.

> *„Aber einfach mal, dass jeder mehr dann denkt, ähm, was tu ich hier eigentlich, was tu ich eventuell anderen damit an. Und, ähm, was hat das, also die Auswirkungen des eigenen Handelns zu überdenken. Also, was hat das für Auswirkung, wenn ich die Jeans für fünf Euro kaufe. Also was hängt da noch hinter, wer hat denn das überhaupt gemacht und, ähm, dann befinden wir uns ja nicht mehr nur noch in Deutschland, sondern das ist dann ja schon ne, schon ne Weltgeschichte. Aber das find ich eigentlich äh wichtig, wenn man da hinkommen würde. Also das man die Auswirkungen des eigenen Handelns ähm mit bedenken würde."*

In gewissem Umfang wird damit einem Entschuldigungsmuster der Politik das Wort geredet, indem die Verantwortung in die Hände des Konsumenten gelegt wird.

Grundlegend, so der Tenor, müsse aber der Mensch im Mittelpunkt stehen und nicht die materielle Ausrichtung der Gesellschaft. Diese meist recht unspezifisch vorgetragene Vorstellung mündet bei einem Großteil der Befragten in der Orientierung auf eine Zivilgesellschaft, die der ökonomischen Zentrierung entgegengesetzt wird. Diese Perspektive wird in der Regel von beruflich mehr oder weniger Etablierten und / oder politisch und sozial Engagierten eingenommen. Dort wo auf Grund prekärer Lebensverhältnisse Resignation in Bezug auf die eigene politische Gestaltungsmöglichkeit vorherrscht, wird diese Perspektive abgelehnt. Hier herrscht eher die Sicht auf eine politische und soziale Unveränderbarkeit oder aber eine prognostizierte eruptive soziale Entladung, die außerhalb des eigenen Handlungs- und Möglichkeitsraumes liegt, vor. Eine Utopie hinsichtlich einer anstrebenswerten Gesellschaft kann aus dieser Sicht in der Regel nicht formuliert werden, da die grundlegend resignative Perspektive keine Gestaltungsmöglichkeiten zulässt. Die zivilgesellschaftliche Perspektive wird auch von jenen abgelehnt, die in der bestehenden Wirtschaftsordnung die Wurzel des Übels sehen. Konsequenterweise fordern jene die Abschaffung der bestehenden Wirtschaftsordnung. Allerdings nimmt nur ein kleiner Teil der Befragten diese Perspektive ein.

Sozialität ist der zweite Kernbereich linksaffiner Gestaltungsperspektive. Hier dominiert der Entwurf einer solidarischen, auf sozialer Gerechtigkeit ruhenden Gesellschaftsstruktur, die die Partizipation jedes Einzelnen in den Mittelpunkt stellt. Der Einzelne muss die Möglichkeit haben, sich in die Gesellschaft einzubringen und an ihr teilzuhaben. Als Grundlage wird eine Bildungsstruktur angesehen, die jedem, unabhängig von seiner sozialen

Herkunft, die gleichen Zugänge garantiert. Chancengleichheit, die auf der Garantie gleichberechtigter Zugänge beruht, ist aus dieser Perspektive erst dann realisiert, wenn keiner davon ausgeschlossen wird. Hier knüpft auch die Debatte um die Form sozialstaatlicher Sicherung an, die dem Einzelnen die Teilhabe an der Gesellschaft ermöglichen muss. Selbstredend sind hier unterschiedliche Ansätze und Argumentationslinien hinsichtlich einer angebrachten sozialen Sicherung vorhanden (vgl. Abschn. 4.4).

Vor dem Hintergrund dieser beiden Arenen lassen sich drei unterschiedliche Typen eines Utopieentwurfs zusammenfassen. Der utopische Bezug auf Gesellschaft reicht dabei von der Perspektive einer a) grundsätzlichen Veränderung der gesellschaftlichen Verhältnisse über b) imaginierte Vorstellungen einer befriedeten, gerechten und konfliktlosen Gesellschaft bis zu einem c) reformorientierten Engagement:

Ad a) Proto-revolutionäre Rigoristen

Die Gesellschaft zu reformieren wird von jenen, die einem proto-revolutionären Rigorismus zugerechnet werden können, grundsätzlich abgelehnt. Die politischen und ökonomischen Strukturen in Richtung einer solidarisch-gerechten Gesellschaft zu verändern, so die Überzeugung, lasse sich mittels Engagement nicht erreichen. Die politischen und ökonomischen Bedingungen spiegeln die Herrschaftsverhältnisse wider, die letztlich nur durch einen regelrechten Umsturz abgeschafft werden könnten. Interviewer: *„Was sind die Hindernisse für eine gute Gesellschaft?"* Antwort: *„Ja, das die alten Herrschaftsstrukturen im Weg stehen, die Profitinteressen. Und ja, äh, diese müssen durchbrochen werden dazu."* Diesem proto-revolutionären Rigorismus ist eine Machtperspektive durchaus eigen. Innerhalb unseres Samples stellt aber eine solche Position eher eine Ausnahme dar und wird lediglich als ein theoretisches Gedankenspiel formuliert. Im Zuge der weltweiten ökonomischen Verflechtungen besteht zudem die Auffassung eines notwendigerweise globalen Systemwechsels, der eine faktische Umsetzung aber erst recht als unmöglich erscheinen lässt. Diejenigen Befragten, die dieser Perspektive zugerechnet werden können, sind bzw. waren meist in linken Subkulturen integriert. In der Regel findet der Eintritt in linke Subkulturen um die Adoleszenzphase herum statt. Oft wird die politische Aktivität in der linken Subkultur aber mit Aufnahme einer Erwerbsarbeit und / oder einer Familiengründung aufgegeben bzw. die Subkultur verlassen (vgl. Kap. 5).

Ad b) Sozialromantische Visionäre

Die sozialromantischen Visionäre haben mit den anderen gemeinsam, dass sie die Ökonomisierung der Gesellschaft und die wachsende soziale Ungleichheit geißeln. Sie orientieren auf eine egalitätere Gesellschaft, die in der Lage ist, sozial zu integrieren und den einzelnen Individuen Entwicklungschancen zu offerieren. Der Entwurf einer egalitäreren Gesellschaftsstruktur wird partizipativ als Konsensdemokratie gedacht. In gesteigerter Form führt dies bei einigen in Richtung einer Regression des Gesellschaftlichen auf Gemeinschaftliches: direkte Demokratie in überschaubaren Einheiten. Insgesamt bleiben jedoch mögliche gesellschaftliche Interessengegensätze unreflektiert. So wird die Idee der „guten Gesellschaft" auf eine konfliktfreie Zukunft ausgerichtet, in der soziale Gerechtigkeit per Vernunft gewährleistet wird. Die Wirkungs-mächtigkeit politischer Gestaltung wird zum Teil an die subjektiven Eigen-schaften der politischen Akteure zurückgebunden. Eine 59-jährige, in der SPD Organisierte dazu: *„Ich hoffe, dass sich irgendwann die informierten, nicht-egoistischen, uneitlen, vernünftigen und klugen, toleranten Menschen durch-setzen, das ist meine Utopie. "*

Mit dieser Delegierung politischer Gestaltungsmöglichkeit bzw. -unmög-lichkeit an die Adresse subjektiver Eigenschaften korrespondiert jene skeptische Haltung, die quasi in umgekehrter Begründung einen anthropologisch verorteten Egoismus als Ursache für die Unerreichbarkeit der „guten Gesellschaft" ins Feld führt. Beiden Orientierungen ist gemeinsam, dass sie die Möglichkeit gesell-schaftlicher Gestaltung in Abhängigkeit von menschlich subjektiven Eigen-schaften sehen. Die strukturellen Bedingungen gesellschaftlich politischen Handelns werden dabei ausgeblendet. Das ermöglicht nicht zuletzt die eigene politische Inaktivität oder erfahrene engagementbasierte Wirkungsarmut zu legitimieren oder zu erklären. Auch die gelegentlich ausgesprochenen Wünsche nach weniger Konsum, einer entschleunigten Gesellschaft oder die Über-windung von Partikularinteressen qua Einsicht und einer Aufhebung der Delegation politischer Macht etc. sind zu solchen Entwürfen zu rechnen. Um deren Begrenztheit wissen auch die Vertreter selbst, verstehen ihre Perspektive aber als Gegenentwurf zur Realität – gerade weil er ohne Machtperspektive auskommt.

Ad c) Realistische Utopisten

Bilden Positionen der Sozialromantik wie die eines revolutionären Rigorismus heute keinen attraktiven Utopieentwurf mehr, so sind konkrete Projekte, die insgesamt einer demokratischeren und solidarischeren Gesellschaft verpflichtet sind, der Weg der realistischen Utopisten. Sie verstehen Reformorientierung als notwendigen Pfad zum Erreichen utopischer Ziele. Dabei wird gesellschaftliche Teilhabe als Bedingung formuliert und in Bildung die Grundlage einer Chancengleichheit gesehen. Ein Teil von ihnen sieht in der Idee des Grundeinkommens die Möglichkeit, den Zwangscharakter von Erwerbsarbeit aufzuheben und die menschliche Kreativität jedes Einzelnen freizusetzen. Insgesamt plädieren sie aber für eine soziale Absicherung durch staatliche

Sozialsysteme mit repressionsfreiem Charakter als eine Art Mindestutopie. Diejenigen Befragten, die von der Umwandlung der Erwerbsarbeitsgesellschaft überzeugt sind, orientieren auf eine Tätigkeitsgesellschaft aktiver Bürger. In politischer Hinsicht reden sie Formen der direkten Demokratie das Wort. Darin werden, vor dem Hintergrund zunehmender Politikverdrossenheit und Lethargie, für die Vertreter dieser Idee, die Konturen einer aktiven Bürgergesellschaft sichtbar. Eingebettet in diese Denkfigur ist eine Orientierung auf mehr Gemeinsinn als Reaktion auf einen verbreiteten gesellschaftlichen Egoismus. Auf die konstatierte zunehmende soziale Ungleichheit in der Gesellschaft reagiert ein Teil von ihnen mit der Forderung nach einer Umverteilung des gesellschaftlichen Reichtums. Zusammenfassend lässt sich die Orientierung der realistischen Utopisten anhand folgender Polarisierungen verdeutlichen:

- Solidarität vs. Egoismus
- Umverteilung vs. Besitzstandswahrung
- direkte Demokratie vs. Parteiendemokratie
- Kommunalisierung vs. Privatisierung
- aktive Bürgergesellschaft vs. ökonomische Zentrierung
- Perspektivität vs. Chancenlosigkeit

Idealerweise sind die realistischen Utopisten gesellschaftlich oder politisch engagiert. Dabei existiert eine verhaltene Erfolgsorientierung in Bezug auf eine Bilanzierung positiver Entwicklung, zu der auch das Verhindern politischer Gegenprozesse zählt (Politik des kleineren Übels). Lebenspraktisch kann dies in eigenen Projekten aufgehen, die dann mit einem politischen Anspruch verbunden werden und gleichsam gesellschaftliche Nischen ausbilden, in denen die Utopie mehr ausgelebt werden kann.

Die Ausrichtung politischen Engagements auf konkrete Projekte und das weitgehende Fehlen, das eigene engagierte Handeln in einen utopischen Gegenentwurf zu verorten, verweist auf die Reformperspektive dieses Handelns. Die Utopien in Bezug auf die „gute Gesellschaft" sind, wenn man so will, von mittlerer Reichweite und letztlich an einem demokratischen Sozialstaat ausgerichtet. Im Vordergrund steht ein Gesellschaftsbild, das Freiheit, soziale Sicherheit und Wohlstand auf der Grundlage einer sozial gerechten Gesellschaft verwirklicht wissen will.

Linke Utopien, die eine grundlegende Umgestaltung propagieren, haben ihre Prägekraft verloren und sind reformistischen Veränderungsorientierungen gewichen. Bei einem Teil der Befragten (den sozialromantischen Visionären) wird diese Orientierung häufig in einer harmonistischen Sehnsucht nach einer besseren Gesellschaft kanalisiert, ohne dass dabei zu beschreitende Wege angedeutet werden.

Eine gemeinsam geteilte gesellschaftskritische Grundhaltung der Linksaffinen führt nicht zu einer gemeinsam geteilten dezidierten Gesellschaftsutopie. In Bezug auf ein sozialistisches Gesellschaftsmodell besteht insofern Gemeinsamkeit unter den Linksaffinen, als ein autoritärer Staatssozialismus abgelehnt wird. Sozialistischen Gesellschaftsmodellen werden unterschiedliche Annäherungen eines sozialen Kapitalismus gegenübergestellt, die letztlich auf die Idee eines „gezähmten" Kapitalismus hinauslaufen, der in einem wirksamen Sozialstaat eingebettet ist.

Das weitgehende Fehlen eines integrierenden gesamtgesellschaftlichen utopischen Gegenentwurfs hat nur bedingt Einfluss auf das politische Handeln der Individuen. Vielmehr ist politisches Engagement von der subjektiven Erfahrung der politischen Wirkmächtigkeit abhängig. Die mehrfach eingeforderte direkte Demokratie kann hier als ein Hinweis gelten. Einseitige Engagementbereitschaft kann aber hinsichtlich soziodemografischer Variablen wie Bildung und materielle Absicherung vermutet werden. Aus der Engagementforschung ist seit langem bekannt, dass bürgerschaftliches Engagement mit den Variablen Bildung und berufliche Integration korrespondiert. In unseren Untersuchungen zeigte sich ein deutlicher Zusammenhang zwischen prekären Lebenslagen und einer Abstinenz politischen Engagements. Es bleibt an der Stelle also zu fragen, ob nicht soziodemografische Variablen wie Bildung und materielle Absicherung zukünftig verstärkt zu einer Eintrittsschleuse für politische Aktivitäten werden. Wäre dem so, würde das zu weniger Demokratie und Partizipation führen und die Ausschlusstendenzen sozial prekärer Schichten verstärken.

5 Politische Praxen der Linksaffinen – Was befördert ihr Engagement?

Anhand der im vorherigen Kapitel rekonstruierten politischen Einstellungen, Meinungen und Problemsichten von Linksaffinen, ihrer Weltanschauungen, Gesellschaftsbilder und -utopien lässt sich ein aufschlussreicher Einblick in die politische Kultur linksaffiner Alltagsmilieus gewinnen. Allerdings handelt es sich hierbei nur um eine Seite der Medaille. Die andere Seite ist, welche praktischen Konsequenzen sich ergeben, d. h. wie sich die typischen Einstellungen, Deutungen und Werthaltungen von Linksaffinen in deren konkreten Handeln niederschlagen und in Alltagspraxen verstetigen. Erst das Zusammenspiel von politischen Orientierungen und sozialen Praxen ergibt ein instruktives Bild über die politische Kultur der Linksaffinen.

Die politischen Praxen der Linksaffinen manifestieren sich sowohl in rein politischen Partizipationsformen als auch in Formen bürgerschaftlichen Engagements. Politische Partizipation meint jene Verhaltensweisen, die die Bürger „alleine oder mit anderen freiwillig mit dem Ziel unternehmen, Einfluss auf politische Entscheidungen zu nehmen" (Kaase 2003: 495). Sie reichen von Parteiamt und -mitgliedschaft über Wahlbeteiligung und Unterschriftenaktionen bis hin zu unkonventionellen Formen, etwa Demonstrationen oder – die Legalität von Protesthandeln damit allerdings überschreitend – öffentlichen Sitzstreiks und politisch motivierten Gewalthandlungen.

Bürgerschaftliches Engagement gilt als wesentlicher Bestandteil der Zivilgesellschaft respektive Bürgergesellschaft. Es umfasst alle freiwillig und öffentlich (d. h. im öffentlichen Raum) ausgeübten Tätigkeiten, die gemeinwohlorientiert sind und in der Regel gemeinschaftlich bzw. kooperativ ausgeübt werden. Der Ort des bürgerschaftlichen Engagements sind vor allem Vereine, Kirchen und religiöse Einrichtungen, Gruppen, Initiativen, staatliche und kommunale Einrichtungen (insbesondere Kita und Schule), Verbände, Parteien, Gewerkschaften sowie private Einrichtungen und Stiftungen (vgl. Gensicke et al. 2006: 22 f.). Anzumerken ist, dass die Übergänge zwischen politischer Partizipation und bürgerschaftlichem Engagement teilweise fließend sind. So stimmen laut Freiwilligensurvey (ebd.: 81 f.) 21 Prozent der Befragten der Aussage „Mein Engagement ist auch eine Form von politischem Engagement."

voll und ganz zu und weitere 27 Prozent teilweise. Engagementforscher beobachten in diesem Zusammenhang ein zunehmendes Interesse, sich für öffentliche Angelegenheiten und andere Menschen zu engagieren und beschreiben dieses als „öffentliche" Partizipation (Gensicke / Geis 2006: 308 ff.).

Im Folgenden wird zunächst anhand der quantitativen Erhebungsdaten ein Überblick darüber gegeben, inwiefern sich Linksaffine hinsichtlich ihrer politischen Partizipation und ihres bürgerschaftlichen Engagements von Rechtsaffinen und Tendenzlosen unterscheiden (5.1). Anschließend geht es auf der Grundlage der qualitativen Erhebungen explizit um die politischen Praxen aktiver und inaktiver Linksaffiner (5.2). Hierbei werden in einem ersten Schritt die konzeptionellen Überlegungen aus Abschnitt 3.2.1 u. 3.2.3 zu den drei Phasen (protopolitische, politische und postpolitische Phase) und den relevanten Eintritts- und Austrittsschleusen weiter spezifiziert und modellhaft verdichtet (5.2.1). Das Modell der Politisierung Linksaffiner fungiert als Analyseraster, wenn im zweiten Schritt typische Politisierungsverläufe der Engagierten (5.2.2) sowie die Gründe für die Beendigung des Engagements sowie für die Verstetigung von Inaktivität bei Linksaffinen (5.2.3) rekonstruiert werden.

5.1 Politische Partizipationsformen bei Linksaffinen, Rechtsaffinen und Tendenzlosen

Anhaltender Mitgliederschwund der Parteien und großer Organisationen, abnehmende Parteienidentifikation sowie sinkende Wahlbeteiligung sind gern zitierte Indikatoren für die These einer negativen Entwicklung konventioneller Formen politischer Partizipation in Deutschland. Auf Grund ihrer Selbstbezogenheit und lebensweltlichen Ferne gelinge es vor allem den Parteien immer weniger – so eine wiederkehrende Interpretation –, Anreize für eine organisationelle Einbindung von politisch Interessierten zu schaffen (Scarrow 2000: 83; Klein 2006). Insbesondere für die nachwachsenden Generationen haben sie an Anziehungskraft verloren und entwickeln sich tendenziell zu „jugendfreien" Organisationen (Wiesendahl 2006: 54). Politisches Engagement ist in Parteien seit längerem rückläufig und hat sich zu ihren Ungunsten verschoben. Banden die politischen Parteien 1999 noch 63 Prozent des dezidiert politischen Engagements, so waren es 2004 nur noch 52 Prozent.

Demgegenüber sei (insbesondere bei Personen aus jüngeren Kohorten und / oder mit postmaterialistischer Werthaltung) eine Zunahme unkonventioneller Formen der Partizipation bzw. des freiwilligen Engagements in informellen, selbstorganisierten, interessenorientierten und thematisch begrenzten Kleingruppen (etwa örtlichen Initiativen) zu verzeichnen: Laut Freiwilligensurvey hat fast jeder Dritte in Deutschland über 14 Jahre ein Ehrenamt inne, bzw. ist in einer politischen Vereinigung tätig oder beteiligt sich in einer Selbsthilfegruppe. Bei Jugendlichen ist projektförmiges Engagement gefragt statt dauerhafter Zugehörigkeit in einer Partei oder Großorganisation. Es besteht ein ansteigendes Potenzial an Volunteers (Deutsche Shell 2002: 221 ff.), wobei Schule, Kirche und Jugendarbeit Favoriten für ein Engagement sind. Angestrebt wird eine Symbiose von klassischen Organisationsformen und individuell gestaltetem Engagement.

Diese allgemeine Trendaussage zur politischen Kultur lässt sich in Bezug auf die drei Gruppen unterschiedlicher politischer Orientierungen weiter spezifizieren: Vergleicht man Linksaffine mit Rechtsaffinen und Tendenzlosen anhand der eigenen repräsentativen Befragung im Rahmen dieser Studie, so sind Linksaffine häufiger politisch oder bürgerschaftlich aktiv. 44 Prozent von ihnen betätigen sich regelmäßig, d. h. mindestens einmal im Monat, bei den Rechtsaffinen sind es dagegen 33,4 Prozent und bei den Tendenzlosen 33,9 Prozent. In allen drei Gruppen gibt es eine Spaltung: Jeweils eine kleine Gruppe mit einem hohem Aktivitätslevel (tägliche bzw. wöchentliche Aktivität) steht einer großen Gruppe gegenüber, die nur selten oder gar nicht aktiv ist.

Im Folgenden soll die Art und Weise, wie Linksaffine (im Verhältnis zu Rechtsaffinen und Tendenzlosen) politisch bzw. ehrenamtlich aktiv sind, näher betrachtet werden. Der Fokus liegt auf den a) Aktivitätsformen in Organisationen, dem b) Wahlverhalten und auf c) unkonventionellem politischen Protestverhalten.[23]

---

23 Methodische Anmerkung: Im Vergleich zu anderen Surveydaten ist die Aktivitätsrate in der vorliegenden eigenen Stichprobe verhältnismäßig hoch – insbesondere in Parteien, Vereinen und Sozial- bzw. Wohlfahrtsverbänden. Ein Grund für diesen Bias liegt darin, dass sich auf Grund der thematischen Fokussierung der Befragung auf politische Themen verhältnismäßig mehr politisch aktive Personen beteiligt haben – das kann insbesondere die relative Überrepräsentanz von Parteimitgliedern im Sample erklären. Ein weiterer Grund liegt darin, dass das Engagement in der eigenen Erhebung nur mit wenigen Indikatoren erfasst werden konnte. So ist nicht zu vermeiden, dass viele Befragte zwar ein aktives ehrenamtliches Engagement angaben, das aber nur eine bloße aktive Mitgliedschaft umfasst und daher nicht im engeren Sinne als Engagement zu werten ist. (Das betrifft insbesondere die Bereiche Ehrenamt im Verein und in der Freiwilligenarbeit.) Im Freiwilligensurvey wurden demgegenüber über 7.500 verschiedene Tätigkeitsangaben im Detail erfasst und jene Aktivitäten in der Grauzone zwischen aktiver Mitgliedschaft und ehrenamtlichem Engagement dezidiert ausgeschlossen. – Da es aber in diesem Abschnitt um einen aussagekräftigen Vergleich zwischen den Gruppen Linksaffine, Rechtsaffine und Tendenzlose geht, fällt die Überrepräsentation der Aktiven im gesamten Sample für diesen Zweck nicht allzu stark ins Gewicht, da angenommen werden kann, dass sich der Anteil der „Fehlnennungen" zu gleichen Teilen auf die drei Gruppen verteilt.

Ad a) *Aktivitätsformen in Organisationen*

Die Daten zeigen, dass in allen drei politischen Gruppierungen sozial ausgerichtete Felder vergleichsweise stärker besetzt werden als dezidiert politische.

Aktivität / Engagement in ...	Linksaffine	Tendenzlose	Rechtsaffine
Verein	37,6%	36,8%	34,2%
örtliche Initiative	20,6%	20,0%	20,9%
Kirche	17,9%	18,1%	22,6%
Sozial- / Wohlfahrtsverband	20,6%	14,1%	17,4%
Freiwilligenarbeit	19,2%	13,8%	18,3%
außerberufliche Interessenvertretung	11,7%	12,0%	15,1%
soziale Bewegung	14,9%	9,6%	9,3%
Gewerkschaft	12,8%	8,1%	7,2%
Partei	10,6%	4,6%	7,2%
nichts davon	31,2%	45,3%	37,7%

Abbildung 25: Politische Aktivität und / oder ehrenamtliches Engagement in Prozent aller Befragten der jeweiligen politischen Orientierung (Mehrfachnennungen möglich)

Das Engagement im Verein ist über alle drei Gruppen mit jeweils über einem Drittel am höchsten vertreten. Dagegen stellen soziale Bewegungen, Gewerkschaften und vor allem Parteien offenbar deutlich weniger attraktive Gelegenheitsstrukturen für die Bürger dar, sich zu engagieren. Hier liegt die Quote (mit Ausnahme der Linksaffinen) deutlich unter 10 Prozent. In Vereinen sind Linksaffine etwas stärker engagiert (37,6%) als Tendenzlose (36,8%) und Rechtsaffine (34,2%), während sie erwartungsgemäß im Rahmen der Kirche etwas weniger aktiv sind. Hinsichtlich der Mitarbeit in örtlichen Initiativen unterscheiden sich die Gruppen nur marginal voneinander. In der Freiwilligenarbeit bzw. der Arbeit in der Wohlfahrt sind Linksaffine ebenfalls geringfügig häufiger aktiv als Rechtsaffine, wiederum fallen hier Tendenzlose etwas ab. Erwartungsgemäß sind Linksaffine stärker in einer sozialen Bewegung aktiv als vergleichsweise Tendenzlose und Rechtsaffine.

Für Linksaffine ebenso wie für Rechtsaffine und Tendenzlose stellt die Mitarbeit in im engeren Sinne politischen Großorganisationen wie Parteien oder Gewerkschaften ein weniger attraktives Mittel zum politischen Engagement dar als „soziale" Aktivitäten. Tendenzlose verspüren vergleichsweise wenig Bedarf, sich politisch oder bürgerschaftlich zu betätigen, während die Linksaffinen hierzu die größte Bereitschaft aufweisen. Wie die Daten zur organisationalen

Einbindung der Befragten belegen, schält sich eine stärkere Orientierung der Linksaffinen auf politisch-soziales Engagement heraus, dagegen geben die aktiven Rechtsaffinen und Tendenzlosen stärker sozialem Engagement ohne politischen Bezug den Vorzug.

Ad b) Gründe für prospektive Wahlbeteiligung
Bei den Orientierungen zur Wahlbeteiligung ergibt sich folgendes Bild:

Grund	Linksaffine	Tendenzlose	Rechtsaffine
aus Gewohnheit	28,3%	29,9%	32,8%
Wählen ist eine Bürgerpflicht	78,9%	71,2%	75,1%
wenn mich das Programm einer Partei überzeugt	69,8%	68,4%	70,1%
bin mit einer Partei eng verbunden	34,3%	18,5%	22,9%
wenn eine Partei eine hohe Kompetenz hat	67,0%	55,1%	64,1%
weil ich etwas verändern will	80,4%	73,5%	79,7%
um meinen Protest auszudrücken	28,3%	28,3%	27,0%
würde auf keinen Fall wählen	3,0%	7,3%	2,6%
Entscheidung für eine bestimmte Partei ist das kleinere Übel	43,4%	37,3%	41,4%

Abbildung 26: Gründe für prospektive Wahlbeteiligung in Prozent aller Befragten der jeweiligen politischen Orientierung (Mehrfachnennungen möglich)

Knapp ein Drittel der Befragten aus jeder der drei Gruppen gibt an, bei der (nächsten) Bundestagswahl aus Gewohnheit wählen zu gehen. Weit mehr Befragte sehen im Wählen eine Bürgerpflicht – bei den Linksaffinen sind es sogar vier von fünf. Zudem sind mehr als zwei Drittel aller Befragten zu einem Wahlgang motiviert, wenn das Programm einer Partei überzeugt. Bei einem Drittel der Linksaffinen hängt die Wahlbeteiligung zusammen mit der engen Verbundenheit mit einer Partei, während es bei Rechtsaffinen und Tendenzlosen deutlich weniger, nämlich jeweils ca. einem Fünftel der Fall ist. Andererseits sind je ca. 40 Prozent aus jeder Gruppe negativ motiviert, indem sie das kleinste Übel wählen. Offenbar machen Links- und Rechtsaffine ihre Wahl in hohem Maße (jeweils zu zwei Dritteln) davon abhängig, dass die zu wählende Partei in ihren Augen kompetent ist, während in dieser Frage Tendenzlose signifikant weniger kritisch erscheinen. Mittels Wahlen Veränderungen anzustreben, also etwas zu bewirken, treibt beinahe vier Fünftel zur Wahlbeteiligung an; wiederum sind hier die Tendenzlosen etwas skeptischer. Prinzipielle Wahl-verweigerung erscheint (noch) nicht als ein relevantes Problem; allerdings weisen hierbei die Tendenzlosen signifikant höhere Werte auf als Links- und Rechtsaffine. Im Hinblick auf das Wahlsystem zeigt sich insgesamt eine hohe Akzeptanz in allen drei Gruppen politischer Orientierungen. Entgegen der immer wieder diskutierten Parteienverdrossenheit gibt es doch eine recht stark ausgeprägte Erwartungshaltung gegenüber den Parteien, Identifikationsangebote und Anreize zum Wählen (etwa mittels Programmen, demonstrierter Fachkompetenz) zu schaffen. Offenbar sind die Parteien im eher linken Parteienspektrum erfolgreicher, was die Mobilisierung ihrer (Stamm-)Wählerschaft anbelangt. Weit verbreitet sind auch nach wie vor Hoffnungen der Bürger auf Einflussnahme durch die eigene Wahlbeteiligung. Erwartungsgemäß ist das Protestwahlverhalten unabhängig von den unterschiedlichen politischen Orientierungen weit verbreitet.

Ad c) Unkonventionelle politische Protestformen
Sehr deutlich ist der Kontrast zwischen den drei Gruppen politischer Orientierungen im Hinblick auf unkonventionelle politische Protestformen ausgeprägt.

Aktivität	Linksaffine	Tendenzlose	Rechtsaffine
Teilnahme an genehmigter Demonstration	73,2%	55,2%	56,1%
Teilnahme an spontaner Protestdemonstration	61,5%	38,8%	33,0%
Teilnahme an Aktionen, bei denen es schon mal zu Sachbeschädigungen kommen könnte	8,3%	3,0%	5,2%
Teilnahme an wichtigen Aktionen, auch wenn nicht auszuschließen ist, dass dabei Personen zu Schaden kommen könnte	11,3%	4,9%	3,5%

Abbildung 27: Unkonventionelle Protestformen in Prozent aller Befragten der jeweiligen politischen Orientierung (Mehrfachnennungen möglich)

Die Teilnahme an einer genehmigten Demonstration – ein Bürgerrecht – kommt allenfalls einer guten Hälfte der Tendenzlosen wie Rechtsaffinen als mögliche politische Betätigung in den Sinn, während dies bei den Linksaffinen für etwa drei Viertel mehr oder weniger selbstverständlicher Ausdruck des politischen Willens ist. Bei spontanen Protestdemonstrationen sinkt bei allen Befragten die Teilnahmebereitschaft. Während sie bei den Rechtsaffinen und den Tendenzlosen auf jeweils etwa ein Drittel bzw. knapp zwei Fünftel zurückgeht, sind drei Fünftel der Linksaffinen zu solchen Aktionen im Prinzip bereit. Sich für politische Ziele auch in zivilem Ungehorsam zu üben, ist bei ihnen offensichtlich

eine große Selbstverständlichkeit. Auch Aktionsformen, die mit Sachbeschä-
digung oder der Gefährdung der körperlichen Unversehrtheit von sich oder
anderen verbunden sind, werden von Linksaffinen deutlich häufiger befürwortet
als bei den anderen beiden Gruppen – wenn auch auf einem insgesamt sehr
niedrigen absoluten Zustimmungsniveau.

5.2 Politisierungsverläufe von Linksaffinen

Die im vorherigen Abschnitt angeführten repräsentativen Daten geben ein
Gesamtbild über das politische Handeln und entsprechende Praxisformen von
Linksaffinen im Vergleich zu Rechtsaffinen und Tendenzlosen. Inwieweit sich
Linksaffine auf Grund ihrer jeweiligen (politischen / bürgerschaftlichen) Positionen und Orientierungen stärker engagieren oder inwieweit das soziale bzw.
politische Engagement in die Ausbildung einer politischen Grundhaltung mündet, kann auf dieser Datengrundlage allerdings nicht beantwortet werden. Die
Daten bleiben gewissermaßen blind für komplexe Wirkungsmechanismen und
sozial-psychologische Prozessabläufe der Politisierung. Im Folgenden geht es
darum, auf der Grundlage qualitativer Erhebungen in linksaffinen Milieus
solche feineren Mechanismen und Abläufe aufzudecken, die in typische Formen
politischen bzw. bürgerschaftlichen Engagements münden und zur Verstetigung
politischer Praxen führen.

5.2.1 Biografische Phasen der Politisierung – ein Überblick

Die Politisierung von Bürgern erfolgt in einem längeren Prozess, der lebensbiografisch eingewoben ist und jeweils von spezifischen Gelegenheitsstrukturen, situativen Einflüssen und gesellschaftlichen Rahmenbedingungen
abhängt. Dies trifft gleichermaßen für Rechtsaffine, Tendenzlose und Linksaffine zu. Bereits in der Darstellung typischer linksaffiner Alltagsmilieus (vgl.
Abschn. 3.2, insbes. 3.2.1 u. 3.2.3) konnte gezeigt werden, dass letztlich viele
Wege zu linken Einstellungen bzw. zum Engagement in linken Kontexten führen. Diese Darstellungen erfassen nur politisch aktive Gruppen. Die qualitativen
Einzelinterviews zeigen überdies, dass auch verschiedene Wege wieder aus
einem einmal begonnenen Engagement heraus führen. Politisierungsverläufe
lassen sich idealtypisch in drei Phasen mit spezifischen Eintritts- und Austrittsschleusen unterteilen: die protopolitische, die politisch aktive und die postpolitische Phase.

1) Protopolitische Phase:

Diese Phase ist in der Regel eng verknüpft mit der Primär- und Sekundärsozialisation. Im sozialen Kontext der Familie oder der Peer-Group sowie in der Schule werden die Heranwachsenden für politische und gesellschaftsrelevante Fragen sensibilisiert und damit wichtige Grundlagen für den Entschluss zu politischer Aktivität gelegt. Die protopolitische Phase kann aber durchaus auch erst später im Erwachsenenalter einsetzen – etwa, wenn die berufliche Arbeit (z. B. im Kontext des Umweltschutzes oder der Sozialarbeit), neue Peer-Groups oder auch einzelne Personen „den Stein ins Rollen bringen". Darüber hinaus können gesellschaftliche Großereignisse aktivierend wirken.

Eine Politisierung kann auf verschiedenen Wegen erfolgen: Der Entschluss, selbst politisch / bürgerschaftlich aktiv zu werden und sich daran anschließend Betätigungsmöglichkeiten zu suchen (oder diese selbst zu schaffen), kann auf der Grundlage einer eher abstrakten individuell intellektuellen Auseinandersetzung mit politischen Fragen erfolgen. Weit häufiger wird dieser Entschluss aber ausgelöst durch eigene Betroffenheit, moralische Empörung, oder durch ein historisches Schlüsselerlebnis.

Während in diesen Fällen „push-Faktoren" bzw. ein konkretes „Erweckungserlebnis" zur Motivationsgrundlage für die persönliche Entscheidung, sich zu engagieren, werden, braucht es bei anderen Linksaffinen keiner solchen Initialzündung. Insbesondere Gleichaltrige (peers) wirken im Sinne eines „pull"-Faktors als Motor für die Orientierung auf eine politische Aktivität. In der gemeinsamen lebensweltlichen Praxis kommen Jugendliche mit politischen Praxen in Berührung und beginnen sich zu engagieren. Ein eigenes politisches Bewusstsein reift unter Umständen erst im Prozess der gemeinsamen Praxis heran. Dieses Muster greift auch bei Linksaffinen, die geradezu selbstverständlich fortsetzen, was politisch aktive Eltern vorleben. In diesen Fällen kann nur bedingt im originären Sinn von einem Entschluss, politisch aktiv zu werden, gesprochen werden: Der primäre Bezugspunkt der Aktivierung ist der Wunsch, sich an einer (politischen) Praxis zu beteiligen, nicht aber dezidiert an einer politischen Praxis. Zudem kommt es auch vor, dass sich das politische Engagement aus einer individuellen Nutzenerwartung speist (etwa die Bewältigung einer lebensbiografischen Statuspassage).

Der Sozialisationseinfluss muss nicht zwangsläufig zur Entscheidung führen, sich zu engagieren. Er kann auch zum Gegenteil, zur politischen Inaktivität, führen. In diesen Fällen handelt es sich um Linksaffine, die politisch zwar interessiert sind und politisch „links" denken, aber ohne dass sich daraus praktische Handlungsfolgen ergeben.

2) Politisch aktive Phase:

Der Eintritt in die aktive Phase der Politisierung erfolgt bei Linksaffinen über spezifische „Eintrittsschleusen" im Sinne von Gelegenheitsstrukturen (Tarrow 1994). Dies kann einerseits eine bestehende Organisation sein, wobei die Mitgliedschaft zugleich eine Entscheidung für einen institutionalisierten Politisierungsverlauf bedeutet. Andererseits findet man bei vielen Linksaffinen einen selbst organisierten Politisierungsverlauf. Die hierfür relevanten Eintrittsschleusen sind politische Subkulturen, in die man „eintaucht" bzw. Assoziationen mit anderen (Gleichgesinnten), die man selbst gründet.

Der institutionalisierte wie auch der selbst organisierte Politisierungsverlauf können gleichermaßen zu einer hohen Professionalität der Aktiven führen. Im Zuge der sozialen Vernetzung bzw. organisationellen Einbindung lernen Linksaffine, sich systematisch mit gesellschaftlichen Problemen und Strukturen auseinanderzusetzen sowie konkrete halb- bzw. öffentliche politische Aktionen zu planen und durchzuführen. Kommunikative, logistische und kognitiv-analytische Kompetenzen werden erworben und vervollkommnet. Die politischen Aktivitäten werden umfassender und können nun (auch) die Übernahme von Funktionen und Ämtern beinhalten. Unter Umständen kommt es zu einer Verberuflichung des politischen Engagements, d. h. die zuvor ehrenamtlich betriebenen Aktivitäten werden in eine Berufstätigkeit überführt.

Von einer Verstetigung politischen Engagements kann man dahingehend sprechen, dass Personen in ihrem Lebensverlauf kontinuierlich in irgendeiner Form aktiv sind. Allerdings sind politisches bzw. bürgerschaftliches Engagement keine Selbstläufer, und nicht jeder Linksaffine ist sein ganzes Leben lang gleichermaßen aktiv. Zwar können Erfolge und eigene Fortschritte bei der Tätigkeit motivieren, aktiv zu bleiben und sich weiter zu entwickeln, aber letztlich muss das Engagement in das lebensbiografische Arrangement (Beruf, Freizeit, Familie etc.) der Person passen.

In biografischer Perspektive ist zu beachten, dass die Intensität und die Art und Weise des Engagements entsprechend der jeweiligen Lebensphase unterschiedlich ausgeprägt sind. Es verändern sich im Laufe der Zeit die Bedingungen. So kann die eigene Familiengründung eine zeitliche Limitierung der politischen Aktivitäten zur Folge haben. Andererseits können sich auch mit einer neuen Lebensphase neue Gelegenheitsstrukturen eröffnen (etwa die Option bei Beginn der Berufstätigkeit, sich gewerkschaftlich zu engagieren).

3) Postpolitische Phase:

Kennzeichen dieser Phase ist eine Verstetigung politischer Inaktivität, die entweder auf der Grundlage einer dezidierten Entscheidung, nicht mehr politisch aktiv zu sein (z. B. auf der Grundlage eines politischen Meinungswandels), oder eines allmählichen Nachlassens praktischer Aktivität auf Grund sinkender Motivation (z. B. aus „Enttäuschung", wenn politische Ziele durch die Aktivität nicht erreicht werden) eintritt. Der Austritt aus dem Engagement resultiert aus bestimmten Umständen und bestimmter Gelegenheitsstrukturen („Austrittsschleusen"). Er kann endgültig sein, aber auch nur zeitweilig. Oftmals sind es lebensbiografisch bedingte Veränderungen, die zu einem Wiedereintritt ins Engagement bewegen.

Die drei unterscheidbaren Politisierungsphasen – protopolitische, politisch aktive und die postpolitische Phase – verdeutlichen, dass das politische bzw. bürgerschaftliche Engagement von Personen eng verzahnt ist mit deren biografischen Lebensverläufen. Zwischen diesen drei Politisierungsphasen gibt es Übergangsmöglichkeiten (Eintritts- und Austrittsschleusen). Bei einer empirischen Analyse des Engagements von Linksaffinen kommt es darauf an, anhand des vorliegenden Datenmaterials das Zusammenspiel von spezifischen (genutzten und ungenutzten) Gelegenheitsstrukturen, situativen Einflüssen, sozialen Einflüssen und gesellschaftlichen Rahmenbedingungen zu rekonstruieren.

In diesem Sinne werden ausgehend von dem allgemeinen Prozessmodell (Abb. 28) im folgenden Abschnitt (5.2.2) typische Politisierungsverläufe der Engagierten herausgearbeitet. Insbesondere interessiert, wie Linksaffine den Einstieg ins Engagement finden, welche Motivationsstrukturen und äußere Einflüsse hierbei eine Rolle spielen und wie sich deren Engagement verstetigt. Zudem werden Gründe analysiert, warum ehemals aktive Linksaffine ihr Engagement beenden und nicht mehr den Weg zurück ins Engagement finden.

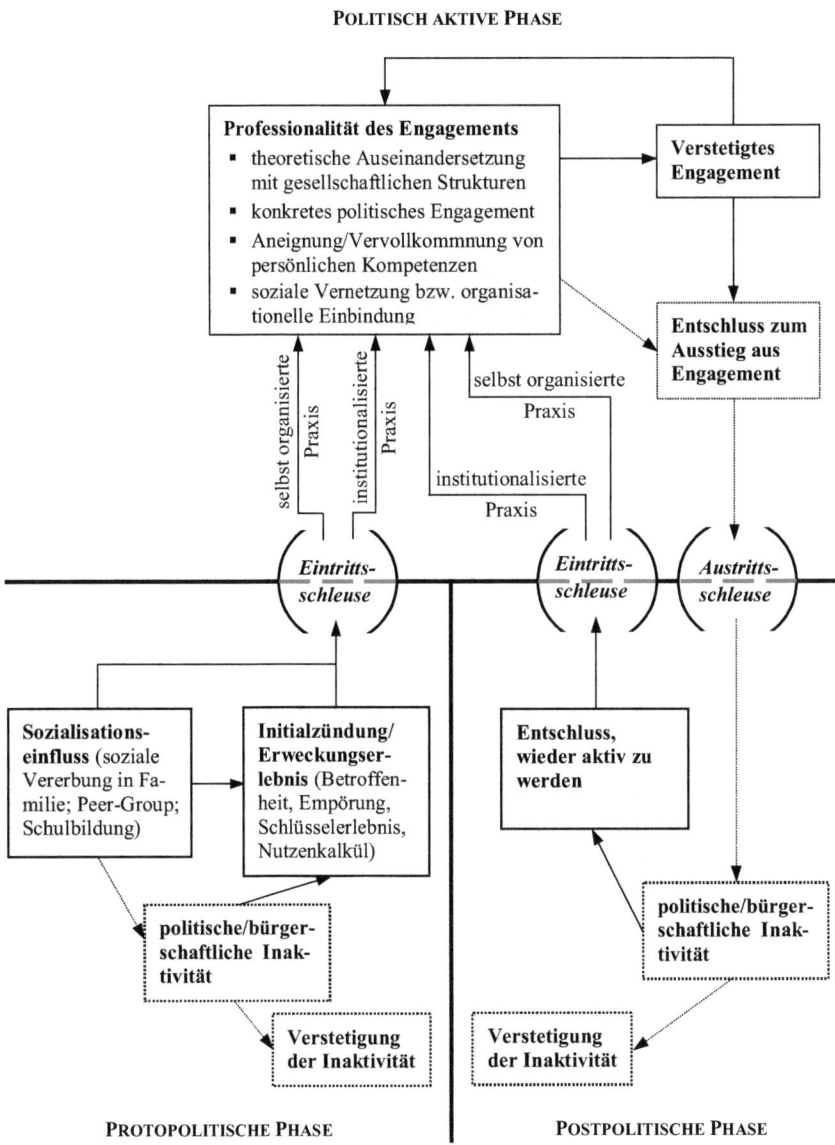

Abbildung 28: Allgemeines Modell des Politisierungsverlaufs

5.2.2 Protopolitische Phase

Bereits in der protopolitischen Phase zeigt sich, dass die Politisierung von Linksaffinen lebensbiografisch eingewoben, milieuspezifisch beeinflusst sowie von spezifischen Gelegenheitsstrukturen und gesellschaftlichen Rahmenbedingungen geprägt wird. Es gibt nicht „den einen" Weg zum politisch linken Denken und Handeln. Im Folgenden geht es darum, die verschiedenen Wege der protopolitischen Sozialisation genauer aufzuzeigen. Der Fokus der Darstellung liegt auf den typischen Mechanismen, durch die sich eine politische Affinität zu linken Denk- und Handlungsmustern sowie sozialen Praxen herausbildet. Idealtypisch lassen sich folgende Mechanismen unterscheiden, wobei sie in der Realität der linksaffinen Alltagsmilieus nicht in Reinform sondern in Mischform vorkommen:

- soziale Vererbung (durch politisch aktive linksaffine Eltern);
- Oppositions- und Distinktionsverhalten (gegenüber konservativen Eltern bzw. Herkunftsmilieu; Neonazis);
- subkulturelle Beeinflussung (etwa durch Antifa- und Autonomenszene);
- persönliches Erweckungserlebnis (hervorgerufen durch Ereignis im lokalen Umfeld oder durch historisches Großereignis);
- thematische Fokussierung (auf NS-Zeit, Gender; Krieg-Frieden; Umweltgefährdung);
- Gemeinschaftsbindung in politisierten Peer-Groups;
- gemeinsame Entwicklung politischer Interessen in zunächst „unpolitischen" Peer-Groups.

Man könnte vermuten, dass die Schule mit den vielfältigen Bildungsangeboten und didaktisch geschulten LehrerInnen und ErzieherInnen eine zentrale Politisierungsinstanz für Kinder und Jugendliche ist. Tatsächlich nimmt der überwiegende Teil der Befragten den auf politische bzw. gesellschaftliche Themen zugeschnittenen Unterricht als lästige Pflichtübung wahr und goutiert ihn wenig ob seiner häufig abstrakten Vermittlungsform. Nur vereinzelt können motivierte und charismatische LehrerInnen sowie eine innerschulische anregende Kultur die politische Interessiertheit der Befragten wecken. Die beginnende (Proto-) Politisierung der Linksaffinen erfolgt vor allem innerhalb ihrer Alltagsmilieus.

Vielfach ist die (Vor-)Prägung durch das Elternhaus entscheidend. Eltern und ältere Geschwister können durch eigenes Interesse, das sich in politischen Diskussionen im Haushalt niederschlägt und durch eigenes Engagement die Aufmerksamkeit wecken.

Symptomatisch für diesen Politisierungsweg ist die Antwort eines ehemals in einer linken Splitterpartei aktiven 34-Jährigen auf die Frage nach dem Beginn seines politischen Interesses:

> *„Wahrscheinlich schon als Kind so, hab im Fernsehen die Debatten gesehen damals. Fand ich schon immer toll, meine Eltern hab'n immer politisch was erzählt. Vater immer über die Arbeitgeber geschimpft aber auch über die Ausländer, leider, war so zwiegespalt. Jo und dann ja, das hat mich immer interessiert. "*

Der Interviewpartner gibt keinen genauen Anfangspunkt seines politischen Interesses an. Der viermalige Verweis auf „immer" indiziert stattdessen eine Latenz der politischen Beeinflussung, die er zu Hause erfährt – vermittelt über Fernsehdebatten, Erzählungen der Eltern, Schimpfen des Vaters über Arbeitgeber (und Ausländer). Das latente politische Interesse ging, wie er fortfährt, einher mit

> *„so'n Gerechtigkeitsempfinden nach dem Motto, die Arbeitnehmer werden schon immer irgendwie verarscht auf gut deutsch, oder äh es gibt Arbeitslose und die Löhne werden gedrückt und äh ja und die die Arbeitgeber stecken sich die Taschen voll, das hab ich schon irgendwie als Kind mitbekommen sozusagen. Und ja (.) und dann in der Schule-ja sehe ich auch so, ja. Geschichtsunterricht oder ja. Ethikunterricht so, Themen besprochen, das hat mich eigentlich immer schon fasziniert, hab ich auch immer mitdiskutiert eifrig. Und ich wollt einfach mal die Welt schon als Kind verändern zum Positiven nach dem Motto Arbeitslose darf's gar nicht geben, ähmm Unterdrückung darf's nicht geben, wusste aber gar nicht- war völlig planlos, wusste gar-das war nur ein Gefühl sozusagen eigentlich. "*

Rückblickend beschreibt der Befragte ein diffuses, im Entstehen begriffenes politisches Bewusstsein, dass schon von früher Kindheit an in eine bestimmte Richtung tendiert. Dreh- und Angelpunkt ist ein Gerechtigkeitsempfinden und die Ablehnung von Arbeitslosigkeit und Unterdrückung. Stark beeinflusst durch diese für das traditionelle Arbeitermilieu typischen Wertmuster entwickelt er ein linkes protopolitisches Bewusstsein.

Die Übernahme der politischen Einstellung der Eltern bzw. die Milieuprägung ist ein relativ häufig anzutreffender Mechanismus, durch den sich ein linkes protopolitisches Bewusstsein im Kindes- bzw. Jugendalter herausbildet. Erkennbar ist anhand der Einzelinterviews, dass über linke Deutungsmuster und Wissensbestände hinaus auch ethische Werthaltungen und sogar politische Handlungsmuster „sozial vererbt" werden. So betont nicht nur der eben Zitierte die Bedeutung der inkorporierten ethischen Grundhaltung des „Gerechtigkeitsempfindens" für sein protopolitisches Verständnis. Auch in Schilderungen weiterer Linksaffiner taucht dieses Muster auf.[24] Von ihren Eltern werden sie angehalten und darin bestärkt, *„sich einzumischen"*, *„den Mund aufzumachen"*, *„sich für andere einzusetzen"*, wie andere Befragte es formulieren. Die abstrakte, aber für das linke politische Denken zentrale normative Leitidee ‚sozialer Gerechtigkeit' erlernen die Kinder linksaffiner Eltern gewissermaßen im alltäglichen Vollzug der familialen Sozialisation typischerweise insbesondere in:

1) politischen Elternhäusern bzw. Milieus;

2) christlichen Kontexten mit einer basalen normativen Orientierung auf „Nächstenliebe";

3) intakten Arbeitermilieus, in denen normative Orientierungen auf Solidarität mit und unter den Schwachen vermittelt werden;

4) großbürgerlichen Kontexten, in denen das Eintreten für andere in einer Logik der Patronage für „niedriger Gestellte" eine Selbstverständlichkeit ist.

Ein instruktives Beispiel für die Inkorporierung politischer Handlungsmuster findet sich im Interview mit einer 58-jährigen Frau, Lehrerin und aktives SPD-Mitglied im linken Parteiflügel. Sie beschreibt hier ihren Eintritt in die Gewerkschaft und in die SPD:

„Und dann habe ich mit 19 Abi gemacht, und habe nach dem Abi drei Monate gejobbt und da hat mein Vater gesagt, wer arbeitet, muss in die Gewerkschaft eintreten, und hat mich in die ÖTV aufgenommen ... und dann hat meine Mutter gesagt, wenn Du was für Papa machst, dann musst Du auch was für mich machen, musst Du in die SPD eintreten. Und da hab ich nicht nein gesagt."

Geradezu selbstverständlich erfüllt die Befragte die beiden Erwartungen der Eltern; zumindest regt sich bei ihr keinerlei Zweifel oder Widerstand. Der Eintritt in die Gewerkschaft und die SPD bilden eine symbiotische Einheit, so wie die beiden Eltern, denen zuliebe die Interviewte sich an die Organisationen bindet.

Ein kontrastiver Typus zur geradlinigen intergenerationellen Vererbung politischer Handlungsmuster wird in der folgenden Sequenz aus dem Interview mit einer 51-Jährigen, die ähnlich wie die eben zitierte Befragte beruflich gut situiert ist, sichtbar. Sie wuchs jedoch in einem extrem traditional-bayrisch und politisch konservativen Milieu auf, in das ihre Eltern nach der Vertreibung aus

---

24 Darauf wird in einem folgenden Abschnitt (über Motivationen zum Engagement) noch einmal vertiefend eingegangen.

Schlesien umgesiedelt sind. Rückblickend beschreibt sie ihr persönliches politisches „Aufwachmoment":

„Ich war vollkommen unpolitisch auch in der Schule- im Gymnasium, kann mich an nix erinnern, die erste Konfrontation, die ich hatte, war als ich mit 18 zum ersten Mal wählen gehen musste und meine Mutter mir gesagt hat: ‚Na Du weißt schon, was Du wählst'. Also das war 'n Wink mit nem Zaunpfahl ... mein Aufwachmoment, wo ich dachte, hoppla irgendwas stimmt nicht."

Während die zuvor zitierte 58-Jährige exemplarisch den Typus Linksaffinität durch soziale Vererbung verkörpert, steht der zweite Fall für den Typus Linksaffinität durch Opposition. Charakteristisch für diesen Typus ist, dass der Politisierungsprozess eingeleitet wird durch die Ablehnung konservativer Positionen der Eltern respektive des sozialen Nahfeldes. Den dokumentierten Fällen, die diesem Typus entsprechen, ist gemein, dass die betreffenden Linksaffinen in klein- oder mittelstädtischen Milieus Westdeutschlands aufwachsen und sich ihre Oppositionshaltung während der Adoleszenz am Thema „NS-Vergangenheit" entzündet. Bei Mädchen respektive jungen Frauen ist zudem die geschlechtsspezifische Identitätssuche jenseits der traditionellen Rollenzuschreibung von Bedeutung.

Das Oppositionsverhalten gegenüber Erwartungen der Erwachsenengeneration spielt auch bei einem weiteren Typus eine Rolle: Linksaffinität durch subkulturelle Beeinflussung. Charakteristisch für diesen Typus ist, dass sich die Energie und die Unsicherheit der pubertären Identitätssuche in einer unspezifischen Antihaltung und destruktiven Lebenseinstellung entladen. Ein Ventil zum Ausleben dieser jugendlichen Rebellionsphase – und zugleich ein Magnet – ist seit der Erfindung des Rock'n Roll immer wieder die Musikkultur. Eine Reihe von Linksaffinen wird (seit Ende der 1970er Jahre) von der Independent Music, allem voran vom Punk angezogen.

So etwa ein 28-jähriger Migrant, der mit 6 Jahren nach Deutschland kam, weil seine Eltern vom Militärregime des Herkunftslandes als politische Gegner verfolgt wurden:

„Ein Erweckungserlebnis war tatsächlich äh als ich irgendwann auf Kassette dann in der sechsten Klasse von meinem Freund die erste Slime-Platte bekommen habe. ... Die haben das hat tatsächlich so mein Leben einmal komplett auf'n Kopf gestellt ... zum ersten Mal hab ich da so'n bisschen äh gehört und auch musikalisch umgesetzt äh vorgesetzt bekommen, was ich immer so als diffuses Gefühl hatte ... das ist genauso, wie ich mich gefühlt habe ... das war so'ne diffuse Abneigung

oder son diffuses Gefühl, dass das, was um mich herum passiert, nicht richtig ist, nicht sein kann."
Interessanterweise thematisiert auch dieser Befragte sein persönliches „Erweckungserlebnis". In diesem Fall ist es die Musik der (in der alternativen Subkultur der 1990er Jahre angesagten) deutschen Punkband „Slime". Er erfährt diese Musik als Spiegel seines eigenen Lebensgefühls und zugleich als eine Art Offenbarung, dass die Welt um ihn herum *„nicht richtig ist, nicht sein kann"*.

Die neuartige Erfahrung mit der Punkmusik hat zur Folge, dass er im Alter von 13 Jahren sozialen Anschluss an die Punkszene seiner Stadt sucht und in das entsprechende alternative Milieu eintaucht. Hier kommt es zum Kontakt mit politisch aktiven Punks. Auf Grund dieses Peer-Group-Einflusses wird die diffuse, destruktive Antihaltung („blindwütige Zerstörungswut") entradikalisiert und erfährt zugleich eine klarere politische Ausrichtung mit typisch linken Orientierungen und Themensetzungen der späten 1990er Jahre (*„dann war ich natürlich Veganer und so ... [und] antideutsch"*; später auch: inhaltliche Beschäftigung mit Antisemitismus in der Linken und der RAF).

Die bisher dargestellten typischen Wege, wie sich bei Personen eine Affinität zu linken Positionen und Handlungspraxen herausbildet, weisen eine Gemeinsamkeit auf: In thematischer Hinsicht ist der Zugang jeweils nicht spezifiziert. Selbst bei jenen InterviewpartnerInnen, die von einem persönlichen „Erweckungserlebnis" im Sinne einer Initialzündung für die eigene Politisierung erzählen, gibt es kein zentrales Einstiegsthema, auf das die ersten Politisierungsschritte fokussiert sind.

Dies trifft aber nicht für alle von uns befragten Linksaffinen zu. Bereits in der Milieudarstellung zu Jugendlichen Antifas (Abschn. 3.2.1) konnte herausgearbeitet werden, dass der Nationalsozialismus respektive Neonazismus das zentrale und nachhaltige Einstiegsthema für die betreffenden Jugendlichen darstellt. Aus einer biografietheoretischen Perspektive lassen sich vier zentrale Gründe angeben, warum gerade dieses Thema für die politische Identitätsbildung Linksaffiner prädestiniert ist.

Erstens: Neonazis sind für Jugendliche im Alltag konkret als Personen wahrnehmbar. Mit ihrem uniformierten Outfit, organisierten, aggressiven Auftreten und symbolischen Markierungen im öffentlichen Raum bilden sie eine ideale negative Projektionsfläche für die unter Jugendlichen verbreiteten Distinktionsbestrebungen (Stigmatisierung der anderen als „Rechte", „Neonazis" und „Faschos").

Zweitens: Der politische Raum, der hierzulande durch die abstrakten, dichotomen Kategorien rechts versus links markiert ist, kann durch die personale Zuordnung neonazistisch orientierter Jugendlicher als „Rechte" erfahrbar werden. Die Abgrenzung von diesen ist gewissermaßen der Anfangsschritt für

Linksaffine, um sich in dem für sie erst einmal unübersichtlich erscheinenden politischen Raum zu orientieren und zu positionieren.

Drittens: die negative Bezugnahme auf den Neonazismus und die damit einhergehende Distinktion gegenüber den „Rechten" ermöglicht eine thematische Kanalisierung der pubertätstypischen Oppositionshaltung gegenüber der konservativen Eltern- und Großelterngeneration (insbesondere wenn mutmaßliche Verstrickungen im NS-Regime eine Rolle spielen). In anderen Fällen kann die Suche nach Gelegenheiten kanalisiert werden, das vorhandene (aber durch Schule und / oder Elternhaus etc. nicht gestillte) politische Interesse zu befriedigen.

Viertens: der thematische Fokus ermöglicht die Gründung von politisierten Peer-Groups Gleichgesinnter und den Einstieg in soziale Netzwerke „gegen Rechts". Bis es dazu kommt, haben die Jugendlichen allenfalls eine protopolitische Position entwickelt. Dies manifestiert sich in Äußerungen wie der Folgenden aus einer Gruppendiskussion mit jugendlichen Antifa-Aktiven: „Man ist einfach dagegen ... weil es irgendwie cool ist, gegen Nazis zu sein".

Zusammenfassend lässt sich formulieren, dass das Oppositions- und Distinktionsverhalten Jugendlicher gegenüber „Rechten" und „Neonazis" der wohl gegenwärtig dominante thematische Bezugspunkt in der frühen Politisierungsphase für heranwachsende Linksaffine darstellt. Zudem ist es ein konstitutiver Bestandteil von sich entwickelnden linken Alltagsmilieus in dieser Lebensphase geworden. Links sein bedeutet in diesem Zusammenhang: gegen Nazis sein! Das Streben nach inneren Zusammenhalt und Solidarität der eigenen Peer-Group ist motiviert durch die Fixierung auf die zu bekämpfende Gegengruppe.[25]

Die dominante thematische Bezugnahme auf Rechtsradikalismus bei den Jüngeren kontrastiert deutlich zu den biografischen Erzählungen älterer Westdeutscher. Bei diesen waren thematische Aufhänger weit häufiger bestimmte, den eigenen sozialen Nahraum nicht unmittelbar betreffende, politische Großthemen – wie Frieden, Dritte Welt oder Ökologie. Die älteren Ostdeutschen sind demgegenüber mit einem verordneten Antifaschismus aufgewachsen. Da dieser allerdings von der „Generation der misstrauischen Patriarchen" (Ahbe / Gries 2006: 92 ff.) staatlich verordnet war, hatte er eher Bekenntnischarakter ohne als intrinsische politische Motivation zu wirken. Das Großthema Frieden spielte zu Beginn der 1980er Jahre unter DDR-Bürgern eine Rolle, als vom NATO-

---

25 Die hier wiederkehrende typische Ingroup-Outgroup-Konstellation ist in der sozialwissenschaftlichen Literatur vielfach beschrieben worden (vgl. Sumner 1906; Simmel 1992 [1908]; Elias / Scotson 1990 [1965]). Dafür, dass es sich bei diesem Oppositions- und Distinktionsverhalten um ein generalisierbares Politisierungsmuster handelt, spricht, dass dieses Muster auch bei rechtsaffinen Jugendlichen anzutreffen ist. Deren erklärter Feind sind die Linken. Wohl nicht zufällig haben vielfach Schulen der Sekundarstufe den Ruf, politisch eher links oder eher rechts zu sein.

Doppelbeschluss (atomare Aufrüstung mit Pershing II-Raketen in der BRD) ein kollektives Gefühl der Kriegsgefahr ausging.

Gegenwärtig finden sich neben der Auseinandersetzung mit dem Neonazismus respektive Rechtsradikalismus weitere typische Themen, durch die eine Affinität zu linken Positionen und Praxen geweckt wird. Hierzu gehört (wie bereits en passant erwähnt) Gender für Frauen sowie Krieg-Frieden und Umweltgefährdung. Diese drei Themen haben sich inzwischen als identitätsstiftende Themen etabliert, die programmatisch in die verschiedenen linken Organisationen eingeflossen sind. Ihr „Aufstieg" als Einstiegsthema für die linksaffine Politisierung in den letzten drei Jahrzehnten gegenüber dem traditionellen linken Kernthema „Kapitalismuskritik" lässt sich auf den Wertewandel (vgl. Inglehart 1979) zurückführen, d. h. auf die gestiegene Relevanz für postmaterialistische Einstellungen in der Bevölkerung. Der hier greifende Mechanismus Linksaffinität durch Themenfokussierung trägt zur Pluralisierung linksaffiner Alltagsmilieus bei, wie sie in Abschnitt 3.3 ausführlich dargestellt wurde.

Die in diesem Abschnitt beschriebenen Mechanismen, die zur Herausbildung linksaffiner protopolitischer Positionen führen, sind typisch für die alte Bundesrepublik. Es klang bereits an mehreren Stellen an, dass man einzelne Mechanismen auch bei Linksaffinen vorfindet, die in der DDR sozialisiert wurden. Allerdings gibt es in den Gemeinsamkeiten auch große Differenzen. Dies hat etwas zu tun mit dem Gesellschaftssystem der DDR. Anhand des Mechanismus „Linksaffinität durch Gemeinschaftsbindung" lässt sich die Besonderheit der Politisierung in der DDR exemplarisch aufzeigen.

Im Vergleich zu Westdeutschland war die DDR eine extrem politisierte Gesellschaft. Entsprechend der Ideologie der staatstragenden SED sollte der gesamte Mensch in allen Lebensbereichen institutionell eingebunden sein und aktiv am Aufbau des Sozialismus mitwirken. Die politische Integration der DDR-Bürger manifestiert sich darin, dass sich kaum ein Heranwachsender den sozialistischen Massenorganisationen vollkommen entziehen konnte. Insbesondere der obligatorische Eintritt in die Pionier- und die FDJ-Organisation während der Schulzeit brachte es mit sich, dass die bei Westdeutschen in der Regel klar unterscheidbaren Phasen – einerseits die protopolitische und andererseits die politisch aktive Phase – bei den Kindern und Jugendlichen aus der DDR ineinander übergingen. In der Regel verlief bei den befragten Linksaffinen aus der DDR die staatlich gelenkte Politisierung in der Kindheit und Jugend ohne besonders eindrückliche Erlebnisse. Dennoch gab es eine latente Beeinflussung, wie im Fall einer 43-jährigen Ostdeutschen, die in diversen lokalen Initiativen und in der SPD engagiert ist:

„Also ich bin ja ein Kind der DDR, ja und äh habe eigentlich so die die Philosophie der Menschlichkeit ganz gut gefunden, was ich damals so als Kind und Jugendliche erfahren habe. Die andere Seite kannte ich ja nicht. Äh und ich kam aus sehr ärmlichen Verhältnissen und habe eigentlich äh Stütze, durch Lehrer, Familie und Freunde damals erfahren und äh die mich da auch n bisschen begleitet haben auf meinem Weg und auch durch die FDJ-Arbeit und später dann auch äh durch die Parteiarbeit. Ich muss sagen, ich war ja damals sehr jung, als ich damals schon in die SED eingetreten bin und hab noch an das Gute geglaubt, hab das Andere eigentlich gar nicht gesehen."

Rückblickend definiert sich die Befragte als *„ein Kind der DDR"*. Die Identifikation mit ihrem Vaterland hat eine stark normative Komponente (Affinität für die „Philosophie der Menschlichkeit" und Glaube „an das Gute" im Sozialismus). Daneben gibt es eine wichtige soziale Komponente: Verwiesen wird auf Bezugspersonen (Lehrer, Familie und Freunde), die sie auf ihren Weg begleiteten und stützten.

Das Bedürfnis nach sozialer An- und Einbindung in der frühen Politisierungsphase findet man bei vielen Linksaffinen, sowohl in West- als auch in Ostdeutschland. Für Linksaffine, die in der DDR aufgewachsen sind – und vorzugsweise Frauen – ist dieses Bedürfnis besonders relevant. Mit dem Gemeinschaftsbezug eröffnet sich eine Option, um sich jenseits der in den Organisationsstrukturen (etwa der FDJ) vorherrschenden politischen Indoktrinierung und der zentralistisch geplanten Aktionen gesellschaftlich aktiv einzubringen. Exemplarisch schildert eine 49-jährige lokalpolitisch in der SPD engagierte Ostdeutsche, dass sie während der Schulzeit zu rein politischen Themen *„überhaupt keinen Draht"* hatte, aber, so fährt sie fort, *„wenn 's darum ging, irgendwelche Gemeinschaften äh zu halten, zu organisieren, zu äh beleben, da war ich eben meisten och äh hab ich gern gemacht"*.

In einigen Fällen führt das Streben nach einem engen Gemeinschaftsbezug zur Bildung von „Nischen" innerhalb der durchreglementierten und staatlich kontrollierten DDR-Gesellschaft. In sozialen Gemeinschaften in Form von Freundeskreisen können sich (gruppenbezogene) Motivationen zum politischen Handeln entwickeln, bzw. diffuse individuelle Motivationen werden hier verstärkt, so dass daraus gesellschaftliches Engagement erwächst. Solche im Privatraum der Alltagsmilieus bzw. in Gemeinden der evangelischen Kirche etablierten Nischen werden zum Ersatz der fehlenden Zivilgesellschaft in der DDR. Wenn man sich die Entstehungsgeschichte der (zum großen Teil auch linksaffinen) Bürgerbewegungen und Oppositionsgruppen gegen die SED Ende der 1980er Jahre anschaut, dann zeigt sich, dass diese Organisationen ihren Ursprung in solchen privaten und kirchlichen Nischen hatten.

Für jüngere Linksaffine, die noch ihre Kindheit und frühe Jugend in der DDR erlebten, konnte die Wende zu einem wichtigen politischen Erweckungserlebnis werden.

Hierzu gehört ein 32-jähriger Sozialwissenschaftler, der passives Mitglied bei Bündnis 90 / Die Grünen ist:

„Das erste Mal politisch wirklich interessiert war ich halt äh 89 zur Wende. Da ist zum ersten Mal so etwas wie ein politisches Bewusstsein erwacht. Ich war damals 13. Durch die Ereignisse, diese Demonstrationen und so, da hab ich mir zum ersten Mal aktiv Gedanken gemacht über politische Systeme, über Engagement und bin natürlich in diesen Sog auch mitgenommen worden ja was zu bewegen ... nicht aktiv, aber halt im Kopf."

Die Wende bildet für die relevanten Kohorten jenes zentrale kollektiv geteilte Erlebnis, das einen „Generationszusammenhang" im Sinne von Karl Mannheim (1964: 542 f.) herstellt. Anzumerken ist, dass solche äußeren Ereignisse nur in Kombination mit anderen Faktoren wirksam werden. Sie haben gewissermaßen eine Katalysatorfunktion. Ihre „Sogwirkung" entfaltet sich, weil die Akteure auf Grund plötzlicher Gestaltungsmöglichkeiten bzw. Notwendigkeiten gesellschaftlich erzeugte Gelegenheitsstrukturen wahrnehmen. Die Endphase der DDR ist ein Paradebeispiel für die Einflussnahme der „großen" Geschichte auf die Politisierung von Menschen. Im Kleinen können es aber lokale Ereignisse sein, etwa eine drohende Werksschließung oder Veränderungen der sozialen Kiezstruktur im Zuge drastischer Sanierungsvorhaben.

Zusammenfassend kann die Bedeutung der protopolitischen Phase für Linksaffine darin gesehen werden, dass die für die politische Sozialisation Jugendlicher typische Suchbewegung eine Sensibilisierung und Beschäftigung mit gesellschaftlichen, historischen und philosophischen Themen befördert und zu einer diffusen Verortung innerhalb der linken Hemisphäre des politischen Spektrums führt – in Abgrenzung zum rechten Spektrum. Jenseits dieser Einstellungen werden auch allgemeine normative Handlungsdispositionen vermittelt, wie man sich als soziales Wesen in Gemeinschaften – und darüber vermittelt in „der Gesellschaft" – verorten sollte. Hierzu gehören etwa grundlegende Orientierungen, angesichts kritisierbarer gesellschaftlicher Zustände selbst politisch oder gesellschaftlich aktiv zu werden. *„Irgendwann war es zu albern"*, wie ein Jugendlicher den Übergang von der protopolitischen Phase (in diesem Fall der Anbindung an die lokale Punkszene) zum politischen Engagement (in Form der organisierten Antifa-Arbeit) auf den Punkt bringt, *„man wollte in eine Gruppe und kämpfen"*.

5.2.3 Politisch aktive Phase

Die politisch aktive Phase lässt sich in folgende drei Phasen des Engagements unterteilen: 1) in den Einstieg in das Engagement, 2) in die Motivationen für ein Engagement und 3) in die Entwicklung von Professionalität und Verstetigung des Engagements.

Ad 1) Einstieg ins Engagement
Der Übergang von der protopolitischen in die politisch aktive Phase erfolgt auf ganz unterschiedliche Art und Weise. Linksaffine können in ein Betätigungsfeld eher passiv „hineingeraten" oder sie suchen sich selbst wie im Falle des eben zitierten Antifa-Engagierten aktiv ein Betätigungsfeld.

Ein Beispiel für das passive Hineingeraten ist die 58-jährige in der SPD im linken Parteiflügel und in der Gewerkschaft aktiven Lehrerin, die aus Liebe zu ihren Eltern schon als junge Frau in die ÖTV und SPD eintrat. Auch für eine bei Bündnis 90 / Die Grünen parteipolitisch aktive 50-Jährige trifft dies zu, obwohl hier der Kontext ein vollkommen anderer ist. Für die in der DDR geborene und dort aufgewachsene Buchhändlerin beginnt die eigentlich politisch aktive Phase, nachdem sie arbeitslos geworden ist. Sie schildert den Übergang in die politisch aktive Phase folgendermaßen:

„Also jetzt nur eben zu Hause sitzen und mit sich und der Familie beschäftigen, ich hab dann schon immer geguckt, wo ich auch n bisschen nach außen was machen konnte ... Das ist dann über direkte Ansprache erfolgt, da hat mich jemand angesprochen, ob ich da nicht Interesse habe, und bin dann zu den Grünen zu so ner ersten Veranstaltung mitgegangen oder Versammlung oder wie och immer und das hat bei mir irgendwie nen Nerv getroffen... Ich hab mich dort sehr wohl gefühlt och so von der Atmosphäre her und so hat es sich dann entwickelt."

Die Bereitschaft, sich zu engagieren ist bei ihr zwar vorhanden, aber sie ergreift nicht selbst die Initiative. Vielmehr bedurfte es des direkten Ansprechens durch eine andere Person, damit sie eine passende Gelegenheit – in diesem Fall Bündnis 90 / Die Grünen als Eintrittsschleuse ins Engagement – findet. Wie bei dieser Befragten sind auch bei anderen politisch aktiven Linksaffinen häufig vermeintliche Zufälle und eher ungeplante Gelegenheiten im Spiel. Symptomatisch sind Statements in den Interviews wie: *„Das war relativ spontan, wir sind reingekommen und haben mitgemacht".* Selbst die Auswahl der relevanten Organisation bzw. Partei ist nicht von vornherein festgelegt: *„es hätten auch die Grünen werden können",* erinnert sich rückblickend ein 25-jähriger Juso-Funktionär, *„aber ich bin irgendwie bei den Sozis gelandet".*

Wie bereits mehrfach erwähnt, kommen engagementbereite Linksaffine über bestimmte „Eintrittsschleusen" in die eigentlich politisch aktive Phase – entweder in Form selbst organisierter Gruppen und sozialer Netzwerke (z. B. Antifa-Bewegung, politisierte Subkultur) oder in Form institutionell vorgegebener Strukturen (z. B. Parteiorganisation, etablierte Vereine, Schülervertretung, Freiwilliges soziales Jahr).

Die Barrieren für eine selbst initiierte Mitarbeit in politischen Organisationen sind für Jugendliche im Allgemeinen relativ hoch. Die subjektiven Zugangsbarrieren sinken bei jenen, die eine starke Motivation verspüren, politisch aktiv zu werden. Der häufigere Weg in organisierte politische Arbeitszusammenhänge ist aber nicht ein selbst gewählter, direkter, sondern ein vermittelter Zugang entweder über vorherige politische Handlungen in informellen Kontexten oder über vermittelnde und motivierende Dritte. Im Fall der bereits zitierten 50-jährigen Buchhändlerin ist es die Mitgliedschaft bei Bündnis 90 / Die Grünen, angeregt durch eine ihr nicht nahe stehende Person. Es kann ebenso gut die Betriebsrats-Arbeit bei der Aufnahme einer Lehre oder Berufstätigkeit sein, die schließlich in gewerkschaftlicher Aktivität mündet.

Für die Politisierung westdeutscher Linksaffiner spielten Jugendzentren eine besondere Rolle. Sie dienten dann als Eintrittsschleuse ins linke politische Engagement, wenn die Einrichtung den Jugendlichen Freiräume für eigene aktionsorientierte politische Arbeit eröffneten, wie sie die Institution Schule kaum gewährt. Jugendliche können so selbst Aufgaben und damit Verantwortung übernehmen, und es bildet sich ein starker (in dieser Lebensphase sehr wichtiger) Gemeinschaftsbezug unter politisch „Gleichgesinnten" aus. Zudem sind Jugendzentren auch ein Marktplatz, auf dem die Jüngeren durch Ältere politisch sozialisiert werden. D. h. hier werden Inhalte politischer Arbeit aber auch die Praxen an die nachrückende Generation vermittelt.

Neben dem Elternhaus und dem Jugendzentrum ist die politisierte Peer-Group ein weiterer zentraler sozialer Kontext, aus dem eigene politische Aktivitäten erwachsen können. Ein gewisses politisches Sendebewusstsein gepaart mit Diskussionsfreude und einem Streben nach Gemeinschaft bringt jugendliche Linksaffine dazu, aktiv zu werden und in einer linken Jugendgruppe mitzuarbeiten bzw. eine eigene Gruppe zu gründen. Die Bildung von selbstorganisierten politisierten Peer-Groups kompensiert offenbar bei den jüngeren Befragten unseres Samples das Fehlen der Jugendzentren, die noch in den 1980er Jahren in westdeutschen Bundesländern stark verbreitet waren. Nicht nur bei Jugendlichen und Angehörigen links-alternativer Subkulturen sind politisierte Peer-Groups von Bedeutung. Auch in anderen linksaffinen Alltagsmilieus kann aus solchen Assoziationen politisches Handeln erwachsen. Entsprechende

Kontexte sind etwa kollegiale Zusammenhänge in der Erwerbsarbeit oder kohärente Nachbarschaften im Kiez bzw. dörfliche Gemeinschaften.

Parteien – als institutionell vorgegebene Gelegenheitsstrukturen – machen durchaus strukturierte Angebote, politisch tätig zu werden (etwa: kommunal-politisch, in der Jugendorganisation oder in spezifischen Politikbereichen). Eine Zugangsbarriere besteht jedoch darin, dass man sich mit dem subjektiv (auch in seiner Spiegelung durch die eigene soziale Umwelt) wahrgenommenen Profil der Partei – also wohlgemerkt nicht dem offiziellen „Programm" – insgesamt in einem Mindestmaß identifizieren können muss. Ist diese Barriere allerdings erst genommen, dann fungieren politische Parteien, wie auch andere politische Organisationen, der Tendenz nach als absorbierende Kräfte. Hierbei spielt sicher auch eine Rolle, dass zu besetzende Ämter und Funktionen (insbesondere bei Männern) eine Sogwirkung ausüben und von Linksaffinen angestrebt werden. Das Bekleiden entsprechender Führungspositionen kann durchaus Spaß machen.

Anhand unseres Samples lassen sich für die Linksaffinen, die in der DDR sozialisiert wurden, keine vergleichbaren Einstiegsschleusen ins politische Engagement identifizieren. Da der öffentliche Raum unter staatlicher Kontrolle stand, gab es allenfalls, wie schon ausgeführt, kleine Nischen, in denen politi-sches Engagement jenseits der offiziell dafür vorgesehenen Organisationen möglich war. Eine wichtige Nische war die evangelische Kirche, die Jugend-lichen entsprechende Freiräume bot und eine politische Oppositionshaltung förderte. Die FDJ, die SED und andere gesellschaftliche Massenorganisationen wurden von den Interviewten ausgesprochen selten als Politisierungsinstanzen genannt.

Ad 2) Motivationen für das Engagement

Motivationen sind eine notwendige Voraussetzung, um sich dauerhaft politisch bzw. bürgerschaftlich zu engagieren. Erst die Motivation, etwas mit dem per-sönlichen Engagement bewirken zu wollen und die Überzeugung, damit auch etwas bewirken zu können, trägt dazu bei, sich aktiv in einem Betätigungsfeld einzubringen. Anhand der Gruppendiskussionen und Einzelinterviews lässt sich eine große Bandbreite an Motivationen bei Linksaffinen aufzeigen. Eine Grobsortierung dieser Motivationsvielfalt kann anhand der politischen, der normativen, der sozialen und der individualistisch-utilitaristischen Orientie-rungsdimensionen vorgenommen werden.

Einige Linksaffine begründen ihr Engagement emotional-moralisch mit der Attitüde des „Weltverbesserers": Sie sind erklärtermaßen *„für eine gerechtere Gesellschaft"; „für eine vom Kapitalismus befreite Gesellschaft"*; bzw. *„für eine ökologisch intakte und sozial gerechte Welt"*. In diesen Fällen gründet sich das Engagement auf einer Emphase für die „große" Politik. Ziel ist eine gemeinsam mit anderen herbeizuführende Mit- und Umgestaltung der

Gesellschaft entlang einer normativen Richtlinie (hier: Gerechtigkeit; Emanzipation; Ökologie).

Ein solches emotional-moralisch begründetes Engagement muss nicht zwangsläufig wie in den eben genannten Fällen auf die „abstrakte" Gesellschaft zielen und streng politisch intendiert sein. Insbesondere Linksaffine aus der Milieugruppe der sozial Engagierten (vgl. 3.2.9) beziehen sich in ihren Begründungen erwartungsgemäß auf die soziale Norm des Helfens. Sie engagieren sich, so die entsprechenden Standardäußerungen *„um sozial Benachteiligten zu helfen"* bzw. *„um noch nützlich sein zu können"*.

So ambitioniert und teilweise abstrakt die politisch und normativ intendierten Motivlagen auch klingen, anhand der interviewten Einzelfälle lässt sich in der Regel rekonstruieren, dass diese Motivlagen nicht plötzlich und unerwartet handlungsleitend geworden sind. Sie sind vielmehr biografisch eingewoben und oft bereits als Habitus angelegt. Typisch für einen Großteil der befragten Linksaffinen ist, dass sie rückblickend auf ihre Kindheit ein Gerechtigkeitsempfinden bzw. einen Veränderungswillen als eigene Grundhaltung hervorheben. Bereits in ihrer protopolitischen Phase entwickeln sie einen moralischen Anspruch an sich selbst, ein inneres Pflichtgefühl, „für andere einzutreten", „sich einzumischen", „sich für eine gute Sache einzusetzen" oder angesichts von Missständen im sozialen Umfeld „den Mund aufzumachen".

Von dieser habituell angelegten und durch das soziale Umfeld verstärkten Grundhaltung, die später zur zentralen Motivlage für politisches bzw. bürgerschaftliches Engagement wird, heben sich die folgenden zwei Motivlagen – soziale Gemeinschaftsbindung und utilitaristisches Eigeninteresse bzw. Selbstverwirklichung – deutlich ab.

Bereits im vorherigen Abschnitt ist auf die Bedeutung von Peer-Groups in der protopolitischen Phase hingewiesen worden. Das Motiv der Gemeinschaftsbindung ist allerdings nicht nur ein Phänomen der Politisierung während der Adoleszenzphase. So ist es nicht ungewöhnlich, wenn eine 51-jährige bei einer Organisationseinheit der Vereinten Nationen Beschäftigte ihr Engagement in einer kiezbezogenen Bürgerinitiative mit dem Statement begründet:

„Und dass man bei der Gelegenheit auch andere Leute kennen lernt mit denen man so 'n kleines Sozialgefüge aufbaut, das finde ich auch was sehr Schützenswertes, wo man gucken kann, was sind das für Leute, wie geht es weiter."

In einigen Fällen ist das gesellschaftliche Engagement überhaupt erst durch die Suche nach Gruppenanbindung, also soziale Vergemeinschaftung, motiviert. Eine solche Motivlage ist besonders bei jenen ausgeprägt, die sich bewusst für „Nischen" jenseits des gesellschaftlichen Mainstreams entscheiden. Ganz im

Sinne der Redewendung „der Appetit kommt beim Essen" entwickeln sich hier inhaltliche Zielsetzungen erst sekundär im Verlauf der Teilnahme an zunächst Peer-Group zentrierten politischen Aktivitäten.

Die Verfolgung eigener Interessen ist ein Motivationsfaktor, der (auch bei Linksaffinen) politisches Handeln generiert. So gehen lokale Initiativen in der Regel auf wahrgenommene Missstände zurück, von denen man selbst betroffen ist und die man beseitigen will. Dies kann die Aversion gegen die geplante Tankstelle an der nächsten Ecke ebenso sein wie das Gefühl, dass Freiräume für Frauen in der Stadt fehlen. Unmittelbares Ziel des Aktivwerdens ist es, die Verhältnisse (auch) zum eigenen Nutzen zu verbessern.

Neben dem „Betroffen-Sein" ist auch die Verfolgung eigener Interessen bei jenen Interviewten innerhalb unseres Samples zu finden, die eine Verberuflichung ihrer politischen Aktivität anstrebten bzw. anstreben, Engagement als gezielten Kompetenzerwerb für eine spätere Berufstätigkeit ansehen, oder eine biografische Leerstelle ausfüllen (etwa unmittelbar nach Schulabschluss oder dem Verlust des Arbeitsplatzes). In diesen Fällen wird aus dem Engagement insofern ein Mittel zum Zweck, als es nicht primär um die Erreichung bestimmter inhaltlicher Ergebnisse oder um sozialen Anschluss geht, sondern um die mit der politischen Aktivität verbundene eigene Weiterentwicklung. Indikatoren dieser Motivlage sind Begründungen für das Engagement in Interviews wie: *„um Erfahrungen zu sammeln"; „um sich auf dem Arbeitsmarkt orientieren zu können und dafür fit zu machen"* oder *„um aus der Isolation der Arbeitslosigkeit heraus zu kommen"*.

Eine weitere Motivation zum Engagement im Sinne der individualistisch-utilitaristischen Orientierung ist, Handlungsspielräume zur Gestaltung der eigenen sozialen Umwelt zu nutzen. In Äußerungen von Interviewten wie *„was erreichen"* oder *„Dinge bewegen"* manifestiert sich diese Motivlage. Oftmals wird – von den Akteuren selbst – der Eindruck vermittelt, es handle sich hierbei um eine Form des Altruismus. Bei näherer Betrachtung steckt aber hinter dem vermeintlich selbstlosen Handeln das latente Streben nach individueller Selbstentfaltung bzw. -verwirklichung. Ein solches Streben ist insbesondere bei jenen interviewten Funktionären von Parteien bzw. Organisationen ausgeprägt, für die das politische Engagement zum zentralen Lebensinhalt geworden ist und als „Berufung" erlebt wird. Insofern verwundert es nicht, dass die Funktionäre viel stärker als etwa die Vertreter der „Betroffenen"-Initiativen betonen, dass ihnen ihre Tätigkeit „Spaß" mache.

Ad 3) Entwicklung von Professionalität und Verstetigung von Engagement
In der Beschreibung der letztgenannten Motivlage klingt bereits an, dass Linksaffine die Übernahme von Aufgaben und Ämtern im Rahmen ihres gesellschaftlichen Engagements als gezielten Kompetenzerwerb nutzen. Dies trifft sowohl

für institutionalisierte als auch für selbst organisierte Politisierungsverläufe zu. Anhand einer 22-jährigen Frau, die bei Bündnis 90 / Die Grünen aktiv ist, lässt sich aufzeigen, dass Professionalität im politischen Handeln nur über einen langwierigen Prozess mit einem gewissen Durchhaltevermögen (insbesondere in der Anfangsphase) erlangt werden kann:

> *„Ja doch auf jeden Fall. Also. Am Anfang eigentlich von Anfang an. Das ich dachte, ähm, ich ich kann das alles nicht, die sind alle schon so alt. Es ist ja dann auch wirklich so, dass man dann auch mit sehr viel älteren Menschen zusammen sitzt und hauptsächlich Männern und die können schon alles. Die wissen alles. Die brauchen mich eigentlich gar nicht. Was soll ich hier? So und das ist schon so. Gerade am Anfang, dass ich die ersten 2 Jahre garantiert. Dass ich da immer saß und mich irgendwie überflüssig gefühlt hab. Und jetzt ist es teilweise immer noch so, dass ich vieles einfach nicht verstehe. Gerade so in dem Fraktionsbereich, wo es einfach wirklich ganz an detaillierte Fragen geht. Aber inzwischen, ähm, denke ich einfach ja ich bin jung und ich hab noch nicht die Erfahrung und die Anderen haben auch mal angefangen und die sollen froh sein, dass es Leute gibt, die mal nachfragen und vielleicht auch mal so ein bisschen unkonventionellere Ideen einbringen. Inzwischen kann ich es positiv sehen."*

Die zitierte Passage verdeutlicht die typischen Anpassungsschwierigkeiten, die auf dem Weg der eigenen Kompetenzaneignung im Rahmen des institutionalisierten Politisierungsverlaufes (hier: Fraktionsarbeit der Partei) auftreten. Ohne eine klare Vorstellung vom eigenen Karriereziel wäre eine solche „Ochsentour" über zwei Jahre wohl kaum durchzustehen. Ein Kontrastfall hierzu ist ein 28-jähriger Arbeitsloser aus einer westdeutschen Großstadt, der sukzessive und ungeplant in sein politisches Engagement „hineinrutscht" (zunächst aktiv in der Antifa, später Linksruck, dann WASG, derzeit passives Mitglied der Partei Die Linke):

> *„Also nen genauen Anlass weiss ich gar nicht. (...) Also ich hatte, ähm, nen Freund, mit dem hab ich so nen bißchen auch politisch geredet und so, und äh, der hat mich dann eigentlich, ja, zu ner Demo hinvermittelt. (...) Ich bin dann mit dem Freund zusammen dann so so gegenseitig in die politische Szene so irgendwie reingekommen."*

Im Unterschied zu der zuvor zitierten 22-Jährigen findet dieser Linksaffine eher spontan über den Freundeskreis Zugang zum politischen Engagement, das dann im Laufe des Politisierungsverlaufs immer professioneller wird.

> *„Ich hab mich dann beim Linksruck organisiert. Das ging dann so, äh vier Jahre würd ich sagen. (..) Das ging so mit Info-Veranstaltungen los,*

später dann auch Zeitungen verkaufen und so. (..) Eigentlich war ich dann ziemlich aktiv später. Da hab ich also alles gemacht, da äh war ich dann schon drei vier Mal so in der Woche. "

Beim Eintritt in die aktive Politisierungsphase ist nicht immer eine Professionalisierungsabsicht handlungsleitend. In der Regel steht am Anfang der Wunsch, aktiv etwas zu verändern. Erst im Verlauf des Engagements werden Kompetenzen erworben bzw. vorhandene entwickelt. Diese Entwicklung befördert eine Verstetigung des Engagements. Dabei ist entscheidend, ob das Engagement lebensbiografisch „passt" d. h. integriert werden kann in die eigene Lebensplanung. Am Beispiel der in diesem Abschnitt bereits angeführten 22-jährigen Aktivistin von Bündnis 90 / Die Grünen zeigt sich ein verbreitetes Passungsproblem – das Kollidieren des Engagements mit dem beruflichen Vorankommen:

„Es ist halt auch so schwierig und das finde ich, ist so ein Kernproblem auch, bei, ähm, bei jungen Leuten oder allgemein, die sich irgendwie engagieren. Dass man da immer so zweigleisig fahren muss. Ich habe jetzt mein Studium und das beansprucht mich auch total und dann die Politik und wenn man da wirklich engagiert ist, da gehen genauso viele Wochenstunden bei drauf und man muss immer beides machen. Man muss beides irgendwie perfekt machen oder man hat den Anspruch an sich ... Eigentlich will ich beides machen, aber das ist so ein bisschen problematisch. "

Eine Möglichkeit, die Vereinbarkeit zwischen Engagement und Beruf herzustellen, ist die Verberuflichung des Engagements. In diesen Fällen werden von dem Betroffenen sich ergebende Gelegenheiten wahrgenommen, in den politischen Berufsalltag einzusteigen bzw. politische Gestaltungsansprüche im beruflichen Feld zu verwirklichen. Stärker als selbstorganisierte Betätigungsfelder bieten Institutionen wie Parteien oder Organisationen solche „Gelegenheitsstrukturen" (Tarrow 1994). So etwa im Fall einer 27-jährigen Aktiven bei Bündnis 90 / Die Grünen: *„Aber, ähm, ich wurd jetzt, ähm, das hab ich eben gar nicht erzählt, ne. Ich wurd ja jetzt letzten Samstag zur Bürgermeisterkandidatin auch gewählt und, ähm, fand das da total toll. "* Auch wenn die Wahl einer Kandidatin von Bündnis 90 / Die Grünen als Bürgermeisterin eher unwahrscheinlich scheint, wird deutlich, dass die Parteiarbeit prinzipiell Übergänge von der ehren- zur hauptamtlichen Aktivität eröffnen kann.

Das Kollidieren des Engagements mit dem beruflichen Vorankommen führt unter Umständen dazu, dass ein Handlungsbereich zugunsten des anderen aufgegeben wird. Die Prioritätensetzung kann interessengeleitet erfolgen. Ein typisches Beispiel für solch ein interessenorientiertes Engagementmotiv bietet ein 24-jähriger, bei den Falken und in der SPD aktiver Student:

> *„Also es ist ja irgendwie nicht möglich, entweder man arbeitet ehrenamtlich und macht, oder man macht sein Studium. Ich glaube beides zusammen ist einfach nich, äh, nich adäquat und machbar. Und da hab ich meine Priorität nicht in der Uni gesehen, weil die Uni, also ich gebe der Uni keine großen Chancen mich irgendwie noch zu beeinflussen. Eher die Praxis."*

Der Befragte schreibt der Kompetenzaneignung durch die ehrenamtliche Arbeit eine günstigere berufliche Anschlussfähigkeit zu als ausschließlich durch ein Studium an der Universität, mit dem er innerlich bereits abgeschlossen hat. Auf Grundlage dieser Überzeugung entscheidet er sich für einen intensiven Engagementeinsatz.

Eine andere Möglichkeit zur Verberuflichung von Engagement besteht darin, das Engagement in den Beruf zu verlagern. Hier wird die Trennung von beruflicher Tätigkeit und politischem Engagement insofern aufgehoben, als die berufliche Tätigkeit als „politisch" bzw. „gesellschaftlich" relevant umdefiniert wird. Dieses Muster findet man relativ häufig bei den latent politischen Akademikern aus dem linksaffinen Spektrum (vgl. Abschn. 3.2.4). So meint ein Dozent für Politikwissenschaften, er leiste mit seinen Lehrveranstaltungen politische Arbeit, da *„Bildung natürlich eine politische Angelegenheit"* sei, oder eine Dozentin definiert ihre Tätigkeit in der Studienkommission dahingehend, dass es um die Frage gehe *„wie kann man Stellen beschaffen und entfristen"*. Insbesondere AkademikerInnen in extrem prekären Arbeitssituationen (Praktikum, kurze Befristungsverhältnisse etc.) verstehen ihre Berufsarbeit nicht als „Job" im klassischen Sinne, sondern als bezahltes Engagement.

Als Zwischenfazit lässt sich festhalten, dass, langfristig betrachtet, institutionalisierte Politisierungsverläufe offenbar günstigere Gelegenheitsstrukturen bieten als selbstorganisierte Politisierungsverläufe und das in diesen politisches Engagement professioneller betrieben und verstetigt wird. Die Verstetigung des Engagements ist wesentlich von drei zentralen Faktoren abhängig: vom Inhalt des Engagements, von seiner lebensbiografischen Integrierbarkeit und vom Zeitarrangement zwischen den unterschiedlichen Handlungsfeldern der alltäglichen Lebensführung – insbesondere zwischen Engagement, beruflicher und familiärer Tätigkeit und Freizeitaktivitäten.

Politisches und bürgerschaftliches Engagement weisen in der Regel keinen kontinuierlichen Aktivitätsgrad auf, sondern sind zeitlichen Aktivitätsschwankungen unterworfen. Im Gegensatz zu ehrenamtlichen Tätigkeiten wie zum Beispiel in Kultur- und Sportvereinen, im sozialen Bereich oder in den Kirchen, ist es durchaus stärker auf Erfolge im öffentlichen Raum angewiesen. Die im politischen Feld Engagierten greifen mit ihrem Engagement in den politisch öffentlichen Raum ein und sind somit direkt auf die Gestaltbarkeit des Raumes bezogen. Es steht demzufolge auch nicht die kontinuierliche Handhabung eines Themas – wie Traditionspflege, Sport treiben oder musizieren – im Vordergrund, sondern die konjunkturelle Handhabung politischer und sozialer Themen mit unterschiedlichen Interessenzugriffen. Diese interessegeleitete spezifische Thematik muss sozusagen immer wieder mit dem lebensbiografischen Arrangement (Beruf, Freizeit, Familie) und der lebensbiografischen Perspektive in Einklang gebracht werden. Erfolge sind letztlich rückgebunden an die Durchsetzung interessegeleiteter Ziele und / oder die Anerkennung gleichgesinnter Akteure. Die Vordergründigkeit der interessegeleiteten Gestaltungsabsicht steht einer sozialen Anerkennung jedoch teilweise im Weg.

Generell kann davon ausgegangen werden, dass politische Aktivität unter den spezifischen Bedingungen eines konkreten Handlungsfeldes stattfindet. Hier etablieren sich Netzwerke, Routinen, Machtpositionen bis hin zu institutionalisierten Strukturen, die die Möglichkeiten des Handelns beeinflussen. Mit den jeweiligen Gegebenheiten umzugehen, ist unter anderem ein Aspekt von Professionalisierung im Sinne einer Verstetigung politischer Aktivität, des Ausbildens geeigneter Handlungsformen und damit der Etablierung als Experte in einem politischen Handlungsfeld jenseits rein kognitiver Wissensbestände. Erst dadurch erhält politische Praxis eine wirkliche gesellschaftliche Relevanz.

Wurde bisher versucht, anhand von Einzelinterviews den Professionalisierungsweg nachzuzeichnen, werden anschließend anhand der Fokusgruppeninterviews unterschiedliche Professionalitätsgrade zwischen den verschiedenen Fokusgruppen aufgezeigt.

Von den untersuchten Gruppen in den Fokusgruppeninterviews weisen die Dauerarbeitslosen und die akut von Arbeitslosigkeit Bedrohten, die zusammen unter dem Begriff der Prekären zusammengefasst werden, einen niedrigen Professionalitätsgrad auf: Dauerarbeitslose bedürfen eines organisatorischen Daches, um stetige Arbeit leisten zu können. Sich selbst diese Struktur zu geben, übersteigt die eigenen Handlungsressourcen. Die Aktivitäten sind fremdinitiiert und entsprechend werden Strukturen der initiierenden Institution wirkmächtig: Es sind nur bestimmte Handlungen zu bestimmten Zeiten denkbar. Ähnlich verhält es sich bei den akut von Arbeitslosigkeit Bedrohten, die zunächst innerhalb der betrieblichen Herrschaftsstrukturen auf eine etablierte gewerkschaftliche Vertretung setzen, bevor sie sich zur Durchsetzung ihrer Interessen temporär zu eigenem politischem Engagement entschließen. Die hohe Bedeutung der Delegation von politischer Handlungsmacht scheint als Rückseite der Medaille zu einer relativen Entpolitisierung zu führen.

Die Gruppe der latent politischen Akademiker bewegt sich in eher festen und bekannten Bahnen im mittleren Bereich von verregelten und freien Strukturen. Die diskursive Aushandlung ist ein orientierender Bezugspunkt, der – unter Beachtung bestehender Strukturen – auch politische Lösungen jenseits formalisierter Wege zulässt. Ein zu hoher Grad der Professionalisierung wird vermieden, da darin eine unerwünschte Festlegung gesehen wird.

Engagierte Jugendliche in Bildungseinrichtungen wie auch jugendliche politische Praktikanten bewegen sich in vorgezeichneten und etablierten Strukturen, im Falle der SchülerInnen in klar hierarchisch organisierten Institutionen. In der Auseinandersetzung mit unmittelbaren Problemen erreichen sie relativ schnell – nicht zuletzt vor dem Hintergrund des eigenen Bildungs- und Sozialkapitals – einen mittleren Professionalisierungsgrad, allerdings sind weitere Schritte im gegebenen Handlungskontext kaum möglich. Demgegenüber haben die Politischen Praktikanten den Vorteil, als formale Mitglieder politischer Organisationen an strukturellen Entscheidungen besser beteiligt zu werden. Auf diese Weise stellen sich Erfolgserlebnisse ein, die ein stetiges Engagement befördern, worunter auch „Politik als Profession" zu verstehen ist.

Hinsichtlich des Professionalitätsgrades ist für die jugendlichen Antifas kennzeichnend, dass sie sich in bundesweit vernetzten, aber regional etablierten Eigenstrukturen bewegen, die ein erhebliches dynamisches Potenzial besitzen. Insbesondere im Umfeld spezifischer Jugendprogramme kommt es zu temporären Kooperationen mit Akteuren aus anderen politischen Zusammenhängen, die aber partikular bleiben. Antifaschistisches Engagement ist ein ausgewiesenes Einfallstor für Politisierung; die befragten Gruppen beharren dabei aber auf einem eigenen Weg innerhalb der selbst gewählten Strukturen, um sich nicht vereinnahmen zu lassen bzw. die eigene Identität zu verlieren.

Integrierte Migranten nutzen vorhandene Strukturen, um die eigenen Gruppeninteressen zu artikulieren und durchzusetzen. Institutionalisierte Strukturen werden ebenso in Anspruch genommen wie versucht wird, eigene Strukturen zu schaffen, wo andere fehlen oder für die Interessendurchsetzung nicht hinreichend sind. Sie sind an professionalisierten Strukturen insofern interessiert, als diese zur Kanalisierung von Interessenkonflikten beitragen und die eigenen Ziele dauerhaft verankern. Über die auf Konfliktvermeidung ausgerichtete Interessenauseinandersetzung erreichen die Migranten teilweise einen hohen Professionalisierungsgrad.

Sozial Engagierte sind bereit, auch innerhalb bestehender Strukturen zu wirken und deren Rationalitäten anzuerkennen. Sie nehmen sich hier zurück, um Ziele für andere zu erreichen, bauen aber unter Umständen parallel dazu eigene, professionalisierte Strukturen (z. B. Vereine; Stiftungen) auf, um die eigene

Bewegungsfreiheit wie auch die inhaltliche Ausrichtung stärker bestimmen zu können.
Dieses Ziel verwirklicht die Gruppe Linke Gegenkultur soweit möglich durch die Distanzierung insbesondere von staatlichen bzw. öffentlich-rechtlichen Instanzen, auf die allenfalls als Finanzierungsquelle für Eigen-aktivitäten zurückgegriffen wird. In diesen Aktivitäten entwickeln sie mit der Zeit eine hohe Professionalität, mit der Intension, sich ein selbstbestimmtes und politisches Leben zu ermöglichen und auf dieser Grundlage Gesellschaft zu transformieren.

Außerhalb etablierter politischer Strukturen scheint Professionalität geradezu eine conditio sine qua non politischer Handlungsfähigkeit zu sein. Etablierte Strukturen selbst können dann unterstützend im Hinblick auf den Aufbau eigener politischer Kompetenz und Professionalität sein, sie können aber ebenso hemmenden Einfluss haben. Sich Letzterem zu entziehen und auf eigene politische Interessen und Kompetenz zu bauen, scheint gleichermaßen abhängig vom Bildungs- wie vom Sozialkapital zu sein.

5.2.4 Postpolitische Phase

In der postpolitischen Phase können zwei Phasen unterschieden werden. Zum einen die Phase, die zum Abbruch von Engagement führt und zum anderen jene Phase, in der die Nichtaktivität verstetigt wird.

Ad 1) Abbruch des Engagements
Der Abbruch des Engagements folgt in der Regel zwei Mustern der Aufgabe: einer abnehmenden Aktivität oder einem unmittelbaren Abbruch. Diese Muster sagen zwar nicht zwangsläufig etwas über die Ursachen des Abbruchs von Engagement aus, deuten aber die Richtung der subjektiven Entscheidungs-grundlage für eine Engagementaufgabe an. Während eine sinkende Aktivität und ein schleichender Ausstieg sich in erster Linie bei den Enttäuschten aus-machen lässt, ist bei den Gestaltungsoptimisten eher ein zeitnaher Abbruch zu beobachten. Selbstredend sind hierzu auch jene zu zählen, die sich auf Grund persönlicher Interessenkollision und zeitlicher Ressourcenknappheit für eine allmähliche Verminderung entschließen, an dessen Ende die Aufgabe des Engagements steht.

Ein Nachlassen der Aktivität hat seine Ursache meist in einer veränderten oder nachlassenden Motivation, sich für ein bestimmtes Ziel zu engagieren. Gründe für eine sinkende Motivation lassen sich von der subjektiv erwarteten Erfolgsquote des eigenen Engagements ableiten. Ausschlaggebende Faktoren sind in dem Zusammenhang die Erreichbarkeit des ursprünglichen Ziels, und / oder die Wirksamkeit des Engagements. Beide Faktoren beruhen auf der Intention, eigene, mit dem Engagement verbundene Interessen durchzusetzen. Gelingt dies nicht oder nur begrenzt, führt das in der Regel zu Enttäuschung, die als Resignation und Ohnmacht erfahren werden kann und mit einer Verminderung oder einem Verlust der Motivation einhergehen, in jedem Falle aber mit einer Abkehr von der engagierten Tätigkeit. Enttäuschte stellen ihre Aktivität meist auf Grund der begrenzten subjektiv erfahrenen Gestaltungs- und Durchsetzungsmöglichkeiten von Engagement ein. Dabei lassen sich drei Bereiche für eine Motivationsreduktion benennen: a) gruppeninterne Konflikte, b) externe Akteurskonflikte und c) individuelle Sinnkonflikte.

Ad a) Gruppeninterne Konflikte

Die spezielle Aktivität – im hier besprochenen Zusammenhang ein politisches Engagement – innerhalb der Gruppe hat sowohl im Modus als auch im Inhalt des Engagements repetativen Charakter. Dadurch wird neben der Vergewisserung einer gruppenspezifischen Gemeinsamkeit und Verbindlichkeit der Einzelne auf das Engagementziel sowie auf den entsprechenden Engagementmodus eingeschworen. Wird der Einzelne den gruppeninternen Regeln in Bezug auf das Engagement nicht gerecht oder stellt sie in Frage, so führt das zur Kollision innerhalb der Gruppe, die die Stellung des Einzelnen in der Gruppe brüchig macht bzw. in Frage stellt. Dieser Prozess kann aber auch ausgelöst werden durch ein Infragestellen der Inhalte und / oder des Modus des Engagements, das dann zu Zweifeln an den Zielen und der Umsetzung des Engagements führt oder diese verstärkt. Sofern der Gruppenkonflikt nicht zu einem Ausschluss aus der Gruppe führt, hat er meist ein Nachlassen des Engagements und einen späteren Abbruch zu Folge.

Ein 28-jähriger, subkulturell verankerter Künstler und Musiker, führt sein Nachlassen der Aktivität und schließlich seine völlige Abkehr von der Gruppe auf gruppeninterne Regeln zurück:

„Bin so über Freunde, die, äh, Kontakt in die Szene, subkulturelle Szene so reingekommen. (..) Hab dann auch an Aktionen teilgenommen, Demos so. (..) War nicht so mein Ding. Ich bin dann immer weniger, ähm, hab dann kaum noch an Treffen und so teilgenommen, weil die, der Umgang in der Gruppe war nicht so meins. Wie jemand in die Gruppe kommt, ähm, die ganze Diskussion über Ausschluss, also Ein- und Ausschlussverfahren, das war schon schräg. (..) So eine Identitätsarbeit der Gruppe, die äh, ist, widerspricht individueller Emanzipation.“

Hier wird deutlich, dass die Einbindung in die Gruppe („Identitätsarbeit"), der individuellen Orientierung zuwiderläuft und ein Engagement unter den Bedingungen der Gruppenunterordnung unattraktiv wird.

Ad b) Externe Akteurskonflikte

Unter externen Akteurskonflikten verstehen wir jene Handlungszusammenhänge, in der die Engagierten im Engagementfeld auf andere Akteure angewiesen sind oder mit diesen hinsichtlich der Engagementziele zu kooperieren beabsichtigen. Unterschiedliche Modi und Inhalte der Akteure in Bezug auf gemeinsame Engagementziele führen in der Regel, soweit sie nicht in ein gemeinsames Handeln integriert werden können, zu einer Infragestellung des Engagements, wenn sich ihre Handlungen in einer Sphäre der Macht mit unterschiedlichen Kompetenzzuweisungen aufeinander beziehen. Das ist dort der Fall, wo unterschiedliche Zuständigkeiten und Gestaltungsansprüche nur bedingt institutionell geregelt sind und die gegenseitigen Handlungserwartungen mit den systemimmanenten Handlungsvollzügen in einem Engagementbereich nicht in Deckung gebracht werden können. Geradezu klassisch ist die Spannung zwischen Verwaltungsangestellten oder hauptamtlichen Mitarbeitern von Organisationen, Verbänden, Parteien und den ehrenamtlich Engagierten bzw. Engagementgruppen. Dabei tritt der inhaltliche Dissens oft in den Vordergrund und spielt in der subjektiven Interpretation als gestaltender Faktor hinsichtlich der Akteursbeziehungen eine nicht unwesentliche Rolle, die letztlich eine nicht unbedeutende Wirkung auf die Engagierten hat.

Ein Beispiel für einen Konflikt auf der Grundlage unterschiedlicher Erwartungshaltungen zwischen den Akteuren liefert eine 49-jährige lokalpolitisch in der SPD und im Umweltbereich engagierte Frau:

„Also ich trau mir zu behaupten äh, dass ich wesentlich informierter bin als irgend einer in der Verwaltung, viel umfassender. (...) Vielfach ist es auch so, dass man von Behörden nicht unterstützt wird. Das ist so. Und man merkt eben auch, dass viele daran interessiert sind, ihr Geld am Monatsende, sag ich mal, einzustecken, ja, und nicht engagiert sind. Die eben davon ganz gut leben können, äh, gegenüber denen, die Hilfe bräuchten."

Die Interviewpassage verdeutlicht die Übertragung der eigenen Engagement- und Kompetenzorientierungen auf die anderen Akteure und unterstellt damit deren Handlungsvollzüge den eigenen Engagementbewertungen und -zuschreibungen.

Letztendlich erscheint dieser Dissens aus der Perspektive der Akteure aber oft auf der subjektiven Ebene angesiedelt zu sein, weil die persönliche Zusammenarbeit zwischen den Akteuren im Vordergrund steht. Der persönliche

Entscheidungsspielraum kann zur Verstärkung dieser Interpretation des Dissenses noch beitragen. Generell ist aber von einem strukturellen Dissens auszugehen, der durch die Gestaltungshoheit auf der einen und die Wirkungsarmut auf der anderen Seite zur Geltung kommt. Die dadurch oft evozierte Resignation mit sich anschließender Engagementaufgabe wird in diesem Zusammenhang von Corsten, Kauppert und Rosa auf die funktionale Ausdifferenzierung moderner Gesellschaften zurückgeführt.

„Das Desengagement des Bürgers ist nicht nur Folge des schwachen Bürgerverständnisses des Liberalismus, sondern auch Resultat der Ausdifferenzierung der Gesellschaft in verschiedene Funktionssysteme. Diese operieren weitgehend selbstorganisiert, so dass es auf die individuellen Beiträge der Akteure nicht mehr anzukommen scheint." (Corsten et. al. 2007: 15)

Wolle der „spätmoderne Bürger als Akteur" in die „weitgehend selbstorganisierten Systemprozesse" eingreifen, müsse er „besondere Kompetenzen aufweisen", die „an die formellen Verfahren der ausdifferenzierten Systeme – vor allem der Politik – anzuschließen" vermögen. „Aber genau damit könnte der Bürger wiederum überfordert sein" (ebd.).

Ad c) Individuelle Sinnkonflikte

Individuelle Sinnkonflikte haben einen prozessualen Charakter und sind an die lebensweltlich gekoppelte individuelle Entwicklung gebunden. Sie entstehen einerseits in der Auseinandersetzung mit dem Inhalt und der Methode des Engagements. Andererseits sind sie auf lebensbiografische Veränderungen zurückzuführen. Während der Kompetenzaneignung bzw. der Professionalisierung in der aktiven Phase setzen sich die Engagierten verstärkt mit den Inhalten und / oder den Methoden des von ihnen geleisteten Engagements auseinander. Im Laufe der thematischen Auseinandersetzung mit dem Engagementthema können sich generell zwei Optionen herausschälen: die Stabilisierung der Engagementmotivation, die mit einer Kompetenzerweiterung einhergeht und zur Verstetigung (oder auch zu einer Wiederaufnahme) des Engagements führt oder einem Motivationsrückgang auf Grundlage einer zunehmenden Skepsis gegenüber den Engagementinhalten und / oder den Engagementmethoden. Diese Skepsis steht aber im Unterschied zu den gruppeninternen Konflikten nur nachgeordnet in einem Zusammenhang zur Gruppenkonstellation und ist von dieser auch nicht angestoßen. Ein zweiter Grund für individuelle Sinnkonflikte lässt sich in der lebensbiografischen Veränderung der Engagierten ausmachen. Auf der Grundlage sich verändernder subjektiver Situationen – wie neuer Freundeskreis, Ausbildung, berufliche Umorientierung, Familiengründung, Krankheit, Karriere, etc. – werden andere

Perspektiven eingenommen, die Engagementziel und / oder -methode in einem anderen Licht darstellen und in Zweifel ziehen können. Das führt ebenfalls zu einem Motivationsrückgang, an den sich gewöhnlich eine Aktivitätsreduktion mit folgender Engagementaufgabe anschließen. Der Typus des individuellen Sinnkonflikts resultiert nicht zwangsläufig in Enttäuschung und Resignation. Er gründet auf der Grundlage des Perspektivenwechsels auf einer Uminterpretation der Engagementziele und / oder -methoden. Dadurch ist bei ihm am ehesten der Anschluss an eine Wiederaufnahme von Engagement gegeben. Diese Möglichkeit teilt er mit den Gestaltungsoptimisten, als zweiten Haupttypus.

Der Abbruch von Engagement ist bei den gestaltungsoptimistischen Engagierten lebensbiografisch verortbar. Skepsis am oder Enttäuschung durch das Engagement sind hier zweitrangig. Im Zentrum steht die lebensbiografische Situation. Familie, Beruf, Karriere, Freizeit, etc. können zur situativen Veränderung beitragen und zur Aufgabe des Engagements führen. Einer der am häufigsten angeführten Gründe für die Aufgabe des Engagements ist Zeitknappheit. Diese Begründung bezieht sich auf den gesamten Zeithaushalt des einzelnen Individuums und bleibt insofern unspezifisch. Engagement ist ein Zeitsegment im gesamten individuellen Zeitbudget neben verschiedenen anderen. Kommt ein anderes Zeitsegment hinzu oder wird ausgedehnt, führt das zu einer Verschiebung der individuellen Zeitinvestitionen auf Grund einer Gewichtung der unterschiedlichen Segmente. So ist ein politisches oder bürgerschaftliches Engagement in der Regel für den Engagierten hinsichtlich seiner Zeitinvestition nicht gleichberechtigt im Verhältnis zu beruflicher Entwicklung, Familie und auch teilweise zu Freizeit. Diese drei Bereiche wurden von den Befragten am häufigsten angeführt, wenn es darum ging, Gründe für die Aufgabe des Engagements zu benennen. Hierbei waren Beruf und Familie die meistgenannten Bereiche, gefolgt von Freizeitinteressen. Diese Gründe für eine Engagementaufgabe korrespondieren auch mit den Befunden der Freiwilligensurveys. So begründeten laut zweitem Freiwilligensurvey von 2004 52 Prozent der Frauen und 59 Prozent der Männer die Beendigung ihres Engagements mit einem zu hohen Zeitaufwand. Auch laut Survey gaben meist Beruf und Familie den Ausschlag, sich gegen die Fortführung des Engagements zu entscheiden. Allerdings fällt hier eine geschlechterspezifische Gewichtung ins Auge. Berufliche Gründe für eine Engagementbeendigung führten 40 Prozent der Männer und 26 Prozent der Frauen ins Feld. Familiäre Gründe gaben hingegen 33 Prozent der Frauen aber nur 19 Prozent der Männer an (TNS Infratest Sozialforschung, Freiwilligensurveys 1999 und 2004). Somit konkurriert bei Männern der Beruf und bei Frauen die Familie an erster Stelle mit der Zeitaufwendung für das Engagement. Diese geschlechtsspezifische Polarisierung lässt sich in unseren Interviews nicht eindeutig nachweisen, wenn auch die Bereiche Beruf und Familie zentrale Bereiche sind, die die Zeitaufwendung für Engagement beeinflussen. Auf den Faktor Zeit wird in unseren Interviews immer wieder hingewiesen.

Ad 2) Verstetigung von Inaktivität

Verstetigung von Inaktivität bei politisch Interessierten oder ehemals Aktiven bedeutet, das Engagement dauerhaft, zumindest ohne benennbare zeitliche Einstiegsoption, ruhen zu lassen. Hierfür gibt es ein ganzes Bündel von Gründen, die vom Setzen lebensbiografischer Prioritäten über die Vertagung auf die geeignete gesellschaftliche Situation bis zur völligen Resignation hinsichtlich der Wirksamkeit von politischem Engagement reichen.

Idealtypisch lassen sich drei Inaktivitätstypen bilden: a) der Gelegenheitstyp, b) der latent bereite Typ und c) der fatalistische Typ.

Ad a) Der Gelegenheitstyp

Der Gelegenheitstyp zeichnet sich dadurch aus, dass er in Anbetracht persönlicher Zeitressourcen und Interessenorientierungen auf Grundlage lebensbiografischer Perspektiven die eigenen Handlungsinvestitionen prioritär setzt. Ein Engagement wird auf die Gesamtheit der individuellen lebensbiografischen Entwicklung hin betrachtet und auf seinen Nutzen hin beurteilt. Dabei geht es nicht ausschließlich um eine berufsorientierte Passfähigkeit, sondern um eine Anschlussfähigkeit in politischer, gesellschaftlicher und kultureller Hinsicht. Sich zu engagieren, wird in dieser Perspektive immer auch als persönliche Weiterentwicklung verstanden. Die eigene Inaktivität wird in der Regel mit Knappheit von Zeitressourcen begründet. Für diesen Typus sind Gelegenheitsstrukturen wesentliche Voraussetzungen, um eine Engagementmöglichkeit aufzugreifen und sie in die subjektive biografische Orientierung integrieren zu können.

Ad b) Der latent politische Typ

Ebenso wie der Gelegenheitstyp anerkennt der latent bereite Typ die Notwendigkeit politischen Engagements, um eigene Interessen zur Geltung zu bringen. Im Unterschied zum ersten Typ steht bei ihm nicht eine auf Zeitknappheit ruhende Gewichtung der individuellen Handlungsoptionen im Vordergrund, sondern der Mangel an geeigneten gesellschaftlichen Situationen. So wird in den Interviews konstatiert, dass das entsprechende bzw. geeignete politische Subjekt fehle, um sich politisch einzubringen. In dieser Perspektive erscheint das Engagement, ob seiner geringen Wirkung als zeitliche Fehlinvestition. Der Mangel an geeigneten gesellschaftlichen Situationen und das Fehlen eines geeigneten agierenden politischen Subjekts dienen der Legitimation für die eigene Inaktivität. Dabei wird auf Gründe zurückgegriffen, die nicht in der

Entscheidungshoheit des Individuums liegen – nach dem Motto: „ich würde ja gern, wenn ...". Diese ins Außen verlagerte Entscheidungshoheit unterscheidet diesen Typ vom ersten, der die Inaktivität souverän kontrolliert. Delegiert der Eine die Entscheidungshoheit an ein imaginäres politisches Subjekt und / oder an eine geeignete gesellschaftliche Situation, so behält der Andere die Entscheidungshoheit über ein potenzielles Engagement in der Hand. Gemeinsam ist beiden Typen die Option zu einem potenziellen Engagement.

Ad c) Der fatalistische Typ

Diese Option schließt der fatalistische Typ grundsätzlich aus. Ihm ist in Bezug auf die Wirksamkeit von politischem Engagement eine resignative Haltung eigen. Er glaubt nicht an die Möglichkeit, individuelle Interessen durchsetzen zu können bzw. an die Gestaltbarkeit des politischen Raumes. Die eigene Inaktivität wird mit der Wirkungslosigkeit politischen Engagements begründet. Auf Grund dieser Disposition ist die Inaktivität bei diesem Typus auf Dauer gestellt. Diese fatalistische Haltung ist nicht einem Egoismus geschuldet, sondern eher einer Ohnmacht hinsichtlich der subjektiv wahrgenommenen politischen Gestaltungsmächtigkeit.

Die Verstetigung der Inaktivität hängt von unterschiedlichen Faktoren ab. So ist es nicht unbedeutend wie und vor allem aus welchen Gründen der Abbruch des Engagements, soweit eines vorlag, erfolgte. Zweitens spielen die Erfahrungen bzw. Interpretationen der einzelnen Individuen hinsichtlich der Wirksamkeit von politischem Engagement eine Rolle. Wesentlich sind aber auch Bildungsgrad, soziale Herkunft sowie die berufliche Integration der Individuen. Die Verstetigung von Aktivität ebenso wie von Inaktivität ist also nicht in erster Linie von der Dauer und der Intensität eines Engagements abhängig, sondern von integrativen Faktoren wie Erwerbsarbeit in Zusammenhang mit Bildung.

Das Interesse an gesellschaftlicher Partizipation, das unter anderem einen manifesten Ausdruck im politischen Engagement findet, wird allgemein als Wille zur Integration verstanden. Politische Partizipation und bürgerschaftliches Engagement sind die Kehrseite einer Medaille, wenn es darum geht, sozial integrative Mechanismen des Engagements zu beschreiben. Grundsätzlich lässt sich anhand der Studien sagen, dass Partizipation und Engagement Ausdruck sozialer Integration sind. Dort wo diese brüchig wird, ist auch ein Mangel an Partizipation und Engagement zu beobachten. Dabei sind zwei Auffälligkeiten herauszustellen: Erwerbslosigkeit und Bildung haben einen unmittelbaren Einfluss auf Partizipation und Engagement. Prekäre Lebensverhältnisse, die in unserem Sample bei den Dauerarbeitslosen und den akut von Arbeitslosigkeit Bedrohten am ausgeprägtesten sind, vermindern die Bereitschaft sowohl zu einer politischen Partizipation als auch zu einem bürgerschaftlichen Engagement.

6   Fazit und Ausblick – Linksaffine auf dem Weg zur pluralen Hegemonie?

6.1   Familienähnlichkeiten unter Linksaffinen

Die empirische Annäherung an die im weitesten Sinne sich als „links" verstehenden Bevölkerungsgruppen lässt eine große Bandbreite politischer Orientierungen und Praxen erkennen. Anzumerken ist, dass das Sample der vorliegenden Studie die linke politische Hemisphäre sicherlich nicht in allen Facetten repräsentiert.[26] Gleichwohl ist davon auszugehen, dass die hier nicht vertretenen Teilgruppen auch den rekonstruierten Positionen zugeordnet werden können. Das Ziel der Studie war nicht eine Systematisierung *aller* inhaltlich verschiedenen linken Orientierungen und Praxen, sondern die Erfassung von jeweils für größere Anteile der Grundgesamtheit der Linksaffinen *typischen* Varianten.

Ein zentrales Ergebnis der vorliegenden Studie ist, dass trotz der Grenzziehungen und Abschottungen zwischen einzelnen linksaffinen Alltagsmilieus eine ganze Reihe von gemeinsam geteilten bzw. sehr ähnlichen oder zumindest äußerst anschlussfähigen Auffassungen und Praxen existieren. Diese Einheit in der Vielfalt lässt sich gut mit der Metapher der Familienähnlichkeit im Sinne Ludwig Wittgensteins (1990: 138 f.) fassen.[27] Angesichts der differenten politischen Positionierungen innerhalb des hier untersuchten Spektrums ist u. E. eine solche Sicht angebracht. Vermieden werden dadurch ex cathedra getroffene kategoriale Klassifizierungen von linksaffinen Positionen. Dagegen werden die Selbstzuschreibungen der Protagonisten ernst genommen. Die vor diesem

---

26 Nicht befragt im Rahmen der Einzelinterviews und Gruppendiskussionen sind insbesondere ältere Traditionslinke, Berufsfunktionäre in hohen Leitungsfunktionen sowie Angehörige verschiedener radikallinker Splittergruppierungen einschließlich konspirativ agierender Gruppen einer selbsterklärten militanten Linken.

27 Wittgenstein geht hier beispielhaft auf die Vorgänge ein, die wir ,Spiele' nennen. Er argumentiert, dass wir zwar relativ sicher entscheiden können, welcher Vorgang ein Spiel ist und welcher nicht, aber es sei unmöglich, anzugeben, was *allen* gemeinsam wäre. Was wir seines Erachtens sehen, ist „ein kompliziertes Netz von Ähnlichkeiten, die einander übergreifen und kreuzen. Ähnlichkeiten im Großen und Kleinen. ... [D]ie ,Spiele' bilden eine Familie." (Wittgenstein 1990: 138)

Hintergrund empirisch diagnostizierten Familienähnlichkeiten der Linksaffinen sollen im Folgenden noch einmal kurz resümiert werden.

Linksaffine zeichnen sich – wenn auch in unterschiedlicher Reichweite bzw. Ausprägung – durch eine grundlegend sozio-ökonomische Perspektive auf die Zusammenhänge von wirtschaftlichen und gesellschaftlichen Entwicklungen aus, die in eine mehr oder weniger ausgeprägte Kapitalismus-Kritik mündet. Ihnen ist ein soziokulturell verankerter Blick auf gesellschaftlich sinnvolle Aktivitäten eigen, die entweder als Erwerbsarbeit zugleich integrativen Charakter haben oder aber als Tätigkeit einen ebenso integrativen Gegenentwurf zur derzeitigen Arbeitsgesellschaft konturieren. Anzumerken ist in diesem Kontext, dass im Gegensatz zu den Tendenzlosen und Rechtsaffinen für die Linksaffinen die soziale Anerkennung durch Arbeit eine sehr große Rolles spielt. Erwerbsarbeit scheint bei ihnen einen ganz eigenen (und womöglich aus der Tradition der Linken als Arbeiterbewegung gespeisten) Wert zu besitzen, der sich selbst in der Verschiebung auf postmaterialistische Orientierungen noch als zentraler Faktor zeigt. Die Verknüpfung von Arbeit und Würde erweist sich als ein Kern linker Identität. Hinsichtlich der sozialen Absicherung bei Nichterwerbstätigen variieren die Positionen zwischen einem Insistieren auf dem regulativen Wohlfahrtsstaat und Forderungen nach materieller Existenzsicherung.

Dem politischen System gegenüber wird von Linksaffinen eine defensiv anmutende Zurückhaltung, den etablierten politischen Akteuren gegenüber jedoch eine vergleichsweise skeptischere Einstellung eingenommen. Zentral ist der Wert der Solidarität insbesondere mit Völkern bzw. Individuen, deren Chancenstruktur als ungerechtfertigt niedrig angesehen wird. Darüber hinaus verweigert man sich ganz überwiegend (und nicht zuletzt mit dem Verweis auf gescheiterte Sozialismus-Modelle) autoritativen Politikmustern. Schließlich eint die Linksaffinen auch eine breite Skepsis gegenüber Militäreinsätzen; solche Einsätze sind allenfalls unter UN-Mandat vorstellbar.

Latentes gemeinsames Ziel unterschiedlicher linksaffiner Positionen ist die materielle Existenzsicherung aller Bürger vermittelt über eine angemessene Beteiligung am vorhandenen gesellschaftlichen Reichtum. Bei der parallel dazu erhobenen Forderung nach einer demokratischen Gesellschaftsordnung stehen die Möglichkeiten des Einzelnen zur Teilhabe an der Gestaltung von Gesellschaft und die Frage nach Konsens- versus Mehrheitsdemokratie im Vordergrund. In der Vereinigung von Wirtschaftskritik und Partizipationsgedanken schält sich zum Teil eine Vorstellung von Wirtschaftsdemokratie[28] heraus, die prinzipiell nicht nur den Grundsatz „Eigentum verpflichtet" betont (dies wäre

---

28 Zur Wirtschaftsdemokratie vgl. Demirovic 2008.

schon eine relativ defensive Forderung), sondern die Partizipation an Wirtschaftsprozessen als einem letztlich gesellschaftlichen Vorgang einklagt.

Die hier rekapitulierte Vielfalt an Einstellungen und Orientierungen – die sich dennoch unter ein gemeinsames, wenn auch weit gespanntes Dach stellen lassen, das von zentralen Werten wie der Emanzipation des Subjekts, sozialer Gerechtigkeit und Solidarität getragen wird – verdeutlicht noch einmal, dass stringente und eindimensionale Definitionsversuche, was „Links sein" nun eigentlich sei, zum Scheitern verurteilt sind. Niemand kann die Markenrechte für sich reklamieren, weil „Links sein" sich als offenes, dynamisches Feld von Denk- und Praxismustern erweist. Die Befragten äußern ihr „Links sein" folgerichtig ganz überwiegend mit einem an den eigenen Werten, Lebenserfahrungen und -maximen ausgerichteten Selbstverständnis und definieren damit das Politische in Relation zu ihrer eigenen Person. Insofern sie damit ein klassisches Muster fortführen – nämlich das der demokratischen Partizipation an der Gestaltung der Gesellschaft (oder, etwas bescheidener: des gesellschaftspolitischen Umfeldes) – erscheint dieses lebensweltlich kontextuierte politische Selbstverständnis als ein zentraler Kern der Zugehörigkeit zum linksaffinen Spektrum.

Eine deutliche Grenzziehung besteht hinsichtlich der Akzeptanz gewaltförmiger Aktionen (und verstärkt noch in Bezug auf solche, bei denen bewusst Kollateralschäden in Kauf genommen werden). Nicht nur Zweifel am politischen Erfolg solcher Aktionen, sondern auch an ihrer Legitimität sind hohe Hürden bei Linksaffinen, die auch nicht durch ein revolutionäres Pathos eingeebnet werden können. Das stärker verbreitete Verstehen (im Sinne eines Nachvollzugs von Gründen) der Gewaltbereitschaft Einzelner oder einzelner Gruppen ist damit vom Verständnis dafür (im Sinne einer Akzeptanz in der Sache) zu unterscheiden. Im Großen und Ganzen orientieren sich Linksaffine am Rahmen einer demokratisch verfassten Gesellschaft.

Eine weitere Schwierigkeit bei der Bestimmung von „Links sein" besteht darin, dass die Inhalte dieser Verortung doppelt fluide sind: zum einen ändern sich Einstellungen im Lebensverlauf. So kann als „links" gewertet werden, was zuvor als bürgerlich erschien. Zum anderen verschiebt sich der Fokus der Gesellschaft wie der Politik selbst. Auch hier werden in der Absicht von größtmöglicher Gestaltungsmacht unter Umständen Positionen akzeptabel, die zuvor unvereinbar mit den eigenen Grundsätzen waren. „Links sein" ist ein relationaler Begriff, dessen konkrete Gestalt ganz im Sinne Mannheims „Seinsgebunden" ist – und damit je nach bio-psychisch-sozialer Lage etwas anderes beinhalten kann. Das bedeutet auch, dass die vereinfachende Anbindung linker Orientierungen an soziale Lagen nur bedingt aufrecht zu erhalten ist: Linksaffine finden sich unter sozial Marginalisierten ebenso wie unter den Saturierten dieser Gesellschaft; sie leben ein Leben unter prekären Bedingungen oder haben sich in aufgeklärt bürgerlichen Verhältnissen etabliert. Linksaffine sind kein Soziotop mit klar definierten Kriterien, sondern bilden in ihrer Heterogenität viele soziale Lagen ab.

Ein überraschender Befund im Hinblick auf den latenten Wandel des politisch linken Denkens ist das Diffundieren neoliberaler Positionen. Die ideologisierende Kraft des Neoliberalismus scheint vor den Linksaffinen nicht Halt gemacht zu haben. Dies zeigt sich zum einen darin, dass in den Interviews auffällig oft die Selbstattribution geäußert wurde, auf dem Gebiet der Ökonomie nicht kompetent und zu Gegenentwürfen kaum fähig zu sein. Neben dieser Kapitulationserklärung vor der momentanen neoliberalen Deutungshoheit wurden von einigen Interviewten (in der Regel unreflektiert) klassische liberale Forderungen wie „Leistung muss sich lohnen" geäußert. Auch die für den Neoliberalismus typischen Argumentationsmuster „Globalisierungszwänge", „fehlende Steuerungsmöglichkeiten", „Alternativlosigkeit" oder „internationale Konkurrenz" (Tigerstaaten, BRIC-Länder etc.) haben bei einem Teil der Linksaffinen Spuren hinterlassen und zur Kontamination mit einem letztlich marktliberalen Wirtschaftsverständnis geführt. Dies ist insofern bemerkenswert, als die Grenzen und Kosten dieser Wirtschaftsweise immer offensichtlicher werden.[29]

Ebenso wie die politischen Orientierungen sind auch die politischen Praxisformen der Linksaffinen sehr vielfältig. In Ermangelung einer besseren Gesellschaft zögern Linksaffine zwischen Anpassung, klassischen Subsidiaritätsstrategien, reformerischem Kalkül und revolutionärem Eifer. Dementsprechend changieren ihre alltagspolitischen Praxen zwischen bloßer politischer Interessiertheit und sporadischem bzw. permanentem Engagement. Bei den politisch aktiven Linksaffinen zeigen sich Weggabelungen ebenso wie Kreuzungen. Grundsätzlich finden die Aktionen entweder in mehr oder minder institutionalisierten Formen (Vereinen, Parteien, Organisationen) statt oder in selbstorganisierten Formen mit unkonventionellen Betätigungsfeldern und teilweise subversivem Charakter.

Wie anhand der untersuchten Politisierungsverläufe erkennbar wird, kann „Links sein" von der Elterngeneration vererbt werden, muss es aber nicht. Die Schule ist nicht, wie allgemein erwartbar, eine Bildungseinrichtung, die ihre

---

29 Allerdings muss hier einschränkend hinzugefügt werden, dass die empirischen Erhebungen zur vorliegenden Untersuchung zu großen Teilen zwar zeitlich nach dem Ausbruch der aktuellen Wirtschaftskrise 2008, aber zu einem Zeitpunkt durchgeführt wurden, als die Krise die unmittelbare Lebenswelt der meisten Befragten noch nicht entscheidend tangiert hatte, so dass das volle Ausmaß der Wirtschaftskrise für die Befragten nur abstrakt zu fassen war. Ob inzwischen eine kritischere Auseinandersetzung mit dem Neoliberalismus im Alltagsdenken Linksaffiner stattfindet, kann auf empirischer Grundlage nicht diagnostiziert werden.

Schüler als politisch aktive Staatsbürger entlässt. Einflussreicher im Hinblick auf die Politisierung und die Motivation zum politischen bzw. bürgerschaftlichen Engagement sind die Peer-Groups in der Adoleszenzphase und oft ist es ein politisches „Erweckungserlebnis", das „den Stein ins Rollen bringt". So gehört es geradezu zur Initiation, an politischen Events (welcher Größenordnung auch immer) teilgenommen zu haben. Bei heutigen linksaffinen Jugendlichen ist die Stoßrichtung solcher Events häufig, etwas gegen neonazistische Tendenzen bzw. gegen „Rechte" zu unternehmen.

Freilich ist die Politisierung nicht auf die biografische Jugendphase beschränkt. In allen Lebensphasen ergeben sich Gelegenheitsstrukturen, die den Eintritt ins politische respektive bürgerschaftliche Engagement ermöglichen. Themen und Projekte kreuzen die politische Laufbahn bisweilen unverhofft – seien es Ereignisse wie z. B. die Tschernobyl-Katastrophe; lang andauernde Auseinandersetzungen mit der politischen Obrigkeit etwa im Falle der Neuruppiner Heide, die als „Bombodrom" vorgesehen war; oder die Wahrnehmung sozialer Brennpunkte bzw. ganz konkreter Probleme im Stadtteil oder im privaten Umfeld. Häufig sind es solche konkreten Aktionen und Projekte, die die Politisierungsmuster strukturieren und gegebenenfalls verfestigen.

Die bei den Aktivitäten gemachte Erfahrung, etwas selbst bewirken zu können, schützt in gewisser Weise auch vor einer Überhöhung der institutionellen Sphäre politischer Administration und Parteien: Für Linksaffine ist Politik zunächst das, was sie im eigenen Handeln als solche definieren. Das schließt letztlich zivilgesellschaftliche Formen von Engagement ebenso ein wie parteien- oder verbandsbezogenes Engagement.

Im lebensbiografischen Verlauf der Linksaffinen können sich nicht nur ihre politischen Orientierungen verändern, sondern auch der Grad der Aktivität. Im Zuge individueller Entwicklungs- und Lernprozesse können sich etwa ehemals Aktive in politischen Kämpfen aufreiben und ihr Engagement aufgeben, um nunmehr die gesellschaftliche Entwicklung nur noch als Beobachter zu verfolgen. Andere machen die Entwicklung von einem fatalistischen Linksaffinen zu einem radikalen Linken durch, der nun klar antikapitalistisch orientiert ist.

Die hier noch einmal resümierten zentralen Facetten linksaffiner Identität verweisen schließlich darauf, dass eine unmittelbare Kopplung linker Orientierungen und Praxen an bestimmte soziale Lagen nur bedingt gegeben ist, wie die Kartografierung des linksaffinen Spektrums (vgl. Abschn. 3.2.10 und 3.3) verdeutlicht. Entsprechend des Milieukonzepts von Vester et al. (2007: 37) stammen Linksaffine vorzugsweise aus eigenverantwortlich bis avantgardistisch orientierten bürgerlichen Milieus, den eigenverantwortlich orientierten Arbeitnehmermilieus und dem hedonistischen Milieu.

6.2 Potenziale eines alternativen Hegemonialprojekts

Der Verweis auf die Familienähnlichkeiten unter den Linksaffinen zielt in dieselbe Richtung, die mit der Verwendung des Bildes von der „Mosaik-Linken" intendiert ist. Diese von Hans-Jürgen Urban prominent gemachte Metapher, auf die an einigen Stellen der vorangegangenen Kapitel bereits Bezug genommen wurde, hat ob seiner pluralistischen Tendenz und der damit potenziell gegebenen Chance auf ein breites politisches Bündnis großen Widerhall unter Linken gefunden. Gerade der relativen Unschärfe des Bildes vom Mosaik entspringt offensichtlich eine Faszination, die aus dem (vorgeblich) Gemeinsamen die Hoffnung auf ein alternatives Hegemoniekonzept zum momentan noch gesellschaftlich dominanten Neoliberalismus beflügelt. Insbesondere für jene, die diese Hoffnung tatsächlich in Form einer politischen Bewegung umsetzen wollen, ist die „Mosaik-Linke" mehr als nur eine Beschreibungsmetapher geworden. Doch was könnte das Gemeinsame *aller* Linken sein? Verkörpert das Mosaik – um im Bilde zu bleiben – tatsächlich etwas in seiner Gesamtheit? Benutzt man diese Metapher im Zusammenhang der Hegemoniefrage, müsste u. E. geklärt werden, ob die einzelnen Bestandteile lediglich nur nebeneinander existieren, oder ob sie sich zu einer übergreifenden Ordnung ergänzen, die eine politische Wirkungsmacht entfalten kann. Geht man vom Letzteren aus, käme man nicht umhin, auch die Frage nach dem „Mörtel" zu stellen, der dieses Mosaik zusammenhält.

Mit Hilfe der auf die Alltagsmilieus Linksaffiner fokussierten Perspektive, die der vorliegenden Studie zu Grunde liegt, lässt sich u. E. zeigen, dass das linke politische Spektrum tatsächlich mehr ist als nur „die bloße Summe seiner einzelnen Teile". In dem – von uns sehr weit gefassten – linken Spektrum ist ein großes Potenzial vorhanden, das zur Annahme berechtigt, dass die gegenwärtige kulturelle Hegemonie des Neoliberalismus nicht das „Ende der Fahnenstange" sein muss und durchaus von einem hegemonialen Gegenprojekt abgelöst werden kann. Dieses Potenzial in Form von politischen Orientierungen und damit verknüpften Praxen gilt es zu einer gesellschaftlich-politischen Bewegung zu bündeln.

Das Projekt einer kulturellen linken Hegemonie, wie es von Ernesto Laclau und Chantal Mouffe (1998) angeregt wird, bedeutet nicht, in analytischer Hinsicht die „richtige" Gesellschaftstheorie vorzugeben, sondern vorhandene Optionen für die Gestaltung der Gesellschaft und Leitbilder einer „guten" Gesellschaft *praktisch durchzusetzen*. Hegemonie ist nicht herstellbar ohne breite gesellschaftliche Akzeptanz und Mobilisierung für bestimmte Leitideen, worauf schon Antonio Gramsci (1991 ff., Bd. 1: 102; Bd. 7: 1567 ff.) insistierte. Auch die scharfsinnigste Analyse der politischen Verhältnisse auf der Basis des eigenen theoretischen Instrumentariums muss ins Leere zielen, wenn nur Wenige sie verstehen und zur Grundlage eigenen Handelns machen. Wird, wie dies bei orthodoxen Linken nicht selten zu beobachten ist, den anders Denkenden ein „falsches Bewusstsein" diagnostiziert, führt dies in der Regel in eine Sackgasse. Das politische Bewusstsein bildet – wie „fehlgeleitet" auch immer es von außen erscheinen mag – für die einzelnen Akteure die unhintergehbare Grundlage des eigenen alltäglichen und damit auch politischen Handelns. Der Grundsatz: „Menschen müssen dort abgeholt werden, wo sie gerade sind", gilt auch für das Projekt einer linken Hegemonie.

Noch besser ist es freilich, Menschen nicht einfach nur „abzuholen", sondern sie das „Boot, in dem man gemeinsam sitzt", mit „lenken" zu lassen. Ein solches radikal-demokratisches Partizipationsverständnis geht den neoliberalen Akteuren ab. Bekanntlich ist der Neoliberalismus eine politisch-ideologische Bewegung, die bereits in den 1930er Jahren von Deutungseliten wie Milton Friedman, Walter Lippmann und Friedrich von Hayek konzeptionell vorgedacht, später in konservativen Think-Tanks systematisch weiterentwickelt und seit den 1970er Jahren über politische Eliten (nicht zuletzt Margret Thatcher, Ronald Reagan und Helmut Kohl) gesellschaftsfähig gemacht wurde.[30] Dem liegt letztlich ein konservativ elitäres Grundverständnis von der Gestaltung der Gesellschaft zu Grunde. Aber auch bei Linken gibt es – wie die Geschichte des 20. Jahrhundert zeigt – die Tendenz, die eigene politische Vorstellung bzw. Ideologie dirigistisch nach dem „top down"-Modus und oftmals ohne Rücksicht auf Verluste durchzusetzen. Ein solches elitäres Avantgarde-Bewusstsein zugunsten eines radikal-demokratischen Partizipationsverständnisses zu vermeiden, könnte einen entscheidenden Kontrapunkt zur neoliberalen Hegemonie setzen und das demokratische Verhältnis von Wirtschaft und Gesellschaft als attraktiven Bezugspunkt politischer Aktivität reetablieren.

Für institutionelle Akteure aus dem linken politischen Spektrum wie Parteien, Gewerkschaften und Stiftungen ist Partizipation ein Schlüsselwort. Die Beteiligung der Individuen an politischer Willensbildung muss allerdings eine Wirkliche sein. Das Gespür dafür, lediglich als „Wasserträger" benutzt oder gar missbraucht zu werden, ist – so ein zentraler Befund auch unserer Untersuchung – bei diesen als strukturelles Misstrauen tief eingeprägt und reklamiert im Sinne einer demokratischen Grundlast gerade Kontrolle über die eigene politische Aktivität. Nicht umsonst sind soziale Bewegungen gerade in ihrer ungestümen, wenig verregelten start-up-Phase eine interessante Anlaufstelle für politisch bereits Aktive und für Inaktive. Die Räume zur politischen Willensbildung und

---

30 Zur Etablierung einer kulturellen Hegemonie des Neoliberalismus vgl. Bourdieu 1998; Butterwegge et al. 1998; Chomsky 2003; Ptak 2004.

Partizipation sind hier noch relativ weit geöffnet und erlauben auf Grund der besonderen Organisations- und Strukturierungsprinzipien in gewisser Weise die Kontrolle über das eigene politische Handeln. Zunehmende Professionalisierung in der Folge erhöht zwar die politische Schlagkraft, unterhöhlt aber auf Dauer die eigene Basis. So macht sich etwa Unmut breit, wenn ehemalige Bundespolitiker nunmehr die prominenten Gesichter von sozialen Bewegungen wie ATTAC sind und mediale Aufmerksamkeit (durchaus im Sinne der Bewegung) genießen, während die Organisation selbst dahinter zurückbleibt.

Solche strukturell angelegten Phänomene wie das Misstrauen gegenüber Vereinnahmungstendenzen durch etablierte politische Strukturen rsp. Akteure bedeuten für politische Organisationen selbst auch einen Wandlungsprozess in Richtung einer Öffnung der politischen Debattenkultur. Die Mentalität geschlossener politischer Zirkel mit eng begrenzten Öffnungsklauseln ist wenig attraktiv und wird als politische Sozialtechnologie begriffen, der sich viele Linksaffine zu entziehen versuchen. Die seit ein paar Jahren unter dem Schlagwort „Politik- bzw. Parteienverdrossenheit" stark diskutierte Distanz zu Parteien und Politikern findet man ebenfalls unter Linksaffinen ausgeprägt. Auch in diesen Kreisen droht der politische Prozess der gesellschaftlichen Willensbildung insgesamt zu verkümmern.

In der Pluralität der Linken, deren Einheit sich allenfalls als Familienähnlichkeiten erfassen lässt, muss nicht zwangsläufig ein „notwendiges Übel" gesehen werden. Aus der Not lässt sich durchaus eine Tugend machen. Denn möglicherweise gelingt es durch die Vielfalt von Ideen, Praxen etc. in der Zukunft viel besser, mit den Problemen der Gegenwartsgesellschaft umzugehen. Angesichts der immer dynamischer werdenden gesellschaftlichen Entwicklungen, der „Beschleunigung" (Rosa 2005) und „Flexibilisierung" aller Lebenszusammenhänge (Sennett 1998) sowie der gestiegenen globalen Herausforderungen kann niemand mit zielsicherer Genauigkeit angeben, welcher gesellschaftliche Entwicklungspfad in Zukunft eingeschlagen werden muss. Um eine Sackgasse, wie die Deregulierung des Marktes in den letzten Jahren, zu vermeiden, sind alternative Szenarien gefragt, die aus einem Ideenwettbewerb verschiedener linker Akteure hervorgehen sollten. Dies dürfte der Demokratisierung der Gesellschaft ebenso zuträglich sein wie es die Chance auf eine erhöhte Anschlussfähigkeit linker Ideen (im Sinne Gramscis) steigern könnte. In dieser partizipativen Debattenkultur liegt die Möglichkeit der Mosaik-Linken, vom bloßen Konglomerat zur gemeinsamen politischen Bewegung zu werden – oder anders formuliert: die partizipativ-demokratischen Umgangsformen, die in linken Initiativen, Netzwerken, Bewegungen und politischen Organisationen bereits praktiziert werden, könnten der Mörtel einer politisch wirkungsmächtigen Mosaik-Linken sein. Freilich ist dieser Mörtel bei einigen politisch

Aktiven aus dem linksaffinen Spektrum sehr dick, bei anderen eher dünn aufgetragen.

Es wäre natürlich zu kurz gegriffen, würde man bei dem Projekt einer linken Hegemonie nur auf die demokratischen Umgangsformen unter den pluralen Linken hoffen. Wie die Untersuchungen zu den politischen Orientierungen der Linksaffinen ergaben, kristallisiert sich ein perspektivischer Kontrapunkt zum Neoliberalismus heraus. Gemeint ist die Wiederentdeckung der *politisierten Gesellschaft*. Gern wird Margret Thatcher zitiert, wenn es um die axiomatischen Setzungen des Neoliberalismus geht. Zum einen – so behauptete die frühere britische Premierministerin – existiere keine Alternative zum (selbstregulierenden) Markt; zum anderen keine Gesellschaft, sondern nur Individuen. Wie in der vorliegenden Untersuchung gezeigt wurde, denken viele Linksaffine nicht nur anders, sondern opponieren mit ihren politischen bzw. bürgerschaftlichen Aktivitäten gegen die vermeintliche normative Allmacht der Marktlogik und die Gesellschaftsvergessenheit der Neoliberalen. Zudem gilt es einen weiteren Aspekt hervorzuheben: Indem sie an der Idee der Gestaltbarkeit der (Zivil-) Gesellschaft festhalten und dem Individuum nicht nur die Rolle des Homo oeconomicus zuschreiben, sondern es auch als Homo politicus begreifen, wird das Bewusstsein aufrecht erhalten, dass die Gesellschaft, so wie sie ist, kritisiert und durch einen prospektiven Gegenentwurf auch verbessert werden kann.

Wenn die Wiederentdeckung der politisierten Gesellschaft und ihrer Veränderbarkeit einen Kontrapunkt zum Neoliberalismus darstellt, so ist dieser Kontrapunkt bei einigen Linksaffinen bereits als manifeste Programmatik formuliert, bei anderen eher als latentes Bewusstsein ausgeprägt. Wie anhand der eigenen empirischen Befunde (vgl. Kartografierungsmodell S. 101) sowie der Milieustudien von Michael Vester und Gero Neugebauer gezeigt werden kann, hat die Ausdifferenzierung der Lebenswelten zur Pluralität von link(saffin)en Milieugruppen geführt. Man kann hier insofern von einer Einheit in der Vielfalt sprechen, als sich die pluralen Einstellungen und Orientierungen unter ein gemeinsames, wenn auch weit gespanntes, Dach stellen lassen, das von zentralen Werten wie der Emanzipation des Subjekts, sozialer Gerechtigkeit und Solidarität getragen wird. Zudem wird das Spektrum der linksaffinen Alltagsmilieus von drei Eckpunkten gerahmt:

a) Die Position einer weitgehenden Akzeptanz der gesellschaftlichen Verhältnisse, die mit einer reformorientierten Bezugnahme auf wahrgenommene gesellschaftliche Fehlentwicklungen korrespondiert (postmaterialistisch und partizipationsorientierte Linksaffine; teilweise materiell und gesellschaftlich Saturierte).

b) Kritische bis ablehnende Bewertungen des Gesellschaftssystems, die aber mit resignativen Einschätzungen gegenüber gesellschaftlichen Gestaltungs-

bzw. Veränderungsmöglichkeiten einher gehen (ökonomisch-sozial Ausgegrenzte mit etatistisch-paternalistischem Politikverständnis).
c) Radikale Positionen, die auf die Überwindung der kapitalistischen Gesellschaftsordnung gerichtet sind (Radikale Linke, orthodoxe Marxisten).

Jede dieser Positionen ist nun mit Stärken ebenso behaftet wie mit Schwächen:
Der (saturierten) Akzeptanz mit relativem Reformoptimismus ist überwiegend
ein alltagspraktischer Zugang zu (sozial-)politischer Gestaltung eigen, der vor
allem auf die sozialräumliche Nahwelt orientiert ist. Hierbei geht es häufig um
direkte Unterstützungsleistungen für Bedürftige – im besten Sinne um Solidaritätsarbeit (vor Ort, aber auch darüber hinaus). Der persönliche Beitrag wird
in der Weitergabe von Fähigkeiten, Kompetenzen und materiellen Möglichkeiten gesehen. Kritik an den gesellschaftlichen Entwicklungen bezieht sich
häufig auf genau diesen stark lebensweltlich kontextuierten Ausschnitt. In dieser
Konzentration auf ein Thema liegt die Verständigung zum gemeinsamen Handeln mit anderen. Dieser an praktischen (sozial-)politischen Erfolgen orientierte
Idealtyp ist deshalb auch nicht daran interessiert, „theoretische" gesellschaftliche Gegenentwürfe in aller Breite zu diskutieren – das würde, so die
Befürchtung, die pragmatischen Interventionen nicht nur behindern, sondern im
schlimmsten Falle unmöglich machen. Dem Vorzug der alltagspolitischen
Praxis über die politische Theorie ist damit eine Ausblendung alternativer
Gesellschaftsentwürfe eigen.

Diese Zurückstellung von Utopie dient anderen wiederum als Einfallstor für
Kritik an einer mehr oder weniger reformorientierten Akzeptanz. Für sich
nehmen diese Kritiker in Anspruch, mit dem Zeichnen alternativer Gesellschaftsmodelle die Finger in die Wunden der gesellschaftlichen Entwicklung zu
legen und damit an den neuralgischen Punkten intervenierend zu wirken. In der
Radikalität der Perspektive wird ein treibendes Moment identifiziert, das der
gesellschaftlichen Selbstreflexion quasi zur Verfügung gestellt wird. In den
Utopien sind häufig die relevanten Stellschrauben benannt, an denen auf die
gesellschaftlichen Prozesse Einfluss zu nehmen wäre. Die Selbstwahrnehmung
rationalisiert dies als Arbeit an den Ursachen statt an den Symptomen und
nimmt damit eine dezidiert theoretische und prinzipielle Haltung ein. Dies wird
als notwendiger Schritt in der Verwirklichung der Utopie gesehen, baut aber
gelegentlich implizit eine Distanz zu praktischen Problemstellungen auf, die als
nachrangig, wenn nicht gar irrelevant angesehen werden. Bezüglich des alltäglichen politischen Handelns ist zudem häufig eine Verdopplung dieser
Distanz zu bemerken: Utopien und Theorien werden in mehr oder weniger
geschlossenen Zirkeln debattiert, zu denen erst Zugang gefunden werden muss.
Auf der einen Seite dient dies dem stringenten Diskurs, auf der anderen Seite
wirkt es als Immunisierungsstrategie gegenüber den Zumutungen des

politischen Alltags. Es kommt daher vor, dass radikaler Kritik jegliche konkrete politische Programmatik abgeht – was die Gefahr von Isolation beinhaltet. Der Verweis auf ein vorgeblich falsches Bewusstsein politisch nicht aufgeklärter Individuen entkommt dieser Isolation nicht, transportiert er doch ein verstecktes elitäres Bewusstsein, dass eben nur mit der Kärrnerarbeit alltagspolitischer Pragmatik zu vermeiden wäre. Diesbezüglich sehen sich radikale Gesellschaftskritiker vor einem Dilemma: Inwieweit soll man sich in gesellschaftlich wirksame Strukturen begeben, die man in theoretischer Perspektive ablehnt?

Die Beantwortung dieser Frage kann – sowohl für radikale Kritiker wie für im (sozial-)politischen Tagesgeschäft Ermüdete – zu mehr oder weniger manifesten Formen der Resignation führen: weder utopische Ziele noch die Ergebnisse der Solidaritätsarbeit reichen dann hin, sich weiterhin zu engagieren. In unterschiedlich dynamischen Verlaufsformen kommt es zum Rückzug aus politischer Arbeit, sofern diese überhaupt Bestandteil des bisherigen Wirkens war. Mit der Passivität geht ein Privatismus einher, der in politische Isolation mündet. In der Distanz zu den politischen Zirkeln der radikalen Kritik wie zu den Anforderungen dauerhafter Präsenz an sozialen bzw. politischen Brennpunkten drückt sich weniger eine generelle Entpolitisierung als vielmehr ein nicht (mehr) gegebenes Passungsverhältnis zwischen politischem Individuum und den politischen Strukturen aus. Resignation muss daher kein dauerhaftes Moment der politischen Entwicklung sein – weder auf der individuellen noch auf der sozialen Ebene. Ändern sich Gelegenheiten und Perspektiven, steigt möglicherweise die Motivation, (sozial-)politisch zu handeln.[31] Die Abwesenheit von als realistisch erachteten Perspektiven und in der Folge davon motivationaler Anreize zur politischen Aktivität scheinen allerdings keine leicht zu überwindenden Hürden für Anstöße von außen zu sein. Die negativen Erfahrungen mit Politik weisen nachhaltige Strukturen bis hin zur Selbstzuschreibung der eigenen fehlenden Wirkmächtigkeit auf. Darin liegt die Gefahr, dass aus Politikerverdrossenheit Politikverdrossenheit wird und sich die Akteure als politische ganz und gar verabschieden – Linksaffinität hin oder her.

Dem entgegen zu wirken bedarf es auch inhaltlicher Akzente, die zeigen, dass politische Arbeit als Veränderung inakzeptabler Zustände Erfolge vorweisen kann, die sich nicht nur in einer veränderten Zusammensetzung der verschiedenen Parlamente äußert. Dabei kann es darum gehen, Resignierten durch Beispiele gelungener Interventionen Mut zu machen, soziale und

---

31 Die Massenaktionen im Zusammenhang mit dem geplanten Ausbau des Stuttgarter Hauptbahnhofes („Stuttgart 21") oder mit der AKW-Politik der Bundesregierung sind hierfür aktuelle Beispiele.

politische Ziele (wieder) zu formulieren und zu verfolgen – mit der Selbstverpflichtung, beim Bohren dicker Bretter verlässlich beizustehen, ohne die Exitoption bei der nächsten Kampagne zu ziehen. In diesem Sinn ist Nachhaltigkeit der politischen Aktion insbesondere von den institutionellen Akteuren vor Ort gefordert. Die zum Teil gute Verankerung etwa von Gewerkschaften in den Parlamenten und politischen Strukturen der regionalen Nahräume ihrer Verwaltungsstellen ist dafür ein Beispiel.

In Richtung „befriedeter" Linksaffiner scheint wiederum der Verweis auf strukturelle Veränderungen ein geeigneter Weg, politische Mobilisierung zu erreichen und dauerhaft zu sichern. Dass dies mitunter wie im Falle der Kernkraft Jahrzehnte braucht und dann immer noch gefährdet ist, ändert nichts an der prinzipiell gegebenen Möglichkeit und Sinnhaftigkeit derartig langfristiger Vorhaben. Voraussetzung scheint die Verständigung über einen attraktiven wie zugleich in absehbarer Zeit zumindest in den Anfängen realisierbaren Gesellschaftsentwurf zu sein.[32] Damit ließe sich im Idealfall die Fraktionierung in unterschiedliche linksaffine Lager überwinden. In gewisser Weise haben dies „konservative Kreise" mit der Etablierung von think tanks, die konservative bzw. marktliberale Gesellschaftsentwürfe propagieren, vorgemacht – insoweit wäre davon zu lernen. Andersherum scheint eine Verständigung darüber notwendig zu sein, dass zielgerichtete politische Theorie ein zwar notwendiges, nicht aber hinreichendes Element der Überwindung gegenwärtiger Verhältnisse ist. Von vielen Linksaffinen wird eine visionäre Utopie ohne eine begründete Verankerung im Bestehenden als bestenfalls akademische Angelegenheit ohne jede Relevanz für real notwendige alltagspraktische politische Handlungsansätze bewertet – eine weitreichende Diffusion der Überlegungen Gramscis zur Anschlussfähigkeit politischer Ideen. Den skizzierten Mobilisierungs-, wenn nicht Politisierungsversuchen wohnt allerdings keine Erfolgsgarantie inne – die professionellen Protagonisten politischer Partizipation können kaum unbegrenzte Zuneigung erwarten. Sie machen schließlich nur ein Angebot unter vielen, relativiert noch dadurch, dass ein individuelles Leben endlich, Gesellschaften aber in der einen oder anderen Form überdauernd sind. Die Mobilisierung auch nur eines geringen Teils der Linksaffinen scheint daher schon ein Gewinn. Letztlich steht und fällt das Projekt einer linken kulturellen Hegemonie jedoch mit der Bündelung möglichst aller verstreuten Kräfte.

Die Überlegungen dieses Abschnittes verweisen darauf, dass ein politisches Programm einer linken Hegemonie kein Selbstläufer und schon gar nicht unter

---

32 Sich als Teil einer solchen Realutopie zu erklären, scheint etwa den Reiz des jüngst gegründeten Instituts für eine solidarische Moderne auszumachen; auch die verschiedenen nationalen bzw. internationalen Sozialforen tragen dazu bei.

den Linksaffinen selbst unumstritten ist. Umso wichtiger ist es, sich Gemeinsamkeiten und Trennendes innerhalb des breiten Spektrums der Linksaffinen
genauer vor Augen zu führen. Erkenntnisse darüber erleichtern es, einzuschätzen, ob Hegemonie eher auf dem Wege der Koexistenz (und Kooperation)
unterschiedlicher Strömungen oder auf der Grundlage einer ausbuchstabierten
politischen Programmatik anvisiert werden sollte. Die in der vorliegenden
Veröffentlichung präsentierten Befunde legen eindeutig die erste Lesart nahe.
Erforderlich scheint ein gelassenerer Umgang mit mehr oder weniger graduellen
Unterschieden innerhalb des linksaffinen Spektrums, denn ein hegemoniales
Projekt dürfte an nichts so schnell scheitern wie am friendly fire der politischen
Mitstreiter. Demnach wäre die vornehmliche Aufgabe der unterschiedlichen
Initiativen Linksaffiner bzw. Linker eine übergreifende Verständigung auf
gemeinsam geteilte Positionen.

Literaturverzeichnis

Ahbe, Thomas / Gries, Rainer (2006): Die Generationen der DDR und Ostdeutschlands. Ein Überblick. In: Berliner Debatte Initial 17, 4, 90-109

Almond, Gabriel A. / Verba, Sidney (Hrsg.) (1980): The Civic Culture Revisited. An Analytic Study. Boston: Little, Brown and Comp

Andersen, Uwe / Woyke, Wichard (Hrsg.) (2003): Handwörterbuch des politischen Systems der Bundesrepublik Deutschland. Opladen: Leske+Budrich

Andress, Hans-Jürgen / Kronauer, Martin (2006): Arm – Reich. In: Lessenich, Stephan / Nullmeier, Frank (Hrsg.) (2006): 28-52

Bohnsack, Ralf (2008): Rekonstruktive Sozialforschung. Einführung in Qualitative Methoden. Opladen: UTB

Bourdieu, Pierre (1982): Die feinen Unterschiede. Kritik der gesellschaftlichen Urteilskraft. Frankfurt / M.: Suhrkamp

Bourdieu, Pierre (1998): L'essence du néolibéralisme. In: Le Monde Diplomatique, 3/1998, 3

Bremer, Helmut / Lange-Vester, Andrea (Hrsg.) (2006): Soziale Milieus und Wandel der Sozialstruktur. Die gesellschaftlichen Herausforderungen und die Strategien der sozialen Gruppen. Wiesbaden: VS Verlag für Sozialwissenschaften

Brie, Michael / Spehr, Christoph (2006): Was ist heute links? (= kontrovers. Beiträge zur politischen Bildung. Hrsg. von der Rosa-Luxemburg-Stiftung und WISSENTransfer, Heft 01/2006) (http://www.rosalux.de/cms/fileadmin/rls_uploads/pdfs/kontrovers0601.pdf), Abrufdatum: 01.02.2010

Bude, Heinz (2008): Die Ausgeschlossenen. Das Ende vom Traum einer gerechten Gesellschaft. München: Hanser

Bundeszentrale für politische Bildung (Hrsg.) (2001): Themenheft „Neue Arbeitswelt". In: Aus Politik und Zeitgeschichte. Beilage zur Wochenzeitung „Das Parlament" B 21

Butterwegge, Christoph / Hickel, Rudolf / Ptak, Ralf (1998): Sozialstaat und neoliberale Hegemonie. Berlin: Elefantenpress

Castel, Robert (2000): Die Metamorphosen der sozialen Frage. Konstanz: UVK

Chomsky, Noam (2003): Profit over People - Neoliberalismus und globale Weltordnung. Hamburg: Europa-Verlag

Corsten, Michael / Kauppert, Michael / Rosa, Hartmut (2007): Quellen bürgerschaftlichen Engagements. Die biographische Entwicklung von Wir-Sinn und fokussierten Motiven. Wiesbaden: VS Verlag für Sozialwissenschaften

Dahrendorf, Ralf (1965): Bildung ist Bürgerrecht. Plädoyer für eine aktive Bildungspolitik. Hamburg: Nannen-Verlag

Dahrendorf, Ralf (1994): Der moderne soziale Konflikt. Essay zur Politik der Freiheit. München: dtv

Dalton, Russel J. / Wattenberg, Martin P. (Hrsg.) (2000): Parties without partisans. Political change in advanced industrial democracies. Oxford: Oxford University Press

Demirovic, Alex (2008): Wirtschaftsdemokratie, Rätedemokratie und freie Kooperationen. Einige vorläufige Überlegungen. In: Widerspruch. Beiträge zu Sozialistischer Politik, 30, 55, 55-67 (http://www.labournet.de/diskussion/wipo/allg/demirovic.pdf), Abrufdatum: 01.02.2010

Deutsche Shell (Hrsg.) (2002): Zwischen pragmatischem Idealismus und robustem Materialismus. Frankfurt / M.: Fischer

Dörre, Klaus / Kraemer, Klaus / Speidel, Frederic (2004): Prekäre Arbeit. Ursachen, soziale Auswirkungen und subjektive Verarbeitungsformen unsicherer Beschäftigungsverhältnisse. In: Das Argument 256, 378-397

Dörre, Klaus / Lessenich, Stephan / Rosa, Hartmut (2009): Soziologie-Kapitalismus-Kritik. Eine Debatte. Frankfurt / M.: Suhrkamp

Elias, Norbert / Scotson, John L. (1990): Etablierte und Außenseiter. Frankfurt / M.: Suhrkamp

Exner, Andreas (Hrsg.) (2005): Losarbeiten – Arbeitslos? Globalisierungskritik und die Krise der Arbeitsgesellschaft. Münster: Unrast

Geertz, Clifford (1987): Dichte Beschreibung. Beiträge zum Verstehen kultureller Systeme. Frankfurt / M.: Suhrkamp

Gensicke, Thomas / Geiss, Sabine (2006): Bürgerschaftliches Engagement: Das politisch-soziale Beteiligungsmodell der Zukunft? Analysen auf Basis der Freiwilligensurveys 1999 und 2004. In: Hoecker, Beate (Hrsg.) (2006): 308-328

Gensicke, Thomas / Picot, Sibylle / Geiss, Sabine (2006): Freiwilliges Engagement in Deutschland 1999 - 2004. Wiesbaden: VS-Verlag

Giddens, Anthony (1996): Konsequenzen der Moderne. Frankfurt / M.: Suhrkamp

Giddens, Anthony (1997): Jenseits von Links und Rechts. Die Zukunft radikaler Demokratie. Frankfurt / M.: Suhrkamp

Giddens, Anthony (1999): Der dritte Weg. Die Erneuerung der sozialen Demokratie. Frankfurt / M.: Suhrkamp

Giddens, Anthony (2001): Die Frage der sozialen Ungleichheit. Frankfurt / M.: Suhrkamp

Glaser, Barney / Strauss, Anselm (1998): Grounded Theory. Strategien Qualitativer Forschung. Bern: Huber

Glatzer, Wolfgang (2009): Gefühlte (Un)gerechtigkeit, In: Aus Politik und Zeitgeschichte: Soziale Gerechtigkeit, B 47, 15-20

Gramsci, Antonio (1991 ff.): Gefängnishefte. In: Kritische Gesamtausgabe. Herausgegeben von Klaus Bochmann / Fritz Wolfgang Haug. Hamburg: Argument.

Habermas, Jürgen (1984): Vorstudien und Ergänzungen zur Theorie des kommunikativen Handelns. Frankfurt / M.: Suhrkamp

Habermas, Jürgen (1992): Faktizität und Geltung. Beiträge zur Diskurstheorie des Rechts und des demokratischen Rechtsstaats. Frankfurt / M.: Suhrkamp

Hartmann, Martin (2005): Das Unbehagen an der Gesellschaft. In: Aus Politik und Zeitgeschichte: Soziologie, B 34-35, 31-37

Hartmann, Martin / Honneth, Axel (2004): Paradoxien des Kapitalismus: Ein Untersuchungsprogramm. In: Berliner Debatte Initial 15, 1, 4–17

Heinrich, Michael (2005): Krise der Arbeitsgesellschaft – Krise des Kapitalismus? In: Exner, Andreas (Hrsg.) (2005): 25 -31

Heinze, Rolf G. / Olk, Thomas (Hrsg.) (2001): Bürgerengagement in Deutschland. Bestandsaufnahme und Perspektiven. Opladen: Leske+Budrich

Heitmeyer, Wilhelm (Hrsg.) (1997): Was hält die Gesellschaft zusammen? Bundesrepublik Deutschland: Auf dem Weg von der Konsens- zur Konfliktgesellschaft. Frankfurt / M.: Suhrkamp

Heitmeyer, Wilhelm (2009): Leben wir immer noch in zwei Gesellschaften? 20 Jahre Vereinigungsprozess und die Situation gruppenbezogener Menschenfeindlichkeit. In: Heitmeyer, Wilhelm (Hrsg.) (2009): 13-49

Heitmeyer, Wilhelm (Hrsg.) (2009): Deutsche Zustände, Folge 7. Frankfurt / M.: Suhrkamp

Hitzler, Ronald / Bucher, Thomas / Niederbacher, Arne (2005): Leben in Szenen. Formen jugendlicher Vergemeinschaftung heute. Wiesbaden: VS Verlag für Sozialwissenschaften

Hitzler, Ronald / Honer, Anne / Pfadenhauer, Michaela (Hrsg.) (2009): Posttraditionale Gemeinschaften. Theoretische und ethnografische Erkundungen. Wiesbaden: VS Verlag für Sozialwissenschaften

Hoecker, Beate (Hrsg.) (2006): Politische Partizipation zwischen Konvention und Protest. Eine studienorientierte Einführung. Opladen: Barbara Budrich

Inglehart, Ronald (1979): Die stille Revolution. Frankfurt / M. / New York: Campus

Inglehart, Ronald (1998): Modernisierung und Postmodernisierung. Kultureller, wirtschaftlicher und politischer Wandel in 43 Gesellschaften. Frankfurt / M.: Campus

Kaase, Max (2003): Politische Beteiligung / Politische Partizipation. In: Andersen, Uwe / Woyke, Wichard (Hrsg.) (2003): 495-500

Kaase, Max / Klingemann, Hans Dieter (Hrsg.) (2008): Wahlen und Wähler. Analysen aus Anlaß der Bundestagswahl 1987. Opladen: Westdeutscher Verlag

Kelle, Udo (1994): Empirisch begründete Theoriebildung. Zur Logik und Methodologie interpretativer Sozialforschung. Weinheim: Deutscher Studien Verlag

Klages, Helmut (1984): Wertorientierung im Wandel. Rückblick, Gegenwartsanalyse, Prognosen. Frankfurt / M. / New York: Campus

Klages, Helmut (1988): Wertedynamik. Über die Wandelbarkeit des Selbstverständlichen. Osnabrück: Fromm Verlag

Klages, Helmut (1993): Traditionsbruch als Herausforderung. Perspektiven der Wertewandelsgesellschaft. Frankfurt / M. / New York: Campus Verlag

Klages, Helmut / Gensicke, Thomas (2006): Wertesynthese: Funktional oder dysfunktional? In: Kölner Zeitschrift für Soziologie und Sozialpsychologie 58, 2, 332-351

Klages, Helmut / Hippler, Hans Jürgen / Herbert, Willi (Hrsg.) (1992): Werte und Wandel. Ergebnisse und Methoden einer Forschungstradition. Frankfurt / M. / New York: Campus

Klages, Helmut / Kmieciak, Peter (Hrsg.) (1979): Wertewandel und gesellschaftlicher Wandel. Frankfurt / M. / New York: Campus

Kleemann, Frank / Krähnke, Uwe / Matuschek, Ingo (2009): Interpretative Sozialforschung. Eine praxisorientierte Einführung. Wiesbaden: VS Verlag für Sozialwissenschaften

Klein, Markus (2006): Partizipation in politischen Parteien. Eine empirische Analyse des Mobilisierungspotentials politischer Parteien sowie der Struktur innerparteilicher Partizipation in Deutschland. In: Politische Vierteljahresschrift 47, 1, 35-61

Klingemann, Hans Dieter / Wattenberg, Martin P. (1990): Zerfall und Entwicklung von Parteiensystem. In: Kaase, Max / Klingemann, Hans Dieter (Hrsg.) (2008): 325-345

Kloepfer, Inge (2008): Aufstand der Unterschicht. Was auf uns zukommt. Hamburg: Hoffmann und Campe

Labournet (2010): Das Ende der Arbeit? (http://www.labournet.de/diskussion/arbeit/prekaer/jenseits.html), Abrufdatum: 01.02.2010

Laclau, Ernesto / Mouffe, Chantal (1998): Hegemonie und radikale Demokratie. Zur Dekonstruktion des Marxismus. Wien: Passagen Verlag

Lessenich, Stephan (2008): Die Neuerfindung des Sozialen. Der Sozialstaat im flexiblen Kapitalismus. Bielefeld: Transcript Verlag

Lessenich, Stephan / Nullmeier, Frank (Hrsg.) (2006): Deutschland. Eine gespaltene Gesellschaft. Frankfurt / M.: Campus

Lipset, Seymour M. / Rokkan, Stein (1967): Cleavage Structures, Party Systems and Voter Alignments: An Introduction. In: Lipset, Seymour M. / Rokkan, Stein (Hrsg.): 1-64

Lipset, Seymour M. / Rokkan, Stein (Hrsg.) (1967): Party Systems and Voter Alignments: Cross National Perspectives. New York: The Free Press

Mannheim, Karl (1964): Das Problem der Generationen. In: Mannheim, Karl: Wissenssoziologie. Auswahl aus dem Werk. Herausgegeben von Kurt H. Wolff, Neuwied / Berlin: Luchterhand, 509–565

Mannheim, Karl (1980): Strukturen des Denkens. Herausgegeben von David Kettler / Volker Meja, / Nico Stehr, Frankfurt / M.: Suhrkamp

Mannheim, Karl (1995): Ideologie und Utopie. Frankfurt / M.: Vittorio Klostermann

Marshall, Thomas S. (1992): Bürgerrechte und soziale Klassen. Zur Soziologie des Wohlfahrtsstaates. Frankfurt / M.: Campus

Matuschek, Ingo (1999): Zeit und Devianz. Zeitorientierung, Langeweile und abweichendes Verhalten bei Jugendlichen. Berlin: Humboldt-Univ.,

Philosophische Fakultät III (http://dochost.rz.hu-berlin.de/dissertationen/matuschek-ingo-1999-07-19/), Abrufdatum: 01.02.2010

Matuschek, Ingo / Krähnke, Uwe / Kleemann, Frank / Ernst, Frank (2008): Politische Praxen und Orientierungen in linksaffinen Alltagsmilieus, Berlin: Rosa-Luxemburg-Stiftung (Reihe rls-Papers 2008/09) (http://www.rosalux.de/fileadmin/rls_uploads/pdfs/PP_INAG_.pdf), Abrufdatum: 01.02.2010

Merkel, Wolfgang / Busch, Andreas (Hrsg.) (1999): Demokratie in Ost und West. Frankfurt / M.: Suhrkamp

Mouffe, Chantal (2007): Über das Politische: Wider die kosmopolitische Illusion. Frankfurt / M.: Suhrkamp

Mutz, Gerhard (2001): Von der industriellen Arbeitsgesellschaft zur Neuen Arbeitsgesellschaft. In: Heinze, Rolf G. / Olk, Thomas (Hrsg.) (2001): 141-166

Negt, Oskar (1995): Die Krise der Arbeitsgesellschaft: Machtpolitischer Kampfplatz zweier „Ökonomien". In: Aus Politik und Zeitgeschichte B 15, 3-9

Neuendorff, Hartmut / Peter, Gert / Wolf, Frieder O. (Hrsg.) (2009): Arbeit und Freiheit im Widerspruch? Bedingungsloses Grundeinkommen – ein Modell im Meinungsstreit. Hamburg: VSA

Neugebauer, Gero (2007): Politische Milieus in Deutschland. Die Studie der Friedrich-Ebert-Stiftung. Bonn: Dietz

Nohl, Arnd-Michael (2006): Interview und dokumentarische Methode: Anleitungen für die Forschungspraxis. Wiesbaden: VS Verlag für Sozialwissenschaften

Oertzen, Peter von (2006): Klasse und Milieu als Bedingungen gesellschaftlich-politischen Handelns. In: Bremer, Helmut / Lange-Vester, Andrea (Hrsg.) (2006): 37-69

Offe, Claus (2006 [1969]): Politische Herrschaft und Klassenstrukturen. Zur Analyse spätkapitalistischer Gesellschaftssysteme. In: Offe, Klaus (2006): 23-50

Offe, Claus (2006): Strukturprobleme des kapitalistischen Staates. Aufsätze zur Politischen Soziologie, veränderte Neuausgabe. Frankfurt / M.: Campus

Opielka, Michael / Müller, Matthias / Bendixen, Tim / Kreft, Jecso (2009): Grundeinkommen und Werteorientierungen. Eine empirische Analyse. Wiesbaden: VS Verlag für Sozialwissenschaften

Patzelt, Werner J. (1987): Grundlagen der Ethnomethodologie. Theorie, Empirie und politikwissenschaftlicher Nutzen einer Soziologie des Alltags. München: Fink

Ptak, Ralf (2004): Vom Ordoliberalismus zur Sozialen Marktwirtschaft. Stationen des Neoliberalismus in Deutschland. Opladen: Leske+Budrich

Rattinger, Hans (1993): Abkehr von den Parteien. Dimensionen der Parteiverdrossenheit. In: Aus Politik und Zeitgeschichte, B 11, 24-35

Rohe, Karl (1994): Politik. Begriffe und Wirklichkeiten. Eine Einführung in das politische Denken. Stuttgart / Berlin / Köln: Kohlhammer

Rosa, Hartmut (2005): Beschleunigung. Die Veränderung der Zeitstrukturen in der Moderne. Frankfurt / M.: Suhrkamp

Sarrazin, Thilo (2010): Deutschland schafft sich ab. Wie wir unser Land aufs Spiel setzen. München: Deutsche Verlags-Anstalt

Scarrow, Susan E. (2000): Parties without members? Party organization in a changing electoral environment. In: Dalton, Russel J. / Wattenberg, Martin P. (Hrsg.) (2000): 79-101

Schulze, Gerhard (1992): Die Erlebnisgesellschaft. Kultursoziologie der Gegenwart. Frankfurt / M.: Campus

Sennett, Richard (1998): Der flexible Mensch. Die Kultur des neuen Kapitalismus. Berlin: Berliner Taschenbuch Verlag

Simmel, Georg (1992): Soziologie. Untersuchungen über die Formen der Vergesellschaftung. Georg Simmel Gesamtausgabe, Bd. 11, Herausgegeben von Otthein Rammstedt, Frankfurt / M.: Suhrkamp

SINUS Sociovision (2007): Sinus-Studie: Die Milieus der Menschen mit Migrationshintergrund in Deutschland. Zentrale Ergebnisse einer qualitativen sozialwissenschaftlichen Untersuchung. Heidelberg: Sinus Sociovision (www.sinus-sociovision.de/Download/Zentrale_Ergebnisse_16102007.pdf), Abrufdatum: 01.02.2010

SINUS Sociovision (2009): Informationen zu den Sinus-Milieus 2009. Heidelberg: Sinus Sociovision (http://www.sociovision.de/uploads/tx_mpdownloadcenter/informationen_2 009_01.pdf), Abrufdatum: 01.02.2010

Sumner, Wiliam Graham (1906): Folkways. A Study of the Sociological Importance of Usages. Manners, Customs, Mores and Morales. New York: Dover

Tarrow, Sidney (1994): Power in Movement. Collective Action, Social Movements and Politics. Cambridge: University Press

Ueltzhöffer, Jörg (1999): Europa auf dem Weg in die Postmoderne. Transnationale soziale Milieus und gesellschaftliche Spannungslinien in der Europäischen Union. In: Merkel, Wolfgang / Busch, Andreas (Hrsg.) (1999): 624-652

Urban, Hans-Jürgen (2009): Die Mosaik-Linke. Vom Aufbruch der Gewerkschaften zur Erneuerung der Bewegung. In: Blätter für deutsche und internationale Politik 54, 5, 71–78

Vester, Michael (1997): Kapitalistische Modernisierung und gesellschaftliche (Des-)Integration. Kulturelle und soziale Ungleichheit als Problem von „Milieus" und „Eliten". In: Heitmeyer, Wilhelm (Hrsg.) (1997): 148-203

Vester, Michael / Hofmann, Michael / Zierke, Irene (Hrsg.) (1995): Soziale Milieus in Ostdeutschland. Gesellschaftliche Strukturen zwischen Zerfall und Neubildung. Köln: Bund Verlag

Vester, Michael / Oertzen, Peter von / Geiling, Heiko / Hermann, Thomas / Müller, Dagmar (2001): Soziale Milieus im gesellschaftlichen Strukturwandel. Zwischen Integration und Ausgrenzung. Frankfurt / M.: Suhrkamp

Vester, Michael / Teiwes-Kügler, Christel / Lange-Vester, Andrea (2007): Die neuen Arbeitnehmer. Zunehmende Kompetenzen – wachsende Unsicherheit. Hamburg: VSA

Vobruba, Georg (2007): Entkoppelung von Arbeit und Einkommen. Das Grundeinkommen in der Arbeitsgesellschaft. Wiesbaden: VS Verlag für Sozialwissenschaften

Vobruba, Georg (2007): Zielgenauigkeit und Akzeptanz: Das Realisationsdilemma der Grundeinkommensidee. In: Vobruba, Georg (2007): 191-203

Wiesendahl, Elmar (2006): Mitgliederparteien am Ende. Eine Kritik der Niedergangsdiskussion. Wiesbaden: VS Verlag für Sozialwissenschaften

Wimbauer, Christine (2006): Frauen – Männer. In: Lessenich, Stephan / Nullmeier, Frank (Hrsg.) (2006): 136-157

Wittgenstein, Ludwig (1990): Tractatus logico-philosophicus. Philosophische Untersuchungen. Leipzig: Reclam